왕비로 보는
조선왕조

| 윤정란 지음 |

이가출판사

처음 조선시대 왕실의 여성들을 테마로 《조선의 왕비》를 출간한 것이 지난 1999년이다. 그 후 10여 년간 학계에서 많은 다양한 연구가 진행되었고, 대중작가들은 더 흥미로운 관점으로 조선시대를 이야기하였다. 그간 학계에서 축적한 연구 성과와 대중작가들의 결과물에 도움을 받아 2008년에는 《조선왕비 오백년사》를 세상에 내 놓았다. 이전보다 훨씬 더 알찬 내용과 읽을거리를 포함시켰다.

《조선왕비 오백년사》는 국내는 물론 일본 대중들에게도 관심을 불러일으키는 성과를 낳았다. 그래서 2010년 9월 일본 출판사인 〈일본평론사〉에서 《왕비들의 조선왕조》라는 제목으로 번역 출간되어 지금까지 적지 않은 판매부수를 기록하고 있다. 한편 2011년 일본 방송국 NHK에서는 이 책을 바탕으로 조선시대 왕비들에 대한 이야기를 프로그램으로 만들어 방송하기도 하였다.

책 출간 이후 학계에서는 다양한 관점과 새로운 방법으로 조선시대 여성사를 연구하였다. 〈한국여성사학회〉가 발행하고 있는 《여성과 역사》 제19집(2013년)에 실린 〈조선시대 여성사 연구 동향과 전망〉을 통해 조선시대 여성사 연구가 얼마나 크게 확장되었는지를 잘 알 수 있다. 자료발굴과 전문연구서의 증가에서부터 여성의 경제활동과 특수직 여성에 대한 연구, 그리고 가족사에 이르기까지 대상 영역도 다양하다.

가장 주목할 만한 것은 조선시대 여성들의 생활을 엿볼 수 있는 여성생활사 자료집의 발간이다. 예를 들어 《17세기 여성생활사 자료집》, 《18세기 여성생활사 자료집》, 《19세기-20세기 초 여성생활사 자료집》 등을 들 수 있다. 그리고 조선왕실의 여성 자료집으로 《숙빈 최씨 자료집》, 《영조비빈 자료집》 등이 출간된 것이다.

이러한 자료집 발간에 힘입어 조선시대 여성의 정체성을 새롭게 해석하는 연구들이 연이어 발표되었다. 오랫동안 조선시대 여성에 대해서 유교적 여성관으로 인한 피해자라고 재단하는 해석이 많았다. 이는 아마도 19세기 말 이후 새로운 국가체제를 꿈꾸며 전통시대의 문제를 지적하면서 형성된 폐단으로부터 야기된 결과라고 보여진다. 그렇기 때문에 조선시대 사람들이 창조하고 향유했던 문화들까지 서구와 비교하면서 열등한 것으로 치부했던 것이다. 특히 여성들에게는 숨을 쉬기조차 답답할 정도로 차단된 시대였던 것으로 평가했다.

그러나 최근 조선시대 여성사에 대한 관심이 증폭되면서 과연 이러한 평가가 정당한가에 대한 의문을 가지고 여성의 정체성을 새롭게 조명하려는 연구들이 계속하여 나오기 시작했다. 여성들이 국정에 참여했던 최고의 여성 정치권력이라고 할 수 있는 수렴청정에 대해, 이를 조선시대 정치운영의 형태로 새롭게 부각시키기도 하였다. 왕실 여성들에 대해서는 구중궁궐에서 암투나 일삼던 존재가 아닌 삶의 주체로서 조명하기 시작했다. 이러한 학계의 지대한 관심과 연구는 대중들이 조선시대에 흥미롭게 다가갈 수 있게 하는 중요한 역할이 되기도 하였다.

이번에 새로 개정된 《왕비로 보는 조선왕조》는 이러한 학계의 다각적이고 깊이 있는 연구와 대중 서적들의 도움을 받아 철저한 고증을 거쳐 내용을 더더욱 충실하고 풍성하게 담아냈다.

이 책의 특징이 '왕비들의 삶을 통해 본 조선왕조' 이기 때문에 보다 상세하고 섬세한 역사적 배경들이 삽입되었다. 조선을 건국한 태조부터 각 왕별로 전개되는 시대적 사건에 있어 특징적 내용만을 언급하는 것에서 탈피하였다. 더불어 사건의 내용을 심도 있게 다뤄줌으로써 지식의 습득뿐만 아니라 드라마틱한 흥미마저 얻을 수 있도록 하였다. 또한 각 사건들의 시대를 명시하고 설명함으로써 역사적 흐름에 대한 독자들의 이해를 도왔다.

특히 조선 후기에 더 중점적으로 많은 이야기들을 풀어 놓았다. 고종비 명성황후, 순헌황귀비 엄씨와 정화당 김씨, 순종비 순명효황후 민씨, 순정효황후 윤씨에 대한 연구 내용을 토대로 그동안 알려지지 않았던 '국정을 주도하는 왕비들'의 관련 사건과 일화들을 실었다. 우리가 미처 알지 못했던 그들의 삶과 가치관을 통해 새로운 조선의 여성상과 만날 수 있는 기회가 될 것이다.

이번에 개정판을 내놓게 된 것은 더 많은 사람들이 조선시대 여성들에 대해 폭넓게 이해했으면 하는 바람에서이다. 그리고 그들의 문화를 향유하면서 우리 문화에 대한 자부심을 가지는데 조금이라도 도움이 되기를 바라는 마음이다.

개정작업에 많은 도움을 준 조선시대 여성사 연구자들에게 무한한 감사를 드린다.

어려운 자료의 행간을 읽어내 이를 다시 구성하면서 조선시대 여성들의 삶을 복원하고, 그 주체적인 모습을 새롭게 그려내기 위해 오늘도 연구에 매진하는 여성사 연구자들에게 아낌없는 박수를 보낸다.

　이 책이 혹시라도 그들의 노고에 해가 되지 않을까 하는 조심스러운 마음으로 세상에 내놓고자 한다. 다시 한 번 연구자들의 노고에 감사드리면서 더 많은 사람들이 조선시대를 이해하는 데 작은 기폭제가 되기를 기대해 본다. 마지막으로 출판을 위해 무한한 열정과 성실함으로 지원해주고 격려해 주신 최병섭 대표님, 그리고 오랜 기간 복잡한 내용을 편집부터 교정까지 책의 완성도를 높이는데 애써 주신 한미경 편집장님께 감사를 드린다.

윤정란

"중국의 부녀자들은 문자를 알고 있어서 정사에 참여하여 나라를 그르치는 수가 있었다. 그런데 우리 동방은 부녀자들이 문자를 알지 못하므로 정사에 참여할 수 없는 것은 진실로 다행스러운 일이다."

《세종실록》 79권(세종 19년 11월 12일)에 실려 있는 내용으로 1437년 세종대왕이 평상시와 같이 경연에 나가 《시경》을 강독하는 도중 신하들에게 던진 말이다.

세종대왕은 여성들과 일반 서민들이 글을 모르는 현실을 안타깝게 여겨 한글을 창제한 조선 최고의 성군으로 알려져 있다. 그런데 그 마저도 조선의 여성들은 문자를 알지 못해서 다행이라고 여겼던 것이다.

조선시대 여성들은 공적인 영역에서 사용되던 언어에서 소외되었으며, 외부와의 접촉이 철저하게 차단되었다. 당시 사회를 주도하던 사대부들은 여성들이 외부와 접촉하게 되면 부덕을 상실하게 된다고 주장했다. 그래서 외부와 격리된 공간인 가정만이 여성들의 활동 공간이었다. 가옥도 중문을 사이에 두고 안채와 사랑채로 구분하여 외부와 철저하게 차단시키기 위한 구조로 건축하였다. 가족이라도 남자라면 중문을 통해 안채로 들어갈 때는 특별한 일이 있어야만 가능하였다. 그래서 19세기 말 20세기 초 기독교가 처음 한국에 들어왔을 때, 내한선교사들은 중문 안에 있는 여성들과 접촉하기 위해 전도부인이라는 새로운 직업을 만들어 낼 정도였다.

초기에는 이러한 유교적 여성관을 제도적으로 정착시키기 위해 상층 계급의 여성들에게만 강요하였다. 조선 후기에 이르면 상하층의 모든 여성들이 이를 따르지 않으면 도덕 윤리에 어긋난다는 생각을 가지게 되었다.

외부와의 접촉을 차단당한 채 가정에서만 활동하기를 강요당했던 환경 속에서 조선시대 여성들 모두가 순종하고 만족한 것은 아니다. 비록 극소수이지만 문학 작품을 남기거나, 여성 군자로서 학문적인 성취를 이룬 여성들도 있었다. 그러나 사회에서 요구하는 여성관에 반한 삶을 사는 것은 쉬운 일이 아니었다.

대표적인 여성으로 허난설헌을 들 수 있다. 사대부가의 여성으로서 조선 최고의 여류시인이었던 허난설헌은 자신의 고달픈 삶을 세 가지 요소로 압축해서 시로 표현하였다. 첫째, 왜 변변치 못한 김성립의 아내가 되었을까. 둘째, 왜 여자로 태어났을까. 셋째, 왜 조선에서 태어났을까 였다. 이러한 고민 속에 살면서 훌륭한 문학작품을 남겼지만 허난설헌은 조선사회와 타협하지 못한 채 결국 이른 나이에 세상을 등지고 말았다.

조선시대 여성들 중에서 가장 많은 특권을 누리며 살았던 왕비들도 예외는 아니었다. 오히려 더 많은 구속과 억압을 강요받았는지도 모른다. 조선시대 여성은 계층별로 왕비·후궁들을 비롯한 왕실 여성, 양반 관료들의 부인인 양반층 여성, 대부분이 농민 여성인 양인여성, 기생·무녀·의녀 등 특수층 여성, 주인에게 예속된 노비를 중심으로 한 천인여성들로 구분할 수 있는데, 이들의 삶은 계층에 따라 조금씩의 차이는 있었지만 유교적 여성관에서는 그 누구도 자유로울 수 없었다. 그 중에서도 가장 철저하게 유교적 여성관을 신봉해야 했던 계층은 왕비들이었다.

최근 들어 조선시대 왕비들의 삶에 대해서 연구가 이루어지고 있는 편이지만 여전히 TV 사극이나 역사소설 등의 소재로서만 다루어지고 있는 실정이다. TV 사극이나 역사소설 등에 등장하는 왕비들은 극적인 인생을 살다간 몇몇 한정된 인물에 지나지 않는다. 뿐만 아니라 이들을 다룰 때 극적인 재미를 더하기 위해 구중궁궐에서의 암투와 질시에 초점을 맞추는 경향이 강했다. 그 결과 왕비의 존재는 한 나라의 국모라는 이미지보다는 감칠맛을 더해주는 양념의 역할에 그치고 있다. 그래서인지 으레 왕비하면 친정 집안 세력을 대동하여 온갖 술수를 꾸미는 못된 여자 혹은 왕에게서 버림받은 비련의 여자로서의 이미지를 떠올리는 경우가 많다. 조선시대의 대표적 기록인 《조선왕조실록》도 철저하게 유교적인 이념에 의해서 왕비들을 평가해 놓았다.

험난한 정치 세계에서 유교적인 여성관을 교육받고 자란 왕비들의 삶은 순탄하지 않았다. 생존하기 위해서는 남성들과 정치게임을 해야 했을 뿐더러 어떤 경우에는 같은 여성과도 마찬가지였다. 이 게임에서 패배한 왕비들은 폐비가 되기도 했고 자신의 친정 집안까지도 멸문으로 이끌게 되는 경우가 허다했다.

유교적 여성관에 순종하지 않으면 즉각적으로 마녀사냥의 희생자가 될 수밖에 없었으며, 생존하기 위해서 남성들보다 훨씬 더 기민하게 지지세력을 만들어내고 권력을 휘두를 수밖에 없었던 조선의 왕비들. 오늘을 살아가고 있는 우리들은 과거 5백년 동안 조선 정치 세계에서 위태롭게 삶을 영위했던 왕비들을 통해 무엇을 배울 수

있을 것인가?

　그래서 나는 조선왕조 5백 년 동안 추존되거나 책봉되었던 왕비들을 찾아 조선 여행을 떠나보기로 하였다. 추존되었거나 책봉되었던 왕비는 총 44위에 이른다. 그런데 문자에서 소외된 왕비들은 자신들의 기록을 제대로 남길 수 없었다. 따라서 이 책에서는 어느 정도 자료가 남아 있는 왕비들을 중심으로 30명을 선별하여 이들의 정치적인 삶을 살펴보았다. 저마다 독특한 이력을 가진 조선시대 왕비들이 정치세계에서 자신의 삶을 어떻게 운영해갔는지를 살펴보는 것은 오늘날 우리 여성들이 자신의 삶을 성찰하고 어떻게 운영할 것인가를 생각해 볼 수 있는 기회가 되리라고 믿는다.

　책의 구성은 시대적인 특성을 고려하여 총 4시기로 구분하였다. 첫 번째, 조선 개국의 동지 혹은 동반자였으나 점차 왕비들이 국정에서 어떻게 배제되어갔는지를 다루었다. 두 번째, 유교적 이념이 체계화되어 가는 가운데 왕비들은 왕실 속에서 어떤 삶을 살았는가. 세 번째, 조선 왕조가 안정되어 가면서 조선의 왕비들은 정치세력과 어떻게 관계를 맺었는가. 그리고 마지막으로 국정을 주도하게 된 왕비들이 어떤 전략과 전술을 통해서 이러한 기회를 얻게 되었는가를 꼼꼼하게 짚어보았다. 왕비들의 삶에 대한 이해를 더 쉽게 할 수 있도록 시대적인 변화와 함께 조선 여성들의 전체적인 생활과 지위는 어떻게 변해갔는지도 각 시기에 따라 설명하였다.

　이 책을 완성하기까지 조선시대를 연구하는 연구자 여러분들의 많은 도움을 받았다. 일일이 각주를 달아 도움 받은 것을 알려야 함에도 불구하고, 이 책이 대중을 대상으로 한 교양서인 관계로 생략하였다. 〈참고문헌〉으로만 명기한 것에 대해 널리 양해를 구한다. 그리고 이 책을 서술하는 과정에서 연구자들의 저서와 논문에 대해 잘못 인용하고 해석한 것은 모두 필자의 능력 부족으로 일어난 일이기 때문에 필자의 책임임을 밝힌다.

2008년 연구실에서
윤정란

| 목 차 |

IV. 국정을 주도하는 왕비들

조선왕조 5백 년을 지배한 유교사상이 여성들에게 일방적으로 강요한 것은 남녀유별과 열녀사상이었다. 여성들은 오로지 가정만을 지켜야할 뿐 국정은 물론 사회생활조차 참여할 수 없었다. 또한 한 번 혼인한 여성은 다시 재혼하지 못하도록 강제로 규제하기도 했다. 그러나 개국 초만 해도 고려의 풍습이 강하게 남아 있었기 때문에 유교적 여성관은 제대로 지켜지지 않았다. 과부재가금지라는 제도 아래서도 두 번 이상 혼인한 어머니를 둔 공신들이 많았다. 여전히 여성들은 이혼을 한 후 여러 번 재혼을 하기도 했던 것이다. 당시 여성들의 권한이 나름대로 자유로울 수 있었던 것은 혼인제도와 상속제도의 영향 때문이었다. 그 당시만 해도 예전부터 내려오는 풍습에 따라 혼인한 후 사위가 오랜 기간 동안 처가에서 생활하는 남귀여가혼(男歸女家婚)이 지배적이었다. 고려 때는 혼인 후에 10년 이상 처가살이를 하는 경우도 있었으니, 조선 전기까지 그 영향이 그대로 남아 있었던 모양이다. 이와 같은 혼인풍습은 자연히 처가 쪽에 비중을 더 두었기 때문에 여성의 지위가 높아질 수밖에 없었다. 또한 당시에는 재산상속과 제사봉사에서도 남녀구별을 두지 않았다. 재산은 모든 자녀가 똑같이 상속을 받았다. 제사의 경우도 아들 딸 예외 없이 모든 자녀들이 돌아가며 모시는 윤회봉사(輪廻奉祀)와 재산상속 등에서 특혜를 받은 한 자녀만이 모시는 분담봉사(分擔奉祀)가 원칙이었다. 이것 역시 고려의 풍습이 그대로 지속되었기 때문이다. 고려 때는 사람이 죽으면 화장하거나 습골(拾骨)해서 불사에 안치하고 불교의식대로 제를 올렸다. 그래서 굳이 적장자가 나설 필요는 없었으며 오히려 여성들이 제를 주도하는 경우도 많았다. 이처럼 혼인이나 상속제도에서 여성들이 남성들과 동등한 지위를 확보하고 있었기 때문에 조선 사대부들의 정책이 제대로 적용되지 못했다. 유교적 여성관을 사회 전체적으로 확산시키려 하였지만 현실적으로 무리가 따랐다. 그래서 가장 먼저 그 적용대상이 된 것이 왕비들이었고, 이들은 조선의 기반확립을 위해 희생양이 될 수밖에 없었다. 왕비들은 조선의 개국과 개국 초기 체제 확립에 많은 공을 세웠다. 그러나 국정에서는 배제되었다. 조선이 강력한 유교적 가부장 체제를 표방했기 때문이었다.

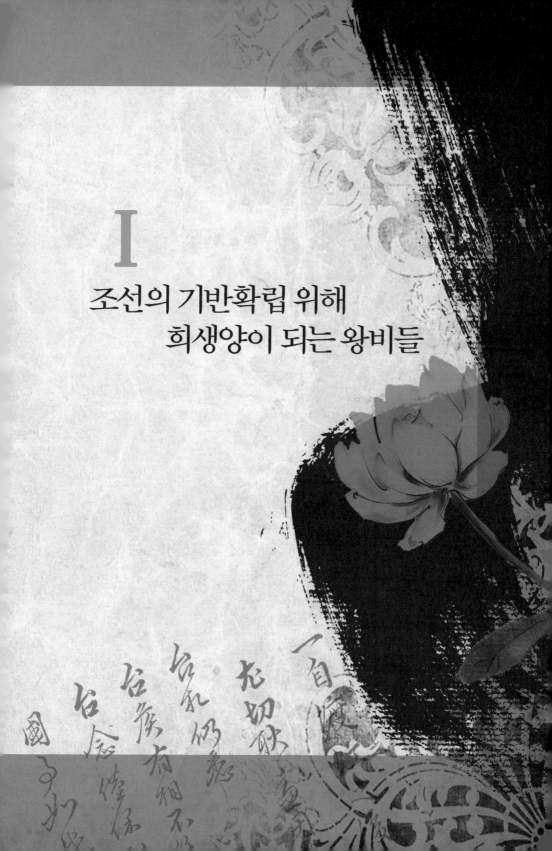

I

조선의 기반확립 위해
희생양이 되는 왕비들

신덕왕후 강씨

조선 최초의 왕비, 명예를 회복하다

10월이어서 그런지 해도 짧았다. 햇살 아래 소란스럽고 북적대던 궁궐 안도 점차 어둠에 잠겨 버렸다. 고요함에 젖어가는 궁궐 안에는 스산한 바람만 소리 없이 맴돌고 있었다. 흥천사에서 저녁상식을 알리는 종소리가 태조 이성계(李成桂)의 침실로 바람결에 실려 왔다. 종소리를 들었지만 이성계는 쉽게 잠이 오지 않았다. 흥천사를 건립한 후부터 저녁상식을 알리는 종소리가 들려와야 잠자리에 들 수 있었다. 흥천사는 신하들의 주청에 따라 아내 강비(康妃, 신덕왕후 강씨)를 기리기 위해 지은 절이었다. 사실 이 절은 강씨보다는 이성계 자신의 아픈 가슴을 위로하기 위해 지었다고 하는 것이 더 적절할지 모른다.

강씨가 세상을 떠난 지도 벌써 1년이 흘렀다. 이성계는 오늘밤 강씨 생각이 더욱 간절하였다. 조선을 건국하기 위해 불철주야 뛰어다니던 시절, 수많은 고비들이 있을 때마다 강씨가 곁에 있어 모든 일을 잘 극복할 수 있었다.

태조의 첫째 부인 신의왕후 한씨

태조 이성계에게는 두 명의 정실부인이 있었다. 조선시대에는 일부일 저제가 법제화되어 있었기 때문에 뒤에 맞이하는 부인은 첩이 되는 것이 상례였다. 이성계가 두 명의 부인을 둘 수 있었던 것은 고려시대의 관습을 따른 결과였다. 고려시대는 일부다처제가 법제화되어 있었기 때문에 남자가 높은 관직에 올라 개경으로 가게 되면 형편에 따라 또 한 명의 정실부인을 맞이할 수 있었다. 이를 개경에 있는 아내라고 하여 경처(京妻)라 불렀다. 반면 시골에서 젊었을 때부터 동고동락을 했던 아내를 향처(鄕妻)라 불렀다. 향처는 대부분 경처보다 나이도 많고 시골에서 살았기 때문에 여러 면에서 돋보이지 못했다. 뿐만 아니라 가정을 세우느라 온갖 고초와 함께 남편 뒷바라지로 일생을 보냈다. 따라서 남자의 마음은 자연히 젊은 경처에게로 더 많이 기울어지기 마련이었다. 경처는 향처가 일구어 놓은 것들을 쉽게 차지해 버렸기 때문에 결국 둘 사이는 나빠질 수밖에 없었다.

이와 같이 이성계에게는 향처와 경처, 즉 두 명의 부인이 있었다. 그중 향처는 신의왕후(神懿王后) 한씨이며 경처는 신덕왕후(神德王后) 강씨이다. 한씨는 이성계보다 두 살 연하로 고려 동북지방 영흥에서 안천부원군 안변(청주) 한씨 한경과 삼한국대부인 삭녕 신씨의 딸로 태어났다. 그녀의 본관인 안변에는 남쪽으로 풍류산이 있었는데, 이곳은 한씨의 조상 3대가 묻힌 곳이다. 이 산의 원래 이름은 청학산인데 풍류산으로 부르게 된 이유는 한씨가 태어날 때 풍류소리가 3년 동안 끊이지 않고 계속되었기 때문이라고 한다. 물론 이 이야기는 한씨가 조선을 개국한 이성계에게 어울리는 배필감이라는 신성성을 나타내기 위한 것으로 보인다. 그러나 이러한 신성성에 비해 실제 안변 한씨 집안은 중앙정계와는

태조 어진 권오창

무관한 함경도 안변 일대의 한미한 가문에 지나지 않았다.

한씨는 15세 되던 해에 신분이 엇비슷했던 호족(豪族, 부유하고 세력이 강한 집안) 출신의 이성계와 혼인하면서 함흥 운전리에서 살게 되었다. 한씨는 6남 2녀를 두었는데, 아들 첫째 진안대군 방우, 둘째 영안대군 방과(훗날 정종), 셋째 익안대군 방의, 넷째 회안대군 방간, 다섯째 정안대군 방원(훗날 태종), 여섯째 덕안대군 방연 그리고 딸 경신공주와 경선공주이다.

이성계가 동북면병마사로 있을 때, 삼선·삼개(三善·三介)의 난을 진압하여 봉익대부 밀직부사에 오르게 되자 한씨는 원신택주로 봉해졌다. 삼선·삼개는 고려 공민왕 때 여진족의 장수들이었다. 원래는 이성계의 조부인 춘(椿)의 외손자였지만 여진 땅에서 자라 장수가 되었던 것이다. 동북면병마사였던 이성계가 서북면으로 원정 나갔을 때를 틈타 이들이 여진족을 이끌고 홀면, 삼살 그리고 함주 등을 함락시켰다. 이곳을 지키던 수장 전이도와 이희가 군사를 버리고 달아나자 도지휘사 한방신과 병마사 김귀가 이들을 격퇴하기 위해 군사를 이끌고 갔으나 모두 패배하고 겨우 철관에서 방어를 하고 있었다. 이때 서북면에서 최유의 침입을 격퇴한 이성계가 군사를 이끌고 철관으로 돌아와 한방신, 김귀와 합류하여 삼선과 삼개를 격파하고 화주 이북 땅을 모두 회복하였다. 이를 삼선·삼개의 난(공민왕 13년)이라고 한다.

한씨는 우왕이 통치하던 시절, 이성계가 위화도회군을 할 때 포천의 재벽동에 거주하다가 동북면으로 피난을 가기도 하였다. 이때 아들 방원이 한씨를 모시고 다녔다. 위화도는 압록강 하류 의주군 위화면에 속하는 섬으로서 중지도라고도 한다. 조선 초기에 어적, 검동과 함께 삼도라 하여 경작을 하기도 했으나, 세조 5년(1459) 건주여진이라 불리는 여진족의 습격을 받은 이후 금지되었다.

위화도는 이성계가 조선을 건국하는데 결정적인 계기가 된 섬으로 유명하다. 당시 명나라는 고려에 무리한 공물을 요구해왔다. 설상가상 우왕 14년(1388) 명나라가 철령위를 설치해 철령 이북 땅을 요동도사 관할 아래 두겠다고 통고하자 고려는 크게 반발하여 요동정벌을 계획하였다. 그해 이성계가 요동을 정벌하기 위해 군사를 이끌고 위화도에 이른 후 전세가 불리한 것을 알고 개경으로 돌아왔는데, 이 사건이 위화도회군이다. 이성계는 요동정벌이 시기상 너무 적절하지 않다며 우왕에게 상소하였지만, 당시 실세였던 명장 최영 등이 받아들이지 않아 결국 출정하게 되었던 것이다. 출정군은 5월 압록강 하류 위화도에 진군하였으나 큰 비를 만나 강물이 범람하고 많은 부상자가 발생하여 더 이상 진군할 수가 없었다. 이성계는 좌군도통사 조민수에게 다음과 같은 네 가지 이유를 들어 진군하지 말 것을 건의하였다.

첫째, 작은 나라로써 큰 나라를 거스르는 것은 옳지 않다. 둘째, 여름철에 군사를 동원하는 것은 옳지 않다. 셋째, 온 나라의 군사를 동원해 원정을 하면 왜적이 침범할 염려가 있다. 넷째, 장마철이라 활이 제 기능을 못하고 군사들도 전염병에 시달릴 염려가 있다는 4불가론(四不可論)을 주장하며 회군하겠다는 상소를 올렸다. 그러나 팔도도통사로 있던 최영과 우왕은 이를 허락하지 않고 계속 진군하라는 명령만 내렸다. 이렇게 되자 이성계는 회군을 결심하고 5월 22일 개경으로 진격하였다. 서경에 있던 우왕과 최영은 개경으로 급히 귀경하여 공격을 가하였으나 실패하고 말았다. 이성계와 조민수는 우왕을 폐위 후 강화도로 추방하고 최영은 고봉(현 경기도 고양시)으로 유배하였다가 처형하였다. 이성계의 위화도회군은 신·구 세력을 교체하는 하나의 교두보가 되었으며 조선을 건국하는 주춧돌이 되었다. 정권교체가 이루어진 것이다.

한편 향처 한씨는 공양왕 3년(1391) 정국의 동요에 상심하다 병을 얻어 55세에 세상을 떠났다. 그녀의 장례식은 해풍군 치속촌에서 치러졌다.

한씨는 조선왕조가 개국되기 10개월 전에 죽었기 때문에 왕후 노릇은 하지 못했다. 하지만 조선 개국 다음날인 7월 17일 시호를 절비(節妃)라 추존하고 능호를 제릉이라 하였다. 그 후 조선의 2대 왕인 정종(방과)이 즉위한 해에 절비 한씨를 신의태왕후(神懿太王后)로 추존하였다. 신의태 왕후의 묘호는 숙종 때 학자 송시열이 잘못된 것이라 상소를 올려 신의 왕후로 격하되었다.

이성계의 첫 배필이면서 많은 소생을 두었던 한씨는 결국 조선의 첫 왕후로서의 영화는 누리지 못했다. 애써 내조한 대가도 결국 강씨의 몫 으로 돌아갔지만, 그에 대한 보상은 이후 아들 방원이 이루어 준다.

정략결혼으로 만난 강씨와 이성계

신덕왕후 강씨는 황해도 곡산에서 상산부원군 곡산(신천) 강씨 강윤성 과 진산부부인 진주 강씨의 딸로 태어났다. 강씨의 본관인 곡산 강씨 가 문은 고려시대 때 세력을 떨치던 권문세족이었다. 아버지 강윤성, 숙부 강윤충과 강윤휘는 충혜왕 때 권문세가로서 그 세도를 떨쳤다. 강윤휘 의 아들인 상장군 우(祐)는 이성계의 백부인 쌍성총관부의 쌍성만호 이 자흥의 사위였다. 따라서 이성계와 강씨 집안은 겹사돈관계에 있었다. 강씨의 숙부 강윤충은 충숙왕이 총애하던 신하로서 막강한 세력가였으 며, 충혜왕 때에는 조적란을 평정한 공으로 일등공신이 되었다. 강윤휘 는 충정왕 때 판도사판서를 지냈으며, 강씨의 아버지 윤성은 충혜왕과 충목왕 때 찬성사가 되었다.

고려 후기 권문세력의 배경을 가진 강씨가 이성계의 경처가 된 것은 그 집안 배경이 크게 좌우했던 것으로 볼 수 있다. 기록상으로는 언제 이성계와 혼인을 했는지는 알 수 없지만, 이성계가 동북면에서 용맹을 떨치다가 그 공을 인정받아 개경 정계로 진출하면서 맞이했던 것으로 보인다. 강씨는 이성계보다 21세나 어렸다. 그녀는 이성계와의 사이에 2남 1녀를 두었는데, 첫째 무안대군 방번과 둘째 의안대군 방석 그리고 경순공주이다.

야사에 따르면 강씨는 미모가 뛰어나고 지모(智謀)가 남자들보다 월등했다고 전해진다. 그래서 이성계에게 문제가 있거나 고민이 생기면 허심탄회하게 상의하던 정치적 동지였다고 평한다. 어려운 정치적 고비 때마다 이성계가 잘 극복할 수 있었던 것은 강씨가 옆에 있었기 때문이었다.

강씨는 나이도 어렸고 출중한 지모 덕분에 이성계의 사랑을 독차지할 수 있었다. 조선 개국 후 강씨는 자신의 소생을 후계자로 정할 정도로 입지를 굳혀나갔다. 강씨가 스스로 이 혼인을 선택한 것은 아니었지만 어쨌든 이후에는 자신의 의지대로 삶을 살아가게 된다.

조선 개국의 일등공신 강씨

위화도회군으로 실권을 잡은 이성계와 조민수는 우왕 대신에 누구를 왕위에 앉힐 것인가를 놓고 서로 분란을 일으켰다. 조민수는 우왕의 아들 창왕을 옹립시키고자 했으나 이성계는 창왕은 왕씨가 아닌 신돈의 후손이므로 불가하다고 주장하였다. 그러나 사실 우왕이 신돈의 아들이라는 근거는 확실하지 않다. 《고려사》에 보면 우왕은 신돈의 비첩 반야의 소생으로 기록되어 있다. 신돈은 공민왕의 신임을 받아 개혁정치를 펼치며 권세를 휘두르던 인물이다. 그 권세는 오만방자함에 이르러 왕을 살해하려는 역모까지 획책하게 된다. 하지만 사전에 발각되어 결국 신돈은 수원에 유폐된 뒤 공민왕 때 처형된다. 그런데 《고려사》는 조선

태조의 옥책 국립고궁박물관 소장

개국 이후에 편찬되었으므로 이성계의 조선 개국을 합리화하기 위해 우왕이 신돈의 아들이라고 기록했을 가능성이 더 높다.

조민수는 이색에게 조언을 구해 공민왕의 정비 안씨에게 어새를 맡긴다. 이는 안씨로 하여금 창왕을 옹립하기 위해서였다. 이색은 고려 후기 대학자인 정몽주, 길재와 함께 삼은(三隱) 중의 한 사람이다. 창왕은 우왕 14년(1388) 9세의 어린 나이로 왕위에 올랐으나, 곧 이성계 일파에 의해 우왕과 더불어 왕씨가 아니라 신씨라는 이유로 폐위되어 강화도에 유배되었다가 죽는다. 이성계는 정몽주 등과 함께 폐가입진(廢假立眞), 즉 가짜를 폐하고 진짜를 세운다는 논리로 고려 20대 왕인 신종의 7대손 정원부원군 균(鈞)의 아들인 정창군 요(瑤)를 옹립시킨다. 창왕을 세운 조민수는 대사헌 조준에게 탄핵을 받아 창녕으로 유배된다. 조민수를 제거한 이성계 일파는 공양왕을 내세워 우왕과 창왕을 모두 죽이고 권력의 중추세력이 된다.

그러나 이성계가 최고 권좌에 오르기 위해서는 넘어야 할 산이 하나 더 있었다. 바로 성리학에 능통한 정몽주라는 인물이었다. 그는 5부 학당과 향교를 설치하여 유학을 진흥시킨 고려 후기 개혁가였다. 이성계가 역성혁명을 통해 고려를 전복하려 한 역성혁명파라면, 그는 고려체제를 보존한 채 내부의 개혁을 주장한 온건개혁파였다. 정몽주는 공양왕을 옹립하고 개혁을 통해 정국의 안정을 도모했다. 그러나 정도전, 조준 그리고 남은 등이 지지하는 이성계의 세력은 점차 커져갔다. 결국 이들이 이성계를 왕으로 추대하려고 하자, 정몽주는 이성계를 제거하기로 결심한다.

공양왕 4년(1392) 3월, 명나라에서 돌아오는 세자를 마중나갔던 이성계가 황해도 해주에서 사냥을 하다가 낙마로 부상당해 벽란도에 머물 때, 정몽주는 이성계를 제거할 기회라고 판단하고 공양왕에게 상소를 올렸다.

정도전을 비롯한 역성혁명파의 주도 인물들을 탄핵하였다. 정도전은 감금시키고 조준, 남은, 윤소종 등은 귀양보냈다. 이성계는 정몽주가 자신을 죽이려 한다는 사실을 방원에게 듣고 급히 개경 집으로 향했다. 이때 방원은 한씨가 죽은 뒤 묘막을 짓고 3년상을 치르고 있던 중이었다. 강씨의 부름을 받고 개경으로 왔던 방원은 급히 해주로 가서 아버지 이성계를 집으로 모셨던 것이다. 이성계는 일촉즉발의 위기에서 목숨을 구할 수 있었다. 거사에 실패한 정몽주는 공양왕에게 이성계를 죽일 수 있도록 주청을 올렸다. 하지만 유약한 공양왕이 허락하지 않자 정몽주는 단독으로 이성계를 죽이려 하였다. 이름뿐인 왕에게 허락을 받는 것은 형식에 불과한 일이었고, 이성계를 없애야만 고려왕조가 유지될 것이라는 믿음에는 변함이 없었다.

정몽주는 병문안을 가장한 채 그해 4월 이성계를 찾아갔다. 그런데 정몽주의 계략을 꿰뚫고 있던 방원은 이성계 옆을 떠나지 않았다. 함께 술을 마시던 방원은 정몽주의 마음을 떠보기 시작했다. 지금의 실세는 이성계 쪽으로 기울었으니 함께 거사를 도모하자는 내용을 담아낸 '하여가'를 정몽주에게 보였다. 이에 정몽주는 고려왕조에 대한 자신의 충절을 결코 굽힐 수 없다는 '단심가'를 방원에게 답가로 주었다.

정몽주의 마음을 읽어낸 방원은 그가 거사의 큰 걸림돌임을 재확인하고는 살해하기로 결심한다. 술에 취한 정몽주가 하늘마저 고려왕조를 버렸다는 시름에 젖은 채 비틀거리며 선죽교(현 북한 개성시 위치)를 막 지나려고 할 때였다. 방원이 보낸 자객 조영규가 나타나 철퇴로 그의 머리를 내리쳤다. 고려왕조 멸망의 흔적인 듯 정몽주의 머리에서 피가 솟구쳤다. 이때 정몽주의 나이 56세였다. 현재 선죽교에는 실제 붉은 반점이 있는데 이를 정몽주가 흘린 핏자국으로 보는 이들도 있다. 또한 선죽교 옆 비각에는 정몽주의 사적을 새긴 비석 두 개가 남아 있다. 정몽주가 죽은 뒤 13년이 지난 태종 5년(1405) 이방원은 그를 영의정에 추증, 익양부원군에 추봉하고 문충(文忠)이라는 시호를 내렸다.

강씨와 방원은 정몽주를 죽이는데 결정적인 역할을 한 셈이었다. 야사에 의하면 이때 강씨의 재빠른 판단력으로 이성계의 마지막 정적인 정몽주를 제거할 수 있었던 것으로 나와 있다. 이때 이성계가 방원에게 왜 대신을 함부로 죽였느냐며 꾸짖자 강씨가 적극적으로 나서서 이를 무마시켰다. 개국이란 목적을 위해 수단을 가리지 않는 대담성을 보여주었다.

정적을 모두 일소한 이성계는 공양왕을 덕이 없고 어리석다는 이유로 공양군으로 강등해 강원도 원주로 유배시켰다. 그리고 아들 방원과 정도전, 조준, 남은 등의 추대로 왕위에 올랐다. 고려의 마지막 왕이었던 공양왕은 원주, 간성 등지를 떠돌다 태조 3년(1394) 삼척에서 살해되었다. 이로써 고려는 475년 만에 멸망하였다.

이성계는 민심의 동요 때문에 국호를 계속 '고려'라 하고 개경을 도읍으로 삼았다. 그러나 곧 민심의 혁신을 위한다는 명목으로 국호의 개정과 천도를 단행하였다. 국호는 '고조선'의 계승자임을 천명하고자 하는 자부심에서 '조선(朝鮮)'으로 정하고 태조 2년(1393)부터 사용하였다. 또 정도전과 무학대사의 건의를 수용해 왕도(王都)를 옮길 계획을 세웠다.

다음해인 태조 3년 7월, 어느 정도 정치기반이 마련되자 중신들과의 논의 후 새 도읍지를 한양(漢陽)으로 결정하고 궁궐을 완성하기도 전인 10월 천도를 단행하였다. 한양은 태조 4년(1395)부터 한성(漢城)으로 불리게 된다. 강씨도 조선 개국 후 현비(賢妃, 왕의 비에게 주던 종1품 봉작)로 책봉되어 조선의 첫 왕후로서 새로운 삶을 누리게 되었다. 이성계가 정계의 일인자로 추대될 수 있었던 것은 주위 지지자들의 도움이 컸지만 그 중에서도 강씨의 예리한 상황판단이 가장 큰 도움이 되었다. 강씨는 이성계가 갖지 못한 수완을 발휘함으로써 조선 개국의 일등공신이 될 수 있었다.

정도전과의 정치적 연대 - 아들 방석을 후계자로

왕후의 자리에 오른 강씨는 자신의 앞날을 위해 둘째 아들 의안대군 방석이 왕세자로 책봉되기를 염원했다. 한씨 소생의 아들이 왕세자가 된다면 이성계가 죽고 난 뒤 자신은 밀려날 수밖에 없기 때문이었다. 또한 개국일등공신인 방원이 자신의 소생들을 가만두지 않을 것은 자명했다.

한편 조선을 건국했을 때 태조 이성계의 나이는 이미 58세였다. 빨리 후계자를 정하지 않으면 큰 분란이 생길 수도 있었다. 아직 왕조의 기틀이 제대로 잡혀지지 않은 상황에서 무슨 일이 벌어질지 아무도 알 수 없었다.

세자로는 적장자인 진안대군 방우가 마땅히 책봉되어야 했으나 그는 한양에 없었다. 그는 자신이 고려왕조에서 녹을 먹은 관리이기 때문에 절대로 배신할 수 없다는 입장이었으며 아버지 이성계의 역성혁명을 지지하지도 않았다. 그래서 그는 해주에 머물면서 세상을 한탄하며 술로 달래다 태조 2년(1393) 지병으로 40세의 일기를 마쳤다.

신덕왕후 강씨 도장과 어보

어보를 넣는 내함과 외함
국립고궁박물관 소장

   강씨는 당시 분위기나 태조 이성계를 보아 응당 자신의 소생인 방번과 방석 중에서 한 명이 세자로 책봉될 것으로 믿고 있었다.

   태조는 왕세자책봉을 결정하기 위해 개국공신인 배극렴, 정도전, 조준 등을 불러 의견을 물었다. 배극렴과 조준은 조선 건국에 결정적인 역할을 했던 방원을 염두에 두고 다음과 같이 세자책봉의 원칙을 내놓았다.

   "시국이 평온할 때는 적자를 세우고 세상이 어지러울 때는 공 있는 자를 세워야 합니다."

   당시는 개국 초의 비상시국이므로 이는 결국 방원을 세자로 책봉해야 한다는 말이었다. 그러나 이러한 주청은 강씨의 정치력에 의해 무산되었다. 태조와 신하들이 세자책봉에 대한 문제를 논의할 때 옆방에서 강씨가 이를 듣고 있었다. 그녀는 신하들이 방원을 지지하자 갑자기 울음을 터뜨렸는데 그 소리가 밖에까지 들렸다고 한다. 강씨는 태조에게 자신의 소생을 세자로 삼아달라고 간청했다. 이때 강씨를 지지하고 나선 인물이 정계의 실력자였던 정도전이었다. 정도전은 개국일등공신인 방원이 왕위에 오를 경우 강력한 왕권을 행사할 것을 우려하고 있었다. 정도전은 재상중심체제(의원내각제)의 지지자인 반면에, 방원은 강력한 왕권을 내세우는 인물이었다. 정도전은 재상중심체제를 유지하기 위해서 강씨의 소생인 방번을 세자로 옹립하고 나섰다. 태조도 속으로는 강씨의 첫아들인 방번을 염두에 두고 있었을 뿐더러 자신이 극진히 사랑하는 강씨의 청을 물리칠 수도 없는 입장이었다.

이후에 다시 왕세자책봉을 둘러싸고 태조와 신하들 간에 논쟁이 있었지만, 왕세자로 적자를 세워야 한다고 주장하는 사람들은 더 이상 없었다. 다만 방번과 방석 중에 누구를 왕세자로 책봉했으면 좋겠느냐는 것이 의논의 주제였다. 신하들은 방번보다는 방석이 더 낫다고 주청하였다.

"방번은 사람됨이 광패합니다. 막내 왕자 방석을 세자로 세우는 것이 좋을 듯하옵니다."

이 의견에 모두 찬성하여 태조 7년(1398) 11세의 방석이 왕세자로 책봉되었다. 이 모든 것은 강씨의 정치력에 의한 결과였다. 왕위를 넘보고 있던 방원으로서는 도저히 납득할 수 없는 일이었다. 실제적으로 조선 건국에 결정적인 역할을 한 것은 방원이라고도 할 수 있었다. 이러한 정책결정은 이후 방원이 제1차 왕자의 난을 일으킨 요인이 되었다.

태조 이성계는 뛰어난 장군이었음에도 불구하고 강씨를 사랑하는 마음에 어쩔 수 없이 원칙 없는 세자책봉을 받아들이고 말았다. 이 일은 결국 강씨가 죽은 뒤 그녀가 서모(庶母, 아버지의 첩)로 강등되는 결과를 가져왔다. 또한 그녀의 소생인 방번과 방석 그리고 경순공주를 죽음의 길로 들어서게 만들었다.

사후 3백 년 뒤에 회복된 정비 자리

강씨는 자신의 행복이 계속될 줄만 알고 있었다. 그러나 조선이 개국되어 왕비의 자리에 오른 지 만 4년 만에 그만 유명을 달리하고 말았다. 야사에 의하면, 방원이 화를 부추긴 것에 병을 얻어 괴로워하다 죽었다고도 한다.

세자로 책봉된 방석은 평소 어른스럽지 못하다는 꾸지람을 어머니 강씨에게서 자주 들어 주눅 들어 있었다. 강씨는 한씨 소생 방원을 겉으로는 미워했지만 사실 속으로는 대견스럽게 생각하고 있던 터였다. 방석이 방원처럼 출중한 면을 보이지 못해 늘 불만이었다. 방석 역시 강씨가 자신을 인정해 주지 않는다는 사실이 못마땅했다. 그래서 어느 날 자신이 이제는 다 큰 어른임을 보여주기 위해 대낮에 궁궐 밖의 기생을 불러들이는 사건을 벌였다. 이 사실을 알게 된 방원이 북과 장구를 치며 곧바로 태조를 찾아갔다. 북과 장구를 쳤던 것은 궁궐을 놀이터로 삼아 굿이나 하라는 의미였다. 방원에 의해 세자 방석의 어리석음을 알게 된 태조는 강씨를 추궁하였다. 강씨는 방원에 대한 증오를 참지 못하고 그 자리에서 쓰러져 깊은 병이 들었다. 어쨌든 방원과의 갈등이 매우 심했음을 알 수 있다.

태조 5년(1396) 8월, 강씨의 병이 위독하게 되자 판내시부사 이득분의 집으로 옮겨 치료하게 되었다. 62세의 태조는 그곳을 찾아가 위로하고 쾌유하기를 빌었다. 이득분은 원래 고려의 환관으로 우왕 때 관청의 토지를 자기 소유로 만들어 부를 축적한 인물이다. 잠시 계림으로 추방되었지만 조선왕조가 들어서자 다시 내시부의 책임자로 기용되었다. 이득분의 예를 통해 고려 후기 환관들 대부분은 그대로 조선왕조로 넘어왔음을 짐작할 수 있다. 그러나 강씨의 병은 더욱 악화되어 결국 회복하지

흥천사 극락보전

못한 채 41세의 나이로 세상을 떠났다. 태조는 슬픔을 이기지 못하고 앞으로는 자신을 도와줄 사람이 없다며 애통해했다.

"내가 사가(私家, 일반 개인의 살림집)에 있을 때 조정과 외방에 일이 많았고 나라를 세우는 날까지 오직 부인의 내조가 참으로 많았소. 그리고 왕위에 오른 뒤에도 역시 부지런히 보살피며 바르게 간언하여 도움이 많았는데 갑자기 세상을 떠나니 잠언을 들을 길이 없소."

태조는 속을 털어 놓고 상의하던 진정한 벗과 같은 존재가 떠났다고 생각했던 것이다. 태조는 강씨를 잊지 못해 친히 묏자리를 찾아다녔다. 안암동과 행주로 정했으나 물이 나와서 중단하고 한성부 서부 취현방(현 서울시 중구 정동)으로 결정하였다. 그리고 강씨의 존호를 신덕왕후로 정하고 능을 정릉(貞陵)이라 하였다. 조준, 김사형 등은 능지가 매우 좋다며 다음과 같은 말을 태조에게 상주하였다.

"현비는 내조의 공이 많은 왕후이옵니다. 공신 한 사람을 수릉관으로 두어 삼년상 때까지 지키도록 하옵소서. 그리고 공신이 능을 지키는 것을 항식(恒式)으로 다루도록 하옵소서."

태조는 신하들이 주청한 공신수릉제를 받아들여 공신 안평군 이서(李舒)를 수릉관으로 정하였다. 이서는 수릉관으로서 3년 동안 능을 지켰다. 태조는 강씨의 명복을 빌어주기 위하여 능 옆에 조그만 암자를 지어 조석으로 향기로운 차를 바쳤다. 그런데 환관 김사행이 그런 작은 암자로 신덕왕후의 업적을 기리기에는 부족하며 후세에도 널리 모든 사람들이 우러를 수 있도록 웅장하게 지어야 한다고 권유하였다. 이에 태조도 찬성을 했다. 그래서 지어진 흥천사는 1년간의 공사를 거쳐 태조 6년(1397)에 완공되었다.

태조는 흥천사가 완공되자 조계종의 본산으로 삼고 승려들이 거처할 수 있도록 승당도 만들었다. 그리고 흥천사 조성기를 권근에게 짓게 하였다. 이 절은 연산군 10년(1504) 화재로 전각이 소실되고, 중종 5년(1510) 역시 화재로 완전히 폐허가 되었다. 그 전인 세조 7년(1461)에 큰 종을 만들어 기증한 일이 있었는데, 현재는 이 종만 경운궁에 보관되어 있다.

강씨가 죽고 난 뒤 태조는 허전함을 달래고자 전 밀직 류준의 딸을 후궁으로 삼았으나 소용이 없었다. 강씨를 잊지 못하던 태조는 흥천사가 건립되자 이때부터 능과 절을 돌아보는 것으로 낙을 삼았다. 능과 절을 돌아보고 저녁에는 강씨의 소생들과 함께 시간을 보냈다. 그리고 흥천사에서 상식을 알리는 종소리가 들려야 비로소 잠자리에 들 수 있었다. 또한 강씨의 명복을 비는 불경소리가 들린 후에야 수라상 앞에 앉을 정도로 태조는 그녀를 잊지 못했고 쓸쓸함에 젖어 있었다.

그러나 태조가 죽은 후 강씨와 그녀의 소생을 받드는 일은 사라지게 되었다. 강씨를 원수처럼 생각하던 방원이 왕위에 오르면서 취한 정책 때문이었다. 방원은 그녀가 왕비로 대접받는 일을 더 이상 두고 볼 수만은 없었다. 태조의 정비는 오직 자신의 어머니 한씨뿐이고 강씨는 서모에 지나지 않는다고 생각했다. 그런 서모가 아버지인 태조를 이용해 자신의 형제를 내쳤다고 생각하자 도저히 용서할 수 없었다.

태종 이방원은 태종 9년(1409) 강씨의 묘를 사대문 밖인 경기도 양주군 성북면 사한리(현 서울시 성북구 정릉동)로 이장하였다. 옛 제왕의 능묘가 모두 도성 밖에 있기에 정릉이 성 안에 있는 것은 적절치 못하다는 의정부의 주청을 받아들이는 형식을 취했다. 사신들이 묵는 관사와 인접하다는 이유도 들었는데 사실 이는 태종의 의지에서 비롯된 것이었다. 태종은 묘의 봉분을 완전히 깎아 무덤의 흔적조차 남기지 않게 하고 정자각은 헐어버리도록 명했다. 다음해 홍수로 광통교가 무너지자 파헤쳐진 정릉의 병풍석과 난간석을 보수하는데 사용하기도 하였다.

이장이 끝나자 왕비의 제례를 폐지하고 봄과 가을 중월제로 격하시켰다. 태종 12년(1412)에는 강씨의 제사를 서모나 형수의 기신제 예에 따라 3품관으로 대행하게 하였다. 그로부터 2백 년 후인 선조 14년(1581) 3사(사간원, 사헌부, 홍문관)에서 신덕왕후의 시호와 존호를 복구하고 정릉을 회복하자는 논의가 있었다. '태조의 건원릉비(健元陵碑)에 신의, 신덕이 열거되어 있고 강씨가 차비(次妃, 두 번째 왕비)로 서술되어 있다. 또한 태조가 정한 강씨의 시책에 칭송이 있다.'는 이유를 들었다. 그런데 그 뜻에 반하여 후대인들이 부묘를 폐하고 능을 옮긴 것은 천리에 어긋나는 일이라고 주장하였다. 하지만 이 논의는 6개월 만에 무산되고 말았다.

그 후 현종 대(代)에 이르러 정통명분주의에 입각한 유교이념이 강조되는 등 예론이 크게 일어나자 강씨의 부묘문제가 다시 대두하였다. 현종 10년(1669) 판중추부사 송시열이 정릉 흥천사 기문(記文)이 갖추어 있음을 지적하면서 신덕왕후를 종묘에 배향해야 한다고 상소를 올렸다.

처음에 현종은 이를 받아들이지 않았다. 그러나 신하들이 계속 이에 대해 상소를 올리자 현종은 강씨를 왕비로 복위시키도록 하였다.

이렇게 해서 서모로 강등된 지 3백 년 만에 강씨는 다시 왕비로 복위될 수 있었다. 고려 권문세족의 딸로 태어나 조선의 첫 왕비가 되어 자신의 아들을 세자로 삼았지만 사후에 세자뿐 아니라 자신 소생의 모든 혈육을 잃은 비운의 왕비였다.

강씨는 비록 자신의 의지로 태조 이성계와 결혼한 것은 아니지만, 그 후에 적극적인 의지로 자신의 영역을 확보해 나가 조선 개국의 일등공신이 될 수 있었다. 또한 자신의 소생을 왕세자로 책봉시키기 위해 정도전과의 정치적 연합도 마다하지 않았다. 그러나 그녀는 단지 첫째 부인이 아닌 둘째 부인으로 들어왔다는 사실로 인해 첩으로까지 강등되는 수모를 겪었다. 조선 사회의 유교적 이념이 체계화되어 가는 과정에서 그녀는 사후 3백 년 동안 정비자리를 회복할 때까지 구천을 떠돌 수밖에 없었다.

元敬王后

원경왕후 민씨

왕자의 난을 성공으로 이끈 지략가, 조선의 여걸

태조 7년(1398) 어둠이 내리기 시작하는 경복궁 근정전 앞, 이방원을 비롯한 한씨 소생의 아들들이 초조한 기색으로 모여 있었다. 음력 8월이라 선선한 가을바람이 높은 하늘의 구름과 어우러져 청명한 계절이 계속되고 있었다. 그런데 이날따라 하늘은 먹구름으로 뒤덮여 지척을 분간하기조차 어려웠다. 다른 날과는 달리 근정전 앞에는 주위를 밝혀주던 등도 달려 있지 않아 차츰 더 칠흑 같은 어둠에 갇혀버렸다. 왕자들은 환후가 깊어진 태조 이성계가 보고 싶어 한다는 부름을 받고 모인 것이다.

근정전 앞에 먼저 도착한 왕자들은 다른 왕자들을 기다리고 있었다. 모두 모여야만 궁궐 안으로 들어갈 수 있다는 명령 때문이었다. 왕자들이 모두 궁궐 안으로 들어왔을 때 몰살시키려는 정도전 일파의 술책이었다. 왕자들은 정계의 실력자인 정도전의 무서운 음모가 숨어 있다는 사실을 까마득히 모르고 있었다. 그러나 방원과 그의 아내 민씨만은 이 음모를 알아차리고 있었다. 그래서 이들 역시도 이날을 거사일로 생각하고 있었던 것이다. 방원은 이 모든 사실을 알면서도 일단 경복궁 근정전에 모습을 보였다. 물론 민씨는 집에서 거사를 일으키기 위한 만반의 준비를 갖추고 있었다.

왕자들이 근정전 앞에서 웅성거리고 있을 때 방원의 종 소근이 말을 끌고 나타났다.

"큰일 났사옵니다. 대군마마! 부부인 아씨께서 별안간 배와 가슴앓이가 일어난 듯하옵니다."

《연려실기술》에 의하면 이때의 거사는 방원이 아닌 민씨와 그녀의 남동생들이 주도한 일이었다. 민씨가 동생 민무질과 모의해 소근을 방원에게 보내 민씨가 갑작스레 심한 복통이 났다고 고했다. 방원은 어쩔 수 없이 집으로 가야겠다며 형들과 동생에게 말했다. 아버님 병환도 중요하지만 갑자기 병이 난 아내를 그대로 둘 수 없다는 것이 그 이유였다. 방원은 말을 타고 집으로 달렸다. 이때 기미를 알아차린 다른 왕자들도 하나 둘씩 방원의 뒤를 따랐다.

집에서 거사를 위한 만반의 준비를 갖추고 있던 민씨는 방원을 반갑게 맞아들였다. 그리고 미리 친정집에 숨겨둔 병기들을 내 주었다. 방원이 궁궐로 향하자 대문 밖까지 따라 나서며 부디 조심하고 또 조심하라는 말을 전하였다. 이날이 바로 방원이 정도전 일파를 제거하기 위해 제1차 왕자의 난을 일으킨 날이었다. 방원의 옆에는 이렇듯 뛰어난 판단력과 대담성을 갖춘 민씨가 지키고 있었다.

이때가 태조 7년(1398) 8월 26로 《태조실록》 당일의 기록과도 비슷하다. 방원은 민씨의 부름에 집으로 돌아가 민씨와 민무질과 논의 후 거사를 결심한 것이다. 거사 장면을 기록한 《태조실록》 일부다.

"정안군이 자신의 집 앞 어귀 군영에 이르러 말을 세우고 이숙번을 불렀다. 곧 이숙번은 두 명의 장사를 거느리고 갑옷 차림으로 나왔다. 익

경복궁 근정전

안군, 상당군, 회안군 부자도 역시 말을 탄 채였고 이거이, 조영무, 신극
례 등도 자리를 함께했다. 이들은 정안군을 추종하는 자인데 이때 민무
구와 민무질과 함께 모두 모이게 되었다. 그러나 기병은 겨우 10명뿐이
고 보졸은 9명뿐이었다. 그러자 부인(민씨)이 준비해 둔 철창 가운데 절
반을 군사들에게 나눠주었다. 여러 왕자의 시중꾼들과 노복들은 10여
명으로 모두 막대기를 쥐었고 소근만이 칼을 쥐고 있었다."

기록에서 보듯 거사에는 민씨의 두 동생과 종인 소근이 주요 역할을
한 셈이다. 이날의 전격적인 거사는 큰 성공으로 끝이 났다. 방원의 거
사를 눈치 채지 못했던 정도전은 남은의 첩 소동의 집에서 남은, 심효
생 등과 술을 마시다 갑작스러운 기습으로 포위당한 채 쫓기다 살해된
다. 방원은 세자 방석과 그의 형 방번을 비롯해 신덕왕후 강씨의 딸 경
순공주와 남편 이제까지 죽인다. 이를 '제1차 왕자의 난' 이라 하시만

당시에는 '태종 정사(定社)'라 불렀다. 거사가 성공한 후 정사공신을 책봉했기 때문이다.

유교 명문가 출신

민씨는 고려 공민왕 14년(1365) 아버지 여흥부원군 여흥 민씨 민제와 어머니 삼한국대부인 순흥 송씨 사이에서 태어났다. 여흥 민씨 가문은 훗날 많은 왕비를 배출한 고려 후기 유교적인 명문가였다. 민제는 공민왕 때 문과에 급제한 후 여러 관직을 거친 후 창왕 때는 개성윤 상의밀직사사에 이르렀다. 고려의 마지막 왕인 공양왕 때는 예문관제학, 예조판서 그리고 한양부윤 등의 벼슬에 올랐다. 민제는 청렴하기로 소문난 학자적 관료로서, 당시 권문세족의 후예이면서도 신흥사대부의 사상인 주자학을 받아들여 그 실천에 힘썼다. 특히 당시 유행하던 불교와 무속에 대항하기 위해 몽둥이를 든 하인과 개가 중과 무당을 쫓는 그림과 잡신을 섬기는 음사(淫祀)를 싫어하여 약으로 병을 구제하는 그림 등을 벽에 붙여두었다고 한다.

조선이 개국된 이후에도 그는 주요 관직을 두루 맡았으며 태종 때에는 여흥부원군에 올랐다. 부원군은 왕의 장인이나 정1품 공신에게 주던 칭호였다. 그는 하륜, 이무, 조호 등과 뜻을 같이 하는 사이였으며 문하생으로 전가식, 조서, 이공의, 옥고 등을 두었다. 예문에 특히 뛰어나 조선의 국가전례를 정하기도 하였다. 태종은 왕위에 오르기 전에 민제를 항상 사부라 부르며 잘 따랐다. 사부는 세자의 교육을 맡아보던 관청, 즉 세자시강원의 으뜸 벼슬인 사(師)와 부(傅)를 지칭했다. 사는 영의정이 겸하였으며 부는 좌의정과 우의정 중에서 한 사람이 겸하였다. 그는 인물됨이 겸손하고 경학에 밝아 태종의 존경을 받았다. 당시는 개국 초기라 권력다툼이 심한 시기였다. 그 소용돌이 속에서 반대파의 모함을 받아 몇 번 죽을 고비가 있었지만 태종의 두터운 신임으로 목숨을 부지할수 있었다. 한편 민씨의 어머니 송씨는 고려 때 종1품에 해당하는 중대광 여량군 송선의 딸이었다. 그녀는 민제와 마찬가지로 온건한 인물로알려져 있다.

이런 배경 속에서 민씨는 정숙하고 지혜로운 여성으로 성장하였다. 그녀가 방원과 백년가약을 맺은 것은 고려 우왕 8년(1382) 18세 되던 해였다. 그때 방원의 나이가 16세였으므로 그녀가 두 살이 더 많은 셈이었다. 이 당시에는 이성계도 일개 토호에서 개경으로 진출한 신흥명문가였으므로 권문세족인 민제 집안과 사돈을 맺는 것이 가능하였다. 이성계는 민제뿐 아니라 여흥 민씨 일문인 민선과도 사돈을 맺었다. 민선은넷째 아들 방간의 장인이 된다. 이렇게 민씨 집안과 겹사돈을 맺음으로써 기반을 다져나가던 이성계는 다른 권문세족들과도 사돈관계를 맺었다. 셋째 방의는 고려 후기 10대 가문의 하나인 철원 최씨 일문과 혼인관계를 맺었다.

민씨는 방원과의 사이에 4남 4녀를 두었다. 첫째 양녕대군, 둘째 효령대군, 셋째 충녕대군, 넷째 성녕대군 그리고 정순, 경정, 경안, 정선공주이다. 민씨는 시어머니 강씨를 모시면서 남편 방원의 심정을 누구보다잘 알고 있었기 때문에 항상 강씨와 티격태격하던 방원을 잘 이해해주는 아내였다. 또한 방원이 하고자 하는 일을 위해 동생 민무구, 민무질과 가깝게 지내며 함께 앞날을 도모하기도 했다.

정치적 내조자

민씨가 이씨 집안의 며느리가 되었을 무렵 시아버지 이성계는 하루가 다르게 고려 조정의 핵심 인물이 되어 갔다. 더구나 이성계가 여러 차례 공신에 책봉된 덕분에 천문학적인 재산을 쌓아 놓은 상태였다. 이후 이 재산은 조선 왕실의 소유가 되어 왕들의 비자금으로 사용되었다고 한다.

민씨가 시집 온 후에 정도전이 이성계를 방문하면서 상황은 급변했다. 정도전이 내세운 명분과 이성계의 무력이 힘을 합친 것이다. 이성계는 새로운 나라 건설에 나섰고 민씨의 남편 방원도 아버지를 도와 개국대열에 뛰어들었다. 이 길은 오랑캐와 싸우는 것과는 전혀 차원이 달랐다. 성공하면 나라를 건설하지만 패하면 가문이 멸망하는 화를 당할 수도 있었으니 민씨도 온 힘을 다해 돕지 않을 수 없었다.

마침내 고려왕조가 멸망하고 조선이 건국되었다(1392). 민씨는 시집온 지 10년 만에 정녕옹주라는 시호를 받았지만, 왕가의 일원이 된 데에 만족하지 않았다. 시아버지 이성계가 신하에서 왕이 된 것처럼 남편 방원이 일개 왕자에서 세자가 된다면 자신은 옹주가 아니라 왕비가 될 수도 있을 것이라 생각했다.

조선 개국 후 정계는 두 파로 양분되어 있었다. 한 파는 정도전을 필두로 재상중심체제를 꿈꾸던 자들이었으며, 다른 한 파는 왕권중심체제를 주장하며 방원을 따르는 무리였다.

정도전은 이성계를 왕으로 추대한 사상가이자 혁명가였다. 그는 군주보다는 국가, 국가보다는 백성이 우위에 있다는 민본사상을 내세웠다. 그래서 모든 국가시설과 법제도가 백성을 위하고 존중하기 위한 것이어야 한다고 주장했다. 통치자의 정당성은 민심을 얻느냐 혹은 얻지 못하느냐에 달려있다고 믿었다. 만일 민심을 얻지 못할 경우는 다른 덕이 있는 자에게 그 통치권을 양도해야 한다는 맹자의 '역성혁명론(易姓革命論)'을 받아들이고 있었다.

그는 이 같은 사상을 통해 직접 역성혁명을 실천하였다. 그리고 군주는 재상과 상의해서 국정을 펼쳐야 하며, 정책결정의 주도권은 재상이 가져야 한다는 재상중심체제를 강력하게 주장하였다. 역성혁명을 통해 조선을 개국한 이후 그는 자신을 중국 한나라의 장량에 비유하였다. 장량은 한나라 고조 유방이 자신을 이용한 것이 아니라 자신이 유방을 이용했다고 한 사람이다. 다시 말해 이성계와 자신과의 관계는 유방과 장량의 관계와 같다는 것이며, 자신의 이상을 실현하기 위해 이성계를 추대했다는 의미이다. 그러나 조선이 개국된 이후 그의 이상대로 정책이 실현되지 않았다.

이성계를 추대했던 50여 명의 신하들은 개국 초 공적에 따라 3등급으로 선별되어 개국공신에 봉해졌다. 이들에게 수십 결 혹은 수백 결의 전답이 지급되었으며 수십 명의 노비가 하사되는 등 많은 혜택이 돌아갔다. 예를 들어 개국일등공신에 봉해진 조준 같은 인물은 부귀를 감당하기 어렵다고 하소연할 정도였다. 뿐만 아니라 이들은 사병(私兵), 즉 군사를 직접 거느려 힘을 비축할 수도 있었다. 그리고 당시 최고 정무기관이었던 도평의사사의 구성원들은 모두 개국공신으로 채워져 있어 그 세력은 날로 비대해져 갔다. 이러한 현실은 정도전이 꿈꾸던 이상국가와는 거리가 멀었다. 그가 꿈꾸어 오던 정부는 재상을 중심으로 하는 피라미드형 체제였다. 그러나 현실은 역피라미드형 체제와 같았기에 정도전은 이를 바로 잡기 위해 개혁의 일선에 나섰다. 일약 최대의 실권자로 군림하게 된 정도전의 개혁과정은 많은 개국공신들을 소외시켰다. 결과적으로 개국공신들의 불만을 낳게 되었다. 이 와중에 방원 또한 소외되고 말았다.

정도전, 남은 등을 중심으로 한 개혁파에 강씨도 합류하였다. 강씨는 이들 정치가들이 이상으로 삼고 있는 재상중심체제가 목표라기보다는 자신의 안전에 대한 보장과 아들 방석을 태조의 후계자로 삼기 위해 지지를 한 것이다. 정도전과 남은 등의 무리도 재상중심체제를 확립하기 위해서는 어린 방석이 필요하다고 생각하였다. 표면상으로 방석을 정점으로 한 재상중심체제를 원하는 무리가 생기게 된 것이다.

한편 방원은 가슴 한 구석에 커다란 한을 품고 있었다. 어머니 한씨가 세상을 떠난 것이 강씨 때문이라고 여기고 있었는데, 설상가상으로 그녀의 적극적인 정치력에 의해 자신마저 세자책봉에서 이복동생인 방석에게 밀려날 위기에 처하고 만 것이다. 큰형인 방우가 당연히 왕위를 계승해야 했지만 자취를 감추고 없으니 마땅히 조선 건국에 공이 많았던 자신이 왕세자가 되어야 한다고 생각했다. 당시 권력에서 소외된 하륜, 이숙번 등도 방원을 지지하고 나섰다. 이들은 기회를 노리며 사병을 양성하고 있었다. 그러나 이들의 움직임은 정도전 세력의 사병혁파에 의해 무산될 지경에 이르렀다.

이때 명민하게 머리를 쓴 인물이 원경왕후 민씨였다. 그녀는 사병과 무기를 동생 민무구, 민무질과 함께 친정집으로 빼돌렸다. 민씨는 사가가 아닌 왕실로 시집을 왔기 때문에 그녀와 친정은 공동운명체였다. 자신이 국모 자리에 오르게 되면 친정은 부원군의 영화를 누리게 될 것이고, 그 반대의 결과라면 한순간에 쑥대밭이 된다는 것쯤은 누구보다도 잘 알고 있었다. 민씨는 이 일만이 아니라 강씨가 방원을 해치기 위해 모략을 꾸밀 때마다 그 위기에서 구해주었다고 야사에서는 전한다. 그 중 한 이야기를 소개하면 다음과 같다.

방원은 민씨가 어렸을 때부터 친정인 민씨 집안에서 부리던 여종 소(素)를 시집오면서 몸종으로 데려왔는데, 그녀와 정을 통하고 있었다. 그런데 어느 날 강씨에 의해 방원과 여종의 관계가 들통 나고 말았다. 항상 방원의 세력을 꺾으려고 애쓰던 그녀로서는 절호의 기회였다. 그녀는 태조 이성계에게 이 사실을 고하고 왕실의 명예를 훼손시킨 죄로 방원을 죽여야 한다고 주장하였다. 강씨는 세자 방석의 빈 유씨가 환관 이만과 정을 통하다 발각된 후 폐서인되어 사가로 쫓겨났는데, 왜 방원에게는 아무 죄도 묻지 않느냐며 따졌다. 방석에게는 두 명의 아내가 있었는데, 첫 번째가 세자빈 유씨이고 두 번째 맞아들인 아내가 경상도안렴사를 지낸 심효생의 딸 심씨였다. 세자빈 유씨가 궁궐에서 쫓겨나자 다시 맞아들인 아내가 심씨였던 것이다.

태조는 결의형제로서 평소 신임하던 이지란에게 고민을 털어 놓았다. 이지란은 방원을 명나라로 보내자는 의견을 내놓았다. 이지란은 여진 사람으로 본명은 쿠란투란티무르(古倫豆蘭帖木兒)였다. 원나라 후기에 자신의 일당을 이끌고 이성계의 휘하로 들어와 이씨 성과 함께 본관으로 청해(靑海)를 받았다. 그의 아내는 신덕왕후 강씨의 조카딸이었다.

이성계는 조선을 건국한 뒤 명나라의 인정을 받기 위해 몇 차례 사신을 보냈지만 계속 거절을 당하고 있었다. 명나라에서는 왕자를 보내야만 인정할 수 있다는 주장만 거듭하였다. 그래서 방원을 보내자는 이지란의 의견에 귀가 솔깃하지 않을 수 없었다. 강씨에 대한 자신의 입장도 세울 수 있을 뿐더러 아들 방원도 살리는 아주 좋은 묘책이라 판단했던 것이다.

이미 여종 소는 그때 방원의 아기를 잉태하고 있었다. 방원은 부인 민씨에게 자초지종을 털어놓고 이 사태를 해결할 방도를 모색하였다. 이때 민씨는 방원과 정을 통한 여종에 대한 질투가 머리끝까지 치밀어 올랐지만 애써 눌렀다. 그녀는 먼저 해야 할 일과 나중에 해야 할 일을 판단할 줄 아는 영리한 여성이었다. 그녀는 섣부른 질투로 경거망동을 할 경우 자신의 친정뿐 아니라 모두가 몰살될 것이라는 것을 누구보다 잘 알았다. 민씨는 잠시 고심을 하더니 곧 궁궐로 달려갔다. 민씨는 자신의 지아비를 홀린 여자이므로 가만둘 수 없으니 자신에게 맡겨달라고 강씨에게 청하였다. 상황을 살피던 강씨는 안심을 하고 사건의 해결을 민씨에게 넘겼다. 민씨의 은덕으로 여종은 죽음을 면할 수 있었지만 사실은 질투심이 강한 민씨는 그녀를 친정집에 가두고 죽이려 했다가 실패하였다. 그녀는 나중에 방원이 왕위에 오른 뒤 효순궁주로 봉해졌다가 고종 때 효빈으로 추증되었다.

방원이 위기에 처해 있을 때마다 해결사 역할을 맡았던 민씨는 제1차 왕자의 난이 일어났을 때 더욱 빛이 났다. 정도전과 남은 등은 강씨가 세상을 떠난 지 3년이 되던 태조 7년(1398) 8월 13일 거사를 단행하기로 결정하였다. 자신들이 목표로 하는 재상중심체제의 실현에 걸림돌이 되고 있던 방원을 제거하는 일이었다. 정도전과 남은 등은 방석을 찾아가 다른 왕자들을 궁궐로 불러들이려면 태조의 명령이 필요하다고 했다. 방석은 태조를 찾아가 다른 형제들을 궁궐로 불러들일 것을 요구했다.

태조는 방석의 요구에 따라 지금 자신의 병이 깊으니 궁궐로 모이라고 아들들에게 명을 내렸다. 그러나 정도전의 음모를 눈치챈 방원은 오히려 만반의 준비를 갖춘 채 역공격을 시작했다. 정도전과 남은은 이와 같은 방원의 움직임을 전혀 모르고 있었다. 두 사람은 남은의 애첩이 사는 집에서 거사의 성공을 축하하며 술잔을 나누고 있었다. 이때 대문을 부수며 쳐들어온 방원과 사병들에 의해 가장 먼저 남은의 목이 날아갔다. 달아났던 정도전은 전 판서 민부의 집에 숨었지만 방원의 종 소근에게 잡혀와 죽임을 당하고 말았다.

정도전을 죽인 방원은 곧바로 궁궐로 쳐들어갔다. 궁궐의 호위군사들과 치열한 혈투가 벌어졌고 살육이 자행되었다. 태조가 신임하던 신하들도 차례차례 죽임을 당했다. 실록에는 방원이 이끈 군사가 불과 10여 명이라고 되어 있지만 《용재총화》 속 무인 하경복의 고백은 진실을 되새

겨보게 한다.

"태종이 내란을 평정할 때 잘 아는 사람이 궁궐 내에서 숙직하면서 서로 대화하고자 우연히 들어갔다가 문이 닫혀 나오지 못했다. 당황하는데 병졸 여럿이 달려와 제압하고 죽이려고 하자 내가 안간힘을 다해 싸우고 달아났지만 어쩔 수 없었다. 곧 어전으로 끌려갔을 때 나 같은 장사를 죽여서 무슨 이득이 있겠냐고 울부짖었다. 그러자 태종께서 용서하셨는데 만약 용력이 없었다면 필시 죽었을 것이다."

마지막으로 태조가 기거하고 있던 청량전으로 가서 강씨 소생들을 내놓으라고 시위를 했다. 이때 태조는 강씨 소생들과 함께 있었다. 방원 무리의 강력한 시위에 방석, 방번 그리고 흥안군 이제(경순공주의 남편)는 한 가닥 희망을 걸고 밖으로 나왔다. 하지만 이들은 얼마 후 방원의 무리에게 살해당하고 말았다.

살아남은 세자빈 심씨는 삭발한 채 비구니가 되었다. 그 후 고려 공민왕의 후궁 혜비와 함께 정업원(淨業院)에서 지냈다. 정업원은 동망봉(현 서울시 종로구 숭인동 위치)에 있던 작은 승방이었다. 경순공주는 이리저리 쫓겨다니다 흥천사로 들어갔고 이곳에서 아버지 태조와 해후하였다. 태조는 경순공주에게 비구니가 되는 길만이 살 길이라며 친히 머리를 깎아주었다.

태조의 원칙 없는 세자책봉은 엄청난 결과를 초래하고 말았다. 또한 제1차 왕자의 난이 성공할 수 있었던 것은 민씨의 대담성과 재빠른 판단력에 기인한 것이었다. 만일 민씨가 없었더라면 방원은 목숨도 부지할 수 없었을지 모른다.

왕자의 난이 성공을 거둔 후 심복들이 자신을 세자로 추대하려 했지만 방원은 이를 거절하고 자신의 형인 방과를 세자로 내세웠다. 세자를 살해한 뒤 곧바로 자신이 그 자리에 오른다는 것은 떳떳하지 못하다는

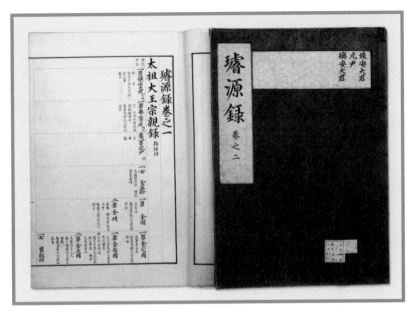

선원록 – 왕실의 족보　국립고궁박물관 소장

판단 때문이었다. 또한 형 방과 뒤에서 얼마든지 막후의 실력자로 행사할 수 있다는 생각 때문이기도 했다.

　태조 이성계는 자신이 아끼던 충신들과 사랑하는 아들 방번과 방석이 죽자 세상사에 대한 흥미를 잃고 왕위를 방과에게 물려주었다. 조선의 2대 왕인 정종이 즉위하게 된 것이다. 방원이 정종의 배후에서 가장 먼저 단행한 것이 사병혁파였다. 사병 소유를 그대로 인정하고 있으면 신변의 위협뿐 아니라 왕위계승도 물거품이 될 수 있었기 때문이다. 방원과 민씨는 왕실의 주인이라는 고지를 향해 한 단계 뛰어오를 수 있는 입지를 굳히게 되었다. 하지만 모든 일이 순조롭지만은 않았다.

마침내 꿈꾸던 국모가 되다

권력투쟁 후 주도권을 장악한 세력의 내부에는 항상 소외된 자가 나오기 마련이다. 소외된 자는 불만을 갖게 되고, 이를 지지하는 세력들에 의해 또 다른 당파가 만들어지기도 한다.

제1차 왕자의 난 이후에도 마찬가지였다. 방원이 정계의 일인자로서 권력을 행사하는 동안 주도권에서 밀려난 자가 바로 박포였다. 그 당시 지중추(知中樞)였던 박포는 제1차 왕자의 난 때 정도전의 음모를 알리는 등 공이 컸음에도 불구하고 공신의 대우가 너무 낮은 것에 불만을 갖고 있었다. 하지만 그의 불평불만을 지켜만 보고 있을 방원이 아니었다. 그를 죽주(현 경기도 안성시)로 귀양을 보내버렸다.

불만을 가진 자가 또 한 사람 있었는데 방원의 형 방간이었다. 정종의 후사가 없었기 때문에 당연히 그 다음 계승자는 자신이라고 내심 생각하고 있었다. 그런데 난이 성공한 후 막후의 실력자로 나선 것은 방원이었으며 그 세력은 날로 커져만 갔다. 불안 속에서 전전긍긍하던 방간을 충동질한 것이 박포였다. 방원이 방간을 죽이려 한다고 거짓 밀고를 하였다. 방간은 이 밀고를 믿고 군사를 동원했는데 정종 2년(1400) 1월이었다. 이 소식을 접한 방원도 자신을 지키기 위해 군사를 동원하였다. 골육간의 왕위계승전인 이 난을 제2차 왕자의 난 혹은 방간의 난, 박포의 난이라고도 한다.

난을 진압하기 위해 나간 방원에게서 아무런 소식이 없자 민씨는 집에서 초조하게 기다리고 있었다. 그때 군관 목인해의 말이 화살에 맞은 채 집으로 돌아왔다. 민씨는 군관없이 말만 혼자 왔기 때문에 방원도 죽은 것으로 생각하고 싸움터로 나갔다. 얼마 후 근처에 사는 노파가 방원의 군사가 승리했다는 것을 알려주자 그때서야 진정을 할 수 있었다. 민씨는 때와 장소를 가리지 않고 필요하면 언제든지 달려가는 여성이었다. 왕자의 난 때마다 민씨가 없었더라면 조선의 역사가 바뀌었을지도 모를 일이다.

훗날 방원이 왕위에 오른 뒤 그의 아들 세종에게 민씨를 다음과 같이 칭송하였다.

"네 모후의 공이 고려 태조(왕건)의 유씨(신혜왕후)보다 더 컸다."

왕위계승 싸움에서 패배한 방간은 군사로 난을 일으켜 형제를 모해했다는 죄목으로 유배를 당했으며 박포는 사형에 처해졌다. 신하들은 방간마저 죽여야 한다고 주장했으나 방원은 끝까지 그를 감쌌고, 이후 세종 때도 그의 치죄가 논의되었지만 모두 무산되었다. 방간은 그 덕분에 비록 난을 일으켰지만 태종과 세종의 배려로 목숨을 부지하다가 58세의 나이로 홍주(홍성)에서 죽었다.

정적을 모두 일소시킨 방원은 그의 심복인 하륜 등의 주청에 의해 정종 2년(1400) 2월 세제로 책봉되었고 민씨도 세제빈이 되어 정빈에 봉해졌다. 실제 정계의 일인자는 방원이었기 때문에 정종은 허수아비 왕에 불과했다. 그런 사실을 누구보다도 자신이 더 잘 알고 있는 정종이었기에 언제 방원에 의해 죽임을 당할지 모른다는 위기감을 느끼고 있었다. 그래서 빠른 시일 내에 자신은 상왕으로 물러나고 왕위를 방원에게 내주는 것만이 목숨을 유지하는 유일한 길이라고 판단하였다.

정종의 생각은 아내인 정안왕후(定安王后) 김씨의 간절한 바람이기도 했다. 정안왕후 김씨는 월성부원군 경주 김씨 김천서와 담양부부인 담양 이씨의 딸로 태어났다. 태조 7년(1398) 제1차 왕자의 난이 일어난 후 방과가 왕세자로 책봉되자 세자빈으로 봉해졌다. 세자로 책봉된 지 한달 후에 왕위에 오르자 그녀는 덕비로 진봉되었다. 2년 뒤 남편 정종이 세제 정안대군 방원에게 양위하고 상왕으로 물러나자 순덕왕대비의 존호를 받았다. 정종은 9명의 후궁에게서 17남 8녀의 소생을 두었으나, 김씨와는 한 명의 자녀도 남기지 못했다.

생명의 위협을 느낀 정종은 방원에게 왕위를 물려주고 자신은 상왕으로 물러나 앉았다. 왕위에서 물러난 뒤 인덕궁에 거주하면서 사냥과 격구, 온천여행 등으로 세월을 보냈다. 또한 자신이 거느리고 있던 가족들에게는 모두 승려가 될 것을 종용했다고 한다. 그 길만이 피비린내 나는 권력싸움에서 몸을 보호할 수 있는 길이라고 생각했다.

방원은 마침내 왕위에 오르게 되었으며, 민씨는 정비의 시호를 받았다. 민씨는 이제 천하를 얻은 기분이었다. 그녀의 친정은 일등공신 집안이 되었고 자신은 한 나라의 국모 자리에 올랐다. 그러나 그녀의 행복은 그리 오래가지 않았다.

도대체 국모의 자리가 나에게 무슨 소용이더란 말이냐!

태종을 왕위에 오르게 한 일등공신은 민씨였다. 민씨가 태종과 자신을 혁명동지로 생각한 것은 당연하였다. 민씨는 자신과 태종이 '집안을 나라로 만든 것'으로 여기고 있었다. 《정종실록》에 제2차 왕자의 난 당일 민씨가 전날 밤 새벽에 꾸었다는 꿈을 정사파에게 말하는 대목이 있다.

"어젯밤 새벽녘 꿈에 내가 신교(新敎)의 옛집에 있다가 보니 태양이 공중에 있었는데 아기 막동(세종의 아명)이 해 바퀴 가운데 앉아있으니 이것이 무슨 징조인가?라고 묻자 정사파는 당연히 방원이 왕이 되어 항상 그 아기를 안아줄 징조입니다."라고 답하였다.

하늘이 막동이를 통해 자신과 남편에게 천명을 내렸다고 해석하였다. 전통을 중시하는 시대에 왕이 될 사람은 남편이지만 하늘이 천명을 보여준 것은 자신이니 결국 두 사람이 동등하게 하늘의 뜻을 받은 것이라고 믿었다.

하지만 태종의 생각은 달랐다. 왕위에 오른 이상 국왕은 하늘을 대신하는 유일한 존재이고 부인은 신하의 한 사람일 뿐이라고 보았다. 태종은 차츰 그녀에 대해 소홀한 태도를 보이기 시작했다. 그는 민씨보다는 여러 후궁들과 더 가까이 지냈다.

두 사람의 생각 차이가 극명하게 드러난 것이 태종 2년(1402) 후궁책봉 때였다. 태종은 1월, 성균관악정 권홍의 딸을 후궁으로 들이기 위해 가례의 혼수를 내려 입궁 준비를 시켰다. 그러나 3월 권씨를 별궁으로 들이려고 하자 민씨가 태종에게 매달려 따졌다.

"전하께서는 어찌하여 지난날의 뜻을 저버리셨습니까? 제가 전하와 함께 어려움을 견디고 화란을 겪어 나라를 얻은 것인데 어찌 나를 잊고자 하는 마음이 예까지 미치셨습니까?"

민씨는 그날부터 일체 음식을 거부한 채 눈물만 흘렸는데 태종은 결국 후궁을 맞는 가례색(嘉禮色, 왕 또는 왕세자의 가례를 담당하던 부서) 대신 몇몇의 환관과 시녀를 시켜 권씨를 맞아들이게 했다. 《태종실록》에 의하면 민씨는 마음의 병을 얻고 태종은 며칠 동안 정사를 돌보지 않았을 정도였다고 전한다.

그러나 이 일로 후궁에 대한 태도를 바꿀 태종이 아니었다. 오히려 후궁제도를 법제화시키는 것으로 맞섰다. 예조에서는 제후를 9명까지 둘 수 있는데 후사를 잇고 음란함을 막기 위해서라며 힘을 실어주었다. 태종은 이 상계를 바탕으로 후궁 권씨를 정의궁주(貞懿宮主)로 봉했다.

옛 속담에 '시앗을 보면 돌부처도 돌아앉는다.'는 말이 있다. 그러나 조선시대는 일부일처제가 법제화되어 있어 정실부인은 한 사람이었지만 첩의 수에는 규정이 없었다. 남편이 다른 여자를 가까이 해도 절대

왕비 봉황장식 큰 비녀와 장신구 상자 국립고궁박물관 소장

질투를 해서는 안 된다는 것이 당시 법도였고 칠거지악에 속하는 것이기도 했다.

왕위에 오른 태종은 궁궐의 모든 여인들이 자신의 손길을 바라고 있었기에 언제든지 마음만 먹으면 취할 수 있었다. 그런 탓에 오히려 민씨에 대한 죄책감이 조금도 들지 않았다. 반면 민씨의 마음에는 하루하루 태종에 대한 배신감이 커져갔다. 태종이 위기에 처할 때마다 헌신하듯 몸과 마음을 바쳐 도움을 주었던 자신이었다. 그 때문에 그녀가 느끼는 배신감은 더 클 수밖에 없었다. 결국 태종과 민씨 사이에는 불화가 그칠 날이 없게 되었다.

한편 이런 와중에 민씨 가문의 권세를 믿고 활개를 펴던 민씨 형제들이 탄핵을 받게 되었다. 민씨의 동생 민무구와 민무질이 태종을 왕위에 오르게 한 것은 자신들의 공이라며 떠벌리고 다녔던 것이다. 평소 아버지 민제는 아들들에게 항상 경계하도록 주의를 주었다.

"너희들이 너무 교만한 것을 알지 못하고 고치지 못하면 반드시 파(破)하는 수가 있다."

그러나 이들은 집안의 세력을 더욱 확장시키려고 하다가 오히려 화를 자초하였다.

민씨의 첫째 아들인 양녕대군은 어렸을 때부터 민씨의 친정집에서 자랐다. 자연스럽게 양녕대군과 민씨의 두 동생은 각별한 사이가 될 수밖에 없었다. 사실 양녕대군을 친정집에서 자라도록 한 것은 뒷날을 염두에 둔 민씨의 처사였다. 훗날 양녕대군이 왕위를 계승하면 친정집은 대대로 그 권세를 누릴 수 있기 때문이었다.

민씨 집안의 권세가 갈수록 커지자 태종은 그 세력을 분산시켜야겠다고 생각하여 후궁을 계속 늘려갔다. 두 사람의 불화는 회복하기 어려울 정도로 심해졌으며, 민씨 집안과 태종과의 관계도 소원해졌다. 결과적으로 민씨 형제들은 양녕대군을 끼고 돌 수밖에 없었다. 태종이 민씨 집안에 혐의를 둔 최초의 사건은 양녕대군의 정혼문제에서 비롯되었다.

태종을 조선의 국왕으로 인정한다는 고명(誥命, 임명장)을 가지고 명나라 사신이 왔을 때였다. 태종은 사신에게 명나라 황제의 딸과 양녕대군을 혼인시켰으면 하는 의사를 내비쳤다. 명나라 사신은 흔쾌히 받아들이고 돌아갔지만, 다시 조선에 왔을 때는 그에 대해 한마디도 언급하지 않았다. 혼인 이야기를 먼저 꺼냈던 태종은 몹시 불쾌하고 후회스러웠다. 그때 이미 양녕대군은 김한로의 딸 김씨와 정혼한 사이였기 때문에 태종은 두 번 다시 명나라 공주에 대해서는 언급하지 말라고 신하들에게 명령을 내렸다.

그러나 신하들의 생각은 달랐다. 그들은 명나라와 사돈관계를 맺으면 주변의 오랑캐들도 감히 조선을 건드리지 못할 것이라고 계산하였다. 신하들은 태종 모르게 민제를 찾아가 이 일에 대해 의논하기에 이르렀다. 논의의 끝에 신하 가운데 한 사람이 명나라 사신과 만났을 때 혼인 이야기를 전하기로 하였다. 민제는 그의 사위 조박을 시켜 하륜에게 이러한 내막을 전달하게 하였다. 하륜은 이를 좌·우정승으로 있던 조영무와 성석린에게 전했다. 두 사람은 있을 수 없는 일이라며 반대하고 나섰다. 한편 조영무는 이런 내막을 양녕대군의 장인인 김한로에게 전했고 태종에게까지 전달되었다. 신하들이 민제와 의논했다는 사실에 태종은 크게 분노하였다.

드디어 민씨 집안에 서슬 퍼런 칼날이 떨어졌다. 태종 7년(1407) 발생한 민무구 형제의 옥이었다. 태종은 재위기간 동안 네 번의 선위 파동을 일으켰다. 제1차 선위파동이 민무구 형제의 옥과 관련 있었다. 태종은 양녕대군과 민씨 집안과의 관계를 알아내기 위해 왕위를 양녕대군에게 물려준다고 하였다. 물론 이 일은 하나의 파동으로 끝났지만 민씨 집안의 화가 되었다. 태종이 선위한다고 했을 때 민씨 형제들이 당파를 만들어 어린 세자를 끼고 집권을 기도했다는 것이었다. 이 일로 인해 민씨 형제들은 귀양을 떠나고 민제는 태종이 워낙 신임하던 터라 별 탈이 없었다.

이 사실을 알게 된 민씨는 동생들을 구하려고 노력했지만 모두 허사였다. 국모의 자리였지만 별 도움이 되지 못했다. 오히려 국모의 자리에 앉은 것이 모든 화근이 되었다는 뼈저린 아픔만 되새기게 되었다. 민제는 아들들이 모두 귀양을 가자 그만 병이 들어 시름시름 앓다가 자리에서 일어나지 못한 채 태종 8년(1408) 세상을 떠나고 말았다.

민제가 죽자 조정 대신들은 민무구 형제들도 처형시켜야 한다며 강력히 주장하였다. 결국 민무구·무질 형제는 태종 10년(1410) 자진하라는 태종의 명령 아래 죽임을 당했다. 민씨는 동생들이 죽었다는 말에 충격을 받고는 몸져누웠다.

민무휼과 민무회가 원경왕후 민씨의 병문안을 왔다가 양녕대군을 만나는 자리에서 두 형의 억울한 죽음에 대해 하소연하였다. 그런데 또 이 일이 화근이 되어 민씨의 두 동생마저 먼 지역으로 부처(付處, 직지은 관리를 지정한 한곳에서만 머물게 한 형벌)되었다.

민씨의 시련은 끝나지 않았다. 태종이 왕이 되기 전 사가에 있을 때 민씨의 여종이 태종의 아이를 임신한 일이 있었다. 민씨는 그 사실을 알고 질투심에 여종을 옛날 집 행랑방으로 내쫓았고 해산달이 가까워지자 방앗간에 처넣었다. 그래도 분이 풀리지 않아 아이가 태어나자마자 모자를 허름한 오두막에 방치해두기까지 했다. 하지만 7일이 지나도 아이가 죽지 않자 소달구지에 짐처럼 실어 원평군 교하(현 경기도 파주시 교하동)의 집으로 보내는 등 학대가 지나쳤었다. 그렇게 태어난 아이가 이비(경녕군)이다. 그런데 태종 15년(1415) 민씨가 경녕군 모자를 학대했다는 소문이 나돌아 태종은 뒤늦게 이 사건의 전말을 알고 크게 분노하였다.

《태종실록》에 태종이 원윤(元尹, 조선 초기 종실 첩의 장자에게 주던 작호) 이비의 출생과 관련하여 민씨가 경녕군 모자를 학대한 사건의 죄를 묻는 내용이 있다. 그 내용에 따르면 경녕군은 임오년(태종 2년, 1402) 출생으로 기록되어 있다. 하지만 경녕군 신도비와 묘비 및 경녕군을 모신 사당 명덕사의 기록을 확인해보면, 그는 태조 4년(1395) 12월 13일에 출생했음을 알 수 있다.

사건의 여파는 두 민씨 형제에게 미쳤다. 두 형(무구·무질)이 어찌 모반을 하겠느냐는 말과 세자가 어린 시절 자신들의 집에서 자라지 않았느냐는 말이 역모로 몰린 것이다. 무휼과 무회는 유배되는 것으로 사건이 마무리되었는데 죽은 목숨이나 마찬가지라는 말이 나돌자 민씨는 식음을 전폐하고 누워버렸다. 그러나 태종은 이 일로 자신의 의지를 꺾을 인물이 아니었다. 민씨 형제를 처형하라는 상소가 빗발치도록 배후에서 조종하면서 겉으로는 민씨와 장모의 사정을 헤아리는 척 집행을 종묘제사 후로 미뤘다. 결국 남은 민씨 형제마저 태종 16년(1416) 유배지에서 사사(賜死, 죄인을 대우해 사약을 내려 자결하게 함)되었다. 집안 전체가 나서서

헌릉 – 태종과 태종비 원경왕후의 쌍릉

태종을 왕위에 앉힌 대가는 민씨 4형제의 죽음이 된 셈이었다.

멸문지화를 당한 민씨는 더 이상 살고 싶지 않았다. 여장부 못지않은 민씨의 성격에 도저히 참을 수 없는 치욕이었다. 그러나 모든 것을 남편의 명에 의해 움직여야 하는 조선시대였다. 비록 국모의 자리를 차지하고 있었지만 손가락 하나 움직일 수 없는 처지였다. 여성이라면 한 번쯤 선망의 대상으로 그려봤을 최고 권력을 가진 국모의 자리, 그러나 그 자리에 앉아 있었기에 친정이 멸문지화를 당한 것이다.

민씨의 친정 집안이 쑥대밭이 되고 이제 그녀는 폐비의 위기에 처하게 되었다. 신하들은 친정이 역모를 꾀해서 절멸을 했고 왕비 민씨도 역적의 딸이니 당연히 폐비시켜야 한다고 주장하였다. 하지만 태종은 일말의 양심 탓인지 세자와 왕자들을 위하여 폐비시키지는 않았다.

민씨는 참을 수 없는 굴욕을 당했지만 목숨을 연명할 수밖에 없는 처지였다. 효성이 지극한 양녕대군, 효령대군, 충녕대군이 곁에서 힘이 돼주어 그나마 다행이었다.

태종 18년(1418) 민씨는 또 한 번 커다란 시련을 겪게 된다. 막내이들

성녕대군이 14세의 어린 나이로 세상을 떠난 것이다. 태종은 비통하여 3일 동안 정사까지 돌보지 못하며 슬픔에 잠겼다. 그런데 세자인 양녕대군이 그 와중에 방탕한 생활을 하고 있었다. 결국 양녕대군은 폐위되고 충녕대군(훗날 세종)이 세자에 오르게 되었다.

정비인 민씨 입장에서는 어느 아들이 세자가 되어도 마음 쓸 일이 없었다. 반면에 막내아들의 죽음은 무엇으로도 달랠 수 없는 마음의 짐이었다. 민씨는 경기도 고양 북산에 성녕대군의 묘를 마련하고 그 옆에 대자암을 짓게 하였다.

이 암자를 위해 민씨는 정성과 재력을 쏟아 부었다. 민씨는 그 후 오직 성녕대군의 명복을 빌기 위해 이곳을 자주 찾았다. 그런 연유로 암자는 더욱 유명해졌고 사방에서 승려들이 몰려들기도 했다. 훗날 서거정이 대자암을 보고 읊은 시가 전해진다.

산중에 비루먹은 말을 타고 들어가 놀고
떠나올 때 고승과 작별하노라
빼곡히 들어선 나무 어두운데
시냇물 맑은 물에 모래 더욱 맑구나
황폐한 언덕에 옛 비를 찾을 때
석양에 전왕의 능에 조상하노라
이내 슬픔 묻지 말아라
누에 올라 볼수록 원한 같아라

그 후 학질에 걸린 원경왕후 민씨는 세종 2년(1420) 5월부터 대자암 다리 옆 낙천정에서 휴양을 하였다. 《연려실기술》은 이때 효심이 지극한 세종이 낙천정까지 와서 묵으며 민씨의 병을 돌봤다고 전한다. 그래도 병이 낫지 않자 세종은 양주 문경사로 옮기게 하여 효심을 이어갔다. 그러나 결국 호전되지 않아 수강궁 별전에서 그해 7월 56세로 생을 마감하였다. 왕비로 책봉된 지 21년 만의 일이었다.

남편 태종과 쌍릉을 이루고 있는 그녀의 능은 헌릉이며 현재 서울시 강남구 내곡동에 남아 있다. 그녀의 묘호는 원경태왕후로 추존되었으나 숙종 때 송시열의 상소로 원경왕후(元敬王后)로 수정되었다. 역대 왕후의 묘호 중에 신의왕후와 원경왕후만 태왕후로 추존되어 있었는데, 송시열에 의해 모두 수정되어 현재는 왕후로만 사용하고 있다.

민씨는 어렸을 때부터 총명하였고 그런 자신의 지혜로 태종을 위기에서 몇 번이나 구해주었다. 또한 태종이 왕위에 오르는데도 결정적인 역할을 한 여장부였다. 그러나 왕후가 된 이후 일등공신이 될 줄 알았던 그녀의 친정 집안은 태종의 왕권강화정책으로 인해 쑥대밭이 되고 말았다. 그녀 역시 최고 권력의 위치에 있었지만 속수무책으로 당할 수밖에 없었다. 폐비의 위기까지 몰렸지만 당시 그녀의 아들이 세자의 자리에 있었기에 그 수모만은 면할 수 있었다.

국모라도 자신의 운명이 남편의 행동 여하에 의해 결정될 수밖에 없었던 한 조선 여인의 고달픈 삶이었다. 그것을 말해주듯 민씨의 능에서는 이런 외침이 들리는 것 같다.

"도대체 국모의 자리가 나에게 무슨 소용이더란 말이냐!"

昭憲王后

소헌왕후 심씨

남편은 성군이건만 평생을 눈물과 한숨으로

심씨의 아버지 심온은 죽음을 피해갈 수 없었다. 태종이 내린 사약을 마시고 딸의 얼굴조차 보지 못한 채 생을 접어야했다. 딸이 국모가 된 죄로 사돈에게 죽임을 당한 것이다. 소헌왕후 심씨의 고통은 이루 말할 수 없었다. 죄책감과 슬픔으로 정신을 잃었고 식음을 전폐하고 말았다. 남편 세종은 아무런 힘이 돼주지 못했다. 자칫 그녀 역시 연좌의 죄를 면치 못할 상황이었다. 세종과 함께 수강궁으로 문안을 드리러 가자 시 아버지 태종이 심씨에게 물었다.

"아비가 죽었는데 나를 원망하느냐?"

순간 방안은 무거운 정적과 긴장감이 채워졌다. 이윽고 심씨가 입을 열었다.

"제 아비는 죄인이옵니다. 신첩은 출가외인이라 오래 전부터 상왕 전하를 친가의 아버님으로 여기고 있사옵니다."

소헌왕후 심씨는 그렇게 목숨을 이어가고 있었다.

국모가 된 심씨

심씨는 양주의 명문 집안인 청송 심씨 가문에서 태어났다. 아버지 심온은 고려시대 때 문과에 급제하여 벼슬을 지내다가 부친 심덕부와 함께 조선 건국에 참여한 개국공신이며, 숙부 심종은 태조의 딸 경선공주와 혼인할 정도로 조선 왕실과는 밀접한 관계였다. 아버지 심온은 풍해도관찰사와 대사헌을 지낼 때 관기확립에 많은 노력을 기울였다. 풍해도관찰사 시절 백성을 수탈하고 병기관리에 소홀한 수군첨절제사 박영우를 파직시키기도 하였다. 변정도감 제조, 형조판서를 지낼 때는 고려 후기 권세가들에 의해 천민으로 바뀐 양민들의 신분정리사업에 주력하였다. 그 후 호조판서, 좌군총제, 판한성부사, 이조판서 그리고 공조판서 등 여러 요직을 두루 거치다가 세종이 왕위에 오른 후 영의정이 되었다. 영의정이 되어 실권을 잡게 되지만 이것이 화가 되어 목숨까지 잃게 되었다. 어머니 순흥 안씨는 정직하고 겸손한 인품으로 널리 알려진 조선 전기 좌의정을 지낸 안천보의 딸이었다.

이러한 집안에서 자라난 심씨는 항상 정숙하고 덕에 치중하려는 마음 자세를 가지고 있었다. 심씨의 나이 14세 때 충녕대군이던 세종과 혼인을 하여 경숙옹주로 봉해졌다. 이때 충녕대군은 12세였다. 그 후 태종 17년(1417)에는 삼한국대부인으로 다시 봉해졌다. 세종이 왕위에 오르자 그녀는 이제 일약 한 나라의 국모가 된 것이다. 실제 이 자리는 그녀의 동서가 되는 양녕대군의 아내인 김씨의 자리였다. 그러나 양녕대군의 세자폐위로 남편 세종이 그 자리에 앉게 되어 그녀가 국모의 자리를 차지하게 된 것이다.

양녕대군은 세자로 책봉되었으나 워낙 성격이 자유분방하여 엄격한 궁궐생활을 견디지 못하였으며 궁궐을 몰래 빠져나가 사냥이나 풍류를 즐기기도 하였다. 또한 자기 스승이 오는 날 개짓는 시늉을 내는가 하면, 공부를 할 시간에 동궁 뜰에서 덫으로 새잡기에 열중한다든지, 조정의 하례에 참석하기 싫어서 꾀병을 부리기도 했다. 이와 같은 양녕대군의 행동은 갈수록 도가 지나쳐서 마침내 태종의 눈에서 벗어나게 되었다. 태종은 양녕대군이 갈수록 어긋나는 행동을 하자 몇 번 불러서 야단을 치기도 했으나 그의 광패함은 더욱 심해졌다. 신하들은 차츰 태종의 마음이 양녕대군에게서 멀어지고 있다는 것을 알게 되었다.

양녕대군의 폐위를 야기한 결정적 사건은 태종 18년(1418)에 발생하였다. 양녕대군이 고려 말 무인으로 명성을 날린 곽선의 첩 어리를 불러들여 아이까지 갖게 한 것이다. 태종은 대노하여 양녕대군의 궁궐 밖 외출과 알현을 금지시켰다. 장인인 김한로는 직첩을 빼앗기고 죽산(현 경기도 안성시)에 부처되었다.

양녕대군은 자신에게 내려진 처벌이 부당하다는 뜻을 직접 작성해 올렸다. 전하의 여자는 모두 궁궐에 들이고 어찌 다 중히 여겨 받아들이는지에 대한 질문으로 시작되었다. 그러면서 첩 하나를 금지하면 잃는 것이 많고 얻는 것은 적을 것이라고 이어갔다. 이제부터는 조금이라도 새사람이 되어 부왕의 마음을 움직이려고 하지 않을 것이라는 강경한 자세도 덧붙였다. 태종은 모두 자신을 욕되게 하는 것이라며 개탄하였는데 한마디로 중대한 항명이었다. 태종은 그 글을 영의정 유정현과 좌의정 박은 등에게 보이며 통탄을 금치 못했다.

"세자의 불효는 그동안 여러 번 있었지만 집안의 허물이라 드러낼 수 없어 늘 덮어두려고만 했다. 스스로 그 잘못을 말하고 깨닫고 뉘우치기를 바랐지만 이제 도리어 원망하는 마음을 품고 등을 돌리려고 하니 어찌 숨기려고만 하겠는가."

태종의 심중을 헤아린 의정부, 6조 등을 비롯한 거의 모든 신하들이

종묘정전
종묘는 조선왕조 역대 왕의 신위를 모신 곳으로, 정전은 종묘의 중심 건물로 영녕전과 구분하여 태묘
(太廟)라 부르기도 한다.

입을 모아 세자를 폐할 것을 주청하였다. 태종은 양녕대군의 아들 가운데 왕세손을 지목하려고 했지만 영의정 유정현 등이 어진 사람을 선택해야 한다고 주장했다.

다음날 태종은 결국 양녕대군을 폐위하고 충녕대군을 새로운 왕세자로 책봉할 수밖에 없었다.

세종이 왕위에 올랐을 때도 양녕대군은 별 불평 없이 잘 지냈다. 그의 이러한 면은 자라면서 보아왔던 권력투쟁에 회의를 느꼈기 때문인지도 모른다. 아버지 태종과 조부 태조와의 불화, 아버지와 숙부간의 두 번에 걸친 살육전, 외조부 가문의 몰락 등을 그는 어려서부터 계속 보아왔던 것이다. 그렇기 때문에 양녕대군은 일부러 미치광이 짓을 했을 것이다.

　어쨌든 세종이 왕위에 오르자 국모가 된 심씨는 부러울 것이 없었다. 이제 국모의 자리를 잘 지키기만 하면 되었다. 그녀가 국모의 자리에 오르자 친정 집안의 세력도 커졌다. 아버지도 능력을 인정받아 최고의 권력을 가진 영의정에 오르게 되었다.

　세종과도 금슬이 좋아 슬하에 8남 2녀를 두었다. 첫째 문종, 둘째 수양대군(훗날 세조), 셋째 안평대군, 넷째 임영대군, 다섯째 광평대군, 여섯째 금성대군, 일곱째 평원대군, 여덟째 영응대군이다. 공주로는 정소공주와 정의공주를 두었다. 자녀가 많았음에도 불구하고 세종은 5명의 후궁(영빈 강씨, 신빈 김씨, 혜빈 양씨, 숙원 이씨, 상침 송씨)을 거느렸는데 그 사이에서 10남 2녀를 두었다. 궁궐 내에서 많은 후궁과 자녀들을 다스리는 것은 모두 심씨의 몫이었다. 그녀는 예로서 후궁을 다스리고 그 소생들에 대해서도 자신의 친자녀들보다 더 정성을 들였다. 후궁들은 심씨를 부모처럼 공경하며 받들어 불화가 생길 틈이 없었다.

그녀는 부모가 가르쳐준 대로 조선시대 여인들이 지켜야 할 덕목을 가슴에 새기며 빈틈없이 궁궐 안주인의 역할을 다하였다. 여성들이 남자들의 일에 간섭하면 큰일이라도 나는 줄 아는 시대였기 때문에 그녀는 묵묵히 원칙을 지키며 살았다. 자연스럽게 흘러가는 물처럼 그렇게 살면 된다고 생각했다.

몰락하는 친정

심씨의 생각대로 세상일은 흐르는 물처럼 순조롭게 흘러가지만은 않았다. 아버지 심온이 태종의 눈 밖에 나게 되어 철퇴를 맞게 된 것이다. 태종은 자신의 처가인 민씨 집안의 세력이 커지는 것을 경계하여 멸문시켰었다. 마찬가지로 심씨 일가도 세력이 커지기 전에 그 싹을 잘라야 한다고 생각했던 것이다.

태종은 세자(세종)의 심성이 워낙 어질어 혹시 신하와 다른 왕자들에게 휘둘릴까 걱정이었다. 그래서 정사를 바로 보지 못할 것 같아 미리 왕위를 물려주고 그 배후에서 집정을 하기로 하였다. 신하들의 많은 반대가 있었지만 태종은 세자에게 왕위를 물려주었다. 태종의 나이 52세 때인 태종 18년(1418)의 일이었다. 태종은 6승지를 불러 전위한다는 명을 내렸다.

"내가 재위한 지 벌써 열여덟 해가 지났다. 비록 덕망은 없었지만 정의로운 일만을 생각하고자 노력했다. 허나 하늘의 뜻에 보답하지 못해 여러 수재와 한재를 겪고 또 숙병이 더욱 심해지니 이제 세자에게 전위하고자 한다."

그런데 일단 왕위를 물려주자 하루아침에 자신을 찾는 무리가 눈에 띄게 줄어들어 태종은 내심 섭섭한 마음을 감출 수 없었다. 이런 상황에서 병조판서 강상인이 의금부로 끌려오는 일이 벌어졌다. 군사와 관련된 일을 태종이 아닌 세종에게 보고했다는 것이 죄목이었다. 보고 받는 이가 상왕이든 왕이든 크게 다를 바 없는 사안이었지만 태종은 이상할 정도로 화를 냈고, 박은 등은 중간에서 이간하여 보고하였다. 하루에도 몇 번이고 직접 심문을 지휘하며 온갖 고문을 가했다. 며칠 동안 이어진 고문 끝에 강상인의 입에서 놀랄만한 이름이 튀어나왔다. 소헌왕후 심씨의 숙부 심정이었다. 심정과 병권에 대한 이야기를 나눴다는 자백이었다.

정확한 날짜는 기억나지 않지만 상왕전 문 밖에서 심정에게 군사를 나누어 소속시키는데 갑사(甲士, 각 고을에서 선발되어 도성의 수비를 맡던 군사)는 수효가 적으니 3천 명으로 해야 되겠다고 했다는 것이다. 심정은 옳은 판단이라고 했는데 저녁 때 집으로 찾아가 당연히 군사는 한곳으로 돌아가야 한다는 말을 건넸더니 역시 옳다는 뜻을 비쳤다고 했다.

태종은 병권이 상왕이 아닌 왕에게 있어야 한다는 뜻으로 해석했다. 또한 심정이 자신과 세종 사이에 갈등을 조장한 주동자라고 판단하였다. 강상인과 심정이 귀양길에 오르는 것으로 이 일은 일단락되었다.

태종과 심씨 일가의 틈이 약간 벌어진 상황에서 심온은 세자와 왕의 양위를 허락받기 위해 명나라의 사은사로 떠나게 되었다. 그가 사은사로 떠날 때 배웅하기 위해 나온 사람들로 인산인해를 이루어 왕의 행차를 방불케 했다.

심온의 화려한 행차는 태종의 귀에 들어가게 되어 그의 분노를 샀다. 그리고 박은의 무리는 심씨 일가가 완전히 세서되어야 사신들의 안선노 보장될 것이라 생각하였다. 강상인과 심정을 귀양보냈지만 이들이 나중에 어떤 화를 몰고 올지도 모르기 때문이었다. 그래서 심온이 전에 영의정을 한사코 거절한 것은 좌의정을 하기 위해서였다고 태종에게 거짓으로 고했다. 당시 좌의정과 우의정은 다른 관직을 겸임할 수 있었다. 좌의정이 병조판서를 겸할 수 있었는데, 이는 병권을 장악하기 위한 일이었다고 태종에게 말했던 것이다. 왕권을 넘보려고 했던 자신의 장인 집안을 단칼에 그 숨통을 끊어버렸던 태종이었다. 그런 태종이 심씨 집안을 그대로 둘 리 없었다. 심온이 명나라에서 돌아오는 즉시 처단하라는 명을 내렸다.

명나라에서 돌아오자마자 수원으로 압송된 심온은 사약을 받고 그곳에서 숨을 거두었다. 심온은 절대 박은 집안과 혼인하지 말 것을 마지막 유언으로 남겼다. 지금도 청송 심씨 집안은 반남 박씨 집안과 절대로 혼인을 하지 않는다는 말이 있다. 심씨의 어머니 안씨는 관노비가 되어 몇 년 동안 딸과 만나지 못하는 신세가 되었다. 이후 심온의 죽음은 박은의 무고에 의한 것이었음이 밝혀졌다. 그의 관직은 복위되었고 안효(安孝)라는 시호가 내려졌다. 어머니 안씨는 세종 때까지도 천직에서 풀려나지 못하다가 문종 때에 이르러 신하들의 주청에 의해 복권되었다.

졸지에 친정이 몰락한 심씨는 망연자실할 뿐이었다. 국모의 위치에 있어도 아무런 정치적 영향력을 발휘할 수 없는 심씨는 죽고만 싶은 심정이었다. 더군다나 관노비가 된 어머니 안씨의 얼굴조차 볼 수 없는 신세라 더욱 참담하였다. 당시 상왕이던 태종은 왕손 이외에 왕위를 넘보는 자가 있으면 싹부터 제거해버렸다. 그래서 자신을 은연중 도외시하면서 세력을 키우고 있던 심씨 일족을 절대 용서할 수 없었다. 자신과 아버지 태조가 목숨을 바쳐 창업한 왕조였기에 누구에게도 빼앗길 수 없다는 생각이 강하였다. 그래서 대범했던 여장부 민씨가 자신의 친정이 도륙당할 때 어떤 역할도 할 수 없었고 심씨 또한 마찬가지였다. 외척에 대한 태종의 강력한 조치는 이후 한명회가 등장하기까지 외척의 발호를 막는 결정적인 역할을 하였다. 태종비 민씨와 세종비 심씨의 경우가 외척들에게 반면교사가 된 것이다.

폐비의 위기에서

심온을 제거한 신하들의 공세는 이제 소헌왕후 심씨에게 향했다. 이들은 태종이 죽고 나면 심씨의 복수가 행해질지도 모른다는 두려움에서 폐출을 주장했지만 태종은 이를 물리쳤다. 심씨가 많은 자손을 낳았으며 세종과 금슬도 좋다는 이유 때문이었다. 태종은 장인 집안을 쑥대밭으로 만들었어도 정작 민씨만은 끝까지 왕비로 남겨두었던 것처럼 심씨의 아버지와 숙부는 죽였어도 왕비의 지위만은 빼앗지 않았다. 대신 태종은 외척을 견제할 수 있는 제도적 장치로서 후궁제도를 법으로 정하였다.

왕에게 왕비 이외의 여러 여인들과 또 그 자손들이 필요하다고 생각한 태종은 상호군 조뇌의 딸 조씨를 의정궁주, 이윤로의 딸 이씨를 혜순궁주, 최사의의 딸 최씨를 명의궁주, 박의동의 누이 박씨를 장의궁주 등으로 봉했다. 이들은 세종 10년(1428) 내명부(內命婦, 궁중에서 품계를 가진 모든 궁녀)가 정비되면서 모두 귀인으로 바뀌었다. 정비된 내명부에 의하면 빈을 위시해서 귀인, 소의, 숙의, 소용, 숙용, 소원, 숙원 등으로 후궁의 품계를 구분하였다. 품계는 왕의 총애를 받은 정도 다시 말해서 승은을 입었는가, 자녀를 생산했는가, 자녀 중에 왕자가 있는가, 그 왕자가 세자가 되었는가의 여부에 따라 결정되었다.

세종은 5명의 후궁에게서 10남 2녀를 두었는데 후궁 중에는 내자시의 여종이었던 신빈 김씨처럼 궁녀 출신도 있었다. 태종이 법제화한 후궁제도에 의하면 후궁은 양반가문에서 간택하게 되어 있었으나 세 번째 후궁부터는 출신여부를 따지지 않았다. 이는 국왕의 선택권을 넓혀 주는 한편 궁녀들에게 최소한의 희망을 주려는 정치적 의도도 있었던 것이다.

세종비 심씨는 후궁들을 질투하지 않았다. 심씨가 후궁과 그 소생들을 박해하지 않고 한 식구처럼 대해주니, 조선의 그 어느 왕보다 호색이었던 세종 치세에 내명부에 의한 풍파는 없었다. 그렇다고 해서 심씨가 후궁들의 동향에 무감각한 여성은 아니었다. 궁궐 곳곳에 사람을 심어놓고 후궁들의 동태를 살폈으며 많은 자녀들의 일거수일투족을 모두 파악하고 있었다. 이성문제가 복잡했던 넷째 아들 임영대군의 행실 하나하나에 대해 유모를 통해 듣고 세종에게 처리하도록 하였으며, 다른 후궁들과 왕손들도 이런 방식으로 관리했다.

어쨌든 심씨는 왕의 배우자로서 깔끔하게 궁내사를 주관하고 대통을 잇는 왕손을 비롯해 자녀를 많이 낳는 등 궁궐 안주인으로서의 역할을 수행해 나갔다. 이러한 심씨의 처신이 폐비의 위기 속에서 살아남을 수 있게 해 준 요인이기도 하다.

세 번이나 바뀐 왕세자빈

폐비의 위기에서 벗어난 심씨는 불교에 귀의하여 가슴에 맺힌 상처를 달래며 지냈다. 그러나 심씨의 주변은 하루도 바람 잘 날이 없었다. 세자빈을 두 번씩이나 폐출시키는 아픔과 망신을 당했을 뿐 아니라 세 번째 세자빈은 고대하던 손자를 낳은 다음날 세상을 떠나버렸다. 넷째 아들 임영대군과 여덟째 아들 영응대군의 부인도 병 때문에 쫓아내야 했다.

심씨의 첫째 아들 세자 향(珦, 훗날 문종)은 아버지 세종을 닮아서 어렸

교태전 – 왕비의 침전

을 때부터 학문에 열심히 정진하였으며 세종 3년(1421) 8세의 나이로 세
자에 책봉되었다. 그러나 여성에 대한 관심은 적었는지 아내와는 금슬
이 썩 좋지 않았다. 세자가 14세 되던 해에 맞이한 첫 번째 세자빈 휘빈
김씨는 당시 무관 벼슬인 상호군 김오문의 딸로서 18세였다.

이 시기에는 여자들의 혼인연령을 법으로 규정하고 있었다. 예조에서
여자의 나이 14세에서 20세까지는 모두 혼인하도록 법으로 정하였다.
만일 혼인할 나이가 지났다면 그 이유를 각 관할지방의 관가에 신고하
여 한성부에 등록하도록 하였다. 그래도 혼인을 하지 않으면 법률에 의
해 논죄하였다.

조선에서 이러한 법을 시행한 것은 당시의 사정 때문이었다. 명나라
에서는 해마다 조선에서 공녀(貢女, 고려·조선시대 때 원·명·청나라의 요구에
따라 바치던 여자)를 선발하여 갔는데, 혼인을 한 유부녀일 경우에는 해당

되지 않았다. 따라서 아마 이러한 이유로 인해 혼인연령법을 시행했는지 모른다.

혼인을 했지만 아직 육체적으로 성숙하지 못했던 세자 향은 김씨의 처소를 찾지 않았다. 어렸을 때부터 같이 놀던 중전 시비들과 주로 어울렸다. 세자가 김씨를 찾지 않자 그녀는 속으로 애를 태웠다. 당시 시집을 간 여자들은 서둘러 그 집안의 후손을 낳는 것을 가장 큰 일로 여겼다. 그런데 남편의 얼굴조차 볼 수 없으니 하루하루 속만 태워야했다. 그래서 동궁의 시비 호초가 귀띔을 해준 대로 압승술을 쓰려했다.

호초가 내 놓은 묘술법은 매우 해괴한 것으로 두 가지였다. 하나는 남자가 좋아하는 여자의 신발을 태워 그 재를 술에 타서 마시게 하는 방법이었다. 또 다른 하나는 뱀이 교미를 할 때 흘린 정기를 닦은 천을 몸에 차게 하는 것이었다. 김씨는 남편이 총애했던 시비 효동과 덕금의 신발을 몰래 가져와 태우게 하였다. 그런데 그 재를 갖고 있다가 그만 발각되었다. 오직 세자의 사랑을 얻기 위한 그녀의 노력과 열정은 모두 물거품이 되었다.

그것으로 끝이 났다면 그나마 김씨는 지아비에 대한 한 만을 품었을 것이다. 꼬리가 길면 잡히는 법이라고 장차 국모가 될 세자빈이 지아비의 사랑을 위해 해괴망측한 술법을 사용한다는 소문은 심씨와 시아버지 귀에 들어가고 말았다. 심씨는 수양이 덜 된 며느리는 국모의 자질이 없다고 판단하여 김씨를 폐출시켰다. 결국 김씨는 세종 11년(1429) 세자빈이 된 지 2년 만에 쫓겨나고 말았다. 친정으로 돌아온 김씨에게는 더욱 엄청난 일이 기다리고 있었다. 심성이 대쪽 같은 아버지 김오문은 김씨와 아내에게 자결하라고 엄명을 내렸다. 그리고 준비한 사약을 모녀에게 먹이고 자신도 자결해 버렸다.

세종 내외는 김씨를 폐출시킨 지 이틀 만에 금혼령을 내리고 3개월 만에 봉려의 딸을 세자빈으로 맞아들였다. 세자와의 혼인으로 봉씨는 순빈의 시호를 받았다. 아버지 봉려는 조선 초기의 명신으로 형조, 병조, 이조판서 등을 거친 뒤 지돈령부사까지 지낸 인물이었다.

세자는 폐출된 김씨의 일도 있어 순빈 봉씨에게 사랑을 쏟으려고 노력하였다. 그런데 세자가 봉씨에게 애정을 채 쏟기도 전에 예조에서 세자도 후궁을 들여야 한다고 주장하고 나섰다. 두 사람 사이에 다른 여인들이 끼어들게 된 것이다.

세종 12년(1430) 세자의 후궁을 종2품 양제, 종3품 양원, 종4품 승휘, 종5품 소훈 등으로 법제화했다. 세종 내외는 며느리를 폐출시킨 경험도 있고 세자의 나이가 장성함에도 불구하고 제대로 후사를 두지 못하자 동궁도 후궁을 들일 수 있도록 법으로 규정하였다. 이에 세종은 친히 권전의 딸(훗날 현덕왕후), 정갑손의 딸(소용 정씨), 홍심의 딸(숙빈 홍씨)을 세자의 후궁으로 승휘에 봉했다.

세자의 마음은 새로 맞아들인 후궁들에게 쏠렸고, 세자빈 봉씨는 독수공방하는 신세가 되었다. 봉씨는 그래도 혹시나 세자가 밤늦게라도 올지 모른다고 생각하며 기나긴 밤을 지새고는 했다. 그러나 김씨와 달리 봉씨는 당당했다. 문종과 냉전상태에 들어갔을 때 세종 내외가 몇 번이나 불러서 행동을 고치라고 타일렀다는 이야기로 미루어보아 성격도 당돌하고 자부심도 만만치 않은 여성이었던 것 같다.

세자를 기다리느라 봉씨는 시비와 함께 밤을 지새우는 일이 많았다. 시비와 같이 밤늦게까지 있다 보니 묘한 생각이 들기 시작했다. 시비를 남자처럼 생각해보면 어떨까 하는 호기심이 생긴 것이다. 결국 그녀는 남자와의 운우지정(雲雨之情)을 시비와 같이 즐기며 동성애에 빠지고 말았다. 새로운 즐거움을 찾은 봉씨는 더 이상 못난 남편 때문에 속을 태우지 않았다. 오히려 세자가 자신의 처소로 찾아올까봐 전전긍긍하며 하루도 거르지 않고 매일 밤 시비와 함께 밤을 보냈다.

봉씨는 저녁이면 또 다른 시비를 불러 기분을 낸다고 술상까지 차리게 하였다. 그뿐만 아니라 그 시비에게 술시중을 들게 하여 취흥이 나면 음란한 노래를 부르게 하였다. 그녀는 자기만의 방식으로 가슴에 들어찬 한을 달래려고 했던 것이다. 당시에는 남편이 다른 여자에게 빠져도 한마디 말도 못하는 신세가 여인네의 처지였기에 보이지 않는 형틀에 갇힌 채 모든 일을 인내하는 것뿐 다른 선택의 여지가 없었다.

평소 술을 즐겼던 봉씨의 자유분방한 모습이 구체적으로 드러나 있는 《세종실록》의 기록이다.

"봉씨는 항상 방에 술을 준비해 두고 마시기를 즐겼고 한껏 취하는 것을 좋아하였다. 어떤 날은 시비에게 자신을 업고 뜰 가운데로 다니게 했다. 또 술이 모자라면 사사로이 사가에서 가져와 마시는 일도 서슴지 않았다."

봉씨 역시 그 억압된 현실 속에서 돌파구로 찾은 방법이었지만 오래 갈 수는 없었다. 어느 날 시비 두 명이 서로 싸우다 세자에게 들켜버렸다. 봉씨와 동성애에 빠진 시비 소쌍과 술시중을 들며 노래를 부르던 석가이는 서로 자기가 봉씨의 사랑을 더 받고 있다며 싸웠던 것이다. 싸움을 벌인 장소가 공교롭게도 세자 침전의 뒤뜰이었다.

이때는 봉씨뿐 아니라 궁녀들 간의 동성애도 적지 않았다. 당시 궁녀들 사이에는 대식(對食)이라 불린 동성애가 성행했다. 궁녀들은 통상 한 방에 소속이 다른 두 사람이 함께 거처했는데, 이들은 서로를 방동무, 벗 등으로 부르며 엉덩이에 붕(朋)이라는 글자를 문신해 놓고 동성애를 했다고 한다. 왕에게 승은을 입지 못한 궁녀들은 아무런 희망도 없는 궁궐생활에서 이러한 방식으로 본능을 달랬던 것이다. 세종은 동성애를 한 궁녀들에게 70대 혹은 1백 대의 매를 치는 벌을 내리기도 했으나 근절되지 않자 삼강행실도를 배포하였다. 세종 13년(1431) 집현전 부제학 설순이 세종의 명을 받들어 편집하였다. 그러나 궁녀들의 생활 자체가 정상적으로 본능을 해결할 수 없다는 점에서 이는 미봉책에 불과했다.

세종18년(1436) 세자의 나이가 23세 되던 해에 세종은 봉씨를 다음과 같은 어명을 내려 폐출시켰다.

"봉씨가 궁궐의 여종과 함께 기거한 일은 매우 추잡하므로 교지에 기재할 수는 없으니, 우선 질투하는 성질이 있고 아들이 없으며, 또 노래를 부른 일을 범죄 행위로 헤아려서, 세 명의 대신과 더불어 의논하여 속히 교지를 지어 바치게 하라."

신하들이 기초하여 만든 교지를 근거로 세종은 봉씨를 폐출시켰다. 폐출된 봉씨 역시 친정으로 돌아갈 수밖에 없었다. 그러나 아버지 봉려는 이미 세상을 떠난 뒤였고 의지할 데 없던 그녀는 결국 스스로 목을 매 죽었는데 22세의 나이였다. 폐출된 김씨와 봉씨는 모두 남편의 사랑을 얻기 위해 몸부림치던 여인들이었다. 그러나 잘못된 선택으로 세자빈이 지켜야 할 덕목을 저버리고 말았다.

세종과 심씨가 세자에게도 후궁을 들인 것은 결과적으로 잘한 선택이었다. 양원 권씨가 딸 둘을 낳고 세종 19년(1437) 세자빈으로 책봉된 후 4년이 지난 7월, 왕세손을 낳았다. 세자가 혼인한 지 14년 만에 아들을 얻자 세종은 왕세손의 탄생을 축하하기 위한 대사면령을 내렸다. 그런데 교지를 다 읽자 공교롭게도 전각 위에 밝혀두었던 대촉이 바닥에 떨어졌다. 그리고 그 다음날 권씨가 산후조리를 잘못해 세상을 떠나고 말았다. 이때 낳은 아이가 비운의 왕 단종이며 권씨는 문종이 즉위한 후 현덕왕후로 추존된다. 그 이후 여색을 그다지 좋아하지 않았던 세자는 어린 외아들만 바라보며 살았다.

세종 26년(1444) 12월, 소헌왕후 심씨의 친정어머니 삼한국대부인 안씨가 세상을 떠났다. 심씨가 친정으로 가서 장례를 치를 일에 대해 논의할 때 세종은 그 비용을 궁궐에서 내리기로 하였다. 장례가 끝난 며칠 후 문종의 총애를 받고 있는 승휘 홍씨의 딸이 4세의 어린 나이로 죽었다. 설상가상 세종의 다섯째 아들 광평대군이 천연두에 걸려 다른 처소로 옮기는 등 심씨에게 있어서 힘든 시기였다.

천연두 때문에 궁궐 안 어린 생명들이 많은 희생을 당했다. 광평대군의 운명도 바람 앞의 등불이었다. 세종과 심씨는 밤낮으로 광평대군의 곁을 떠나지 않고 병세를 돌보았다. 그러나 간절한 염원과는 달리 광평대군은 회생하지 못하고 끝내 눈을 감았다. 세종은 식음을 전폐하고 아들의 죽음을 애도하였다. 40여 일 후에는 일곱째 아들 평원대군마저 같은 병마에 시달리다 세상을 등져 그 슬픔은 끝날 줄을 몰랐다.

심씨의 가슴이 새카맣게 타들어갔다. 그나마 시아버지 태종이 세상을 떠난 후 어머니 안씨를 관비에서 풀어줄 수 있었던 것이 친정에 대한 유일한 속죄였다. 두 아들마저 잇달아 세상을 떠나자 상심한 심씨는 몸져 누워 일어날 줄을 몰랐다. 둘째 아들 수양대군은 자신의 사저에 어머니 심씨를 모시고 온갖 정성을 기울였지만 그녀의 병은 더욱 깊어만 갔다.

친정의 몰락과 해괴한 행각 등으로 폐출당한 세자빈들에 대한 실망과 자신보다 먼저 세상을 떠난 두 아들에 대한 상심은 그녀를 더욱 일어날 수 없게 만들었다. 살아생전 조용할 날이 없었던 심씨는 세종 28년(1446) 52세로 모든 한을 가슴에 품은 채 세상을 떠나고 말았다.

세종은 그녀가 세상을 떠나자 사정전으로 나아가 심씨를 이렇게 칭송했다.

석보상절 - 세종 때 수양대군이 왕명으로 석가의 일대기를 찬술한 불경언해서

"우리 조종 이래로 가법이 지극히 바로 잡혔고, 내 몸에 미쳐서도 중궁의 내조에 힘입었다. 중궁은 매우 성품이 유순하고 언행이 훌륭하여 투기하는 마음이 없었으므로 선왕(태종)께서 매양 나뭇가지가 늘어져 아래에까지 미치는 덕이 있다고 칭찬하셨었다."

그리고 평소 불교를 통해 마음의 한을 달래던 심씨의 명복을 빌어주기 위해 세종은 궁궐 안에 내불당을 세우고, 수양대군에게 《석보상절》을 편찬하도록 하였다. 석가의 일대기를 《석가보》, 《법화경》, 《지장경》, 《아미타경》, 《약사경》 등에서 발췌하여 한글로 번역하게 한 것이 이 책이다. 문종도 왕이 된 후 조부 심온을 신원함으로써 평생을 한과 눈물 속에서 살았던 심씨의 영혼을 위로하였다.

그녀는 죽은 뒤에 소헌의 시호와 문종 2년(1452)에는 선인제성(宣仁齊聖)이라는 휘호를 받았다. 심씨의 능은 경기도 여주군 능서면 왕대리의 영릉으로 세종과 합장되어 있다.

소헌왕후 심씨의 불행은 원경왕후 민씨의 경우와 달랐다. 민씨가 자신이 권력을 나누어 가질 자격이 있다고 생각하여 그렇게 행동했기 때문이라면, 심씨는 아무런 정치적 의지를 내보이지 않았음에도 불행을 당했다. 왕조국가 조선이 기틀을 잡아가는 과정에서 권력의 무게중심과 핵은 나누어질 수 없다는 태종의 확고한 의지 때문일 것이다.

태종은 집권 후 공신들을 대대적으로 숙청해 세종에게 안정된 통치기반을 넘겨주었던 것처럼, 외척세력도 잔혹하게 제거해 조용한 내명부를 물려주었다. 그리고 그런 평화는 소헌왕후 심씨처럼 무고한 희생자의 눈물과 한의 대가로 이루어졌다.

현덕왕후 권씨

죽은 지 오십 년 만에 눈을 감다

　　세조는 며칠째 잠을 제대로 이루지 못하고 뜬눈으로 지새웠다. 조카 단종을 비명횡사하게 만든 죄책감 때문이었다. 그럴 때마다 자신을 위로하듯 어쩔 수 없는 일이었다며 마음을 다잡았다.

　　단종을 죽이고 왕이 된 첫 해 어느 날, 단종의 어머니 현덕왕후 권씨가 꿈에 나타났다. 그녀는 복수의 한을 품은 무서운 얼굴로 말했다.

　　"네가 내 아들을 죽였으니 나도 네 아들을 죽이겠다!"

　　꿈에서 깨어 놀란 가슴을 진정시키고 있는 세조에게 청천벽력 같은 소식이 전해졌다.

　　"전하, 세자마마께옵서 지금 세상을 떠나셨다 하옵니다."

후궁으로 들어와 세자빈에 오르다

　　세자 향은 아내를 세 번이나 맞이한 불우한 남자였다. 첫 번째 아내 휘빈 김씨는 해괴한 짓을 일삼다 쫓겨난 후 친정아버지와 함께 자결하였다. 다시 맞이한 아내가 순빈 봉씨였는데 처음에는 그녀에게 마음이 끌렸다. 그런데 세자가 봉씨에게 깊은 애정을 가지기도 전에 예조에서 세자도 후궁을 들여야 한다고 주청하였다.

"동궁이 잉첩을 들이는 예절은 사실상 결함이 있사오니 바라옵건대 옛 제도에 준행하소서. 지금 동궁의 잉첩 수는 《경제예전》에 의거하여 좋은 집안에서 뽑아 그 수를 갖추고, 그 칭호와 품계는 지금 내관(內官)의 제도 및 당나라 제도의 태자 내관의 조항에 의거하여 양제 두 명으로 종2품, 양원 여섯 명으로 종3품, 승휘 열 명으로 종4품으로 정하시고 이 제도를 참작하시어 신하와 백성의 기대에 맞게 하소서."

이러한 예조의 건의에 따라 세자의 후궁을 종2품 양제, 종3품 양원, 종4품 승휘, 종5품 소훈 등으로 정하였다. 이 결정으로 세자는 권전의 딸, 정갑손의 딸, 홍심의 딸을 후궁으로 맞아들이고 모두 종4품인 승휘로 봉했다. 세자는 후궁이 3명이나 되자 세자빈과는 점점 사이가 멀어져 갔다.

세종 18년(1436) 승휘 권씨가 세자빈보다 먼저 딸을 낳았다. 궁중의 기대와 소망을 받고 첫딸을 낳았지만 얼마 못가서 죽고 말았다. 그러나 왕실은 그녀를 종3품 양원으로 승격시켜 주었다. 같은 해 양원 권씨는 다시 딸을 낳았다. 그 딸이 경혜공주이다. 권씨는 비록 딸을 출산하였지만 이 일로 세자의 애정과 왕실의 관심을 한 몸에 받게 되었다.

권씨가 이렇게 행복한 삶을 누리고 있는 동안 세자빈 봉씨는 외로움과 소외감으로 나날을 보냈다. 그녀는 왕실과 세자의 사랑이 전적으로 권씨에게로 옮겨가자 시비들과 동성애에 빠져버렸다. 이 일이 발각되어 봉씨가 폐출되자 신하들은 세자의 가례를 서둘러야 한다며 세종에게 주장하였다. 그러나 세종은 나라가 흉년을 만나 재앙을 두려워하고 반성할 시기에 세자의 가례를 또 치를 수는 없다며 반대하였다. 그래서 세자의 후궁 중에서 세자빈을 삼기로 결정하게 되었다.

"세자의 빈을 두 번이나 폐하고 다시 세웠지만 어진 배필을 얻지 못하여 변고를 가져오게 했다. 지금 비록 빈을 뽑아 책립하더라도 어찌 어진 사람이라는 것을 보증하겠는가. 내가 생각해보니 시험해 보지 않은 사람을 새로 얻는 것과 본래부터 궁궐에 있으면서 부인의 도리에 삼가고 공손한 사람을 뽑아 세우는 것이 어찌 같을 수가 있겠는가. 그렇게 하면 후회가 없을 것이다. 전에 세자빈을 세울 것을 의논할 때에 대신들도 또한 '양원과 승휘 중에서 승격시켜 빈으로 삼아야 될 것입니다.' 하였으나 내 의견으로는 첩을 아내로 만드는 일은 옛날 사람의 경계한 바인데…. 지금에 와서 이를 생각해보니 한성과 지방에서 널리 뽑았으나 적임자를 얻지 못했으니 차라리 대신의 말을 따르겠다."

세종은 이어서 세자는 승휘 홍씨를 더 마음에 있어 하지만 양원 권씨를 선택해야 한다고 신하들에게 말했다. 그 이유는 두 사람의 덕과 용모는 같지만 이미 권씨는 딸을 낳았기 때문에 의리상 세자빈으로 승격시켜야 한다는 것이었다. 이렇게 해서 세자빈 자리는 권씨가 차지하게 되었다.

권씨가 세자빈으로 책봉될 때 가례를 올려야 한다는 의견과 안 해도 무방하다는 의견으로 나뉘어졌다. 세자로 있던 문종은 더 이상 자신의 일로 시끄럽게 하지 않겠다는 생각에서 가례를 생략했으면 좋겠다는 의견을 내놓았다. 그의 의견이 받아들여져 가례는 생략되었지만 이 일은 훗날 엄청난 후환의 빌미가 되었다.

권씨는 태종 18년(1418) 3월, 홍주 합덕현(현 충청남도 홍성군)에서 태어났다. 권씨 집안은 원래 고려시대 때 명문가였으나 조선이 개국한 이후 세력이 미미해졌다. 이 가문의 시조는 김행으로 신라의 큰 성씨였다. 그는 경북 안동의 옛이름인 복주를 지키고 있다가 고려 태조가 신라를 정벌

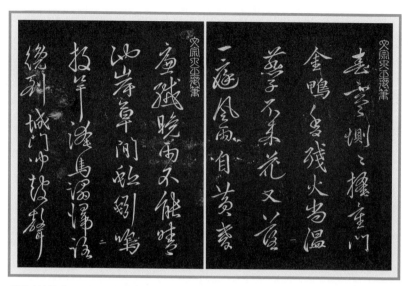

문종이 쓴 글씨 국립중앙박물관 소장

하기 위해 이 지역으로 들어오자 항복하고 말았다. 고려 태조는 이때 김
행에게 권도(權道)를 가지고 있다며 치하하였다. 권도는 수단은 옳지 않
지만 결과가 정도에 맞다는 의미로 고려 태조가 높이 샀던 것이다. 김행
에게 권씨 성과 함께 태사 관직을 내렸고 그 후로 권씨 가문을 이루게
되었다.

아버지 권전은 딸이 세자빈에 책봉되자 즉시 자헌대부 중추원사에 이
르렀다. 그녀의 어머니 최아지는 고려 중서령 문헌공 최충의 12세손인
최용의 딸이었다. 부모 모두 고려시대 때 유명했던 가문 출신들이었지
만 조선시대에 들어선 이후 집안이 한미해져 딸을 후궁으로 들여보낼
수밖에 없었다. 그런 딸이 세종 13년(1431) 세자빈궁 승휘로 간택되면서
다음해 사재감부정에 제수되었다. 하루아침에 딸이 집안을 일으키자 세
상 부러울 것이 없었다. 세종 23년(1441) 딸이 사망한 뒤에도 원손(단종)의
외조부라는 이유로 좌의정에 추증되고, 단종 2년(1454)에는 다시 영의정

부사 화산부원군에 추증되었다. 그러나 아들 권자신이 단종 복위 운동에 연루되어 관작을 추탈당한다.

단종 폐위로 파란곡절의 삶을 이어갔던 권전은 현재 강원도 홍천군 내면 일대에서는 '권대감' '권전대감'으로 불리며 마을 신령으로 대접받고 있다.

권씨의 영화는 계속되지 못했다. 그녀의 나이 24세 되던 해에 왕세손 홍위(弘暐, 훗날 단종)를 낳고 세상을 떠났다. 눈을 감을 때 그녀는 세종의 후궁 혜빈 양씨에게 단종의 양육을 부탁하였다. 양씨는 자신이 기른 단종으로 인해 훗날 화를 당하게 될 것을 모르고 있었다.

권씨는 권력의 중심부였던 세자빈이 되었으며 앞날을 보장받을 수 있는 아들을 낳았지만 운명은 더 이상 그녀를 도와주지 않았다. 그녀가 세상을 떠나자 시호를 현덕빈으로 내리고 경기도 안산에 안장하였다. 문종이 즉위한 후 그녀를 현덕왕후로 추봉하고 능을 소릉이라 하였다. 아들 단종이 왕위에 오른 후에는 인효순혜(仁孝順惠)라는 시호를 올렸다.

세자빈 권씨가 세상을 떠났을 때 세자 향의 나이는 28세였다. 아직 젊은 나이였기 때문에 다시 아내를 맞아들여야 했다. 왕실에서는 가례색을 설치하여 규수를 구하도록 하였다. 가례색은 왕 또는 왕세자 및 왕세손의 가례를 위하여 두는 임시 관아이다. 그러나 세자는 새로 아내를 맞이하기는 하였지만 후궁으로만 두었다. 후궁이 된 사칙 양씨는 얼마 후 경숙옹주를 생산하였다. 양씨는 그 후 양원으로 승격되었는데 문종이 왕위에 오른 후에도 그대로 후궁의 자리에 있을 수밖에 없었다. 정실왕후는 현덕왕후 권씨뿐이었다.

생모의 얼굴 한 번 보지 못하고 태어난 단종은 왕실의 첫아들이라 사랑과 관심 속에서 별 탈 없이 자랐다. 세종은 손자 단종을 특별히 아끼고 총애하였다. 단종은 세종 30년(1448) 8세가 되던 해에 세손으로 책봉되었다. 세종은 집현전 소장학자들인 성삼문, 박팽년, 이개, 하위지, 유성원, 신숙주 등에게 단종의 앞날을 부탁했다. 아들인 문종이 허약한 체질이라 오래 살지 못할 것이라는 예측을 했던 것이다. 만일 단종이 어린 나이로 왕위에 즉위하게 되면 혈기왕성한 그의 아들들이 무슨 일을 저지를지 모른다고 생각했다.

세종이 죽고 문종이 왕위에 오르자 단종은 10세의 나이로 세자에 책봉되었다. 그 후 2년 뒤에 세종의 예상대로 문종도 얼마 살지 못하고 세상을 떠났다. 그는 신하들에게 어린 세자를 부탁한다는 유언을 남겼다. 단종은 12세의 나이로 왕위를 계승하였지만 그를 보필해 줄 사람은 주변에 아무도 없었다. 다만 그가 믿을 수 있는 어른이라고는 혜빈 양씨뿐이었다. 그러나 혜빈 양씨는 후궁의 몸이었으므로 아무런 정치적 실권이 없었다.

비명횡사하는 어린 단종

한편 건국 초 유교이념에 입각한 재상중심체제를 꿈꾸다 권력투쟁에서 밀려난 개혁세력들은 태종의 강력한 왕권강화정책에 짓눌려 그 세력을 좀처럼 키울 수 없었다. 태종은 누구든지 왕위를 위협할 것 같은 조짐만 보여도 살려두지 않았다. 태종의 강력한 왕권강화의 기반 위에서 세종은 유교적 왕도정치를 구현할 수 있었다. 왕도정치의 구현은 집현전 학자들이 뒷받침하였다. 집현전은 세종이 즉위한 후 2년 뒤에 확대하여 연구기관으로 개편하였다.

집현전은 원래 중국의 한나라, 위나라 이후 설치되어 당나라 현종 때 정비된 유교경전의 간행과 서적수입 등을 주로 하는 학문연구기관이었다. 국내에서도 오래 전부터 이러한 제도를 도입하였으나 집현전이라는 명칭을 사용한 것은 고려 인종 때부터였다. 그러나 그 이후 별다른 활동을 한 적은 없었다. 세종이 즉위하자 신하들은 문신들을 뽑아 인문학을 진흥시키자고 주청하였다. 그래서 고려 이후로 유명무실하던 수문전, 집현전, 보문각 중에서 집현전을 대폭 확대하게 된 것이다. 집현전은 세종 때 처음 설치된 것이 아니라 오래 전부터 존재했던 기구였다.

세종은 집현전에 학사의 설치와 서리, 노비 등도 배속시켜 운영에 지장이 없도록 하였다. 학사들의 연구를 돕기 위해 많은 도서를 구입하거나 인쇄하여 집현전에 보관하도록 하는 한편 그들에게 휴가를 주어 산사에서 학문 전반에 걸쳐 연구할 수 있도록 하였다. 여기에 소요되는 경비와 기구는 모두 나라에서 부담하였는데 그 결과 집현전을 통해 많은 우수한 학자들이 배출되었다. 점차 이들은 유교를 학문적으로 연구하기보다 그 이념을 현실 정치에서 실현하려는 욕구가 강해졌다.

세종은 말년에 병이 악화되자 세자에게 대리청정을 시키려 했으나 신하들의 강력한 반대에 무산되고 말았다. 그래서 고안해 낸 것이 의정부서사제였다. 의정부서사제는 6조에서 올라오는 안건들을 영의정, 좌의정, 우의정 등의 3정승이 포진하고 있는 의정부에서 심의를 거친 다음 왕에게 결재를 받도록 하는 제도였다. 그 전에는 6조에서 올라오는 모든 안건을 왕이 직접 처리해야 했기 때문에 그 업무량이 너무 많았다. 건국 초에는 의정부 중심으로 국정을 운영하려 했으나 태종에 의해 좌절되었다. 그 이후로 6조직계제가 이어져 세종 대까지 이르렀던 것이다. 그러나 세종 말기에 의정부서사제가 도입됨으로써 신하들의 권한이 강해질 수 있는 제도가 마련되었다. 그 후 세종이 더 이상 정무를 담당할 수 없을 만큼 건강이 악화되자 세자에게 대리청정시킬 것을 강력하게 주장하여 문종이 정무를 대리하게 되었다. 이를 위해 세종은 세종 24년(1442)에 첨사원(詹事院, 세자가 왕 대신 정치하게 하는 기구)을 설치하고 집현전 학사들로 하여금 세자를 보필하게 하였다. 세자로 있던 문종은 세종 24년(1442)부터 세종 32년(1450)까지 8년간 세종을 대신하여 대리청정을 하였다. 이 기간 동안 세자를 보필하던 집현전 학사들의 정계 진출이 활발해졌다. 이에 따라 이들의 권한도 함께 강화되었다. 문종이 왕위에 오르자 집현전 학사들은 대간(臺諫, 사헌부·사간원의 벼슬)으로 진출하는 등 요직을 차지하였다.

즉위한 지 2년 3개월 만에 39세로 문종이 세상을 떠나자 12세의 어린 단종이 왕위를 이었다. 이후 단종은 단종 2년(1454) 1월, 한 살 연상의 송현수의 딸 송씨와 혼인을 하였다. 송현수는 딸이 단종의 비로 책봉되자 돈령부지사가 되고 여량군에 책봉되었다. 다음해 옛 친구인 세조가 즉위하자 돈령부판사가 되어 적극 보필하게 된다. 사육신 사건이 일어나자 대간의 건의로 처벌이 불가피하였지만 세조가 두둔하여 무사할 수 있었다. 그러나 금성대군이 사사되자 주살되고 만다.

정순왕후 송씨는 성품이 온순하고 검소했으며 고모가 영응대군(세종의 8남)의 부인이라는 배경 때문에 15세의 나이로 한 살 연하인 단종과 혼인하여 왕비로 책봉되었다. 후일 단종이 상왕으로 물러나자 왕대비가 되었으나 세조 3년(1457) 단종 복위 운동이 발각되자 군부인(郡夫人)으로 강등되어 궁궐에서 쫓겨난다.

단종 역시 노산군으로 강등되어 강원도 영월로 쫓겨 간 상황에서 송씨는 세조의 명에 따라 동대문 밖 정업원으로 갔다. 송씨 나이 18세로 머리를 깎고 비구니가 된 채 남편 단종이 있는 동쪽을 바라보며 눈물로 세월을 보냈다. 단종이 폐서인되고 끈질기게 자살을 강요당하다가 영월에서 사사되자 정업원에 앉아 평생 남편의 명복을 빌며 살아야했다.

한편 단종이 즉위했을 초기 조선의 정국 구도는 두 진영으로 양분되었다. 한 파는 문종의 유언을 받은 고명대신들로서 세종 때부터 재상직에 있던 황보인, 남지, 김종서 등의 3정승과 집현전 출신 관료들이었다. 문종은 임종 때 이들에게 단종의 보필을 부탁했다. 정무를 처리하기에 단종은 너무 어렸다. 그래서 재상들이 고안해 낸 것이 황표정사(黃票政事) 였다. 이는 인사문제를 결정할 때 물망에 오른 인재 중에서 적당하다고 생각되는 인물의 이름 옆에 재상들이 미리 황색 점을 찍어두는 것이었다. 왕은 그 표시를 보고 결정만 내리면 되었다. 사실상 단종은 허수아비 왕에 불과했고 모든 정무는 재상중심으로 이루어졌다. 처음에는 3정 승인 황보인, 김종서, 남지 등이 정치를 주도해 나갔으나 얼마 후 남지가 건강상의 이유로 물러나자 정봉이 그 자리를 채웠다. 그렇게 되자 실권은 황보인과 김종서가 장악하게 되었다. 재상중심으로 정국이 운영되자 집현전 출신의 관료들도 자연스럽게 정계에서 소외되기 시작했다. 당연히 이들은 현 체제를 못마땅하게 여기게 되었다.

또 다른 세력은 왕권강화를 목적으로 하던 왕족세력들이었다. 이 중에서 정치에 가장 관심이 많았던 인물이 수양대군과 안평대군이었다. 세종의 둘째와 셋째 아들인 이들은 형인 문종이 대리청정을 할 때부터 세력을 키우기 시작했다. 수양대군은 항상 불만이 많은 인물이었다. 사실상 당시 왕자들의 생활이란 부유하지만 일은 하지 않고 놀고먹는 것이 전부였다. 이들에게는 정치참여가 금지되어 있었기 때문에 기생들과 어울려 술을 마시고 노는 것으로 시간을 보낼 수밖에 없었다. 수양대군은 사내대장부로 태어나 백수건달처럼 지내는 것에 불만이 많았다. 그럴 때마다 술을 마신 채 어머니 소헌왕후 심씨를 찾아가 신세한탄을 했다. 그는 어렸을 때부터 문·무·예에 능했지만 그 재주를 사용할만한 곳이 없어 항상 불만이었다. 단종이 왕위에 오르자 내심 그 불만은 더 커져 폭발할 지경에 이르렀다.

수양대군의 불만은 대충 이러했다. 첫째, 가례도 없이 들어앉은 후궁

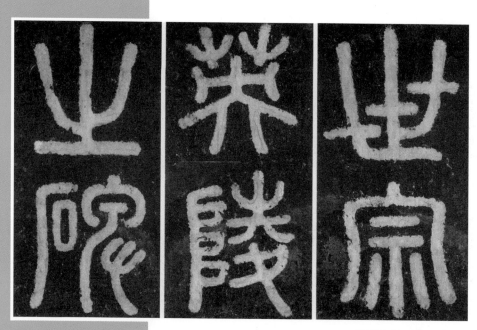

안평대군이 쓴 세종 영릉 비액
글씨는 세종의 영릉 비석의 비액(碑額)글씨로
안평대군의 글씨조형의 개성을 잘 드러내었다. 1974년에 발굴됨.
국립중앙박물관 소장

출신의 어머니를 둔 단종은 절름발이 왕실 출생이다. 반면에 문·무·예에도 능하고 정통 왕실 출신인 자신은 왜 권력에서 소외되어야 하는가. 둘째, 태종과 세종 대를 거치면서 적장손이 왕위를 계승하는 것이 아니라 가장 뛰어난 왕자가 그 자리를 이었는데, 왜 유독 자신에게만 그러한 차례가 돌아오지 않는가.

이러한 상황에서 단종은 숙부인 수양대군과 금성대군에게 자신의 보필을 부탁했다. 금성대군은 성격이 강직하기는 하나 정권욕이 없는 인물이었다. 따라서 수양대군만이 단종을 좌지우지할 수 있었다. 단종을 보필한다는 명목으로 수양대군의 세력은 갈수록 커져갔다. 그는 단종 즉위 초부터 집현전 교리 권람을 자신의 수하로 끌어들이고 한명회, 홍윤성 등을 심복으로 삼아 세력을 확대하였다.

고명대신파들은 수양대군의 세력이 갈수록 커지자 위협을 느끼기 시작했다. 그래서 자신들의 진영으로 안평대군을 끌어들였다. 그도 내심 수양대군을 견제하고 있었다. 고명대신파들이 자신과 견줄만한 왕족인 안평대군과 연합을 하자 수양대군의 위세도 다소 위축되었다. 당시 명나라에서는 단종의 즉위를 승인한다는 고명과 금인(金印, 황금 도장)을 보내왔는데 이에 대한 사례를 표시하기 위해 누군가가 사은사로 가야 했다. 수양대군은 연합세력에게 정권에 대한 야심이 없다는 것을 보여주기 위해 명나라 사은사를 자청하고 나섰다. 그리고 명나라에서 귀국하자마자 곧 연합세력을 제거하기 위한 거사계획을 실행에 옮겼다. 재상 중심으로 정권이 운영되는 것에 불만을 품었던 일부 집현전 학사 출신 관료들도 수양대군의 세력에 합류하였다.

수양대군은 집현전 학사 출신 신숙주를 끌어들이고 홍달손, 양정 등 당대의 무사들을 수하로 두고 무력을 양성하던 중 드디어 거사날짜를 결정하였다. 단종 1년(1453) 10월 10일 밤이었다. 가장 먼저 김종서의 집으로 달려가 그를 절명시켰다. 단종에게는 오래 전부터 나랏일을 멋대로 하던 김종서, 황보인이 이번에는 함경도절제사 이징옥, 평안도관찰사 조수량, 충청도관찰사 안완경 등과 반역모의를 하자 상황이 급박하여 사전에 알릴 여유가 없어 그를 먼저 죽였다고 상주하였다. 그 다음 왕명을 빌어 황보인을 비롯한 신하들을 불러 모았다. 그리고 차례차례 황보인, 조극관, 이양 등 정적들을 살해하였다. 김종서와 황보인이 안평대군을 추대하기 위해 역모했다는 것이 명분이었다. 안평대군도 강화도로 귀양을 갔다가 곧 교동으로 유배된 뒤 그곳에서 36세를 일기로 사사되었다.

계유년에 일어났다고 해서 이 정변을 계유정난(癸酉靖難)이라 부른다. 수양대군은 영의정부사, 이조·형조판서, 내외병마도통사 등을 겸직함으로써 정권과 병권을 모두 장악하였다. 그리고 정인지를 좌의정에, 한확을 우의정에 임명하는 한편 집현전으로 하여금 자신을 찬양하는 교서를 짓게 하여 이를 단종의 이름으로 받았다. 정변에 직·간접적으로 가담한 정인지, 권람, 한명회, 양정 등을 비롯한 43명에게 정난공신의 시호를 내렸다. 이로 인해 집현전 학사 출신들도 요직을 많이 차지하게 되었다. 그 후 수양대군과 측근 신하들은 단종을 둘러싼 역모가 언제 일어날지 모른다고 생각하여 금성대군 이하 여러 종친, 궁인 및 신하들을 모두 죄인으로 몰아 유배시켰다. 이러한 급박한 정세에 신변의 위협을 느낀 단종은 왕위를 넘겨주고 자신은 상왕으로 물러났다. 왕위 선양이 아니라 강탈에 가까웠다. 의정부에서 집현전 부제학 김예몽 등으로 하여금 선위교서와 즉위교서를 짓도록 명하였다.

마침내 단종이 수양대군 일파의 협박에 못 이겨 선위교서를 내린 것은 단종 3년(1455) 6월이었다.

"어린 내가 선왕의 대업을 이어받았지만 궐 밖의 일들을 미처 알지 못하는 탓에 간사한 무리들이 난을 획책하는 것을 뿌리 뽑지 못하고 있다.

경회루 – 세조가 어새를 전해 받은 경복궁 경회루

흉측한 무리들이 소란을 일으켜 나라에 변고가 끊이지를 않으나 이를
진정시킬 힘이 없어 이제 대임(大任)을 영의정에게 전하려고 한다."

한확 등 군신들이 합사하여 그 명을 거둘 것을 굳게 청하고 수양대군
또한 눈물을 흘리며 완강히 사양하였다.

단종은 어보(御寶, 어새와 옥보)를 들이라는 명을 내린 후 경회루 아래
에서 세조를 불러 전해주었다. 세조가 익선관과 곤룡포를 갖추고는 백
관을 거느리고 근정전 뜰로 나아가 선위교서를 받았고, 사정전에서 단
종을 알현한 후 근정전으로 가서 면복을 입고 즉위하였다. 왕이 된 세
조는 즉위교서를 반포하였다.

"주상전하께서 대업을 이어받으신 후 불행하게도 나라에 어지러운 일
들이 잦았다. 그에 따라 덕 없는 내가 선왕과는 한 어머니의 동생이고
작게나마 공로가 있기에 이와 같은 결단을 내렸다. 어려운 상황을 진정
시킬 길이 없어 대임을 굳게 사양했지만 종친과 대신들 모두 종사의 미

래를 생각하라 하기에 어쩔 수 없었다. 그리하여 근정전에서 즉위하고 주상을 상왕으로 받들게 되었다."

집현전 학사 출신의 구신들은 이 단계까지 원하지 않았기 때문에 반감을 가졌다. 자신들은 문종의 고명을 받아 단종을 보필할 의무가 있다고 생각했던 것이다. 반감을 가진 대표적인 인물들은 성삼문, 박팽년, 이개, 유성원 등이었다. 이들은 무관 유응부, 성승 등과 모의하여 단종을 복위시킬 계획을 세웠다. 이 사건이 제1차 단종 복위 운동이었다. 이들은 세조 2년(1456) 6월, 창덕궁에서 명나라 사신을 향응하는 기회를 틈타 거사하기로 결정하였다. 세조와 단종이 명나라 사신을 맞이하기 위하여 창덕궁으로 갈 때 별운검(別雲劍, 왕의 경호원)으로 임명된 유응부가 세조를 암살한다는 계획이었다. 그러나 세조가 별운검을 동반하고 연회장을 나서는 것이 위험하다고 판단한 한명회가 창덕궁 연회장이 너무 협소하다고 주장하여 암살계획은 연기되었다. 그런데 거사에 가담하기로 한 김질과 그의 장인 정창손은 계획이 어긋나자 사태가 불리하다는 것을 깨닫고 이 사실을 밀고하였다. 세조는 곧 이들에게 참혹한 고문을 가했으나 모두 굴하지 않았다. 성삼문, 박팽년은 이미 공초(供招, 죄인이 범죄 사실을 진술하던 일)에서 죽임을 당했으며 유성원은 자신의 집에서 자살하였다. 이 모반에 연루된 왕비 권씨의 동생 권자신, 김문기 등을 비롯한 17명도 모두 처형당했다. 단종도 이 밀모에 관계있다고 하여 노산군으로 강등시키고 강원도 영월로 유배시켰다.

그곳에서 단종은 시를 읊으며 자신의 시름을 달래며 지냈다.

영월의 고을 누각에서

달 밝은 밤에 귀촉도의 혼은 우는데

시름을 품고 누각 머리에 의지해 서니

네 슬픈 울음소리 내가 듣기 괴롭구나

네 소리가 아니면 내 수심도 없을 터인즉

세상의 괴로운 사람에게 전하여 이르기를

봄 삼월에는 자규루(소쩍새의 누각)에 오르기를

조심하여 하지 말라 하거라

그 후 9월에 다시 제2차 단종 복위 운동이 일어났다. 유배지 순흥에 있던 금성대군이 순흥부사 이보흠과 밀모를 하여 영남 인사들에게 격문을 돌려 군사를 일으키려고 했던 것이다. 그러나 이 계획은 그들이 부리던 관노의 밀고에 의해 발각되고 말았다. 금성대군은 안동에 하옥되고 이보흠과 영남 인사들은 죽임을 당하는 한편 이 사건에 관련 있는 세종의 서자 한남군과 영풍군은 귀양에 처해졌다. 그리고 노산군으로 강등된 단종을 다시 폐서인시켰다. 이에 정인지, 정창손, 한명회, 신숙주 등이 계속 단종과 금성대군의 치죄를 상주하자 세조는 이 두 사람에게 사약을 내렸다. 단종에게 사약을 바치기 위해 떠났던 인물은 조선 전기 시인으로 유명한 왕방연이었다. 그는 의금부도사로 강원도 영월 청령포까지 단종을 호송하고 난 뒤 마을 여울 가에 앉아 괴로운 심정을 시조로 읊었다.

천만리 머나먼 곳에 고운님 여의옵고

내 마음 둘 데 없어 냇가에 앉았더니

저 물도 내 안 같아서 울어 밤 길 예놋다

《세조실록》에는 단종이 목을 매어 스스로 목숨을 끊었다고 기록되어 있다. 그러나 《숙종실록》과 이자(李耔)가 쓴 《음애일기》의 내용은 다르다.

왕방연은 단종에게 사약을 바치려 하니 그 심경이 너무 괴로웠다. 하지만 어명이라 거역할 수도 없는 일이었다. 사약 사발을 단종에게 내밀자 어린 그는 한사코 먹지 않겠다며 애원을 했다. 의금부도사의 쩔쩔매는 꼴을 보고 있던 공씨 성을 가진 나장(羅將, 죄인의 매를 때리거나 압송하는 일을 맡은 사람)이 결국 활줄로 단종의 목을 졸라 죽였다. 단종은 17세의 나이로 한 많은 세상을 하직하고 말았다. 단종의 목을 조른 나장 공씨는 문을 나서다 피를 토하며 죽었다고 한다.

단종과 연루된 대부분은 역모라는 이름 아래 목숨을 잃고 오직 단종의 누님 경혜공주의 아들 정미수만이 살아남았다. 정미수가 생활이 조금 나아질 무렵 단종의 부인 정순왕후 송씨는 비구니로 살 수 없어 정미수의 집에 잠시 머물다가 동대문 밖에 초당 두어 칸을 지어 그곳에서 검소하게 살았다.

그 후 송씨가 폐서인된 지 60년이 흐른 중종 13년(1518) 송씨는 자신의 재산과 종 그리고 집을 정미수에게 줄 테니 단종의 제사를 받들어달라는 의사를 내비쳤다. 마침 단종의 양자문제를 논의하던 터라 적절한 것으로 보고 우승지 김정국이 궁궐에 고했다. 하지만 정미수가 곧 죽고 그의 부인이 제사를 모시게 되었다. 중종은 남은 정미수의 부인까지 죽을 경우 단종의 제사를 책임질 사람이 없음을 안타까워하며 대신들에게 양자문제를 다시 의논토록 명을 내렸다. 하지만 정미수의 부인이 생존해 있다는 이유로 명을 거두었다.

죽기 전까지 단종과의 인연의 끈을 놓지 못했던 송씨는 중종 16년(1521) 6월, 82세의 나이로 한 많은 세상과 작별하였다.

폐능되는 권씨의 묘

　제1차 단종 복위 운동에 연루된 권씨의 어머니 최아지와 동생 권자신도 거열형을 받고 죽임을 당했다. 그리고 죽은 권씨의 아버지 권전도 폐서인되었다. 세조 3년(1457) 6월, 세조의 측근 신하들은 현덕왕후를 폐서인할 것과 폐능을 상소하였다.

　"현덕왕후의 어머니 최아지와 동생 권자신이 이번에 모역사건에 걸려 거열형을 받고 죽임을 당하였고 그의 부친 권전도 이제 폐서인이 되었으며 또 노산군도 종사에 죄를 지어 강등되었습니다. 이제 남은 사람은 그의 어머니 현덕왕후로서 그 이름을 보전하여 왕위에 그대로 둘 수 없습니다. 폐서인하여 능도 폐기하고 개장하여야 하옵니다."

　자신의 형수가 묻혀있는 곳이고 한 번 만든 능을 폐한다는 것은 곤란한 일이었기 때문에 세조는 결정을 하지 못한 채 고민하였다. 이 생각 저 생각으로 잠을 설친 그는 다음날 낮에 깜빡 졸았다. 야사에 의하면 이때 꿈속에 형수 권씨가 산욕열로 죽은 모습으로 나타나 저주를 퍼부었다고 한다.

　"네가 내 아들을 죽였으니 나도 네 아들을 죽이겠다!"

　권씨는 사라지면서 얼굴에 침을 뱉었고 놀라서 깬 세조는 단종에 대한 자신의 행동이 너무 과하지 않았나 하는 생각을 하게 되었다. 그런데 얼마 지나지 않아 별감이 어전으로 달려와 상주했다.

　"전하, 세자마마께서 지금 세상을 떠나셨다 하옵니다."

　의경세자(懿敬世子) 장(暲)의 죽음을 알리는 것으로 그의 나이 20세였다. 세조가 즉위한 지 3년 만인 세조 3년(1457) 9월로 갑작스러운 요절은 큰 충격이었다. 그는 세조의 맏아들이며 조선 9대 왕인 성종의 아버지이다. 세종 27년(1445) 도원군에 봉해졌으며 수양대군이 왕위에 오르자 세자로 책봉되었다. 그리고 이 해에 서원부원군 한확의 딸 소혜왕후 한씨를 아내로 맞아들였다. 한씨와의 사이에 월산대군 정(婷)과 성종을 두었다. 의경세자는 늘 단종의 어머니 권씨의 혼령에 시달렸다고 한다. 그가 죽은 것도 권씨의 혼령에 의해 살을 맞았기 때문이라 한다. 훗날 둘째 아들 성종이 왕위에 오르자 그는 덕종(德宗)으로 추존되었다.

세조가 의경세자 묘지를 물색하라는 명을 내리자 세자의 스승과 지관들 그리고 한성판윤 이순지까지 나섰다. 그들은 경기도 광주와 과천 등지를 둘러보며 열성을 다했다. 그러나 세조는 국장도감에 내린 어찰을 통해 이번 장례는 왕의 장례가 아닌데도 모든 것이 정도에 지나친 것 같다는 뜻을 비쳤다. 그러면서 무덤 안은 반드시 후하게 해야 되겠지만 무덤 밖은 자신의 맏아들이라도 소박해야 된다고 강조하였다.

세조의 뜻에 따라 의경세자가 잠든 경릉(敬陵, 현 경기도 고양시 덕양구)은 병풍석과 난간석 그리고 망주석과 무인석이 생략되고 오직 문인석만 서 있는 소박한 모습이다.

한편 졸지에 세자를 빼앗겼다고 여긴 세조는 분기탱천하여 권씨 묘의 폐능을 명령하였다.

"현덕왕후는 이미 폐서인이 되었으니 봉릉(封陵, 능을 받들어 보살핌)할 수 없다. 즉시 능을 없애고 서인으로 개장하도록 하라!"

그런데 세조는 이 무렵 알 수 없는 피부병에 걸려 있었다. 후세 사람들은 그 병이 권씨의 침에 의한 것이라고 추측하였다. 한편 안산에 있는 능을 파내기 며칠 전 그 마을사람들에게는 권씨의 원한 맺힌 곡성이 들려 왔다고 한다.

"내 집을 파 놓으면 나는 장차 어디에 의지하고 지내느냐!"

다음날 인부들은 권씨의 능을 파내기 시작했다. 능속에 있는 재궁(梓宮, 왕비와 왕족의 유해를 모신 관)을 들어내려 하자 이상하게 꼼짝도 하지 않앉고 제사를 지낸 뒤에야 겨우 빼낼 수 있었다고 한다. 그런데 재궁을 3, 4일간 그대로 방치해 둔 탓에 그만 바닷물에 떠내려가고 말았다. 능을 파헤친 지 몇 달 후 그 주변에 살던 노승이 잠을 자다가 바다에서 나는 여인의 울음소리를 듣게 되었다. 다음날 노승은 그 바닷가 근처에서 옻칠을 한 관을 발견하였다. 한 눈에 권씨의 재궁이라는 것을 알고 봉분을 만들어 주었다.

야사에서는 의경세자가 죽자 세조가 아들 단종의 죽음에 한을 품은 현덕왕후의 혼령이 사주한 것이라 착각하고 현덕왕후의 무덤을 파헤쳤다고 한다. 그러나 이는 사실과 맞지 않는 내용이다. 의경세자가 사망한 것은 세조 3년 9월 2일로 단종이 죽은 같은 해 10월 21보다 한 달 정도 앞서 있다.

폐허가 된 구릉에도 여러 가지 이변이 일어났다고 한다. 버려진 옛 능의 돌이나 나뭇가지를 범하거나, 소나 말에게 풀을 먹이면 맑은 날에도 뇌성이 울리며 폭풍우가 쏟아졌다고 한다. 이것은 권씨의 영혼이 남아 있기 때문이라고 하여 근처 사람들은 서로 경계하면서 그 능역을 잘 보존했다고 한다.

50년 만에 편안히 눈을 감은 원혼

권씨의 폐능에 대해 신하들은 성종 때부터 상소를 올렸다. 성종 9년 (1478)에 남효온이 다음과 같이 상소하였다.

"문종이 홀로 제사를 받고 있고 소릉을 폐지한 것은 민심과 천심에 미흡한 것입니다. 그러므로 다시 추복(追復)하시옵소서."

그러나 도승지 임사홍과 영의정 정창손이 반대하여 무산되었다. 사실 정창손은 단종 복위 운동이 일어났을 때 그것을 고변(告變)했던 사람 중

현릉 - 문종과 현덕왕후의 동원이강릉

의 하나였다.

이 복위 상소는 여기서 그치지 않고 다시 연산군 초에 충청도도사 김일손에 의해 다시 올려졌다.

"제왕에는 단독 신주가 없는데 문종 임금만이 홀로 제사를 받습니다. 그리고 소릉은 그의 아들 노산군과 무관한 일입니다. 권씨 때문에 생긴 일은 아니오니 당연히 복구되어야 하옵니다."

연산군은 조상의 뜻을 버리고 거행하기 어렵다는 이유로 복위 상소를 묵살하였다.

중종 7년(1512) 국상의 방식을 둘러싸고 예송논쟁(禮訟論爭)이 격해지고 있을 때, 검토관 소세양이 소릉을 복구하라고 주장하였으나 역시 묵살당하였다. 그러다 그 다음해 뇌성벽력이 종묘 나무를 친 사건이 일어났다. 호조판서 장순손이 태묘에 재앙이 내린 것은 조정의 실수도 있지만 묘에 지내는 제사에도 잘못이 있기 때문이라고 주장하였다. 그 잘못이란 문종이 단독 신주라는 사실이었다.

이 사건에 놀란 중종은 여러 신하들과 논의 끝에 권씨의 능을 복구하기로 결정하였다. 그러나 너무 오랫동안 묘를 방치해 두어 무덤을 찾기가 어려웠다. 그런데 죽은 권씨가 묘복구 책임자의 꿈에 나타나 고맙다는 인사까지 하고 사라졌는데 꿈에서 본 장소 주위를 찾아보니 봉분이 있었다고 한다. 4일이나 걸려 권씨의 재궁을 양주로 옮겨 문종의 현릉 왼쪽 언덕 위에 왕비릉을 만들어주었다. 그리고 현덕왕후를 문종의 배위로서 부묘한다는 부묘제를 지냈다. 비로소 50여 년 만에 그녀의 시호와 능이 모두 복구되었다.

후궁 출신으로 국모의 자리까지 올랐지만 다시 그 출신의 이유로 어린 아들이 죽고, 친정은 모두 몰락했으며 그리고 자신의 능까지 파헤쳐지는 수모를 당했던 권씨. 그녀는 50여 년 만에 자신을 사랑했던 남편 문종 옆에서 편안히 눈을 감을 수 있게 되었다.

조선 건국 이래 향촌사회에서 기반을 확보하고 있던 사림들이 점차 정계로 진출하면서 훈·척신(勳·戚臣)세력과 갈등을 빚어내는 시기가 이어졌다. 그 결과는 네 번의 사화로 나타났으며 그때마다 사림들은 정계에서 쫓겨났다. 이 시기의 왕들은 훈·척신과 사림의 갈등을 적절하게 이용하여 자신의 왕권을 강화하는 기회로 삼았다. 정권을 잡고 있던 훈·척신들이 입신양명을 위해 유학을 공부했다면, 사림들은 철저하게 자신의 수양을 위해 그 길을 택했다. 유학을 철저하게 사회윤리로 정착시키려던 사림들은 정권을 주도하게 되자 도학운동을 전개하였다. 사림들이 처음 정계에 진출한 것은 정희왕후 윤씨가 섭정을 끝내고 성종이 친정을 하고부터였다. 성종은 그동안 정권을 장악하고 있던 훈·척신세력을 견제하기 위해 사림을 등용하고 그들의 주장을 정책에 반영시켰다. 또한 그동안 논란이 되어 왔던 여성의 재가를 전면 금지시켰다. 개국 초에 여성들이 이혼하거나 남편과 사별하면 재가까지 허용했으나 그것마저 금지하였다. 만일 재가를 할 경우 그 자녀가 관직에 등용될 때 제한을 두었고, 심지어 중종 대에 이르면 친정아버지의 관직까지도 박탈하였다. 가혹하게 여성의 재가를 금지시킨 것은 순수한 혈통으로 가계를 계승하기 위해서였다. 과부가 재가를 할 경우 고려나 조선 전기에는 자기 자녀를 데리고 가는 사례가 적지 않았다. 전통적인 관습인 남귀여가혼의 혼인제도 역시 친영제로 바꾸려고 했지만 성공하지 못했다. 중종은 자신의 가례 때 직접 모범을 보인다고 친영례(親迎禮)로 치렀으나, 사림들이 기묘사화(己卯士禍)로 정계에서 축출되자 폐지되고 말았다. 이후 명종 대에 이르러 겨우 반친영례로 절충되었다. 사림들이 유학이념을 토대로 적극적인 정책을 펼치면서 여성들의 지위는 조금씩 하락되어갔다. 그러나 이때도 여전히 왕실을 비롯한 핵심계층에서만 유교적인 질서가 지켜졌으며, 향촌 전반에는 고려의 관습들이 그대로 유지되고 있었다. 재가금지도 자녀가 관직에 진출해야 하는 양반집 여성에게만 국한될 뿐 일반 백성들이 지킬 이유는 없었다. 여성들의 경제적 지위와 관련된 재산상속도 자녀균분제가 그대로 이루어지고 있었다. 자신의 인(印, 도장)을 가지고 여성들은 직접 재산을 처분하기도 했고, 재산과 관련된 소송도 적극적으로 벌이는 등 우리가 생각하고 있는 조선 여인들의 삶과는 다른 모습을 하고 있었다. 이 시기 유교적 이념을 가장 철저하게 실행해야 했던 왕실 속 왕비들은 자신들의 외로움은 불교로 달래야만 했다.

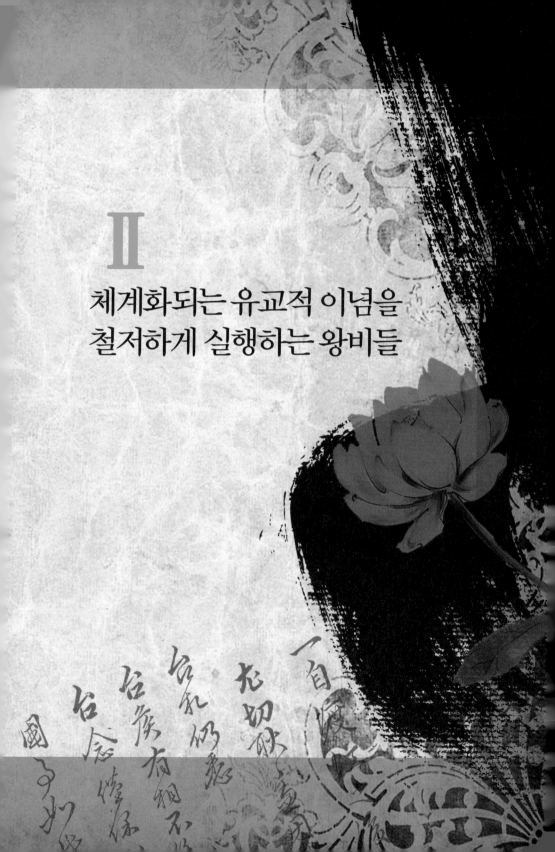

II

체계화되는 유교적 이념을 철저하게 실행하는 왕비들

貞熹王后

정희왕후 윤씨

조선 최초 여성정치가로 국정을 다스리다

성종 즉위년(1469) 12월, 구중궁궐 깊은 곳에 자리한 대비전 앞 나무 위에서는 까치가 요란스레 잠든 궁궐을 깨우고 있었다. 잠시 후 세숫물을 나르고 아침 수라상을 차리느라 꽤나 분주한 궁녀들의 모습이 보였다. 경복궁의 하루는 또 이렇게 부산한 아침을 여는 것으로 시작되고 있었다.

옷매무새를 가다듬고 앉아 있는 정희왕후(貞熹王后) 윤씨의 얼굴은 약간 상기되어 있었다. 달게 먹은 수라상을 물린 그녀의 입가에는 흐뭇한 미소가 번져나고 있었다. 오늘이 바로 처음으로 수렴청정을 하는 날이었다.

옷고름을 한 번 더 매만진 그녀는 시비를 거느린 채 어전으로 나갔다. 수렴 뒤에 자리를 잡고 앉은 윤씨는 어린 성종과 꿇어 앉아 머리를 조아리고 있는 문무백관들을 둘러보았다. 그들은 윤씨의 하명만을 기다리고 있었다. 그녀는 이제 조선의 최고 권력자가 된 것이다. 그들의 생사여탈이 자신의 말 한마디에 달려 있었다. 윤씨는 큰 행복을 느꼈으며 남자들이 왜 그렇게 목숨을 내놓고 권력투쟁을 하는지 이제 알 것 같았다. 그녀는 비록 수렴 뒤에 앉아 있지만 역대 어느 왕보다 더 훌륭하게 정사를 펼 수 있을 것 같은 자신감마저 들었다.

윤씨는 조선 개국 후 처음으로 최고 권력을 가지고 섭정했던 여성이었다.

언니와 뒤바뀐 운명

윤씨는 11세에 수양대군과 백년가약을 맺어 낙랑부대부인으로 봉해짐으로써 왕실의 여인이 되었다. 그때만 해도 앞으로 태어날 수많은 대군부인 가운데 한 명에 지나지 않았던 윤씨는 소헌왕후 심씨가 그랬던 것처럼 국모가 될 생각은 애당초 하지 않고 있었다. 그러나 윤씨의 운명은 시아주버니 문종이 어린 단종만을 남긴 채 세상을 떠나고, 남편 수양대군이 조정의 실력자로 등장함으로써 전혀 다른 길로 접어들게 되었다.

파평부원군 파평 윤씨 윤번의 딸인 윤씨는 강원도 홍천 지방관아에서 태어났다. 윤씨가 수양대군의 부인이 된 연유에 대해 이기의 《송와잡설》에 이렇게 기록되어 있다.

"궁궐의 감찰상궁과 보모상궁이 윤씨 집안에 수양대군에게 적합한 배우자가 있다는 이야기를 듣고 찾아갔는데, 사실은 윤씨가 아닌 그녀의 언니를 만나고자 하였다. 궁궐에서 사람이 나왔다는 말에 윤씨는 어머니 이씨 뒤에 숨어서 어른들 이야기를 듣다가 감찰상궁의 눈에 띄었다. 언니보다 윤씨의 자태가 더 비범하다고 알려지면서 왕실로 시집가게 된 윤씨, 뜻하지 않게 감찰상궁을 지켜본 것이 자신의 운명을 결정짓는 계기가 되었다."

성품이 너그럽고 온후한 것으로 알려져 있던 아버지 윤번은 신천현감으로 재직하고 있다가 딸 윤씨가 수양대군과 혼인을 하자 군기판관에서 부정을 거쳐 공조판서에 이르렀다. 이어 중추원사로 승진하였다가 중풍으로 사직하였다. 그 후 그는 딸 윤씨가 왕비가 되는 것도 못 보고 세종 30년(1448) 65세로 세상을 떠났다. 어머니 흥녕부대부인 인천 이씨는 인천의 유명한 가문 출신으로 정헌대부 참찬의정부사 이문화의 딸이었다.

윤씨는 수양대군과의 사이에 첫째 의경세자, 둘째 해양대군(훗날 예종)을 두었다. 세조는 여자관계가 복잡하지 않는데 후궁으로 유일하게 근빈 선산 박씨 한 사람만 두었다. 근빈 박씨는 단종 복위를 꾀하다가 죽은 박팽년의 누이였지만 삼종지도를 지키며 끝까지 세조를 섬겼다. 그녀는 슬하에 덕원군 서(曙)와 창원군 성(晟)을 두었다. 그녀의 묘소는 현재 경기도 남양주시 진접읍 부평리에 있다.

수양대군에게 갑옷을 입혀주다

윤씨의 남편 수양대군은 정권욕이 강한 인물이었다. 하지만 출신이 왕자였기 때문에 정계에 진출할 수 없었다. 성격이 호방하고 다혈질인 그는 자신의 뜻을 펼치지 못하게 되자 항상 불만에 싸여 있었다. 불만 속에서 지내는 동안 아버지 세종과 형 문종이 차례대로 세상을 떠나고 왕위를 조카 단종이 이었다. 수양대군은 단종을 보필한다는 명목으로 자신의 세력을 키웠다. 그는 마침내 김종서, 황보인 등의 고명대신과 동생 안평대군이 연합하여 자신의 세력을 약화시키려 하자 기회를 틈타 정변을 일으켰다. 이 난이 계유정난이다. 수양대군이 계유정난을 성공시킬 수 있었던 것은 측근에 권람과 한명회가 있었기 때문이다.

권람은 수양대군에게 가장 먼저 접근한 인물이다. 그는 권근의 손자이자 권제의 아들로 어렸을 때부터 명산고적을 찾아다니며 학문을 닦는 등 원대한 포부를 가지고 있었다. 이때 한명회를 만나 친밀한 관계를 유지하게 되었다. 권람은 35세의 늦은 나이로 초시, 복시, 전시를 한 번에 급제하여 정5품 집현전 교리직으로 채용되었다. 그는 단종 즉위 후 재상독재로 국정이 운영되자 이 체제에 크게 불만을 품었다. 그리하여 집현전 교리로 있을 때 《역대병요》를 함께 편찬하면서 가까워진 수양대군을 찾아가 거사를 모의하였다. 그는 자주 수양대군의 처소를 찾아갔는데, 밥상이 차려지면 국이 식는 줄도 모르고 대화에 몰두했기 때문에 주위 사람들은 그를 한갱랑(寒羹郎, 국을 식히는 나리)이라 불렀다 한다. 정변이 성공한 후 그는 일등정난공신에 책봉되었으며 승정원 동부승지에 올랐다. 그 후 이조참판을 지냈으며 길창군(吉昌君)에 봉해졌고 좌찬성, 우의정 등 주요 요직을 모두 거쳤는데 축재에 힘써 사치가 대단하였으며, 횡포가 심하여 여러 번 탄핵을 받았다. 의정부 좌의정으로 있다가 세조 11년(1465) 병사하였다.

한명회는 수양대군을 측근에서 보좌한 최고의 책략가였다. 그는 조선 개국 초에 명나라로 가서 조선이라는 국호를 확정짓고 돌아온 한상질의 손자였으며 한기의 아들이었다. 그는 조실부모하여 불우한 어린 시절을 보냈다. 과거에도 번번이 떨어졌으며 7개월 만에 태어났다고 하여 칠삭둥이, 머리가 워낙 크다고 해서 대갈장군 등 자신을 비웃는 별명들을 늘 달고 다녔다. 두 딸은 예종의 비 장순왕후와 성종의 비 공혜왕후이다. 38세 되는 해에 겨우 얻은 관직이 권람의 소개에 의한 개성 경덕궁지기였다. 39세 되는 해부터 권람의 알선으로 수양대군과 첫 대면을 하게 되었다. 그 후 그는 종부시의 관원이라고 자칭하며 수양대군의 처소를 밤낮 없이 들락거렸다. 자기가 오면 즉시 일어나 문을 열라는 신호를 보낼 수 있도록 수양대군의 종 임어을운의 어깨에 줄을 묶어 사랑밖에 내놓았다고 한다. 정변에서 성공한 후 그도 권람처럼 일등정난공신에 책봉

세조비 정희왕후 존호 옥보

되었으며 수양대군이 즉위하자 좌부승지에 제수되었다.

좌장 권람, 책략가 한명회를 측근에 두고 만반의 준비를 갖춘 수양대
군은 단종 1년(1453) 10월 10일 정변을 일으키려 하였으나 주저하는 무리
들이 많았다. 이때 윤씨는 중문까지 나가 망설이는 수양대군에게 갑옷
을 입혀주며 거사를 단행하게 하였다. 그리고 가동 임어을운에게 수양
대군의 신변보호를 부탁하였다. 원래 윤씨는 거사 직전까지 남편을 말
렸었다. 만일 정변이 실패하기라도 하면 단란한 가정은 여지없이 풍비
박산 할 것이라 생각했기 때문이다. 그러나 이미 상황은 엎질러진 물이
었다. 그녀는 수양대군의 거사를 지지하는 뛰어난 결단력을 보였다. 평
소 조용하다가도 결정적인 순간에 나서는 이런 결단력은 손자 성종의
즉위 등 몇 번에 걸쳐 발휘된다. 윤씨의 뛰어난 정치적 감각은 세조도
칭찬할 정도였다. 그 결단력 덕분에 세조가 세상을 떠난 후 그녀는 조선
개국 후 최초의 여성 실권자로서 7년간이나 안정을 도모한 국정을 운영
할 수 있었다.

단종을 둘러싼 모든 정적을 일소한 수양대군은 1455년 조선 7대 왕으로 즉위하였다. 그는 정변이 성공한 후 4년 뒤인 세조 3년(1457) 유배지에 있는 단종에게 사약을 내린다. 세조의 즉위와 함께 윤씨는 왕비로 책봉되었다. 왕비가 되었지만 그녀의 마음은 무겁기만 하였다. 당당하게 차지한 것이 아니라 조카의 피로 얼룩진 자리였기 때문이다. 그리고 궁궐 안은 항상 어수선하기만 하였다. 단종의 어머니 권씨 원혼이 여기저기 나타난다는 소문이 떠돌았기 때문이다. 그러던 중 윤씨의 어머니 이씨가 갑자기 세상을 떠나고 이어 윤씨가 가장 사랑하던 맏아들 의경세자마저 죽고 말았다.

어머니와 아들이 연달아 죽자 윤씨는 큰 충격에 빠졌다. 세조의 피부병도 좀처럼 낫지 않아 그녀는 더욱 암담한 처지였다. 그녀는 궁궐의 뒤숭숭한 분위기를 일소한다는 의미로 사정전에서 양로잔치를 열어 사람들을 안심시켰다. 세자의 명복을 빌어주기 위하여 묘 근처에 정인사를 지어 1년 만에 완공하였다. 윤씨는 수시로 정인사를 찾아 불공을 드리며 자신의 마음을 위로 받았다. 그녀의 남편 세조도 유학자들을 견제하기 위해 호불정책을 폈기 때문에 윤씨는 자연스럽게 마음을 불교에 의탁할 수 있었다.

예종시대

세조는 말년에 왕위찬탈로 인한 고뇌에 쌓여 불교에 귀의했다고도 한다. 자신의 건강이 점점 악화되어가는 것을 깨닫고 한명회, 신숙주에게 왕세자를 부탁했다. 그리고 세조 14년(1468) 9월 왕세자에게 왕위를 물려주고 52세의 나이로 승하하였다.

세조가 세상을 떠나자 예종이 19세의 나이로 왕위에 올랐다. 정희왕후가 예종 때부터 섭정한 것으로 알려져 있지만 이는 사실과 다르다. 즉 위할 당시 예종은 섭정이 필요한 나이가 아니었다. 8세에 세자로 책봉된 후 세조에게 국왕 수업을 받았기 때문에 굳이 수렴청정이 필요하지 않았다. 예종은 신하들의 의견을 존중하는 등 원만한 인물로 알려졌으나 재위 1년 2개월 만에 갑작스럽게 세상을 떠남으로써 별다른 치적을 남기지는 못했다.

예종은 장순왕후(章順王后) 한씨와 안순왕후(安順王后) 한씨 두 명의 아내와 2남 1녀의 자녀를 두었다. 첫 왕비 장순왕후 한씨는 당대의 실권자 청주 한씨 한명회와 황려부부인 여흥 민씨 사이에서 태어났다. 그녀는 16세 되던 해에 세자였던 예종과 혼인을 하여 세자빈으로 책봉되었다. 그러나 이듬해 첫아들 인성대군을 낳고는 세상을 떠났으며, 인성대군도 풍질(신경 이상으로 생기는 병)을 앓다가 오래 살지 못하고 3세의 어린 나이로 죽었다. 아버지 한명회가 당대의 실권자였기 때문에 그녀의 배후는 든든하였지만 국모의 자리에 채 앉아 보기도 전에 세상을 떠난 것이다.

첫째 왕비 한씨가 죽은 후 두 번째 맞이한 아내가 안순왕후 한씨였다. 안순왕후 한씨는 우의정 청천부원군 청주 한씨 한백륜과 서하부부인 풍천 임씨의 딸로 태어났다. 한씨는 처음부터 정비로 간택된 것이 아니라 예종이 세자로 있을 때 맞이한 후궁이었다. 그때 그녀는 소훈의 내명부 품계를 받았다가 예종이 왕위에 오르자 왕비로 책봉되었다. 그녀는 예종과의 사이에 제안대군 현(琄)과 현숙공주를 두었고 예종이 죽자 25세의 나이로 청상과부가 되었다.

예종은 법치주의에 입각한 강력한 왕권구축을 위해 엄격한 통치를 지향했으며 훈구파세력과 대립하여 개혁정책을 펼치고자 하였다. 그리고 세조의 총애 속에 병조판서에 올랐던 무관 남이를 겸사복장으로 강등시키며 왕권을 강화하기 위한 조치를 단행하였다.

남이의 조부는 영의정부사 남재이고 아버지는 의산군 남휘이며 어머니는 태종의 넷째 딸인 정선공주이다. 권람의 사위이기도 한 남이는 16세 때 무과에 급제했고 정난 및 좌익일등공신에 책봉되었다. 세조 13년(1467) 이시애의 난에서 전공을 세우고 북방에서의 활약으로 고속승진을 한 바 있다.

그러나 세조가 죽기 13일 전 병조판서에 임명되었던 28세의 젊은 그는 예종이 즉위하자마자 실각된 것이다. 예종은 즉위 당일 남이를 겸사복장으로 발령하였다. 남이의 역모가 발각된 것은 그로부터 한 달 뒤였다. 유자광은 궁궐에서 숙직하던 남이가 밤하늘에 혜성이 나타나자 "묵은 것을 없애고 새것을 드러내게 하려는 징조"라 했다며 고변했다. 즉각 체포된 남이는 모반의 혐의를 강력히 부인했지만 혹독한 고문 앞에서 결국 시인하고 말았다. 그리고 4일 뒤 강순, 조경치 등과 함께 저자에서 거열형에 처해졌다.

예종이 펼친 개혁정치는 신숙주, 한명회를 중심으로 한 훈구파의 견제를 받았다. 어머니 정희왕후 윤씨마저 그를 지지하지 않았다. 예종이 20세의 젊은 나이로 갑작스레 죽자 훈구파에 의한 독살이었다는 설이 불거지기도 하였다. 그는 현재 경기도 고양시 덕양구 창릉에 묻혀있다.

정치일선에 나선 후 첫 조치 - 왕위계승권에 개입하다

수양대군이 문종의 죽음으로 생긴 공백에 뛰어들어 권력을 잡았듯이 정희왕후 윤씨는 예종의 죽음으로 생긴 틈을 이용하였다. 예종 다음 왕위는 당연히 안순왕후 한씨의 아들 제안대군에게 돌아가야 했으나, 윤씨는 당시 4세의 제안대군이 너무 어리다는 이유로 반대하고 나섰다.

제안대군이 제외되었다면 의경세자의 맏아들인 16세의 월산군이 세자에 책봉되어야 하는 것이 당연한 순서였다. 그러나 세자의 자리는 그가 아니라 동생 자을산군(훗날 성종)에게 돌아갔다. 자을산군을 세자로 결정한 인물은 윤씨였다. 왕위는 적장손의 계승이 원칙이었는데 이것이 지켜지지 않았던 것이다. 세조의 총애를 받고 자란 월산군이 세자책봉에서 제외될만한 아무런 이유도 없었다. 그러나 윤씨는 월산군이 제외된 것은 건강도 나쁘고 세조의 유언도 있었기 때문이라고 했다. 사실 이는 핑계에 불과했고 그 배후에는 정치적인 내막이 있었다.

　정희왕후 윤씨는 월산군이 병약하다는 이유로 망설이는 듯했지만 실제 사정은 달랐다. 월산군을 뒷받침해줄 세력이 약했던 것이다. 월산군은 병조판서 박중선의 딸과 혼인을 했는데 그 집안은 명문가이지만 권세가는 못 되었다. 세조가 왕위에 있을 때 직접 택해준 혼처로 왕위를 이을 둘째 아들 해양대군을 위해서였다. 손자보다는 아들이라는 생각에 아버지 세조는 손자 월산군이 권세가의 딸과 혼인하는 것을 바라지 않았다. 4세 밖에 차이가 나지 않는 월산군이 세력을 키워 아들 예종에게 부담이 되는 것을 원천봉쇄하고 싶었던 것이다. 세조는 예종이 그렇게 일찍 죽을 것이라고는 상상조차 하지 못했기에 이런 결정을 내렸을 것으로 보인다. 그런데 예종이 죽자 정희왕후 윤씨는 힘없는 처가를 배경으로 한 월산군을 쉽게 다음 왕위에 앉히지 못하는 처지였다.

　윤씨가 주목하고 있는 것은 월산군의 동생 자을산군이었다. 세조를 도와 계유정난을 일으킨 뒤 조선 최고 권세가가 된 한명회를 장인으로 두고 있는 자을산군의 나이 13세였다. 자을산군이 한명회의 딸과 혼인한 것은 그의 어머니 수빈 한씨(훗날 소혜왕후)의 머리에서 나온 결과였다. 첫째 아들의 혼처를 정해준 세조의 속내를 누구보다 잘 헤아리고 있던 한씨는 은연중 시아버지의 결정에 서운했는지 세조가 병이 깊어 사리판

세조가 쓴 글씨 국립중앙박물관 소장

단이 흐려지자 세조 13년(1467) 한명회와 사돈을 맺었다. 한씨는 남편 의경세자가 요절하지 않았다면 왕비가 될 수도 있었던 몸이었다. 아들에게나마 제대로 된 처가를 마련해 힘을 실어주고 싶었을 것이다. 한씨의 욕망은 결과적으로 자을산군에게 큰 도움이 되었다. 정희황후 윤씨는 한명회를 의식할 수밖에 없는 현실이었다.

정희왕후 윤씨는 또 다른 욕망도 품고 있었다. 성인이 다 된 월산군이 왕위에 올라 곧바로 정치에 나서면 자신은 궁궐 뒷방으로 밀리는 대왕대비로 만족해야만 했다. 반면 나이 어린 자을산군이라면 자신에게 기회가 있다는 판단이었다. 어린 왕을 앞세운 채 자신이 수렴청정이라는 공식적인 정치행보를 펼칠 수 있었다. 한마디로 조선의 가장 높은 자리에 앉아 권력을 휘두를 수 있게 되는 것이다. 정희왕후 윤씨는 그래서 결국 자을산군을 다음 왕위로 선택하게 된다.

"원자(제안대군)가 아직 강보에 싸여 있고 월산군은 병이 있어 적당치 못하고 자을산군은 나이는 어리지만 세조께서 항상 옛날 태조와 같다고 하셨는데 경들의 뜻은 어떠하오?"

이 교지에 대해 원상들은 지당한 분부라며 찬성의 뜻을 밝혔다. 그리하여 성종이 조선 9대 왕으로 즉위한 것이다. 이어서 신숙주가 윤씨에게 수렴청정의 뜻을 아뢰었다. 윤씨는 자을산군을 선택함으로써 수렴청정을 통해 조선 개국 이후 첫 여성 실권자가 되었다.

신숙주 등이 곧 장계를 올렸다.

"사왕(성종)이 나이 어려 온 나라 백성은 혼란에 빠져 민심이 흉흉합니다. 자성왕대비전하(정희왕후)께서는 슬픔을 누르시고 종사의 소중함을 깊이 헤아리시기를 청합니다. 사왕이 충분히 스스로 정사를 펼치기를 기다려 환정(還政)하시면 천번만번 다행스러운 일이겠습니다."

윤씨는 기다렸다는 듯이 이를 허락하였다.

당시 여성들은 남성과 맞대면을 할 수 없었다. 남녀가 각각 7세가 되면 서로 대면하지 않는다는 남녀칠세부동석이라는 말이 지켜지던 시대였다. 남녀가 불가피하게 서로 대면해야 할 경우에는 가운데 수렴을 드리우고 마주하였다. 수렴청정도 바로 여기에서 유래되었다. 왕이 아직 어려 정치적 소양이 부족할 때는 왕실의 최고 연장자가 섭정을 하는데 여성일 경우에는 부득이하게 용상 뒤에 수렴을 드리우고 섭정을 했던 것이다. 그런데 왕실의 최고 연장자는 대부분 여성들이었다. 수렴청정은 곧 여성이 최고의 실권을 가지게 되는 것을 의미한다.

섭정을 시작한 윤씨가 가장 먼저 주력한 것은 종친의 정리 작업이었다. 당시 종친 중에서 가장 세력이 컸던 세종의 넷째 임영대군의 아들 구성군을 귀양 보내고 왕실 종친의 관리등용을 법으로 금지시켰다. 구성군은 문무가 뛰어나 세조의 총애를 받았다. 세조는 즉위와 동시에 중앙집권강화를 위해 북도 출신 수령의 임명을 제한하였다. 더불어 수령들에게 유향소(留鄕所, 수령을 보좌하던 자문기관)의 감독을 강화하도록 조치했다. 그러자 이시애가 유향소의 불만과 백성들의 지역감정을 이용해 세조 13년(1467) 반란을 일으켰던 것이다. 세조는 즉각 구성군을 병마도총사로 임명해 난을 진압하도록 명하였다. 이시애는 반역을 음모하고 있다고 책동하여 함경도병마절도사 강효문, 길주목사 설징신 등을 죽였다. 또한 남도의 군사들이 함경도 백성들을 몰살하려 한다고 선동하고 나섰다. 그러자 광분한 함경도 군사와 백성들이 유향소를 중심으로 봉기해 타 지역 수령들을 살해하는 등 혼란에 휩싸였다.

이시애는 또한 강효문 등이 신숙주, 한명회 등과 결탁하여 함경도 군사를 이끌고 한성부로 가서 모반하려고 하여 민심이 흉흉하니 함경도 사람을 수령으로 임명하라는 등의 모략전술도 벌였었다. 그는 여진족까지 끌어들여 대항하려고 했지만 남이, 허종 등이 이끄는 3만 명의 군사력에 의해 진압되었다. 궁지에 몰린 이시애는 길주를 거쳐 여진으로 도망치려다 처조카 허유례에 의해 토벌군에게 넘겨졌다.

이시애 등이 참수되면서 3개월에 걸쳐 함경도를 휩쓴 난은 평정되었다. 그 후 길주는 길성현으로 강등되고 함경도는 남과 북 2도로 분리되었으며 유향소도 폐지되고 말았다.

성공리에 난을 진압한 구성군은 곧 오위도총부 총관에 임명되었다가 다시 영의정에 제수되었다. 그때 그의 나이 28세였는데 영의정이 되자 궁궐을 자주 출입하게 되었다. 당시 세조는 궁녀들을 가까이 하지 않았고 후궁도 한 명만 두고 있다. 그러자 궁녀들은 다른 대상을 찾기 시작했다. 그때 나타난 인물이 구성군이었다. 문무가 뛰어난 젊은 청년 구성군은 궁녀들 사이에서 흠모의 대상이 되었다. 그 궁녀들 중에서 덕중이라는 여인이 특별히 더 구성군을 사모하였다. 덕중은 구성군을 잊지 못해 환관을 통해 애련이 담긴 서찰을 보냈다. 이것을 받아 본 구성군은 깜짝 놀라 아버지 임영대군에게 보여 주었다. 임영대군도 이 서찰로 인해 구성군이 다칠지도 모른다고 생각하여 세조를 찾아가 모든 것을 이실직고하였다. 사실 궁녀는 따지고 보면 왕의 여인들이었다. 이 소동으로 덕중은 연관된 환관들과 함께 처형당했다. 이처럼 당시 촉망받던 구성군은 성종이 즉위하자 왕위찬탈의 제1후보로 간주되었다. 구성군이 성종 1년(1470) 어린 성종을 몰아내고 왕이 되려한다는 정인지의 탄핵으로 경상도 영해에 안치되었다가 배소에서 죽었다. 그리고 이때부터 왕실 종친의 관료등용을 법으로 금지시켰으며 이 법은 《경국대전》의 완성으로 정착되었다.

이어서 윤씨는 월산군을 대군으로 승격시켜 왕위계승권에서 밀려난 불만을 무마시키려 하였다. 그리하여 월산대군과 제안대군은 각별히 몸조심에 신경을 쓰며 지낼 수밖에 없었다. 당시 왕실의 종친들은 요주의 인물이었다. 언제 누구에 의해 왕으로 추대될지 모르는 것이 그들이었다. 이런 출신배경 때문에 현재 권력을 쥐고 있는 세력들에 의해 언제 목숨이 달아날지 모르는 판국이었다. 제안대군과 월산대군은 가급적이면 정치에 관심이 없는 듯이 자신을 낮추며 살았다. 제안대군은 노래를 잘하고 악기를 잘 다루는 예술가였으며, 월산대군은 풍류가로 자처하였다. 이들은 그 덕분에 천수를 누릴 수 있었다.

윤씨는 단종비 정순왕후 송씨를 신원함으로써 단종의 영혼과 화해하려고 하였다. 송씨의 노비를 돌려주고 동생인 송거에게도 과거에 응시할 수 있도록 해주었다.

윤씨는 개인적으로 불교를 받아들였지만 정책적으로는 유교를 숭상한 정치가였다. 숭유억불정책을 강화하여 불교의 화장풍습을 없애고 도성 내의 염불소를 폐지하고, 승려들의 도성출입을 금지하였다. 그리고 외가 6촌 이내에는 결혼을 금지하고 사대부와 평민의 제사이행에 차이를 두도록 하였다.

윤씨는 백성들의 어려움에도 관심을 두어 고리대금업을 하던 내수사(왕실의 사유재산을 관리하는 곳)의 장리소를 560개에서 235개로 줄이고, 각 도에 잠실(蠶室)을 하나씩 설치해 농업과 잠업을 육성시켰다. 이외에 함경도, 평안도, 황해도에는 목화밭을 대대적으로 조성하도록 했으며 경상도, 전라도에는 뽕나무 종자를 재배하게 하였다.

이 모든 정책은 한명회, 신숙주 등 세조의 심복들 중심으로 시행되었다. 당시 상황으로 볼 때 윤씨가 아무리 탁월한 능력이 있다 하여도 그것은 관리자로서의 역할이었을 것이다. 따라서 이들의 세력은 윤씨가 수렴청정을 하는 동안 점차 확대되어갔다. 이에 따라 막대한 정치·경제적 이익을 독점한 하나의 거대한 특권집단이 이들에 의해 형성되었다. 이들은 당시 서서히 성장하고 있던 사림들에게 비판의 표적이 되었다.

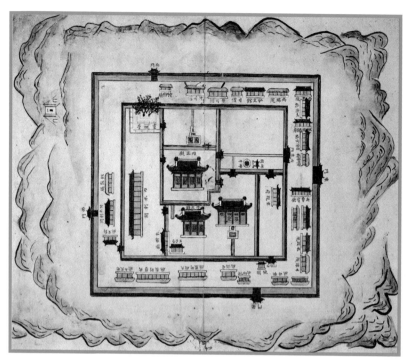

온양별궁전도 – 충청도 온양 별궁의 모습을 그린 그림　규장각 한국학연구원 소장

훈구와 사림들의 정권투쟁은 나중에 사화로 비화된다. 어쨌든 윤씨의 결단력에 의해 성종이 왕위에 오르면서 조선의 정국은 안정되고 왕권의 강화도 확립되었다. 그녀가 섭정을 한 지도 어느새 7년이 흘렀다.

정치 일선에서 물러나다

성종도 이제 어엿한 장부가 되어 있었다. 13세의 어린 소년이 20세의 청년이 되어 이제 혼자 정무를 처리할만한 소양도 갖추게 된 것이다. 때가 되면 물러나야 사람이 추하지 않은 법인데, 윤씨는 아직 그 결정을 내리지 못한 채 미적대고 있었다. 내심으로는 성종에게 모든 권한을 주고 자신은 정치 일선에서 물러나야 한다는 생각은 가지고 있었다.

그런데 어느 날 한 상인이 살인죄로 사형을 당할 처지에 놓이게 되었다. 이 상인은 세조가 살아 있을 때 공을 세운 일이 있었다. 그때 세조는 죽을죄를 저질러도 세 번 용서해 주라는 글을 그에게 써주었다.

살인죄로 잡혀온 상인이 세조가 약속한 그 어필을 내놓았던 것이다. 윤씨는 세조의 유언에 따라 살려주려고 했다. 하지만 성종은 살인을 했으면 당연히 사형시키는 것이 만세의 공법이라며 반박하였다. 윤씨는 자신의 명에 맞서는 성종을 보면서 내심 섭섭한 생각이 들었지만 어쩔 수 없는 일이었다. 누가 뭐라고 해도 엄연히 왕은 성종이었다. 이 일이 알려지자 윤씨의 섭정에 대해 비난하는 글이 정원에 익명으로 붙는 사건이 발생하였다. 윤씨는 크게 분노하였지만 이미 자신은 저무는 해였다.

윤씨는 결단을 하고 섭정을 그만둔다는 뜻을 성종에게 전했다. 이때 성종은 윤씨에게 자신을 더 보살펴줄 것을 부탁하였다. 그러나 이것은 어디까지나 형식에 지나지 않았다. 윤씨가 섭정을 그만둔다는 말을 듣고 원로대신 한명회가 입궐했다. 그리고 명령을 거두어 줄 것을 간절히 요구하였다.

"대비마마께서 정권을 버리시면 조선의 모든 백성을 버리시는 것이오, 또 신은 상시 예궐하여 마음 놓고 술도 마실 수 없소이다."

그러나 윤씨의 결심은 단호하였다. 윤씨가 수렴청정을 거두면 안심하고 술도 먹을 수 없다는 한명회의 말을 들은 성종은 그를 매우 책망하였다. 대간들도 한명회를 문초하라며 들고 일어났다. 이러한 분위기에 윤씨는 불쾌한 생각이 들었지만 결단을 내릴 때가 왔다는 것을 깨닫고 정치일선에서 물러났다. 성종은 소신대로 국정을 운영해 나갈 수 있게 되었다. 그는 영남에서 성장하던 사림파들을 대거 등용하여 지금까지 국정의 중심세력이던 훈구파들의 세력을 약화시켰다. 윤씨에 의해 안정된 왕권의 기반 위에서 성종은 사림파들을 등용하며 소신껏 국정을 운영할 수 있었다.

정치일선에서 물러난 윤씨는 대비전에서 모든 일을 잊고 지냈다. 몸이 불편하면 때때로 온양에 있는 온천으로 내려가 휴식을 취하고는 했다. 이 온천은 예전에 피부병을 치료하기 위해 남편 세조와 함께 찾던 곳이었다. 또한 세조가 꿈에 문수 동자를 만나 피부병을 치료한 추억어린 장소이며 찬 샘물을 발견했다고 해서 '주필신정비'를 세운 곳이기도 했다.

성종 14년(1483) 온양에 갔던 윤씨는 병이 깊어져 궁궐로 다시 돌아가지 못한 채 66세로 세상을 떠났다. 재궁을 가지고 온양으로 내려간 손순효가 20여 일 만에 돌아왔다. 그리고 재궁은 3개월간 영순군의 집에 안치해 두었다가 광릉(현 경기도 남양주시 진접읍 부평리)에 안장하였다. 이 능은 세조의 능 동편 언덕에 있다.

정계의 최고 실력자로 군림하며 국정을 운영하는 등 왕권을 강화하는 데 중요한 역할을 한 윤씨는 역대 왕비 중에서 상대적으로 행복한 일생을 보낸 여성이었다. 7년간의 과단성 있는 그녀의 섭정은 성종 대에 와서 여러 문물제도를 완성시킬 수 있게 한 주춧돌이 되었다. 이 문물제도의 완성은 강력한 왕권안정에 의해 이룩되었기 때문이다.

昭惠王后

소혜왕후 한씨

여성교양서《내훈》을 편찬한 지식인

　궁궐은 이미 어둠에 묻혀 잠든 지 오래였다. 한씨가 거처하는 대비전만 아직 황촛불이 그대로 타오르고 있었다. 그녀는 무언가를 열심히 보면서 붓끝을 놀렸고 옆에서는 시비가 다소곳이 앉아 열심히 먹을 갈고 있었다. 그녀가 열심히 써내려가는 것은 성종 6년(1475)에 완성된《내훈》이었다. 소혜왕후(昭惠王后) 한씨가 이 책을 편찬하기로 생각한 것은, 자신이 홀어머니이기 때문에 혹시 자녀들에게 누가 되어 잘못된 길로 나가게 하지 않을까 하는 우려에서 시작되었다.

　"중국의 요임금과 순임금은 위대한 성인인데 요임금은 아들 단주를, 순임금은 아들 상균을 두었다. 그들은 엄격한 아버지 밑에서 자랐지만 오히려 착하지 못한 아들이 되었다. 하물며 나는 홀어머니인지라 능히 옥같이 깨끗한 마음씨를 가진 며느리를 보겠는가…"

　세조 3년(1457) 21세에 청상과부가 된 한씨는 자신에게 엄격했을 뿐만 아니라 자녀교육에서도 남달랐다. 그녀는 사랑과 자비보다는 엄격한 궁중법도로 자녀들을 대하고 가르쳤다. 그 법도가 얼마나 엄격했는지 그녀의 시부모인 세조와 정희왕후 윤씨는 그녀를 폭빈이라 부를 정도였다. 한씨의 이런 엄격함이 급기야 손자 연산군에게 죽음을 당하고, 다른 왕비들에게 모두 있는 시책(諡冊, 책은 왕이 내리는 칙명을 적은 것으로, 시책은 시호를 올릴 때 쓰임)과 애책(哀冊) 그리고 지문 등이 현존하지 않는 씁쓸한 결과를 낳았다.

엄격한 교육 이면에 숨겨진 정치적 야심

강직한 성품의 소유자로 알려진 한씨는 서원부원군 청주 한씨 한확과 남양부부인 남양 홍씨 사이에서 3남 6녀 중 막내딸로 태어났다. 아버지 한확은 고려 시중을 지낸 한강의 후손이며 순창군수 한영정의 아들이다. 그의 누이가 명나라 성조의 후궁으로 뽑혀 여비가 되자 태종 17년(1417) 진헌부사로 명나라에 가서 광록시소경의 벼슬을 지냈다. 다음해 세종이 즉위하자 고부청시승습사가 되어 명나라에 다녀왔다. 한편 세종 6년(1424) 명나라 성조가 죽자 한확의 동생이 성조의 뒤를 이은 선종의 후궁이 되었다.

명나라와의 친밀한 관계로 그는 외교문제를 도맡아 처리하였으며, 인물이 출중하였기에 명나라 인종이 부마로 삼으려 했다고 한다. 그 후 이조판서를 거쳐 좌찬성이 되었으며 단종 1년(1453) 계유정난 때 좌찬성으로 수양대군을 도와 일등정난공신에 책록되어 서성부원군이 되었다. 이어 좌의정에 이르렀으며 서원부원군으로 봉해졌다. 세조 1년(1455) 사은사로 명나라에 갔다가 귀국 도중 사하포에서 57세로 객사하였다.

소혜왕후 한씨가 세조의 며느리가 된 것은 세종 27년(1445)이었다. 한씨는 세조의 큰며느리로서 시부모 공양에 정성을 다했다. 세조가 단종을 몰아내고 왕위를 찬탈한 이후 그녀는 수빈이라는 세자빈 시호를 받았다. 남편 의경세자와의 사이에는 2남 1녀의 자녀를 두었으며 부부 금슬은 좋았다. 그녀가 19세 되던 해에 낳은 첫아들이 월산군이며 이어 자을산군은 남편 의경세자가 세상을 떠나던 해에 낳았다. 명숙공주는 훗날 당양군 홍상과 짝을 지어 주었다.

의경세자가 세상을 떠난 뒤 졸지에 청상과부가 된 한씨는 망연자실하였다. 그녀 나이 21세로 남편 의경세자가 자신을 정겹게 대하던 시절을 생각하며 몰래 눈물을 감추는 날이 많았다. 의경세자는 죽어가면서 시를 남길 만큼 감정이 풍부한 사람이었다.

> 비바람에 떨어지는 무정한 모란꽃
> 그 붉은 꽃잎이 난간에 가득하구나
> 모란정 연회에서 놀던 양귀비 죽자
> 후궁의 여인들도 꽃을 돌보지 않네

자신의 운명을 모란꽃에 비유하면서 생의 무상함을 노래하고 학문을 즐기던 남편이었다. 평소 남편의 아름다운 용모와 좋은 풍채가 떠오를 때마다 그녀의 마음은 저려왔다. 그러나 그녀에게는 아직 응석받이의 어린 2남 1녀의 자녀들이 있기에 모질게 마음을 먹을 수밖에 없었다. 절대 남에게 손가락질 받는 사람으로 만들어서는 안 된다는 생각에 엄격한 어머니가 되기로 결심했다. 자신에게도 엄격하여 일찍 일어나 몸소 시부모의 수라상을 마련하고 보살피는 등 정성을 다하였다. 세조와 정희왕후 윤씨는 이른 나이에 과부가 된 큰며느리가 항상 마음에서 떠나지 않고 안타까웠는데 효도가 극진하니 흐뭇하였다.

세조는 한씨에게 효부라며 항상 칭찬을 아끼지 않았다. 시부모가 이렇듯 인정해 주자 한씨는 더욱더 노력하여 몸가짐을 바르게 하였다. 물

론 자녀교육에도 많은 공을 들였는데 사실 그녀의 낙이라고는 아들을
잘 키우는 것뿐이었다. 아들이 조금이라도 잘못을 저지르면 절대 두둔
하지 않고 엄격한 궁중의 법도로 나무랐다.

세조 내외는 한씨가 자녀들에게 지나치게 엄격한 것을 보고 월산군과
자을산군을 부를 때는 '내 아들' '우리 아들'이라 하며 위로해주었다고
한다. 어디에도 기댈 곳 없었던 한씨는 권력의 중심인 세조와 정희왕후
윤씨의 마음을 사로잡는 데 성공하였다. 정희왕후 윤씨도 며느리의 학
문과 사리분별이 자신보다 뛰어남을 인정하고 있었다.

한씨는 시부모로부터 두터운 신뢰를 받고 있었다. 한씨가 시부모에게
정성을 다한 이유는 강단 있는 아버지와 매사에 철저했던 어머니의 영
향 때문이기도 했다. 그러나 무엇보다 세조의 며느리가 된 뒤 무시무시
한 피의 숙청을 목격한 것이 더 큰 요인으로 작용하였다.

권력의 자리라는 것이 얼마나 냉정하고 살벌한지 한순간에 모든 것이
바뀌었다. 한씨는 일찍 부모를 잃고 고아가 된 단종이 어떻게 죽어갔는
지를 생생하게 목격하였다. 권력의 중심에서 멀어지면 언제 목숨까지
잃을지 모르는 일이고 자녀들도 무사하지 못하리라는 생각에 자신과 아
들의 생존을 위해 철의 여성이 될 수밖에 없었던 것이다.

조선 최초의 유교적 여성 교양서 《내훈》

세조 14년(1468) 세조는 재위 14년 만에 세상을 떠났다. 남편 의경세자
가 죽은 지도 11년이 흘렀다. 그동안 소혜왕후 한씨는 며느리와 어머니
라는 자신이 맡은 역할을 충실히 감당해왔다. 남편이 세상을 떠나던 해
에 얻은 막내아들 자을산군은 12세, 맏아들 월산군은 15세가 되었다. 월
산군이 2년 전에 박중선의 딸 박씨와 혼인을 했으니 첫째 며느리까지 본

셈이었다.

　시동생인 해양대군도 혼인을 하였다. 남편이 죽은 뒤 두 달이 지나자 시아버지 세조는 행여 권력의 약화가 생길까 두려워 둘째 아들 해양대군을 왕세자로 책봉하였다. 그리고 다음해 해양대군이 10세가 되자 한명회의 첫째 딸을 세자빈으로 간택했다. 한씨는 자신이 점점 권력의 중심에서 멀어지는 것이 두려웠다.

　예종이 즉위하고 보낸 1년 남짓한 세월은 짧지만 한씨에게는 참을 수 없는 모멸감의 시간이었다. 세조와 정희왕후 윤씨의 총애를 받던 자신의 신세가 한심스러웠다. 한씨는 다시는 기회를 놓치지 않겠다고 다짐하였다.

　정희왕후 윤씨는 한씨의 맏아들 월산군이 아닌 둘째 아들 자을산군을 선택하였다. 한명회가 첫째 딸과 둘째 딸 모두를 왕실과 혼인시킨 것은 자신의 입지 강화를 위한 철저한 계략이었다. 따라서 자을산군이 예종의 후계자로 지목되었고 결국 정희왕후가 자을산군을 후계자로 지명한다는 교지를 내리게 되었던 것이다.

　누구보다 기뻐한 것은 한씨였다. 원상(院相, 왕의 국정수행 난행시 재상들로 구성된 임시 관직)들이 예종의 둘째 부인인 안순왕후 한씨보다 소혜왕후 한씨의 서열을 더 높여야 한다고 주청해 위상도 되찾을 수 있었다. 그러나 만족할 만한 것은 못 되었다. 그 후 성종 6년(1475) 정희왕후 윤씨가 당연히 왕대비보다 한씨를 위에 두어야 한다며 예조에 교지를 내렸다.

　"왕대비(안순왕후)의 서열이 원래 인수왕비의 위였으나 세조께서 늘 인수왕비에게 명하여 예종을 보호하게 했으며 장유의 차례를 보더라도 그 자리는 마땅히 왕대비 위에 두어야 한다."

　성종이 즉위하고 6년 만에 이뤄진 일이었다. 그동안 소혜왕후 한씨는 자신의 위치에서 나름대로 정치적 간섭을 펼쳐왔지만 대비가 아니라 왕비였기에 안순왕후 한씨보다 서열이 아래였다. 그런데 정희왕후 윤씨의 공식적인 발언으로 자신의 입지가 안순왕후 한씨보다 위에 서게 된 것이다.

신숙주가 정희왕후 윤씨에게 수렴청정을 아뢰었을 당시 그녀는 이렇게 대답했다.

"나는 이미 박복하여 일이 이와 같으니, 심신을 화평하게 하기 위하여 스스로 수양하려고 하오. 또 나는 문자를 알지 못하지만 수빈은 문자도 알고 사리에 통달하니 얼마든지 국사를 다스릴 것이오."

이런 말로 거절의 뜻을 나타냈지만 어디까지나 형식적인 것이었다. 한씨는 바라던 대비가 되었으나 정치를 할 수는 없었다. 정치는 왕이 될 수 없는 한씨의 둘째 아들을 즉위시킬 정도로 힘을 갖고 있었던 시어머니 정희왕후의 몫이었다. 그러나 한씨는 정희왕후 윤씨의 지지와 아들 성종의 즉위로 인해 조정에서 무시할 수 없는 존재가 되었다.

한씨는 정치 대신에 학문에 관심을 두고 많은 책을 읽고 저술활동을 활발히 하였다. 사서(四書)를 이해할 정도로 학문이 높았던 한씨는 왕실의 여인으로서는 보기 드문 유학자였다. 그러나 그 학문의 깊이는 사대부들이 만들어 놓은 여필종부에서 벗어나지 못했다. 더 나아가 여필종부를 조선 여성들의 덕목으로 만드는 일에 일생을 바쳤다.

한씨는 나라가 흥하고 망하고는 남자들의 사리분별에도 달려있지만, 이들을 내조하는 여성들의 역할 또한 만만치가 않음을 다시 한번 크게 깨닫게 되었다. 사람은 원래부터 심성이 착하지만 성인의 가르침을 받지 않고 하루아침에 갑자기 귀하게 된다면 자연스럽지 못한 결과를 초래한다고 판단하였다. 그것은 마치 원숭이가 갓을 쓰고 있는 모습 혹은 담장을 대면하고 있는 모습과 같다고 여겼다. 따라서 사람은 반드시 성인의 가르침을 통해 몸가짐을 닦아야 한다고 생각했다. 한씨는 그 일이

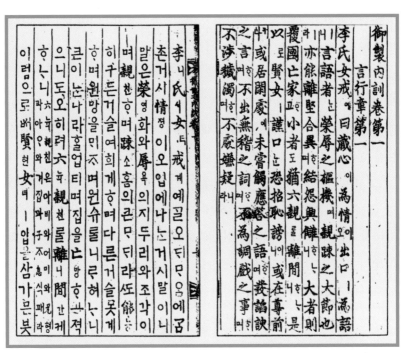

어제내훈 – 소혜왕후가 지은 우리나라 최초의 부녀자 수신서　규장각 한국학연구원 소장

그렇게 어렵지 않음을 맹자의 가르침을 들어 이렇게 비유했다.

"맹자는 태산을 끼고 북해를 뛰어넘어 보라고 했을 때 '나는 할 수 없다.'고 말했다면 이는 실로 할 수 없는 일이고, 어른을 위하여 나뭇가지를 꺾어오라고 했을 때 '나는 할 수 없다.'고 말했다면 이는 하지 않은 것이지 할 수 없는 일은 아니라고 했다. 즉 어른을 위하여 나뭇가지를 꺾는 일은 쉽고 태산을 끼고 북해를 뛰어넘는 일은 어렵다는 말이다. 이런 것으로 생각해 볼 때 사람이 몸가짐을 닦는 도리는 어려운 일이 아닐 것이다."

이런 사고방식을 지닌 한씨는 궁궐에 있는 여인들과 나라 안의 부녀자들을 위해 교양서를 직접 만들기로 마음을 먹었다. 그래서 지금까지 읽어온 《열녀전》, 《소학》, 《여교》, 《명감》 등에서 발췌하여 마침내 성종

6년(1475)에 《내훈》을 완성시킬 수 있었다. 총 7장 3권이며 1장 말과 행동, 2장 어버이에게 효도, 3장 혼사의 예절, 4장 남편과 아내, 5장 어머니의 행실, 6장 친척과 화목, 7장 청렴과 검소 등으로 구성되어 있다. 이 책은 목록과 발문을 제외한 모든 한문에 구결을 달고 번역을 하였으며, 간혹 번역문 안에 주석을 넣어 이해하기 쉽도록 하였다. 《내훈》의 원판본은 전해지지 않으나 영조 12년(1736)에 활자본으로 개간되어 오늘날까지 그 내용은 전해져 오고 있다. 《내훈》은 세종 때 발간된 《삼강행실도》와 함께 당시 여성교육의 기본서가 되었다. 이 책의 내용은 곧 여성은 아버지, 남편 그리고 아들을 따라야 한다는 삼종지도, 이 한 구절로 요약할 수 있다. 한씨는 자신이 편찬한 《내훈》의 내용처럼 실생활에서도 한치의 오차도 없이 유교적 여성관을 종교처럼 신봉하였다.

불교에 대한 깊은 관심

신하들은 소혜왕후 한씨가 왕비에서 대비로 승격되자 반론을 주장하였다. 그 무렵 새로 등용된 신하들은 자신의 판단이 옳으면 목숨을 내놓고서라도 발언하는 경향이 강했다. 특히 고려의 충신 정몽주의 증손자 정윤정이 그 좋은 예인데 성종이 둘째 부인 제헌왕후 윤씨(연산군의 생모)를 폐비한 후 곧 후궁을 들이려고 할 때 여색에 빠지는 조짐이 있다며 비난하였다.

예문관 봉교 안팽명은 한씨를 대비로 승격시킨 것에 《춘추》 고사를 들어 형제의 의리를 군신의 의리보다 앞세우지 않는다며 지적을 하였다.

"세조께서 인수왕대비에게 명하여 예종을 보호케 하셨고 장유의 차례가 있으니 그 서열을 왕대비의 위에 있게 하였다고 하셨으나 신 등은 이해되지 않습니다. 군신의 높고 낮음은 천지가 이루어진 것과 같아 보호의 은혜와 장유의 차례 때문에 어지럽힐 수는 없습니다."

신하들의 상소에 대해 정희왕후 윤씨는 이미 시행한 일이기에 번복할 수 없다고 단호하게 거절하였다. 그러나 소혜왕후 한씨에게는 깊은 상처가 되었다. 왕실에서는 인정하지만 신하들은 받아들이지 않는다는 뜻이기 때문이다. 그 후 한씨는 계속 신하들과 대결양상을 보이며 자신의 기반을 확고히 굳혀나갔다. 이를 위해 불교를 이용하기도 하였다.

부녀자의 도리에 대해 역설했던 한씨는 약간 모순된 일이었으나 불교에도 깊은 관심을 보인 것은 사실이었다. 한씨가 공들여 만든 《내훈》의 내용은 모두 성리학에서 내세우는 사상이었다. 이러한 한씨가 불교에도 깊은 관심을 가졌다는 것은, 당시 여인들이 위로받을만한 어떤 것도 존재하지 않았음을 의미하기도 한다. 청상과부로서 엄격하게 자녀들을 성리학의 예론에 맞추어 교육을 시켰으며, 자신 역시 그 사상에 따라 생활하였으나 마음만은 어느 것에서도 완전한 위로를 받지 못했던 것이다.

위로는 엄격한 정희왕후 윤씨가 버티고 앉아 있어 행동이 자유롭지 못했다. 그래서 혼자 명상할 수 있는 불교를 자연히 찾을 수밖에 없었다. 성리학에서 내세우는 부녀자의 덕목은 지키되 그 마음은 불교를 통해 평정했던 것이다. 또한 원래 학문을 좋아하던 한씨라 불교경전에도 조예가 깊어 간경도감을 통해 불경간행에 적극적으로 나섰으며 자신이 직접 《금강경》 등을 필사하기도 하였다. 그러나 성종 2년(1471) 정희왕후 윤씨가 간경도감을 폐쇄시키자 한씨는 그 이듬해부터 직접 흩어진 불경 목판을 수집해 인쇄했으며, 성종이 죽었을 때는 며느리인 정현왕후와 함께 만들어내기도 했다. 이렇게 해서 발간된 불경이 총 29편 2,805권에 이른다.

한씨의 불교에 대한 관심은 성종 2년 정인사 재건축으로 나타났다. 원래 정인사는 정희왕후 윤씨가 맏아들 의경세자가 죽자마자 명복을 빌기 위해 지은 절이었다. 그때는 세조가 단종을 죽이고 왕위를 찬탈했기 때문에 민심이 좋은 편은 아니었다. 민심을 잡아야 할 시기였기에 절을 크게 짓는다는 것은 왕권의 안정을 위해 바람직하지 않다고 판단하였다. 그래서 최소한의 비용으로 검소하게 지으려고 했기 때문에 사용된 재목도 좋지 않고 모양도 너무 단순하였다. 그 후 성종이 즉위하면서 어느 정도 왕권이 안정되자 한씨의 요청으로 정인사를 재건축하기 시작하였다. 당시 최고의 실력자로 군림하고 있던 윤씨도 내수사에 명하여 돈과 곡식을 보조하게 하는 등 적극적으로 지지하였다.

한씨는 정인사가 완공되자 경작지 5백 석을 하사하여 절의 운영자금으로 사용할 수 있게 하였다. 성종 4년(1473) 4월 8일, 석가탄신일을 맞이하여 낙성식을 거행하였다. 이날 각지에서 모여든 승려만 해도 1만 여 명이 넘었으며, 한성부에 있는 수많은 백성들까지 몰려와 인산인해를 이루었다고 한다. 성종도 절의 경작지 5백 석에 대하여 세금을 면제해 주었다. 한씨에 의해 웅장한 모습을 드러낸 정인사는 당시 시인 묵객들이 많이 찾는 장소가 되었으며, 한성부 부녀자들의 유일한 쉼터가 되었다. 세조의 숭불을 반대하다 부여로 쫓겨난 적이 있는 정인지도 정인사를 찾아와 조용하고 한가로운 풍경을 시로 노래하였다.

원릉은 쓸쓸히 구름 가에 서 있는데
큰 절은 높게 산봉우리 앞에 자리 잡았네
아침 햇빛에 금빛 푸른빛이 비칠 때
범종 소리 바람을 타고 들려오네
널리 3천계를 비추는 부처님의 그 은혜
국가의 기초도 억만 년 가리
수업하는 승려 법좌에서 경을 읽을 때
부처님의 참 뜻을 해석하는 듯하이

정인사를 장안에서 유명하게 만들어 놓은 한씨의 호불로 인해 신하들과 대치하는 일이 자주 생겨났다. 성종에 의해 등용된 신하들 중에는 영남사림에서 성리학을 연구하던 학자들이 많았다. 이들은 유교적 이념을 바탕으로 성종의 정책을 뒷받침하던 세력들이었다. 그런데 왕실에 의해 절이 건축되는 등 불교가 번성하려는 움직임을 보이자 그대로 두고 볼 수만은 없었던 것이다.

일반적으로 종교는 남자보다 여자들이 더 많이 접하려는 경향이 있다. 당시에도 부녀자들이 절을 많이 찾게 되자 불교가 성행하려는 기미가 보였다. 그런데 부녀자들이 절을 찾는 목적이 단순히 부처님에게 공덕을 빌러가는 것만은 아니었다. 조선시대 남자들은 세력만 있으면 언제든지 부인 이외의 아내를 둘 수 있었으나 여자들은 남편이 첩을 보더라도 겉으로는 근엄한 척하며 독수공방신세를 져야했다. 또 한번 혼인을 하면 그 집안의 귀신이 되어야 하는 것이 부녀자의 법도였다. 그래서 여성들이 즐길 수 있는 탈출구가 절이 되었던 것이다. 절은 깊은 산속에 있어 남녀 간의 운우지정이 이루어져도 소문이 나지 않는 안전한 장소였다. 비구승들은 자신들의 생활을 유지하기 위하여 부잣집 부인이나 과부를 감언으로 유인하여 단골신자로 삼기도 했다.

이러한 분위기가 확산되자 조정의 신하들은 성종에게 부녀자들이 절을 찾아 산으로 가는 것을 엄금하라고 주청하였다.

"《경국대전》에는 부녀자가 절에 올라가는 것을 금하고 있는데, 근일에 정업원의 여승들이 죽은 중을 위하여 재(齋)를 행하고, 사족(士族, 문벌 높은 집안)의 부녀자들과 더불어 무리지어 정인사와 성불암에 가서 밤을 새고 있습니다. 법을 어기고 절에 올라가는 것도 이미 불가한데, 하물며 절에서 밤을 세워가며 불공을 드린다고 하옵니다. 풍속을 어지럽히고 문란하게 하는 것이 이보다 더 심한 것이 없습니다. 원컨대 죄를 물어서

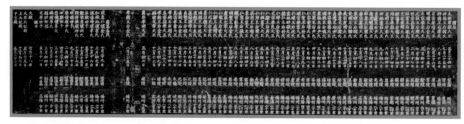

국기판(國忌板) – 왕과 왕비의 제삿날을 적은 판 국립고궁박물관 소장

다스려 주시옵소서."

또한 한씨의 불교 옹호에 대해서도 트집을 잡고 나섰다. 이조좌랑 이
창신이 간했다.

"명나라에 금과 은의 공납 면제를 요청한 것은 후세를 위한 것입니다.
대비(인수왕후)의 호불로 봉선사에서 불경 쓰는 일에 금과 은을 사용해서
는 안 됩니다. 부디 청하옵건데 시정해 주시옵소서."

성종은 신하들과 한씨의 사이에 끼어 이러지도 저러지도 못하는 신세
였다.

그 후 세월은 흘러 정희왕후 윤씨가 세상을 떠난 지도 10년이 되어가
고 있었다. 성종도 국정을 소신대로 운영하고 있었으며 조정 신하들의
세력도 많이 커져 있었다. 성종 23년(1492)에는 도첩제 자체를 폐지하여
승려가 되는 길을 막아버렸다.

도첩제는 승려가 출가할 때 나라에서 그 신분을 인증해주던 제도로
조선 전기에 강화되었다. 이 제도가 강화된 것은 태조 때로 승려가 되기
위해서는 양반의 경우 포 100필, 양인은 150필, 천인은 200필을 바쳐
야했다. 세조 때는 교종이나 선종 본산에서 시행하는 시험에 합격한 뒤
포 30필을 바치는 자에게만 승려가 될 수 있게 하였다. 이런 내용은 《경
국대전》에 법제화되었는데 성종이 이를 폐지한 것이다.

이때 한씨는 56세의 나이로 원당에 나가 불법에 의지하며 하루하루를

보내고 있었다. 그녀는 아들 성종이 젊은 학자들에게 눌려 불교를 배척한다며 일침을 놓았다. 성종은 한씨에게 이 법을 완화하겠다고 했지만 신하들은 강력하게 반대하였다. 사건은 날이 갈수록 해결의 기미는 보이지 않고 악화되기만 했다. 한씨는 자신의 의사를 교지로 내렸다.

"승려를 비호하는 뜻이 아니다. 선왕의 원당을 수호할 사람이 없어서 하는 말이다. 그 뿐 아니라 민심이 동요되고 정치가 어지러워지는 까닭에 하는 말이다. 내가 정치에 간여하고자 하는 바가 아니다. 지방 수령이 너무 백성을 괴롭히니까 모두 승려가 되려고 한다. 입법하는 조정 신하들은 그 근본을 고쳐야 한다."

이 교지에 대해 조정 신하들은 강력하게 항의하였다.

"이는 대비께서 지나치게 정사에 간여하는 말이옵니다. 전하, 깊이 통촉하시어 대비께서 바르게 고치시도록 고하여 주옵소서."

그러나 성종은 차마 어머니 한씨를 거역할 수 없어 승려의 도첩제를 완화하였다. 왕실과 조정 간의 소란스럽던 사건은 결국 한씨의 승리로 일단락되었다. 여전히 한씨의 힘이 건재함을 과시하는 사건이었다. 조선의 통치이념이 숭유억불정책이었음에도 불구하고 조정 신하들의 말이 먹혀들어가지 않았던 것은 왕실의 힘이 강했기 때문이었다. 왕실의 최고 어른으로서 세력을 과시하던 한씨도 손자 연산군이 즉위하자 그 세력은 약화되었다.

며느리에 대한 가혹한 처분의 대가

성종이 재위 25년 38세의 나이로 창덕궁 대조전에서 승하하자 세자로 책봉되었던 연산군이 왕위에 올랐다. 어린 연산군은 어머니인 윤씨가 궁중의 법도를 어지럽힌다는 이유로 쫓겨나 사약을 받고 죽었기 때문에 생모가 누군지도 모르고 자랐다. 연산군의 아버지 성종은 3명의 정실 왕후와 12명의 후궁을 두었다. 그 자녀들을 모두 합하면 30여 명이나 되었다. 따라서 후궁들 간에는 성종을 정점으로 하여 질시가 대단하였다. 인수대비 한씨는 며느리들을 잘 가르치겠다는 생각이 간절하여 《내훈》까지 편찬하였으나 소용이 없었다. 후궁들 간에 서로 물고 뜯는 악순환이 계속되었다.

연산군의 어머니 윤씨도 원래는 후궁 출신이었으나, 성종의 첫 왕비 공혜왕후 한씨가 죽자 계비로 책봉된 것이다. 공혜왕후 한씨는 한성부 동부 연화방(현 서울시 종로구 연지동)에서 한명회와 황려부부인 여흥 민씨 사이에서 둘째 딸로 태어나, 12세 되던 해에 자을산군과 혼인하였다. 예종 1년(1469) 자을산군이 예종의 뒤를 이어 왕위에 오르자 왕비에 책봉되어 왕실의 여인이 되었다.

한씨는 왕비로 책봉된 후에는 항상 몸가짐에 신경을 쓰면서 경전과 사서, 여성교양서 등의 독서를 일과로 삼았다. 또한 성종이 처음 후궁을 선발할 때, 그들에게 줄 의복까지 직접 장만하여 하사하기도 하였다. 사실 후궁은 첩과 똑같은 존재였지만 의복까지 장만해 주면서 위신을 세워야 하는 것이 법도였다. 그 후 후궁으로 들어 온 윤씨가 성종의 총애를 독차지하자 한씨는 매일 독수공방의 신세가 되었다. 궁궐의 생활이 결코 유쾌한 것이 아니었기 때문에 좋은 며느리, 좋은 아내가 되려고 했던 한씨는 그만 병을 얻고 말았다. 병이 쉽게 낫지 않자 조정의 신하 신숙주와 성봉조의 주청에 따라 종묘사직에 기원을 하였으나 한씨의 병은 차도가 없었다. 정희왕후 윤씨는 민심을 위로하면 한씨의 병이 낫지 않을까 생각하여 성종에게 대사면령을 발표하게 하였다.

"중궁이 오랫동안 병에 걸려 모든 치료를 해 보았으나 병세는 더욱 악화될 뿐 아무런 효험이 없다. 이제 민심을 위로하고 기쁘게 하기 위하여 대사를 내린다. 금월(4월) 11일 새벽 이전의 모반한 대역죄인과 자손들의 존속을 구타한 자나 남편을 죽인 처첩과 주인을 죽인 노비 또는 살인강도를 저지른 자를 제외한 모든 죄에 대하여 면죄시키도록 하라."

그러나 결국 한씨는 소생 없이 19세의 어린 나이로 세상을 떠나고 말았다. 현재 경기도 파주시에 있는 언니 장순왕후 한씨 공릉 옆의 순릉에 안장되었다.

공혜왕후 한씨가 세상을 떠나자 성종의 총애를 받고 있던 윤씨가 왕비로 책봉되었다. 후궁으로 있을 때 항상 부지런하고 성품이 후덕하여 주위의 칭찬을 자자하게 받던 그녀였다. 그러나 그것은 모두 성종의 총애가 있었기 때문이었다. 그런데 윤씨가 왕비로 책봉된 이후 성종은 후궁들의 처소를 더 자주 드나들었다.

후궁이었던 윤씨가 왕비로 책봉되자 다른 후궁들도 자신감을 갖게 된 것이다. 자신들도 성종의 총애를 입으면 윤씨처럼 왕비의 자리에 앉으리라는 생각이었다. 그래서 후궁들은 인수대비 한씨를 찾아가 윤씨에 대한 모략을 늘어놓기에 이르렀다. 그런데 때마침 윤씨가 성종의 얼굴을 할퀴는 사건이 벌어졌다. 용안에 상처를 낸다는 것은 곧 죽음을 각오해야 하는 대죄였다. 이 사실은 곧 후궁들의 입을 통해 인수대비 한씨의 귀에 들어갔다. 부녀자의 도리를 목숨보다 더 중히 여겨야 한다는 생각을 갖고 있던 한씨에게는 참을 수 없는 일이었다. 나라의 정사가 잘되고 못 되고는 국모의 부덕에도 달려있다고 여긴 한씨는 당장 윤씨를 폐서인시키게 하였다. 그 무렵 아들 연산군은 별 탈 없이 무럭무럭 자라고 있을 때였다. 조정의 신하들은 왕손을 낳은 윤씨를 폐비시켜서는 안 된다고 적극 만류하였으나 성종과 인수대비 한씨는 단호하였다.

성종 10년(1479) 폐비되어 친정으로 쫓겨난 윤씨는 자신의 과오를 반성하면서 몇 년 동안 어머니 신씨와 함께 어렵게 살았다. 윤씨가 친정집에서 힘겹게 지내는 동안 일부 조정 신하들은 세자의 친모를 일반 백성처럼 살게 해서는 안 된다는 상소를 계속 올렸다. 그러나 이를 반대하는 일부 조정의 신하들과 인수대비 한씨, 세 번째로 맞이한 계비 정현왕후(貞顯王后) 윤씨의 거센 반발로 무산되고 말았다.

세자 연산군이 성장하는 것을 지켜보던 성종은 윤씨에 대한 생각을 완전히 떨쳐버리지 못하고 있었다. 어느 날 성종은 환관 안중경을 시켜 윤씨가 살고 있는 집의 동정을 살펴보고 올 것을 명했다. 이런 기미를 눈치 챈 인수대비 한씨가 안중경을 아무도 몰래 매수하였다. 한씨는 며느리 윤씨의 남편에 대한 부덕을 도저히 용서할 수 없었기 때문에 안중경에게 그녀가 전혀 반성의 기미를 보이지 않고 있다고 성종에게 거짓을 고하라고 명했다. 성종은 이 말을 듣고 3정승과 6조의 판서 및 대간을 모아 폐비 윤씨 문제를 논의한 뒤 사약을 내리기로 결정하였다. 그리고 좌승지 이세좌로 하여금 사사하게 하였다.

훗날 연산군은 자신의 어머니가 죄를 지어 폐위된 사실을 알고는 식음을 전폐할 정도로 충격에 빠지고 만다. 자신의 정통성에 흠집이 생긴 것이다. 연산군은 조선 건국 이후 다른 왕들보다 정통성을 갖춘 인물이었다. 왕비의 몸에서 원자로 태어나 후계자 수업을 거친 후 부왕의 죽음과 함께 즉위했기 때문이다. 조선 역대 왕 가운데 정상적인 방법으로 왕위에 오른 경우는 연산군이 처음이었다. 강력한 정통성을 지녔다는 것은 그만큼 막강한 권력을 누릴 수 있다는 의미와 같았다. 조선의 역대 왕들 중에서 그렇지 못한 자는 항상 정적들의 공격 대상이었다.

이런 연산군에게 자신의 생모가 죄를 지어 폐비가 되었다는 사실은 치명적이었다. 이 사실을 성종의 지석(誌石, 왕릉 앞에 묻는 판석)을 통해 의심하게 되었다. 한편 어머니를 폐위시키고 그런 사실을 비밀로 덮어둔 신하들이 자신을 책망한다고 생각하니 가소롭기 짝이 없었다. 이후 연산군은 신하들의 주청을 절대 들어주지 않게 된다.

인수대비 한씨도 성종 대부터 신하들과 반목하는 입장이었기에 연산군과 큰 충돌은 없었다. 한씨는 성종 대에 쌓은 권력을 이용해 어머니 남양 홍씨의 신도비를 건립하기도 하였다. 신도비는 중국 한나라 때 유래한 것으로 고려 때부터 받아들여져 종3품 이상의 관직에 오른 사람의 묘에 세웠다. 그런데 조선으로 넘어오면서 정2품 이상에 한해 세우도록 법제화하였다. 초기에는 왕과 왕비를 합장한 능 앞에 세우기도 했지만 문종 때 왕릉에 신도비를 세우는 것을 금지하고 공신 등의 경우는 어명에 따르도록 하였다.

여성을 위한 신도비 건립은 강력한 권력이 있어야만 가능한 일이었는데 한씨가 처음이었다. 남양 홍씨의 신도비문을 지은 사람은 한씨의 교지를 받은 임사홍이었다. 신도비에는 홍씨의 가문을 비롯해 인품, 가족사 등이 상세히 기록되었다. 이처럼 연산군 즉위 초기 한씨는 그동안 쌓아온 권력을 내세워 여러 일들을 이루어냈다. 하지만 권불십년(權不十年)이라고 이런 상황은 오래 가지 못했다.

생모 윤씨에 대한 사건 전말을 알게 된 연산군은 관련된 모든 인물들을 잡아다 문초를 하는 등 피바람을 불러일으켰다. 윤씨를 억울한 죽음으로 몰아넣은 성종의 후궁인 소용 엄씨와 귀인 정씨는 물론 정씨의 두 아들 안양군과 봉안군까지 모두 죽였다.

피바람 속에서 인수대비 한씨는 손자 연산군의 패륜행위를 몸으로 막았다. 그러나 분노로 이성을 잃고 있던 연산군은 한씨마저 죽게 만들었다. 연산군 10년(1504) 4월, 그녀 나이 68세였다. 연산군은 조모 한씨에 대한 원한이 커서 장례 때도 한 달을 하루로 생각하는 단상을 지내기로 결정하였다.

이 상황이 《연산군일기》에 기록되어 있다.

경릉 – 덕종(의경세자)과 소혜왕후 한씨의 능

"왕이 소혜왕후의 상 기간을 단축하고 국기(國忌, 왕이나 왕후의 제사)를 행하지 않으며 두 아우를 죽여 그 첩을 여러 왕손들에게 나누어 주어 난행하게 한 뒤 삼년상까지 폐지하여 삼강오상(三綱五常)이 모두 사라졌다."

현재 한씨는 경기도 고양시 용두동의 서오릉에 남편 덕종과 합장되어 있다.

"한 번 그 도를 잃으면 나중에 한들 어떻게 쫓아갈 수 있을 것인가! 여러분들은 모쪼록 마음 깊이 다지고 뼈에 새겨서 나날이 어질게 될 것을 기약하라. 밝은 거울은 맑게 비친다는 말에 늘 마음을 대보고 교훈으로 삼아 경계하고 가다듬어야 할 것이다."

이 말을 남긴 한씨는 나라의 흥망과 왕의 성군 여부는 부녀자들의 덕에 달려있다고 생각한 인물이었다. 한 번 궁중의 법도에 어긋나면 한 치의 용서도 없었다. 신하들의 억불책에 맞서 직접 교지를 내릴 정도로 불교에 심취한 한씨도 불교의 자비를 실천하지는 못했다. 자신의 외로움은 불교로 달랬으나 정작 궁중 여인들은 성리학으로 다스렸던 것이다. 연산군이 즉위하자 대왕대비가 된 한씨는 성리학의 기준에서 벗어난 며느리를 죽인 결과 자신은 손자의 손에 죽었다. 어쩌면 그것이 한씨가 믿는 불교의 업이요 인과응보인지도 모른다.

廢齊獻王后

폐제헌왕후 윤씨

내 아이가 보전되거든
나의 원통한 사연을 알려 주오

아침부터 까치가 반갑게 울었다. 다 쓰러져가는 초가 마당에서는 모녀가 반갑게 울어대는 까치를 보며 서로 즐거워하고 있었다. 궁궐에서 쫓겨난 폐비 제헌왕후(齊獻王后) 윤씨와 어머니 신씨였다. 두 사람은 까치소리에 오늘 궁궐에서 좋은 소식이 오지 않을까 하는 생각이 들었던 것이다. 얼마 전 성종을 가까이서 보필하던 환관 안중경이 다녀갔기 때문이기도 했다. 그는 궁궐로 돌아가면서 좋은 소식이 있을 거라는 말을 남겼었다.

저녁 무렵 학수고대하던 소식이 왔다. 좌승지 이세좌와 조진이 찾아와서 어명을 받으라는 말에 두 사람은 반갑게 맞이하였다. 그런데 청천벽력 같은 어명이 기다리고 있었다.

"폐서인 윤씨는 사약을 받으시오!"

놀란 어머니 신씨가 반항하면서 이들에게 대들었지만 소용없는 일이었다. 잠시 하얗게 질려있던 윤씨는 단단히 각오한 듯 화려한 중전 옷으로 갈아입었다. 이윽고 사약 사발이 그녀 앞에 놓였다. 사약을 단숨에 삼킨 그녀는 입고 있던 흰 명주적삼에 터져 나오는 피를 뱉었다. 그리고 원수를 갚아달라는 유언을 남기고 그 자리에서 숨을 거두었다.

윤씨가 폐위되고 끝내 죽음에 이르게 된 죄목은 단 하나, 투기였다. 투기는 조선의 사대부들이 부인을 쫓아낼 수 있는 칠거지악 중의 하나다. 남자들의 외도는 후손을 늘리기 위한 행위로 미화된 반면 여성의 투기는 이를 방해하는 것으로 매도된 것이다. 그리고 이런 비합리적인 남성 우위 이데올로기의 대표적인 첫 희생자가 연산군의 생모 폐제헌왕후 윤씨였다.

후궁으로 입궁하여 왕비로 책봉되다

폐제헌왕후 윤씨는 판봉상시사 함안 윤씨 윤기견과 장흥부부인 고령 신씨 사이에서 태어났다. 《선원보감》에 의하면 그녀가 성종보다 12세가 많았다고 하나, 국립고궁박물관에 소장된 폐비 윤씨 태실의 태지에는 그녀가 1455년 출생하여 성종보다 두 살이 많은 것으로 분명히 기록되어 있다. 아버지 윤기견은 현감 윤응의 아들이었다. 그는 세종 21년 (1439)에 생원으로 문과에 급제하여 정6품 집현전 수찬직을 지냈다. 그리고 문종 2년(1452) 때는 춘추관 기주관으로서 《세종실록》과 같은 해 완성된 《고려사절요》 편찬에도 참여하였다. 그는 집현전에 출입할 만큼 경서와 문학에 밝았다. 그 후 판봉상시사의 벼슬에 이르렀으나 일찍 세상을 떠나고 말았다. 윤씨의 어머니 신씨는 신숙주의 숙부이기도 한 신평의 딸로 윤기견의 둘째 부인이었다.

윤기견은 원래 양성 이씨 가문 이온의 딸 이씨와 혼인한 적이 있었다. 두 사람 사이에서 윤우, 윤해, 윤후가 태어났다. 그러나 이씨가 일찍 죽는 바람에 두 번째 맞이한 부인이 신평의 딸이었던 것이다. 두 사람 사이에서 윤구와 윤씨가 태어났다.

가난한 학자였던 윤기견은 재산을 모으는 재주는 없었다. 그가 세상을 떠나자 윤씨와 어머니 신씨는 길쌈을 해서 생계를 이어갈 정도로 더욱 어렵게 살 수밖에 없었다. 친가와 외가 모두 알아준다는 가문이었지만 윤씨는 궁핍한 생활에서 벗어나지 못했다. 이 때문에 윤씨는 후궁의 길을 선택하게 된다.

윤씨가 후궁이 될 수 있었던 정치적 배경에는 신숙주가 있었다. 신숙주는 한명회와 함께 세조가 가장 신임하던 심복과도 같은 인물이었다. 세조는 그를 당나라 태종 대 명신 위징에 비유할 정도로 총애하였다.

윤씨가 궁녀로 입궁하자 뛰어난 미색으로 곧 성종의 눈에 띄었다. 야사에 의하면 그녀는 서늘한 느낌이 들 정도로 뛰어난 미색을 가지고 있었다고 한다.

윤씨는 내명부 종2품의 벼슬인 숙의로 봉해졌다. 윤씨는 천성이 부지런하고 성품이 후덕하여 당시 대왕대비로 있던 정희왕후 윤씨도 그녀를 귀여워하였다. 성종의 총애로 세상 모든 것을 얻은 듯 부푼 가슴을 안게 된 숙의 윤씨였다.

윤씨가 후궁이 되자 가난했던 어머니 신씨의 삶은 어느 정도 여유를 갖게 되었다. 내명부를 책임지고 있던 공혜왕후 한씨는 윤씨를 후궁으로 맞이한다는 차원에서 면포 100필, 정포 50필, 쌀 50석을 보냈다. 윤씨가 처음 궁궐에 들어왔을 때 내명부는 성종의 첫째 왕비이자 한명회의 둘째 딸인 공혜왕후 한씨가 주도하고 있었다.

윤씨에게 또다시 행운의 손길이 다가오고 있었다. 성종 5년(1474) 공혜왕후 한씨가 19세의 나이로 소생도 없이 세상을 떠나고만 것이다. 신숙주는 이미 1년 전 숨을 거둔 상태였다. 신숙주의 영향력으로 후궁에 앉을 수 있었던 윤씨로서는 더 이상의 힘을 발휘할 수 없는 상황일 수도

폐제헌왕후 윤씨가 왕후로 즉위했던 창덕궁 인정전

있었다. 그런 윤씨가 왕비로 책봉될 수 있었던 데는 정희왕후 윤씨의 후원이 컸다.

한씨가 세상을 떠난 지 2년 뒤 성종 7년(1476) 정희왕후 윤씨는 왕비의 자리가 너무 오랫동안 비어 있었다며 왕비책봉에 대한 전문을 내렸다.

"곤위가 오래 비어 있어 위호를 정하지 못하였다. 위로 종묘를 받들고 아래로 일국의 어머니로서 역할을 다할 사람을 정하고자 한다. 숙의 윤씨는 주상이 소중히 여기고 나도 가한 줄로 안다. 윤씨는 일상생활에서도 좋은 옷을 입지 않고 항상 검소하다. 또 모든 일에 정성스러워 나라의 큰일을 맡길 만하다. 윤씨는 나의 뜻을 받들도록 하라."

윤씨는 자신이 왕비로서의 자질이 부족하다며 사양의 뜻을 전했다. 이 당시만 해도 윤씨는 겸손한 여인이었다.

"내 본래 덕이 없고 또 과부의 집에서 성장하여 견문이 없소이다. 위로 선택한 뜻을 저버리고 또 주상전하의 덕에 누를 끼칠까 두렵사옵니다."

이 말을 전해들은 대왕대비 정희왕후 윤씨는 매우 기뻐하며 왕비로 책봉한다는 뜻을 발표하도록 하였다.

"중궁은 일국의 모후인 까닭에 오랫동안 대상을 물색해왔다. 그 중 숙의 윤씨가 어진 덕이 있어 규문의 법칙에 합당하다. 위로 의지를 받들어 중궁으로 정하니 널리 알리도록 하라!"

그러자 영중추부사 정인지 등이 합당한 결정이라는 의견을 모았다. 왕비 책봉에 대한 전교를 대비전에서 내린 것은 정희왕후 윤씨가 그동안 수렴청정을 해왔기 때문이었다. 반면에 인수대비 한씨는 숙의 윤씨를 몹시 못마땅하게 여기고 있었다. 숙의 윤씨가 왕비에 책봉된 뒤 장수하도록 축원하는 상수(上壽, 장수를 바라는 뜻으로 술잔을 올리는 것)를 하려고 했지만 한씨가 허락하지 않았다. 성종이 나서 신하들에게도 청해보라고 명을 내렸지만 끝내 외면하였다.

한편 신숙주와 정희왕후 윤씨 사이에는 매우 견고한 관계가 성립되어 있었음을 보여주고 있다. 따라서 윤씨는 신숙주의 사촌 조카인 숙의 윤씨가 왕비로서 가장 적임자라고 생각했을 것이다. 정치적인 주도권 장악을 위한 싸움이 극명하게 드러나는 곳이 왕실이었다. 윤씨가 후궁으로 궁궐에 들어올 수 있었던 것도 왕비가 된 것도 결과적으로 보면 신숙주라는 정치적 배경 때문이었다.

그 후 한 달 뒤에 성종은 밀성군과 좌리공신 노사신을 보내 숙의 윤씨를 왕비로 책봉한다는 책문을 내렸다.

"윤씨는 일찍이 덕망이 있어 궁궐에 들어와 오래 있었다. 이제 삼궁의 사랑을 받게 되어 여기에 글을 보내 왕비를 삼노라."

왕비에 책봉된 윤씨는 순왕의 부인이나 주나라의 왕후와 같은 덕을 쌓으리라 다짐하였다. 그녀가 이처럼 야무진 생각을 하고 있을 때 뱃속에 있던 아기가 발길질을 해댔다. 윤씨는 왕비가 된 지 4개월 만인 성종 7년(1476) 11월 7일, 왕위를 계승할 왕자 융(隆, 훗날 연산군)을 낳았다. 연산군은 조선 건국 이후 왕의 후계자로 궁궐에서 출생한 최초의 왕자이기도 하였다.

성종은 크게 기뻐하며 대사령을 내렸다.

"하늘에서 커다란 복을 내려 적장자가 처음으로 태어나니 종묘에 영원토록 힘입게 되었다. 내가 왕위에 오른 지 여러 해 되었지만 후사를 잇는 것을 소홀히 하지 않고 기다린 보람이 있다. 정비 윤씨가 원자를 낳아 국본을 튼튼히 해주었다. 이는 실로 조종의 즐거움이 될 것이다. 이 기쁜 마음을 모두와 함께하려고 넓은 은덕을 펼치니 곳곳에 은혜를 베풀어 흠이 되는 일들을 없애게 하라."

후궁들 틈바구니에서 폐서인되다

윤씨가 왕비에 오른 이후 성종은 예전과는 달리 그녀의 처소를 잘 찾지 않았다. 이 무렵 성종의 마음을 빼앗고 있던 후궁들은 소용 엄씨와 정씨였다. 두 사람은 집안이 한미하고 그다지 돋보이지도 않는 윤씨가 국모의 자리에 앉은 것을 못마땅하게 여기고 있었다. 그래서 틈만 나면 대비 한씨에게 찾아가 윤씨를 모략하였다.

한씨는 새로 맞이한 중전 윤씨가 가난하고 한미한 집안에서 태어나 홀어머니 아래에서 제대로 교육을 받았는지 의구심을 가지고 있었다. 그러던 차에 소용 엄씨와 정씨가 찾아와 모략을 일삼으니 자연스럽게 한씨는 윤씨를 멀리하게 되었다. 성종은 물론 시어머니마저 후궁들을 감싸고돌자 윤씨는 점점 고립감에 빠져들고 말았다. 자신을 옆에서 지켜주는 사람은 어머니 신씨뿐이었다. 그러나 어머니 신씨는 맹목적인 사랑만 있을 뿐이지 실제적인 권력이 있는 위치는 아니었다. 윤씨는 후궁들로 득실거리는 궁궐에서 살아남아야만 했다.

후궁들의 운명은 왕에 의해 결정되었기 때문에 그녀들은 수단과 방법을 가리지 않고 총애를 얻기 위해 노력했다. 만일 자신이 낳은 아들이 세자에 책봉되기라도 한다면 다음 대까지 영화를 누릴 수 있었다. 후궁들은 부녀자가 지켜야 할 도리보다는 모든 수단과 방법을 동원해서 왕의 환심을 사기 위해 노력했다. 윤씨는 엄한 궁중의 법도에 따라 행동하며 사는 자신의 모습을 되돌아보았다. 문득 성종이 더욱 자신을 멀리하여 결국에는 국모의 자리에서 쫓겨날지 모른다는 위기감마저 들었다. 이제 막 세상에 나온 아들 융도 후궁들의 계략에 죽임을 당할지 모른다는 생각까지 하게 되었다. 후궁들에게 대적하기 위해서는 성종의 총애를 다시 자신에게로 돌려놓는 길밖에 없다고 판단했다.

어느 날 윤씨를 옆에서 지켜보던 어머니 신씨가 성종의 총애를 되찾으려면 민간요법을 사용해 보라며 권유했다. 송장방사라고 하는 것이 있는데, 왕이 자주 찾는 후궁의 처소 길목에 죽은 사람의 뼈를 묻어 두는 것이었다. 그렇게 하면 그곳을 밟고 다니는 후궁들이 죽는다고 했다. 그러나 이런 미신적인 방법이 효과를 볼 리 없었다.

윤씨가 왕후가 된 지 7개월, 원자 융을 낳은 지 4개월째가 되는 날의 일이었다. 소용 엄씨와 정씨가 서로 내통하며 윤씨 자신과 아들 융을 죽이려고 음모를 꾸민다는 내용의 투서를 감찰상궁 이름으로 숙의 권씨에게 보내는 계략을 꾸몄다. 숙의 권씨가 이 투서를 받은 후 궁궐 안은 발칵 뒤집어졌다. 소용 엄씨와 정씨를 국문하라는 조정 신하들의 주청이 잇달았다. 소용 정씨가 배후조종자로 밝혀졌지만 잉태를 하고 있어 출산을 한 후에 국문한다는 결정이 내려졌다.

며칠 후 성종은 윤씨의 처소를 찾았다가 쥐들이 들락거리는 것을 목격하게 되었다. 부지런하기로 소문난 윤씨가 쥐구멍을 막지도 않고 지내는 것을 본 성종은 약간의 동정심이 일었다. 그는 자신이 무관심했기 때문에 윤씨가 게으르고 나태해진 것이라고 생각했다. 그런데 쥐가 다니는 구멍을 살펴보니 그 앞에 종이 뭉치가 놓여 있었다. 가까이 가서 확인하자 쥐구멍을 막아 놓은 것은 바로 숙의 권씨 앞으로 날아든 투서와 같은 종이였다. 크게 놀란 성종은 윤씨의 처소를 뒤지기 시작했다. 그러자 비상과 저주할 때 사용하는 방량(方禳) 서적이 나왔다. 성종이 다그치자 윤씨는 친잠(직접 누에를 침)할 때 몸종 삼월이가 가져온 것이라고 핑계를 댔다.

당시 왕비의 주도하에 내·외명부의 여성들은 백성들에게 모범을 보이기 위해 친잠을 연례행사로 하였다. 조선은 개국과 함께 비단에 대한 관심이 높아져 명나라에서 수입하거나 직접 생산할 것을 권장하고 있었다. 양잠을 권장하기 위해 태종은 후비친잠(后妃親蠶)의 예법을 정했다. 그 후 성종은 송나라 제도를 참고하여 친잠에 필요한 친잠의를 마련하고, 창덕궁 후원에 친잠단을 만들었다. 최초로 친잠단에서 예를 거행한 인물이 윤씨였다.

그러나 이 모든 것이 윤씨의 계략임을 알게 된 성종은 당장 조정의 신하들을 불러 모아 논의하도록 했다. 성종은 윤씨를 폐서인시켜야겠다고 생각했으나 신하들이 완강하게 반대하였다.

예조판서 허종이 상소하였다.

"옛날 당나라 이필이 덕종에게 간하여 원자가 있는 황후를 폐하지 못한다 하였소이다. 이것이 바로 지금의 경우와 같소이다."

성종은 사저에 윤씨를 거처하도록 하고 빈의 예로서 대접하는 것이 어떻겠냐고 신하들에게 물었다. 영의정 정창손은 윤씨의 거처를 사저도 안 되고 궁궐도 안 되니 별궁에서 지내게 하는 것이 좋겠다는 의견을 내놓았다. 그러나 허종이 문제가 심각하니 며칠 후 다시 논의할 것을 청하였다. 그리고 그날 윤씨에게 비상을 바친 삼월이를 국문하였다.

성종이 쓴 글씨

"방량서는 전 곡성현감 이길분의 첩 집에서 얻은 것으로 사비에게 언문으로 등사시켰소. 그 중 큰 글자는 내가 만든 말로서 윤구의 처가 썼고 작은 글자는 사비가 쓴 것이오. 비상은 신씨가 준 것이오. 이것을 작은 상자에 넣어 석동을 시켜 감찰상궁의 집으로 보낸 선물이라고 거짓말을 하게 하였소."

모든 사실을 이실직고한 삼월이는 옥에 감금되었다. 성종은 도저히 국모로서 있을 수 없는 일이라 생각되어 조정 신하들에게 윤씨를 빈으로 강등시켜야 한다고 다시 주장했다. 조정 신하들은 윤씨를 빈으로 강등시키는 것은 불가하다며 반대하였다. 만약 빈으로 강등시키면 종묘와 명나라에 이 사실을 고해야 하는데, 그 이유가 불분명하기 때문에 찬성하지 않았다. 성종은 다시 여러 신하들과 윤씨 문제에 대해 의논하였다. 조정 신하들은 한결같이 성종의 의견은 불가하다고 주장하였다. 이렇게 되어 애매한 삼월이만 그 죄를 모두 뒤집어쓴 채 처형당하였다.

이 사건은 삼월이의 처형으로 일단락되었으며 어머니 신씨는 작첩(爵

帖)을 몰수당해 궁궐을 왕래하지 못하게 되었다. 다행히 윤씨는 궁궐 안에서 그대로 지내게 되었지만, 어머니 신씨마저 궁궐 출입이 금지되어 윤씨는 하소연할 곳조차 없어졌다. 영화로울 줄만 알았던 국모의 자리도 외롭기만 하고 인생마저 무상하기만 하였다.

성종과 윤씨는 부부금슬이 다시 좋아져 1년 후 왕자(윤씨 폐비 후 10일 만에 사망)를 낳았다. 하지만 윤씨의 폐비 문제가 다시 불거져 정국은 파국으로 치닫게 된다.

다시 폐비 문제를 놓고 논쟁이 벌어진 것은 성종 10년(1479)으로 그해 6월 1일 윤씨는 생일을 맞이하게 되었다. 남편인 성종은 직접 와서 축하하고 내수사에 명하여 진수성찬을 중전의 내전으로 차려 보내게 하였다. 그날 저녁 오랜만에 성종과 윤씨는 주안상을 차려놓고 단란한 한때를 보내고 있었다. 윤씨도 지난 날의 서운함은 잊은 채 즐거운 마음이었다. 그런데 소용 엄씨와 정씨가 인수대비 한씨의 편전을 찾아가 지금 성종이 윤씨와 생일잔치를 즐기고 있다며 고자질하였다. 인수대비 한씨는 항상 윤씨에 대해서 안 좋은 말만 들어왔기 때문에 윤씨가 성종에게 무슨 해를 끼칠지 모른다고 생각했다. 그래서 환관을 시켜 성종을 불러냈다. 결국 윤씨의 생일잔치는 중간에 깨질 수밖에 없었다. 한껏 행복에 겨웠던 윤씨의 심기는 이루 말할 수 없는 지경이 되었다.

성종은 어머니 인수대비의 처사에 화가 났으나 어쩔 수 없었다. 그는 마음이 울적해져 후궁의 처소로 걸음을 옮겼다. 소용 엄씨와 정씨는 서로 같은 처지에 있었기 때문에 합심하여 성종을 유혹하였다.

한편 성종이 후궁의 처소로 들었다는 말을 들은 윤씨는 분기탱천하여 당장 그곳으로 달려갔다. 윤씨는 울분을 참지 못하고 성종의 얼굴에 손톱자국을 내고 말았다. 야사에서는 그렇게 전하고 있으나 《성종실록》을 보면 도리어 성종이 윤씨의 뺨을 때렸다고 기록되어 있다. 윤씨의 행동은 후궁들에 의해 인수대비 한씨의 귀에 들어갔다. 한씨로서 윤씨의 행동은 도저히 용서할 수 없는 일이었다. 한씨는 당장 윤씨를 폐서인하라고 명하였다.

"일국의 국모로서 용안에 흉터까지 내었으니 체통이 서지 않는 일이오. 질투심이 많은 여인을 일국의 국모로 둘 수는 없소. 즉시 폐위토록 하오."

사정이 이렇게까지 되자 윤씨를 귀여워하던 대왕대비 정희왕후 윤씨도 그녀를 구해줄 수는 없었다. 6월 2일, 날이 채 밝기도 전에 영의정 정창손, 상당부원군 한명회, 심회, 김국광, 윤필상 등이 입궐하였다. 성종은 그 자리에서 인수대비 한씨의 명을 받들어 신하들에게 하교하였다.

"전날 중전이 실덕하여 폐위코자 하였으나 경들이 불가하다 하여 중지하였소. 이제는 과인까지 능욕하고 있으니 그대로 둘 수 없소. 만일 그대로 두었다가 더 큰 실덕을 하면 어떻게 되겠소. 이번에는 반드시 중궁을 폐위코자 하오."

성종의 하교에 대해 신하들의 의견은 둘로 양분되었다. 영의정 정창손, 한명회, 윤필상, 좌승지 김승경 등은 윤씨가 실덕을 많이 저질렀기 때문에 어쩔 수 없는 일이라며 찬성의 뜻을 밝혔다. 반면 도승지 홍귀달, 좌부승지 김계창 등은 원자와 대군을 낳은 윤씨를 폐서인하는 것은 불가하다는 입장을 밝혔다. 위호를 내려 원자가 세자로 책봉된 후 다시 승격시키는 것이 좋겠다는 의견과 함께 이미 윤씨는 명나라의 책봉을 받았는데 폐위하는 것은 불가하다는 이유로 적극 반대하였다. 그러나 성종은 단호하게 즉시 폐서인시켜 궁궐 밖으로 쫓아내야 한다는 뜻을 굽히지 않았다. 윤씨의 폐서인 결정이 알려지자 대사헌 박숙진, 대사간 성현, 홍문관 직제학 최경지, 전한 이우보 등은 왕비의 죄명이 명확하지 않다며 반기를 들었다.

"자고로 중궁 폐위는 후일 반드시 싸움의 원인이 되옵니다. 왕후가 비록 실덕했다 하더라도 종사에 관계되지 않으면 폐하지 못하옵니다. 지금 중궁의 실덕은 궁 안의 일이지 밖에서는 알지 못하고 있사옵니다. 후궁과의 질투 때문에 왕비가 쫓겨나간다고 해서야 되겠나이까."

하지만 성종은 이우보에게 왕후를 폐한다는 글을 종묘에 고하도록 했다. 그러나 그는 절대 할 수 없다며 강경하게 버티다가 의금부에 갇히는 신세가 되었다. 조위가 대신 윤씨를 폐위한다는 글을 썼다.

"후비의 현명함과 그렇지 못함은 국가성쇠에 중대한 관계가 있다. 왕비 윤씨는 후궁으로 들어와 왕후의 자리에 앉았다. 그 후 아무런 내조의 공이 없고 도리어 질투의 마음만 잦아 지난번에 독약을 가지고 궁인을 해치고자 하다가 발각되어 즉시 폐위코자 하였으나 대신들의 청으로 용서하였다. 이러한 사실이 있은 후 개과하기를 바랐으나 지금까지 뉘우치고 고치지 않아 실덕만 늘어갔다. 이로서 윤씨는 위로 종묘를 받들지 못하고 아래로 국모가 될 수 없는 자격에 이르렀다. 이제 윤씨를 폐서인 한다. 이는 법의 칠거지악에 의거한 것이니 조금이라도 사심에서 나올 수 있겠는가."

대간의 젊은 학자들과 성균관 유생 65명은 죄도 명확하지 않은 왕비를 폐비시킨다는 것은 있을 수 없는 일이라며 일제히 들고 일어났다. 저주사건 등은 윤씨만이 아니라 후궁들도 관련이 있을 것이라며 사건을 더 소상하게 밝혀야 한다고 주장했다. 그러나 성종의 강력한 태도로 사건은 일단락되고 말았다. 성종은 윤씨에게 어머니 신씨와 함께 지낼 수는 있으나 오라버니, 친척들과의 왕래는 일절 금한다는 가혹한 명을 내렸다. 성종 10년 6월 2일 결국 윤씨는 왕비에서 폐위되었다.

윤씨의 폐비사건은 한마디로 고부간의 갈등과 더불어 권력을 둘러싼 암투가 배경이었다. 성종이 후궁과 동침했을 때 윤씨가 문을 박차고 뛰어든 것이 결정적 요인으로 작용했다고도 한다. 《연려실기술》에 이 상황이 드러나 있다.

"윤비가 원자를 낳아 왕의 총애가 커지자 교만과 방자함이 생겨 후궁 엄씨와 정씨를 투기하고 왕에게도 불순하였다. 왕의 얼굴에 손톱자국을 내자 인수대비가 화를 내며 왕의 노여움을 부추겼다."

대비전에서 윤씨의 죄를 크게 부풀렸을 가능성도 엿보이는데 어쨌든 대신들은 경악했을 것이다. 그러나 정사의 기록에는 찾아볼 수 없는 대목이다.

모함 때문에 받아든 사약

쫓겨난 윤씨는 어머니 신씨와 함께 끼니를 걱정할 정도로 어려운 살림을 이어나갔다. 원래 아버지는 가난한 학자 출신이었기에 재산이 있을 리 만무하였다. 윤씨가 국모의 자리에 오른 후 조금 넉넉해졌지만 다시 궁핍한 생활을 겪어야만 했다.

궁궐에서 쫓겨난 지 10일 후 윤씨도 모르는 사이에 둘째 아들이 세상을 떠났다. 폐비가 되고 몇 달이 지난 후, 대사헌 박숙진이 윤씨의 생활을 알아보기 위하여 몇 번이나 그 집앞을 지나다녔다. 다 쓰러져가는 초가는 적막하기 끝이 없었고 굴뚝에서는 연기조차 나지 않았다. 박숙진은 윤씨의 처지가 하도 딱해서 이제부터 윤씨를 별궁에 두어 조석 걱정을 하지 않도록 해달라는 상소를 올렸다.

성종은 박숙진의 상소에 대해 조정 신하들에게 하문하였다. 우의정 홍응, 도승지 홍귀달 등이 윤씨를 별궁에 두는 것이 좋겠다며 주장하였다. 그러나 성종은 대사헌 박숙진을 의금부에 가두어버렸다. 이제 폐비 문제에 대해서는 모두 입을 다물어 버렸다.

궁궐에서는 하루라도 중전의 자리가 비어 있으면 안 된다고 하여 간택령이 내려졌다. 이에 대해 정몽주의 증손자이자 궁궐 내 사용물품을 조달·관리하던 장흥고의 종6품 말단 주부 정윤정이 부당하다며 상소를 올렸다. 성종은 지금 후궁을 5명이나 두고 있기 때문에 다른 처녀를 간택한다는 것은 이치에 어긋난다는 내용이었다. 그러자 성종은 태종은 후궁이 6명, 세종은 7명, 문종은 세자일 때 무려 5명이나 되었다고 했지만 궁색한 변명이 되고 말았다.

정윤정의 상소 내용이 비록 근거가 없더라도 충심에서 나온 것임을 짐작할 수 있다. 그 내용을 받아들일 수 있다면 취하고 그렇지 못하면 너그럽게 용서할 수도 있는 문제였다. 그런데도 승정원에서는 국문을 열어 죄를 묻기를 청하였다. 결국 정윤정의 죄를 인정해 평생 등용하지 않는다는 엄벌을 내렸다.

성종은 윤씨가 쫓겨난 다음해인 성종 11년(1480) 11월 8일, 후궁으로 있던 숙의 윤씨(정현왕후)를 왕비로 책봉하였다. 그녀 나이 19세였다. 윤씨는 신창현 관아에서 우의정 영원부원군 파평 윤씨 윤호와 연안부부인 담양 전씨 사이에서 태어났다. 어머니 전씨는 윤씨가 태어나기 전 선녀가 오색구름을 타고 품속으로 들어오는 태몽을 꾸었다고 한다. 윤씨는 12세 되던 해에 궁궐로 들어와 내명부 벼슬인 종2품 숙의에 봉해졌다. 후궁으로 있을 때는 부녀자의 도리를 가르치면 어김없이 실천하고는 해서 대왕대비 정희왕후 윤씨와 인수대비 한씨가 특별히 귀여워하였다. 인수대비 한씨는 윤씨를 보고 이렇게 칭찬을 했다.

"윤 숙의를 가르치고 곁에서 지켜본 바에 의하면 궁녀는 나이 어릴 때 뽑아야 마땅하다고 생각된다. 그래야 가르침을 쉽게 익힐 수 있다."

엄격하기로 소문난 인수대비 한씨가 칭찬할 정도였으니 다음 왕비 차례가 그녀에게로 돌아오는 것은 당연했다. 왕비로 책봉된 윤씨는 두 번째 성종 비 폐비 윤씨가 후궁들 간의 알력으로 쫓겨나자 몸가짐을 더욱 정숙히 가지게 되었다.

성종은 아녀자로서 투기하지 않는 사람이 드문데 어진 왕비를 얻었기 때문에 마음이 평안하다고 말할 정도였다. 윤씨는 성종과의 사이에 진성대군(훗날 중종)과 신숙공주를 낳았다. 신숙공주는 어린 나이에 요절하였고 진성대군은 연산군이 신하들에 의해 쫓겨나자 왕위에 올랐다. 성종이 죽고 연산군이 즉위하자 그녀는 자순, 화혜라는 존호를 받았으며, 69세를 일기로 세상을 떠났다. 능호는 선릉으로 현재 서울시 강남구 삼성동에 성종의 묘와 다른 언덕에 안장되어 있다.

한편 생모 윤씨가 쫓겨난 줄도 모른 채 연산군은 무럭무럭 자랐다. 윤씨가 폐비된 지도 어느새 4년의 세월이 흘렀다. 그녀는 조석을 걱정하며 눈물로 세월을 보내는 처지였다. 어머니 신씨가 가지고 있던 패물이나 살림살이들을 팔아 연명해갔다. 그것마저 바닥이 나자 윤씨가 궁궐에서 사용하다 갖고 나온 물건들을 처분해 생계를 이었다.

연산군의 나이 7세가 되자 세자책봉문제가 조정에서 논의되었다. 이때 폐비 윤씨에 대한 동정론도 일기 시작하였다. 은연중에 조정 대신들은 훗날 연산군이 즉위했을 때 폐비에 대한 사실이 밝혀지면 살아남지 못할 것이라는 걱정을 하였다. 이런 이유로 조정 대신들은 세자의 어머니를 일반 백성처럼 살게 해서는 안 된다는 상소를 잇달아 올렸다. 조정에서 따로 거처할 곳을 마련해 주고 생활비 일체를 관부에서 지급해야 한다는 상소가 계속되었다. 이는 차츰 정치적인 문제로 비화되기에 이르렀다. 그러나 윤씨를 폐비시키는데 앞장섰던 인수대비 한씨, 소용 엄씨와 정씨의 반발이 만만치 않았다. 더군다나 이들은 틈만 나면 성종에게 윤씨를 모략하는 일을 마다하지 않았다. 윤씨가 궁궐을 나가면서 10년을 살 만큼의 금은보화를 챙겼다든지, 혹은 전혀 반성의 기미도 없이 몸치장에만 열중하고 있다는 등 성종에게 거짓을 고했다.

성종은 마음 한편으로 폐비 윤씨에 대한 동정심을 갖고 있었다. 그래서 아무도 몰래 환관 안중경을 시켜 윤씨의 동정을 살펴오라 명하였다. 성종의 명으로 안중경은 내수사에서 장만한 물건을 가지고 환관 몇 사람을 대동하여 윤씨를 찾아갔다. 오랜만에 환관 안중경을 본 윤씨와 어머니 신씨는 반색하며 성종이 내린 물건을 받아들고 절을 한 후 상에 놓았다. 그리고 안중경에게 성종의 은혜가 너무 고맙다며 반드시 전해달라고 부탁했다.

"상감께 성은이 망극하다고 전하오. 그리고 성수만세하시어 오래도록 선치하시라 전하오. 폐서인은 언제나 상감의 성수를 축원할 뿐이오."

그 말을 하면서 윤씨는 눈물을 흘렸다. 윤씨는 궁궐에 있을 때 자신의 경솔함을 뉘우치며 하루하루 근신하며 지내고 있던 중이었다. 이 광경을 지켜보던 안중경은 가슴이 너무 아팠다.

안중경이 궁궐에 도착하자마자 기다렸다는 듯이 인수대비 한씨가 그를 은밀히 불렀다. 한씨는 안중경에게 상을 내리며 말했다.

"매일같이 분세수하고 곱게 머리 빗고 화장을 하면서 조금도 뉘우치는 빛이 없더라고 상주하여라."

소용 엄씨와 정씨도 값진 물건을 안중경에게 쥐어 주었다. 안중경은 성종에게 한씨가 시키는 대로 거짓 보고를 올렸다.

"폐비 윤씨는 조금도 뉘우치는 기색이 없었사옵니다. 내수사에서 보낸 음식도 독약이 든 것이라 하며 먹지 않고, 또 곱게 화장을 하더니 원수를 갚겠다는 말만 했사옵니다. 후일 원자가 자라면 자신을 폐비시킨 자들을 숙청한다하니 여전히 악독할 따름이옵니다."

대노한 성종은 선정전으로 조정 대신들을 모이게 한 후 윤씨 문제를 상의하였다. 영의정 정창손, 한명회, 심회, 윤필상 등은 후일 세자 연산

경국대전 – 조선시대 기본법전으로 성종 때 완성　국립고궁박물관 소장

군이 즉위하면 폐비 윤씨가 무슨 일을 저지를지 모르니 조치를 취해야
한다고 상주하였다. 결국 윤씨에게 사약을 내리기로 결정하였다.

　안중경이 다녀가면서 염려하지 말라고 했기 때문에 어머니 신씨와 폐
비 윤씨는 좋은 소식만을 기다리고 있었다. 그러던 중 좌승지 이세좌와
환관 조진이 찾아왔다. 두 모녀는 기다리고 있던 터라 반갑게 그들을 맞
이하였다. 그러나 성종에 대한 일말의 희망을 걸고 과거 자신의 경솔함
을 뉘우치며 살았던 윤씨에게 주어진 것은 사약이 담긴 사발이었다. 잠
시 아연실색해 있던 윤씨는 단단히 각오한 듯 중전 옷으로 갈아입고 단
정히 앉아 어명을 기다렸다. 이윽고 윤씨는 사약 사발을 받아든 채 꿀꺽
꿀꺽 마셨다. 눈을 부릅뜬 윤씨는 입고 있던 흰 명주적삼에 붉은 피를 토
했다. 그리고 어머니 신씨에게 원수를 갚아달라는 유언을 남기고 성종
13년(1482) 8월 16일, 28세의 나이로 한 많은 세상과 하직하고 말았다.

　"원자가 다행히 목숨을 보전하거든 이것으로 나의 원통함을 말해주고
또 나를 왕이 거동하는 길 옆에 장사해 그의 행차를 보게 해 주시오."

윤씨는 성종 4년(1473) 왕실에 들어와 채 10년도 되지 않아 죽음을 맞이하였다. 부귀영화를 누린 기간은 후궁으로 3년과 왕비로서의 7개월이 전부였다.

처음 성종은 죽은 윤씨를 묘비도 없이 안장시켰다. 그러나 연산군의 즉위를 생각하여 성종 20년(1489) '윤씨지묘'라는 묘비명을 세우게 하고 묘지기를 두어 관리하게 하였다. 또한 장단도호부사에게 절기마다 윤씨의 제사를 지내게 하는 등 7년 만에 성종은 윤씨에게 약간의 배려를 보여준 셈이었다.

윤씨는 사후 22년 만에 아들 연산군에 의해 제헌왕후로 복위되고 묘호는 회릉으로 개칭되었다. 시어머니 인수대비 한씨와 후궁들의 모략 그리고 이를 지지했던 정치세력 등에 의해 억울하게 죽음을 당한 윤씨는 결국 갑자사화(甲子士禍)로 원한을 풀 수 있었다. 그러나 그 대가는 엄청났다. 아들 연산군은 이후 왕위에서 쫓겨나 유배지에서 병으로 죽었다. 윤씨는 중종반정 이후 다시 서인으로 강등되고 회릉은 '폐비 윤씨지묘'로 격하되었다. 현재 윤씨의 능은 경기도 서삼릉 경내에 있다.

한편, 자신의 생모에게 엄청난 일이 일어난 것도 모른 채 성종 14년(1483) 8세가 된 연산군은 세자로 책봉되었다. 그 후 1494년 12월, 성종은 1백 년 동안 폐비 윤씨에 대해 절대 거론하지 말라는 유명을 남기고 세상을 떠났다.

왕의 비(妃)로 십 년,
폐위되어 군(君)의 부인으로 살다

간밤부터 간간히 불던 바람이 새벽이 되면서 더욱 사위스럽게 문을 흔들었다. 연산군 부인(거창군부인) 신씨는 자신에게 다가오는 운명의 소리를 듣고 있는 중이었다. 예감은 빗나가지 않아 연산군 12년(1506) 중종반정에 의해 연산군이 폐출당하면서 신씨도 군부인의 신분으로 강등되었다.

중종은 마음의 짐이 되었는지 신씨에게 빈의 예로 대하고 집을 하사했으며 정현왕후 윤씨는 특별히 노비를 내렸다. 그러나 신씨의 무참히 찢겨진 가슴은 그 무엇으로도 이을 수 없었다. 왕위에 있던 남편은 폐위되어 민가에 숨어 있다가 결국 붙잡혀 강화도 교동으로 쫓겨나는 신세가 되었다. 그리고 연산군(燕山君)으로 강봉되어 폐위된 지 두 달 만에 천연두와 화병 등의 후유증으로 고생하다 죽은 것이다.

신씨 자신 또한 구중궁궐의 부귀영화 대신 사가의 고달픈 생활과 시름으로 하루하루 버티는 처지였다. 눈을 감을 때까지 폐위당한 남편이 남긴 세월들을 어떤 심정으로 헤아리며 감당해야할지 막막할 뿐이었다.

지석(誌石)에 새겨진 이름이여!

연산군 부인 신씨는 영의정 거창부원군 거창 신씨 신승선과 임영대군(세종의 4남) 이구의 장녀 중모현주(中牟縣主) 전주 이씨 사이에서 태어났다.

오라버니는 중종의 장인인 좌의정 신수근이다. 신수근은 성종 대 우부승지, 중추부첨지사, 호조참의를 역임하고 연산군 1년(1495) 신씨가 왕비가 되자 그 덕에 승지에 오른 인물이다. 연산군 11년(1505) 우의정으로 등극사(登極使)가 되어 명나라에 다녀와 다음해 좌의정에 올랐다. 이때 사위인 진성대군(훗날 중종)을 옹립하고 반정을 꾀하자는 박원종 등의 제의를 거절했다. 그 후 중종반정이 성공하자 3형제 모두 유자광 일파에게 살해된다.

신씨는 연산군과의 사이에서 4남 3녀를 두었지만 두 아들과 휘신공주 하나를 빼고 모두 요절하였다. 남은 두 아들마저 연산군이 폐위된 뒤 사사되는 아픔을 겪었다. 휘신공주는 능천군 구수영(세종의 8남 영응대군의 사위)의 아들 능양위 구문경과 혼인을 하였다.

연산군은 정통성을 갖춘 채 비교적 순조로운 조건에서 왕위를 계승한 왕이다. 성종의 적장자로 태어나 8세 때 세자에 책봉되었고 12년이라는 충분한 시간 동안 세자 수업을 거쳐 19세의 나이로 즉위했기 때문이다. 그런데 즉위한 해인 연산군 1년(1495) 3월 16일, 성종의 국장이 치러지던 가운데 피비린내 나는 공포의 그림자가 드리워지기 시작한 것이다.

장례를 치를 때 묘지(墓誌)에는 죽은 사람의 이름과 생몰년을 비롯해 직위, 행적, 자손의 이름, 무덤의 좌향 등을 기록하고 무덤 앞에 묻게 된다. 그런데 왕릉은 일반적인 묘가 아니기에 이를 지석(誌石)이라고 해서 무덤 앞 2미터 전방에 깊이 정성껏 묻었다. 또한 지석에 새기는 지문은 절대 거짓이 없도록 사실만을 기록하게 되어 있다.

"…성종이 판봉상시사 윤기견의 딸 숙의 윤씨를 왕비로 맞아 연산군을 낳았다. 또 영돈령부사 윤호의 딸 숙의 윤씨를 왕비로 삼았다."

지석에서 이와 같은 구절을 읽게 된 연산군은 의문점이 생겨 승지들에게 전교하였다.

"지문에 있는 윤기견이란 자는 어떤 사람인가? 영돈령부사 윤호를 윤기견이라 잘못 써넣은 것은 아니던가?"

연산군은 숙의 윤씨가 서로 다른 사람이라는 사실을 몰랐던 것이다.

연산군은 즉위 후 신승선과 노사신 등 대신들과 우호적인 관계를 쌓았다. 하지만 선왕(성종)의 명복을 비는 수륙재(불교식 행사)의 시행과 외척의 등용 문제를 놓고 3사(사간원, 사헌부, 홍문관) 유생들과 갈등을 일으켰다. 또 폐모 사건의 전말을 알게 된 뒤 방치된 윤씨의 능묘 이장 문제로 3사와 대립을 했다. 이와 같은 정치적 상황은 연산군과 3사를 더욱 골깊은 대립으로 몰아갔다.

연산군 4년(1498) 7월, 사림파 중심인 사관(史官) 김일손이 작성한 사초(史草)의 내용이 조정을 발칵 뒤집어 놓았다. 이른바 세조를 비판하고 붕당을 만들어 국사를 어지럽혔다는 학자 김종직의 조의제문(弔義帝文, 수양대군이 단종을 몰아내고 왕위를 찬탈한 내용을 풍자한 글) 사건이었다. 훈구파 이극돈과 유자광 등은 이를 문제 삼아 세력을 강화하고자 하였다. 김종직의 조의제문을 발견한 유자광은 구절마다 풀이를 해서 이런 부도한 말을 한 자는 법에 따라 엄벌해야 한다고 주장하였다. 이 사건의 핵심역할을 담당하고 있던 그는 김종직을 비롯해 조의제문을 사초에 실은 김일손의 불온함을 연산군에게 고했다.

유자광의 상소를 기회삼은 연산군은 김일손 등을 신문한 끝에 모두 김종직이 교사한 사건이라 결론지었다. 사건의 처리는 신속히 이뤄졌는데 이미 죽은 김종직을 대역죄로 부관참시하고 김일손, 권오복, 이

목, 허반 등은 능지처참에 처했다. 이것이 조선 역사에서 처음으로 '사화'라는 이름이 붙게 된 무오사화(戊午士禍)이다. 사화는 '사림의 참화'라는 뜻으로 정론(正論)을 내세우는 문관이 간신의 모함으로 입은 큰 화를 말한다. 결과적으로 무오사화는 김종직 일파와 3사라는 두 집단을 동시에 처벌하고 경고한 사건이었다. 이 사건으로 연산군과 갈등을 벌이며

연산군 일기

왕권을 견제했던 3사의 역할은 축소되었다.

연산군은 무오사화를 통해 자신과 대립하였던 사림파를 축출하고 일부 훈구파마저 제거하였다. 왕권강화를 꾀하는 계기가 되었는데 이후 연산군은 빠르게 조정을 장악하였다. 조정을 손아귀에 넣은 연산군은 그러나 매일 향연을 베풀고 기생을 끌어들였다. 여염집 아낙은 물론 심지어 자신의 백모마저 겁탈하는 등 패륜적인 행동을 쉬지 않고 자행하였다. 그의 고삐 풀린 방탕한 생활은 결국 국고를 바닥나게 하는 사태까지 빚었다. 이 때문에 국가 재정을 채우기 위해 백성들에게 무거운 세금을 부과하고 공신들에게 지급한 공신전을 강제몰수하려고도 하였다. 그러자 조정 대신들이 반발하여 연회를 줄이고 국고를 아낄 것을 진언하는 등의 대립 구도로 이어졌다.

이 무렵 정권을 노리고 있던 임사홍은 폐비 윤씨 사건을 연산군에게 밀고하게 된다. 연산군은 자신의 친모가 폐비되었다는 사실은 알고 있었지만 자세한 내막은 모르는 상태였다.

피 묻은 흰 명주적삼

피가 묻은 흰 명주적삼의 비밀은 서서히 밝혀지기 시작하였다. 사약을 마시고 숨을 거두기 전 폐제헌왕후 윤씨는 입고 있던 흰 명주적삼에 피를 뱉었었다.

이 사실을 알고 있던 당시 두 아들을 왕의 사위로 만든 임사홍의 폭로는 일대의 피바람을 몰고 왔다. 임사홍은 효령대군(태종의 2남)의 손녀와 혼인하여 풍성군에 오른 인물이었다. 그는 자신뿐만 아니라 세 아들 가운데 두 명을 왕실의 사위로 만들었다. 첫째 아들 임광재는 예종의 딸 현숙공주에게 장가를 갔고 셋째 아들 임숭재는 성종의 딸 휘숙옹주와 혼인을 하였다. 임사홍의 가문은 이렇듯 왕실과 중첩적인 혼인 관계를 맺으면서 권력의 중심에 들어설 수 있었다.

그 후 성종의 총애를 한 몸에 받으며 탄탄대로를 달리던 임사홍에게 위기가 닥쳤다. 성종 9년(1478) 일명 '흙비'로 야기된 사건 때문에 추락하고 만 것이다. 그해 4월 1일, 흙비(황사)가 내렸는데 이를 재앙이 되는 기이한 징조라고 여긴 신하들이 하늘의 노여움이라며 두려워하였다. 성종도 자성하며 의정부 신하들을 비롯해 모두에게 흙비가 내리는 이유와 그치게 할 방법을 토론하게 하였다. 며칠 뒤 신하들이 금주령을 내리고 기생들을 데리고 잔치를 벌이는 것을 금해야 한다고 고했다. 그런데 당시 도승지였던 임사홍이 이와 같은 결정에 반대하는 상소를 올렸다. 흙비는 단지 별똥별처럼 운수일 뿐이지 기이한 현상이 아니니 금주령은 부당하다는 내용이었다. 평소 임사홍을 탐탁지 않게 여기던 무리들은 그를 강렬히 비판하는 상소를 연이어 올렸다. 결국 임사홍은 관직에서 물러났고 과거 당파를 만들고 조정의 기강을 흐리게 한 죄까지 드러나 탄핵을 받은 뒤 평안도 의주로 유배를 갈 수밖에 없었다.

역사에서 사라진 듯했던 임사홍은 그러나 성종이 죽고 연산군이 즉위하자 막강한 권력자로서 다시 정치무대로 복귀하였다. 그가 복귀할 수 있도록 강력한 입김을 행사한 사람은 아들 임숭재와 며느리 휘숙옹주였다. 임숭재가 탄원하여 임사홍이 유배에서 풀려날 수 있었던 것이다. 연산군에게는 많은 이복 누이들이 있었는데 그중 유독 휘숙옹주를 아꼈던 것이 한몫을 하였다. 그녀의 남편인 임숭재 역시 각별하게 여겼다.

다시 정치 일선에 선 임사홍은 자신을 몰아냈던 자들을 향해 복수의 칼을 뽑았다. 성종이 폐비 윤씨에 대해 함구하라는 유지를 남겼지만 임사홍은 그 사실을 연산군에게 발설하였다. 그는 의정부 및 6조 중심의 부중파와 연산군 4년(1498)에 있었던 무오사화로 인해 제거된 사림파의 잔존세력을 몰아내고 정권을 장악하기 위해 폐비 윤씨 사건을 들추어낸 것이다. 무오사화는 성종 이후 정계에 진출하기 시작한 사림파를 제거하기 위해 훈구파가 일으킨 사건으로 많은 사림세력이 화를 입은 바 있었다.

임사홍은 연산군이 아들 임숭재 집을 찾았을 때 폐비 윤씨 사건에 대한 비밀을 구체적으로 털어 놓았다.

"전하께서 친어머니로 알고 계시는 자순대비는 사실 친어머니가 아닙니다. 전하의 친어머니께서는 왕비로 있다가 사악한 무리들의 모함을 받아 폐출되신 후 사약을 받고 돌아가셨습니다. 그리고 전하의 외조모께서는 살아계십니다."

연산군에게는 하늘이 무너지는 청천벽력과도 같은 말이었다. 《중종실록》에 당시 연산군과 임사홍이 나눈 대화가 기록되어 있다.

"폐주(연산군)가 임숭재의 집에서 술자리를 가졌는데 술판이 익어갈 무렵 임숭재가 자신의 아비가 집에 와 있다고 하였다. 폐주가 어서 불러오라 하니 이윽고 임사홍이 들어와 근심하는 얼굴을 보였다. 폐주가 이상하게 여겨 이유를 물으니 임사홍이 "폐비당한 일이 애통하고 또 애통하여 그렇습니다."고 말하였다. 이어서 말하기를 "이는 실로 엄씨와 정씨 두 궁인으로 화를 입은 것이나 실제로는 이세좌와 윤필상 등이 획책한 것입니다."라고 하였다.

연산군은 심한 충격에 빠지고 말았다. 연산군은 이제야 자신의 어머니 윤씨가 죄를 지어 폐위된 뒤 죽었다는 사실을 자세히 알게 되었다. 그날 저녁 수라상을 물리칠 정도로 연산군은 깊은 번뇌에 들 수밖에 없었다.

연산군이 생모 윤씨의 죽음에 대해 알게 되자 가장 두려움에 떨었던 것은 인수대비 한씨와 윤필상이었다. 윤씨를 폐비시킨 장본인이 인수대비 한씨고 이를 막지 못한 대신 가운데 하나가 윤필상이었기 때문이다. 성종이 폐비 윤씨에 대해 함구령을 내렸기에 그동안 연산군이 몰랐을 뿐이지 이제 상황은 달라졌다.

연산군은 어머니 윤씨의 초라한 무덤을 정성껏 손보고 비석을 세울 것을 명하였다. 또 전라도 장흥군에 유배를 가있던 외조모 장흥부부인 신씨와 숙부 윤구를 풀어주었다.

연산군은 임사홍의 주선으로 외조모 신씨를 만났다. 신씨는 간직해온 피 묻은 흰 명주적삼을 연산군에게 건네주며 폐비 윤씨의 죽음에 대한 원한 맺힌 사연들을 전했다.

"소용 엄씨와 정씨의 투기 때문에 모함을 받아 쫓겨났습니다."

연산군은 핏자국이 아직도 선명한 명주적삼을 부여잡고 뜨거운 눈물을 흘렸다. 그리고 소용 엄씨와 정씨를 내정으로 끌어냈다. 직접 쇠도리깨를 부여잡은 연산군은 그들을 단번에 쳐서 죽였다. 이 소식을 듣고 달려온 인수대비 한씨가 몸으로 연산군을 막으려하였다. 연산군은 인수대비 한씨가 어머니 윤씨를 억울하게 죽게 만든 장본인이라는 것에 눈이 뒤집혔다. 모두 어머니를 죽인 원수로 보일 뿐이었다. 연산군은 자신의 머리로 인수대비를 들이받아 몸져눕게 만들었다. 며칠 후 인수대비 한씨는 영영 일어나지 못한 채 연산군 10년(1504) 68세로 세상을 떠나고 말았다.

죽음, 그리고 죽음

인수대비 한씨가 죽자 연산군은 하루를 한 달로 계산하는 '역월지제 (易月之制)'라는 기발한 복상제도를 만들어냈다. 대비의 상이었기 때문에 3년복을 입어야 했으나 역월지제를 사용해 한 달이 채 안 되는 25일로 끝내버렸다. 또한 성종의 후궁 정씨의 두 아들인 안양군은 제천에, 봉안 군은 이천에 안치했다가 얼마 후 사사시켰다.

윤씨 폐비 사건에 관련되었던 윤필상, 이극균, 성준, 이세좌, 권주, 김 굉필, 이주 등 10여 명이 처형당했다. 그들의 시신을 강물에 던지고 자 식들마저 죽였으며 부인은 노비로 삼고 사위들은 유배를 보냈다. 한치 형, 한명회, 정창손, 이세겸, 심회, 이파, 정여창, 남효온 등은 관을 깨고 시신의 목을 베는 극형인 부관참시에 처했다.

임사홍의 폭로로 시작된 이 사화가 연산군 10년(1504)에 일어난 갑자사 화다. 갑자사화는 임사홍이 자신의 정적을 제거하는 수단으로 이용했기 때문에 사림파뿐만 아니라 훈구파 내부에서도 다수의 희생자가 발생하 기도 하였다. 《연려실기술》에는 '이런 잔인한 일들은 모두 임사홍이 사 적인 감정을 품고 왕을 꾀어 부추겼기에 벌어졌다.'고 평가하고 있다.

갑자사화 이후 신하들을 더욱 완벽하게 제압한 연산군은 자신의 욕망 을 누구의 간섭도 받지 않고 자유롭게 채워나갈 수 있었다. 중종반정으 로 폐위될 때까지 2년 넘게 광폭한 정치를 이어나갔다. 또 연산군의 방 탕한 생활과 비행 그리고 폭정을 비난하는 한글 방서사건(榜書事件)이 일 어나자 한글을 아는 사람들을 잡아들였다. 이로 인해 한글서적들이 불

연산군과 부인 신씨의 묘 - 사진 왼쪽이 연산군, 오른쪽이 신씨의 묘소다. 일반적인 왕릉보다 격식이 훨씬 초라하다.

태워지는 등 이른바 언문학대가 이루어지기도 하였다.

　영원히 무소불위의 권력을 휘두를 것 같았던 연산군에게도 종말은 다가오고 있었다. 중종반정이 일어나기 9일 전, 연산군이 후원에서 잔치를 벌일 때의 일이다. 연산군이 인생은 풀잎에 맺힌 이슬 같아서 허무하다며 탄식을 하더니 갑자기 눈물을 보였다. 그러자 나인들 몇몇이 비웃기도 하였는데 유독 애첩인 장녹수와 전비만이 슬프게 흐느꼈다. 연산군이 그녀들의 어깨를 다독이며 행여 변고가 생기면 너희들은 피하지 못할 것이라는 말을 하고는 선물을 내렸다. 그리고 마침내 연산군 12년(1506) 9월 1일, 성희안과 박원종 등이 일으킨 중종반정에 의해 연산군은 폐위되고 말았다.

　연산군은 모든 것을 체념한 듯 자신에게 닥친 현실을 순순히 받아들였다. 반정군 앞에서 '내 죄가 커서 이렇게 될 줄 알았으니 마음대로 해라.'(《중종실록》)며 어새(옥새)를 내다주라고 지시하였다. 또 내전문으로 나와 땅에 조아리며 '내가 지은 죄가 큰데도 왕의 은혜를 입어 목숨만은 부지하게 되었다.'(《연려실기술》)는 말을 남겼다. 연산군은 폐왕이 되어 강화도 교동으로 쫓겨나고 연산군으로 강봉되어 폐위된지 2개월만에 천연두와 화병으로 고생하다가 31세의 나이로 죽고 말았다.

연산군 부인 신씨는 고달픈 생활과 시름으로 하루하루를 버티다가 중종 32년(1537) 4월, 병으로 죽었는데 그녀 나이 62세였다. 신씨의 장례는 왕자군 부인보다 격이 높지만 왕비 부모보다는 낮은 수준으로 거행되었고 연산군 묘 옆에 묻혔다. 신씨가 죽자 중종은 부의금을 내리고 예를 다해 장례를 지내게 하였다.

신씨는 평소 조용하고 정중하며 말수가 적은 성품이라 친척들이 존경했다고 전해진다. 집안의 노비들에게도 인정어린 모습을 보였다. 그래서 그 마음을 받들어 대를 이어 떠나지 않고 사는 노비들도 많았다고 한다.

신씨가 연산군 옆에 안장될 수 있었던 이유가 있다. 원래 연산군은 죽어 강화도에 묻혔는데 중종 7년(1512년) 홍수가 생겨 묘지가 침식되는 일이 벌어졌다. 이때 신씨는 기회다 싶어 남편을 경기도 양주로 이장해 줄 것을 요청하였던 것이다. 신씨의 청이 받아들여져 다음해 3월 양주 해등촌(海等村, 현 서울시 도봉구 방학동)으로 옮겨졌다. 이장은 왕자군의 예우로 거행되었지만 묘에는 '연산군지묘'라 새긴 석물 이외는 아무런 장식이 없었다. 일반적인 왕릉보다 규모나 격식이 초라한 것이 특징이다.

연산군 곁에는 '거창신씨지묘'라는 묘비명 아래 신씨가 잠들어 있다. 연산군은 숨을 거두기 전에 오직 신씨가 보고 싶다고는 말만을 남겼다고 한다. 그 마지막 절실함이 신씨에게 전해졌는지 결국 이승에서는 이루지 못한 만남을 지하에서나마 나란히 누운 채 하늘을 보고 있다.

端敬王后

단경왕후 신씨

역적 가문의 딸, 왕비 된 지 7일 만에 폐위되다

중종 1년(1506) 인왕산으로 두 여인이 올라가고 있었다. 두 여인은 흐르는 눈물을 연신 찍어대며 발길을 재촉하였다. 앞장서서 걷는 여인은 며칠 전 남편 중종과 생이별을 한 단경왕후(端敬王后) 신씨였고, 그 뒤를 몸종이 따르고 있었다. 신씨는 조정 대신들의 강권에 의해 사랑하는 남편 중종을 뒤로 하고 인왕산 아래 하성부원군 정현조 집에 머물고 있었다. 날이면 날마다 눈물로 지새우던 그녀는 남편 중종이 멀리 인왕산을 바라보며 자신의 생각에 눈물짓는다는 이야기를 듣고 서둘러 인왕산을 오르는 길이었다.

경복궁이 잘 내려다보이는 인왕산 중턱 넓은 바위에 이르자 신씨는 걸음을 멈추고 그곳에 다홍치마를 넓게 깔았다. 이 다홍치마는 중종이 가장 어여삐 봐주던 옷이었다. 신씨는 경복궁을 내려다보며 중종이 나오기만을 기다렸다. 이윽고 모습을 드러낸 중종이 인왕산을 바라보며 손을 흔들기 시작하였다. 신씨는 흘러내리는 눈물을 주체할 수 없었다. 바로 저곳에 자신을 잊지 못해 손을 흔들고 있는 남편이 있지를 않은가.

당장이라도 뛰어가고 싶었지만 그 사이에 가로 놓인 장벽이 너무 높고 두터웠다. 가냘픈 신씨의 힘으로는 어찌할 수 없는 장벽이었다. 그녀는 하염없이 눈물만 흘리다 산을 내려올 수밖에 없었다. 그러나 이 즐거움도 얼마가지 못했다. 중종을 걱정하는 조정 신하들에 의해 신씨는 시전 죽동궁으로 옮겨졌다. 그 이후 신씨는 몇 번 중종을 볼 기회가 있었으나 말 한마디 건네 보지 못하였다. 결국 신씨는 평생 남편과 다정한 재회한 번 하지 못하고 인왕산 치마바위에 애절한 사랑의 사연만 남긴 채 세상을 떠났다.

남편 중종의 즉위에 홀로 남겨져 불안한 신씨

연산군은 갑자사화 이후 궁궐을 화류장(花柳場)으로 만들어 놓았다. 그는 전국 8도의 미녀들과 좋은 말을 구하기 위해 채홍준사(採紅駿使)라는 관직을 두었다. 이것도 모자라 지방 사족의 미혼 처녀들을 징발하기 위해 채청녀사를 전국에 파견하였다. 우수한 실적을 올리는 이들에게는 작위, 토지, 노비 등을 주어 더욱 조장하였다. 전국에서 선발된 여인들을 '운평(運平)'이라 하였으며, 이중에서 다시 뽑히면 '흥청(興淸)'이라 불렀다. 여기에서 오늘날 통용되고 있는 '흥청거리다'는 말이 유래되기도 하였다.

연산군의 난폭함과 퇴폐는 갈수록 심해졌다. 무오사화, 갑자사화를 거치면서 바른 말을 간하는 조정 대신들은 거의 사라졌다. 남아 있는 신하들은 아첨에 달관된 사람들뿐이었다. 연산군의 실정(失政)에 대해 진언하는 사람은 아무도 없었다. 입 한번 잘 못 놀리면 하루아침에 목숨이 달아나기 때문이었다.

연산군의 이복동생 진성대군(중종)은 숨을 죽이며 지냈다. 혹시 잘못 연루되면 목숨이 남아나지 않을 수도 있었다. 그저 아내 신씨와 숨죽이고 지내면서 연산군이 자신들을 그대로 놔두는 것을 고마워할 뿐이었다. 그러는 동안 진성대군은 신씨와 더욱 친밀해졌는데 오직 이 세상에서 믿을 수 있는 사람은 아내뿐이라고 생각했다.

신씨는 익창부원군 거창 신씨 신수근과 청원부부인 청주 한씨의 딸로 태어났다. 진성대군보다 한 해 먼저 태어난 신씨는 13세 되던 연산군 5년(1499)에 혼인했다. 아버지 신수근은 물심양면으로 연산군을 돕다가 그 공을 인정받아 좌의정에 올랐다. 연산군은 신수근과 매부지간이었다. 신씨가 진성대군과 혼인하여 서로 숨죽이며 지내는 동안 세상은 서서히 바뀌고 있었다.

일반 백성들은 이 세상을 구제할 누군가를 기다리고 있었고 조정 대신들 중에서도 원한을 품은 자가 많았다. 화류장이 된 궁궐 한편에서는 더러운 물을 갈아엎기 위하여 거사를 준비하는 무리들이 생겨났다. 가장 먼저 나선 이가 성희안이었다. 그는 성종 16년(1485)에 문과에 급제하여 홍문정자, 부수찬 등의 벼슬을 지냈으며 성종의 고문으로 있었다. 그후 이조참판 겸 오위도총부 부총관의 관직에 올랐다. 연산군이 양화도로 놀이를 갔을 때 호종한 신하들에게 시를 짓게 하였는데, 이때 성희안이 연산군을 풍자하는 시를 바쳤다.

"임금은 본래 맑은 물을 좋아하지 않는다."

자신을 풍자했다고 노한 연산군은 성희안을 종9품 부사용의 말단 관직으로 좌천시켰다. 계속되는 연산군의 방탕한 국정운영에 반감을 가지고 있던 성희안은 드디어 거사를 계획하였다. 그가 가장 먼저 접근한 인물이 군사력을 동원할 수 있는 무신 출신의 박원종이었다. 성희안은 거사를 도모할 지략은 있었지만 군사력을 동원할만한 연줄이 없었다. 그래서 평소 연산군에 대한 감정이 극도로 악화되어 있던 박원종을 찾아간 것이다.

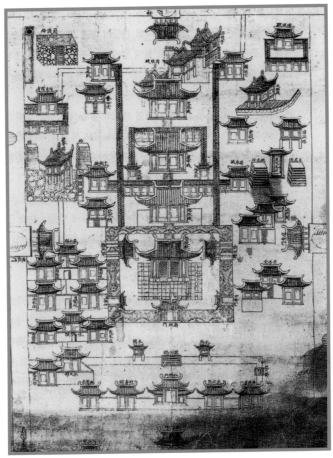

경복궁도

　박원종은 성종 23년(1492)에 승정원 동부승지로 발탁되어 공조참의를
지냈으며, 연산군 때는 국정운영을 비판하다가 평안도병마절도사로 좌
천되었다. 그러나 곧 동지중추부사와 경기도관찰사로 승격되었다. 그러
던 중 월산대군에게 시집을 간 누님 박씨의 자결소식이 들려왔다. 박씨
는 월산대군의 두 번째 부인으로 인물이 절색이었다. 이를 모를 리 없는
연산군은 기회를 노리다가 백모 박씨를 궁궐로 불러들여 겁탈하였다.

조카에게 능욕당한 박씨는 분통함과 수치심을 이기지 못하여 자살하고 말았다. 이 소식을 접한 박원종은 이를 갈았고 기회를 틈타 연산군을 폐위시키려고 마음먹고 있었다. 그러던 와중에 성희안으로부터 거사제의를 받은 것이다. 두 사람은 서로 만나 눈물을 흘리면서 이 더러운 세상을 바로 잡아보자며 맹세를 했다. 거사를 일으키는데 조금도 주저하지 않고 맹세를 한 두 사람은 자신들의 힘만으로는 거사의 성공이 어렵다고 판단하여 당시 명망이 있던 유순정을 끌어들였다.

　세 사람은 연산군의 이복동생 진성대군을 추대하기로 결정하고 연산군이 장단의 석벽으로 놀러가기로 한 날을 거사일로 잡았다. 하지만 연산군이 갑자기 유람계획을 취소하자 거사계획을 일단 연기하기로 했다. 그런데 호남으로 유배를 갔던 이과, 유빈, 김준손 등이 궐기를 알리는 격문을 돌리자 더 이상 늦출 수 없다는 생각에 거사를 단행했다. 먼저 이들은 연산군의 처남이자 진성대군의 장인인 신수근을 찾아가 거사에 합류할 것을 종용했다. 진성대군을 추대하면 장인 신수근의 처리 문제가 곤란했기 때문이다. 신수근이 거사에 합류를 한다면 그의 문제도 어려움 없이 처리될 수 있었다. 신수근을 찾아간 박원종은 거사에 합류할 뜻을 내비쳤다.

　"누이와 딸 중 누가 더 소중합니까?"

　신수근은 이에 대해 거사에 협조할 의사가 없다는 뜻을 전했다.

　"비록 왕이 포악하지만 세자가 총명하니 걱정하지 않아도 됩니다."

　신수근은 지금까지 연산군을 물심양면으로 도와 무고한 많은 사람들을 희생시킨 장본인이었다. 만일 거사에 참여하더라도 자신의 입지가 사라질 것임을 미리 짐작했기 때문에 거절한 것이다. 박원종은 이 말을 듣고 신수근을 제거할 수밖에 없다고 단정하였다. 거사에 나선 세 사람은 먼저 진성대군에게 이 사실을 통보하고 신수근, 신수영 형제와 임사홍을 제거하였다. 그리고 궁궐 진입 시에 협조하기로 사전에 약속된 군자감부정 신윤무 등의 도움으로 쉽게 궁궐을 장악하여 거사는 쉽게 성공을 거두었다. 거사가 성공하자 이들은 성종의 세 번째 계비 자순대비, 즉 정현왕후 윤씨를 찾아가 교지를 내려줄 것을 청하였다.

"지금 종사가 위태하고 모든 관원과 백성들은 진성대군을 추대하므로 임금으로 삼으려 합니다."

이들의 요구에 자순대비는 사양의 뜻을 전하였다.

"우리 아이가 어찌 중한 책임을 감당하겠소. 지금 세자가 장성하였으니 왕위를 이을만하오."

몇 번 사양의 뜻을 밝힌 자순대비는 이들의 거듭된 요구에 마침내 승낙을 하고 교지를 내렸다.

"모든 신하들이 말하기를 임금보다는 종사가 중하다고 한다. 또 진성대군은 인덕이 있어 백성의 마음이 모두 그에게 기울어졌다고 말하니 그를 세우기로 하였다. 어두운 임금을 폐하고 밝은 임금을 세우는 일은 고금에 통하는 당연한 도리이다. 이에 진성대군을 왕위에 오르게 하고 임금은 폐하여 연산군으로 삼는다."

중종은 왕위에 올랐지만 사실상 자신이 주도한 정변이 아니었기 때문에 전혀 영향력을 발휘할 수 없었다. 정변이 일어난 날 군사들이 자신의 집을 에워싸자 그는 자살을 결심하였다. 연산군이 자신을 죽이러 온 줄 알았기 때문이다. 그 정도로 사태가 어떻게 돌아가는지도 모르고 있었다. 그때 아내 신씨가 잠시 사태를 파악한 후에 죽어도 늦지 않다며 만류하였다.

"군사들의 말머리가 이곳을 향해 있으면 우리를 죽이려는 것이겠지만 밖을 향해 있으면 대군을 호위하려는 뜻이니 살펴보고 난 후에 결심해도 늦지 않습니다."

신씨는 하인에게 말머리가 어디로 향해 있는지를 살펴보라고 하였다.

하인은 말머리가 밖을 향해 돌려져 있음을 확인하고 신씨에게 고했다. 한숨을 돌린 중종은 곧 몰려온 신하들에 의해 왕으로 추대되었다. 중종은 신씨를 사저에 남겨 두고 혼자 입궐하였다. 사저에 홀로 남겨진 신씨의 마음 한구석으로 불안감이 엄습해왔다. 남편이 죽임을 당하지 않고 왕으로 추대된 것은 기쁜 일이었으나, 자신의 친정은 연산군의 폐위로 몰락한 상태였다. 자신의 운명도 어떻게 될지 모르는 일이었다.

남편과의 생이별, 그리고 그리움

신하들에 의해 왕위에 오른 중종은 그런 처지 때문에 모든 일을 마음대로 할 수가 없었다.

그래서 중종은 신씨를 사저에 남겨둔 채 혼자 입궐을 한 것이다.

중종은 조정 신하들에게 왕비 책봉 절차를 서두르라는 어명을 내렸다. 그러나 중종반정의 거사에 참여했던 대신들은 신씨의 왕비 책봉을 반대하고 나섰다.

"반정 때 죽은 신수근의 딸이 왕비로 있으면 민심이 위태롭고 의혹이 생겨 종묘사직에 관계되는 일이 있을 터이니 개인적인 정을 끊고 내보내십시오."

그들은 자신들이 죽인 신수근의 딸을 국모로 모시기가 곤란했던 것이다. 정말 무정한 말이 아닐 수 없었다. 아무리 자신들이 왕을 옹립했다고 하지만 조강지처까지 버리라고 하니 중종은 기가 막힐 따름이었다.

"자고로 조강지처를 버리는 법은 없소. 안 될 말이오."

중종은 조강지처론을 들며 신하들과 맞섰다. 그러나 그들은 중종의 말에 아랑곳하지 않고 자신들의 의견을 강경하게 내세울 뿐이었다.

"사사로운 정 때문에 종사의 큰일을 거스를 수는 없습니다. 빨리 결단하십시오."

중종은 진퇴양난이었다. 조정 대신들의 말을 따르자니 자신이 사랑하는 조강지처 신씨를 버려야 하고, 아내를 따르자니 대신들이 가만두지 않을 것 같았다. 필시 죽일지도 모른다는 생각이 들었다.

신씨는 저녁때를 넘겨서야 가마를 타고 입궐해 근정전에서 시어머니 정현왕후를 만날 수 있었다. 재회의 기쁨을 나눈 뒤 왕비의 거처인 교태전으로 인도되어 남편 중종 앞에 섰다.

19세의 중종은 지난 12세 때 한 살 많은 소녀를 부인으로 맞이했었다. 소꿉놀이를 하듯 두 사람은 내외간의 아기자기한 정을 쌓았다. 중종은 즉위하기 전까지 신씨를 굳게 믿었고 최근 새롭게 솟구치는 사랑에 젖어 있었다. 어린 시절을 함께한 정을 생각해서라도 결코 헤어질 수 없는 관계였다.

혜안을 갖고 있던 신씨는 중종의 얼굴색이 어두운 것을 보고는 말하였다.

"마마, 정사로 인해 고되신 듯하니 어서 침수에 드셔 몸과 마음을 편히 하십시오."

신씨의 위로에 중종은 자신은 괜찮으니 부인이나 먼저 쉬라고 대답하였다. 그러자 신씨는 부인이 아니라 왕의 비이니 왕비라고 불러야 되지 않느냐며 미소 띤 얼굴을 보였다.

"그러고는 싶으나 아직 책봉 절차를 거치지 않았기에 왕비라고는 할 수 없는 것이오."

중종의 말에 신씨는 책봉이 되기 전에도 왕비라고 했던 전례가 있음을 밝혔다. 그러자 중종이 깜박 실수를 했다며 멋쩍게 웃으려다 다시 굳은 표정을 지었다. 아무래도 평상시와 다른 남편 중종의 모습에 신씨가 캐묻자 중종이 어렵게 입을 열었다.

"사실은 대신들이 왕비를 내보내라고 하고 있소."

신씨에게는 하늘이 무너지는 일이었다. 순간 설움이 복받쳐서 가슴이 터지는 것만 같았다. 그동안 왕비가 된다는 생각에 취해 친정의 몰락도 잊고 있었다. 그런데 지금 그 설움이 한꺼번에 밀려들어 온몸이 떨려왔다. 신씨는 스스로를 진정시키며 중종에게 말했다.

단경왕후 신씨 어보

"마마의 자리만 확고하다면 신첩이야 어디에 있든 무슨 대수가 되겠습니까."

중종은 목소리를 높이며 신씨를 안심시켰다.

"말도 안 되는 소리 하지 마시오. 지난날의 정을 어찌 잊을 수 있다는 말이오. 용상에서 내려오는 한이 있어도 왕비와 함께할 것이니 너무 염려하지 마시오."

그러나 결과적으로는 말뿐인 위로가 되고 말았다. 다음날부터 중신들의 독촉이 빗발쳤다. 중종과 중신들은 일주일 동안 서로 무언의 싸움을 벌였다. 그러나 아직 어린 중종은 노련한 원로대신들을 이겨낼 수 없었다.

중종 자신은 조정 신하들에 의해 옹립된 허수아비 왕에 불과했기 때문에 그들의 말을 듣지 않을 수가 없었다. 결국 신씨는 남편 중종이 왕위에 오른 지 8일 만에 폐서인되는 가련한 신세가 되고 말았다. 중종과 신씨는 흐르는 눈물을 주체하지 못하며 헤어질 수밖에 없었다. 그녀는 친정과 남편을 모두 잃은 비련의 주인공이 되었다.

친정을 떠나 시집을 가면 그 집 귀신이 되어야 한다는 것이 당시 부녀자들의 덕목 중 하나였지만, 이 경우에는 전혀 해당되지 않았다. 다만 약자이기 때문에 강자의 입장에 따라 처리될 수밖에 없었던 것이 현실이었다.

태종이 통치하던 때는 친정이 멸문지화를 당했어도 왕비는 폐서인이 되지 않았다. 원경왕후 민씨와 세종비 소헌왕후 심씨 모두 친정이 역적 집안으로 몰려 풍비박산되었으나, 그녀들은 그대로 왕비의 자리에 있었다. 물론 폐서인시켜야 한다는 대신들의 뜻도 있었지만 태종은 완강하게 그들의 주장을 철회하게 만들었다. 평민의 딸도 시집을 가면 연좌되지 않는데 하물며 왕비를 어떻게 폐출시킬 수 있겠느냐라는 것이 태종의 판단이었다. 그만큼 왕권이 강하던 시대였기 때문에 왕비들도 온전히 자리를 지킬 수 있었다. 하지만 폐비 신씨의 경우에는 남편이 신하들에 의해 옹립된 왕이기 때문에 조강지처까지 버려야 하는 사태에 이르게 된 것이다.

신씨가 이렇듯 불행해진 데는 후사가 없다는 것도 크게 작용했다. 태종이 원경왕후 민씨와 소헌왕후 심씨를 보호한 것은 그들의 왕성한 생산력 때문이었다. 신씨에게 아들이 있었다면 반정공신이라 할지라도 그렇게 심하게 공격할 수는 없었을 것이다. 그러나 신씨는 아들은 커녕 딸도 낳지 못한 상태였다.

중종 1년(1506) 9월 9일 저녁, 20세의 어린 신씨는 눈물을 흘리며 여염집 아낙들이 타고 다니는 작은 가마에 실려 궁궐을 빠져 나왔다. 신씨가 간 곳은 인왕산 아래 하성부원군 정현조의 집이었다. 쫓겨난 신씨는 중종이 인왕산 쪽을 바라보며 눈물짓는다는 이야기를 듣고 다음날 인왕산을 올라갔다. 신하들에 의해 생이별을 한 두 사람은 서로 멀리서나마 바라보며 그 애틋한 정을 달랬다. 그러나 이 일도 그들에게는 사치였다. 조정 대신들은 중종과 신씨가 서로 멀리서 존재를 확인하며 그리움을 달랜다는 이야기를 듣고 신씨의 거처를 시전 죽동궁으로 옮기게 하였다.

그러나 중종은 잊지 않고 있다는 표시로 조정 대신들의 눈을 피해 모화관으로 명나라 사신을 맞이하러 나갈 때 타던 말을 신씨에게 보냈다. 신씨는 직접 말죽을 쑤어 먹이면서 신세 한탄을 했다.

"너는 비록 짐승이지만 이렇게 만날 수 있는데 상감은 왜 못 오신단 말이냐. 맛있게 먹고 상감을 잘 모시어라."

이곳 생활도 얼마 가지 못해 신씨는 다시 친정으로 거처를 옮겼다. 친정에서는 이미 고모인 연산군의 아내 신씨가 와 있어 두 사람은 같이 지내게 되었다. 처음에는 왕이 보낸 환관이 은밀히 궁궐 소식을 전해주었지만 그것도 잠시뿐이었으며, 아예 나라에서 보낸 노비들까지 거둬가서 점차 궁궐과는 멀어졌다.

중종은 궁궐 생활에 익숙해지자 점차 신씨를 잊어갔다. 불쌍한 것은 신씨뿐이었다. 남편에 대한 그리움, 생활에 대한 어려움 속에서 지내던 신씨에게도 점차 새로운 국면이 다가오는 듯했다. 남편과 생이별한 지 9년 만에 조정에서 신씨에 대한 복위운동이 일어났던 것이다.

신씨 복위를 주창하는 사림들

당시 반정일등공신인 박원종 이하 대신들은 왕비와 후궁의 자리에 눈독을 들였다. 일단 궁궐에서 자신들의 세력을 확장하기 위해서는 중전이나 후궁의 자리가 매우 중요했기 때문이다. 반정공신들은 누구나 자신의 딸이나, 심지어 먼 일가의 딸이더라도 일단 후궁으로 들여 놓으려고 안간힘을 썼다.

그 중의 한 사람인 무관 윤임이 자신에게 어린 누이가 있다고 이야기를 꺼내자 반정공신들은 모두 이에 찬성하였다. 그렇게 영돈령부사 파평 윤씨 윤여필의 딸 윤씨가 선택되어 먼저 후궁으로 들어왔다. 윤씨는 한성부 남부 호현방(현 서울시 중구 충무로)에서 태어났다. 어머니는 평양부원군 박중선의 딸 순천 박씨였다. 반정일등공신 박원종은 윤씨의 숙부이며 연산군에게 욕을 당한 월산대군의 부인인 박씨는 이모인 셈이었다. 윤씨는 8세에 어머니가 세상을 떠나자 이모 박씨의 집에서 자랐다. 오라버니 윤임의 알선으로 중종의 후궁으로 들어온 것은 16세 때였다. 《연려실기술》에 의하면 중종 즉위년에 궁궐에 들어와 숙의에 봉해지고 중종 2년(1507) 왕비에 책봉되었다고 기록되어 있으나 《중종실록》에는 중종 2년 6월 17일 숙원에서 중전에 오른 것으로 되어 있다. 윤씨는 신씨가 폐위되자 왕비로 책봉되었는데 곧 장경왕후(章敬王后) 윤씨이다.

한편 8년 동안 국정을 좌지우지하던 3대신, 즉 박원종, 성희안, 유순정 등이 모두 차례차례 세상을 떠나자 정계는 두 파로 양분되었다. 잔존 공신세력과 정계에 새로 진출하기 시작한 사림세력이었다. 사림세력은 조광조를 필두로 하여 점차 정계로 진출하기 시작했다. 조광조는 김종직의 제자 김굉필의 제자로 중종 10년(1515) 성균관 유생들의 천거로 종6품 사간원 관리에 임명된 후 5년간에 걸쳐 정계에서 활약한 인물이었다. 중종도 즉위 초와는 달리 어느 정도 국정운영에 익숙해졌으며 정치적 판단도 할 수 있게 되었다. 중종은 공신들의 세력을 꺾기 위해서는 조광조를 비롯한 사림들과 손을 잡는 것이 유리하다고 계산하였다. 중종은 조광조를 앞세워 도학정치에 기반을 둔 강력한 왕권정치를 전개하기 시작했다.

이런 정국의 구도 속에 장경왕후 윤씨가 아들 호(岵, 훗날 인종)를 낳고 6일 만에 산욕열로 25세에 세상을 떠났다(중종 10년). 그러자 중전의 자리를 놓고 순창군수 김정과 담양부사 박상이 의리를 내세우며 신씨의 복위를 요구하는 상소를 올렸다.

"…정국 초기에 박원종, 유순정, 성희안 등이 이미 신수근을 제거하였은즉 왕비가 바로 그 소생이므로 그 아버지를 죽이고 자기들이 조정에 선다면 뒷날 화근이 될 것을 염려하여 일신을 보전하기 위한 사사로운 계책으로 중궁의 폐출을 모의했던 것입니다. 이것은 진실로 연고도 없거니와 명분도 없사옵니다.

자고로 서녀가 원한을 품어도 서리가 날아 여름제비를 친다고 하였습니다. 저 궁벽한 여염의 천하고 미거하며 보잘 것 없어 전혀 하늘의 일에는 간여할 길이 없을 것 같은 한 여자의 경우에도 그 맺힌 원한의 기운으로서 족히 하늘을 감동시켜 서리가 내리는 변고를 부른다고 하는데, 하물며 지존의 배필로서 천지와 종사를 주장하시고 신인과 상제가 남모르게 돌보고 있는 국모께서 무고히 폐척되어 길이 맺힌 원한 풀길이 없다면, 이와 같고서야 천지의 순리를 그르쳐 요사스런 재해가 자주 거듭됨을 괴이하게 여길 것이 못 되옵니다. 그런즉 전하의 생각이 여기에 미치셔야 할 일이 아니옵니까? 지금 중궁의 주인이 계시지 않으니 마땅히 이런 때에 확연한 결단을 내리심으로써 신씨를 다시 곤후의 자리로 복위시키신다면 천지가 함께 응하는 바가 될 것이옵니다. 또한 조종의 영령들께서도 옳게 여기실 것이요, 백성들의 여망에 부응하는 것이 될 것이온데 전하께서는 장차 누구에게 이 곤후의 자리를 촉탁하려 하시나이까? 이미 추락된 대의명분을 존재케 하고 이미 어그러진 옛 은혜를 온전히 하신다면 이것이 진실로 대의에 합당한 것이요, 이치를 바르게 함이옵니다.

…가령 몇몇 신하가 이미 폐위되었다는 사실을 구실로 하여 망녕되이 다른 주장을 한다 하더라도 그것은 지난날에 폐위를 주장한 신하들을 쫓는 것에 불과할 것이오니 저들이 하는 대로 관망하고만 계신다면 다시 전하의 가법은 어지러워질 것이옵니다."

그들은 신씨의 폐위가 전혀 명분이 없기 때문에 지금 중전의 자리가 비었을 때 대의명분을 찾으라고 요구하였다. 중종은 이 상소문을 받고 는 너무 큰 사안이라며 다음과 같은 전교를 내렸다.

"이는 중대한 일이라 어찌 신하들의 말만 듣고 시행할 수가 있겠는 가? 예조에서도 시행하기 어려울 것이니 승정원에 두는 것이 옳겠다."

이에 대해 대사간 이행이 대사헌 권민수에게 문제를 제기했다.

"만일 신씨를 왕후로 세워 왕자를 낳게 된다면 어찌해야 하오. 혼인한 순서로 보면 신씨가 먼저지만 윤씨가 낳은 원자를 어떻게 하겠소?"

대사헌 권민수도 이 의견에 동의하여 박상과 김정을 추궁해야 된다고 주장하였다. 이에 조광조는 신씨의 복위를 상소한 박상과 김정을 두둔 하는 상소를 올렸다.

"그들의 말이 과격하지만 전하가 그들에게 직언(直言)을 구하며 명을 받고 한 일이니 죄로 다스려 충언의 길을 막아서는 아니 되옵니다."

조광조에 이어 조정 신하들의 상소가 계속되었다. 그러나 대사간 이 행과 권민수가 가만히 있을 리가 없었다. 이들은 훈·척신세력을 대표하 던 인물들이었다. 따라서 신씨의 복위문제를 둘러싸고 훈·척신세력과 사림세력이 팽팽하게 맞서게 되었다.

중종은 결단 끝에 조광조와 손을 잡았으나 여전히 훈·척신세력들을 두려워하고 있었다. 어느 쪽을 따라야 할지 결단을 내리지 못했다. 그런 데 당시 척신세력과 사림세력으로 양분된 조정에서 그 틈을 타 출세하 려던 김안로가 양시론을 주장하였다. 그는 두 파의 의견이 모두 틀린 것 이 아니니 여론을 무마하려면 사림세력 박상, 김정을 귀양 보내고 권민 수, 이행의 벼슬을 갈아버리면 해결이 될 것이라고 중종에게 상소했던 것이다. 결국 박상과 김정의 말은 옳지만 신씨의 복위는 불가하다는 것 으로 논쟁은 끝이 났다. 신씨에게 희망이 찾아오는 듯하였으나 조정 신 하들의 세력다툼으로 다시 끝날 줄 모르는 어둠은 계속되었다.

한편 조광조를 대표로 하는 사림세력들이 중종의 입김으로 과감하게 정치를 개혁하자 훈·척신세력은 많은 불평을 가지게 되었다. 중종 14년 (1519) 중종반정 때 공을 세운 정국공신 중 자격이 없다고 평가된 사람들의 공신호(功臣號, 공신들에게 주는 칭호)를 박탈하자고 건의하였다. 마침내 전 공신의 4분의 3에 해당하는 심정을 비롯한 76명의 공신호를 박탈하고 토지와 노비도 환수하였다. 이 사건으로 훈구 공신의 불평은 극에 달했으며 위기의식까지 느끼게 되었다.

중종도 조광조의 지나치게 도학적인 언행에 염증을 느끼고 있었다. 그 무렵 지진이 자주 발생했는데 중종은 이를 크게 걱정하게 되었다. 이때 조광조와 반대 측에 있던 남곤, 심정, 홍경주 등이 중종에게 고했다.

"권세 있는 신하가 나랏일을 제 마음대로 하고 장차 모반을 일으키려 하기 때문에 그 징조로 지진이 일어나는 것입니다."

그들이 언급한 권세 있는 신하란 곧 조광조였다. 그리고 그들은 홍경주의 딸 희빈 홍씨를 이용하여 조광조 타도에 발벗고 나섰다. 희빈 홍씨는 천하의 민심이 조광조를 지지하니 그는 공신들을 제거한 후에 스스로 왕이 될 꿈을 꾸고 있다는 소문을 퍼뜨렸다. 또한 궁궐 안의 나뭇잎에 꿀로 '走肖爲王'이라는 네 글자를 써서 벌레가 파먹게 하였다. 이 '주초위왕'에서 '走'와 '肖'를 합치면 바로 '趙'가 되는 것이니 결국 '조씨가 왕이 된다.'는 뜻이었다.

이것을 중종에게 보여 주면서 남곤 일파는 조광조를 비롯한 사림세력이 붕당을 만들어 정치를 어지럽힌다고 밀고하였다. 결국 조광조 이하 70여 명의 사림세력들은 유배지에서 대부분 사약을 받고 정계에서 사라졌다. 이 사건을 기묘년에 일어났다고 해서 기묘사화(중종 14년, 1519년)라고 한다.

기묘사화로 인해 도리론에 앞장섰던 사림들의 세력이 수그러들자 약

신위봉안도 – 종묘 영녕전(永寧殿)의 신위봉안도. 조선 역대 왕들의 신위가 봉안되어 있다.

간의 희망이라도 가지고 있던 폐비 신씨는 더 의지할 곳이 없게 되었다. 중종도 혼란스러운 궁궐 속에서 38년 2개월이라는 긴 세월 동안 왕위에 머무르면서 조강지처 신씨의 거취문제 하나 해결하지 못하고 57세의 일기로 세상을 떠났다. 《중종실록》을 보면 중종이 죽을 때가 가까워오자 궁궐 안으로 신씨를 불렀다는 소문이 있다고 적혀있는데, 이는 신씨 문제가 하나의 업보였음을 말해준다.

중종마저 세상을 떠나자 신씨의 존재는 점차 사람들 사이에서 잊혀져 갔다. 그녀는 남편과 단 한 번의 재회도 하지 못한 채 그리움을 삭이며 세월을 보냈다.

세월은 흘러 궁궐에서 쫓겨난 지도 50년이 흘렀다. 이제 그녀의 나이도 70세가 넘었다. 중종과의 즐거웠던 날들은 과거 저 멀리에 있었고, 그때의 기억은 이제 가물가물할 뿐이었다. 그녀는 마침내 수명을 다했다는 것을 깨닫고 유언을 남겼다.

"내가 죽어도 나라에서는 아무 관심도 없을 것이다. 그러니 친정 조카들이 봉사(奉祀) 하여라."

그녀는 이 한마디를 남기고 한 많은 세상을 71세의 나이로 마감하였다. 남편 중종의 꼭 다시 부르겠다는 약속을 믿고 그 많은 세월을 인내했던 것이다. 남편 중종이 왕위에만 오르지 않았더라도, 그녀는 평범한 양반집 아낙네로서 일부종사하며 자녀들 키우는 재미로 행복하게 살았을지도 모른다. 중종이 최고의 권력을 가진 자리에 앉았지만 그것은 그녀에게 오히려 화가 되었던 것이다.

신씨가 세상을 떠난 것은 명종 12년(1557)의 일이었다. 명종은 중종의 세 번째 계비 문정왕후(文定王后) 윤씨의 아들이었다. 명종은 신씨가 세상을 떠났다는 소식을 접하자 그녀의 집을 폐비궁으로 승격시키고 비복과 전답을 내렸다. 당시 궁이라는 칭호가 붙으면 노비, 전답 그리고 녹봉이 내려졌다. 이것은 아버지 중종의 조강지처였던 신씨에 대한 예우였다. 신씨의 시신은 아버지 신수근의 묘 옆에 안장되었다. 조선 중기의 명필가였던 양사언은 신씨의 넋을 위로하기 위하여 만시를 지어 바쳤다.

왕비의 덕 일찍이 중전으로 들어갈 때
육궁의 좋은 금슬 일시에 열렸네
곤산은 잠깐 새 불이 붙어 일어나고
계수나무 풍상은 풀보다 엷구나
상림의 꽃에 이슬 같은 눈물이 맺힐 때
장신궁의 꿈을 생각하며 옷깃 적신다
한 조각 붉은 마음 요대의 달이 되어
응당 서쪽에서 밤마다 오리

중종이 살아 있을 때 사림세력들에 의하여 신씨의 존재가 부각되었지만 훈·척신세력에 의해 철퇴를 맞고 사라진 후 다시는 그녀에 대해 거론하는 사람이 없었다. 남편 중종도 세상을 떠나자 그녀의 존재는 세간에서 점차 잊혀졌다. 그러나 그녀의 존재는 세상을 떠난 지 120년 만에 다시 조정의 논란거리가 된다.

다시 전개되는 복위 운동

강산이 변해도 열두 번이나 바뀐 세월이 흘렀다. 현종 13년(1672) 이조참의 이단하가 폐비 신씨의 신주나마 위로해 주자고 하였다. 현종은 이 상소를 받아들여 신수근의 5대손 신희의 집으로 신씨의 신주를 옮겨 제사를 지낼 수 있게 하였다. 그러나 복위하자는 상소는 없었다.

폐비 신씨의 복위문제가 거론된 것은 숙종 24년(1698)으로 전 현감 신규가 올린 상소에서였다.

"…이미 저들이 신수근을 죽였은즉 신씨는 그 소생인지라 국모의 아버지를 죽이고서 조정에 선다는 것은 매우 두렵고 거북한 마음을 가지게 될 것인데다가 후일의 화근을 염려하여 대의명분이 없는 말로서 함부로 왕을 겁주고 협박하여 폐출함에 거리껴하거나 어려워함이 없었사옵니다.

…무릇 부부의 사이는 남이 말하기 어려운 법입니다. 가령 여염의 비천한 사람일지라도 감히 핍박하여 그들을 갈라서게 함으로써 부부의 정분을 갈라놓아서는 아니 되거늘, 하물며 왕을 위협하여 그 비를 폐출함은 이것이야 말로 아들이 되어 아비를 협박하여 그 어미를 내치는 것이니 어찌 패륜이 아니라고 할 수 있사옵니까."

신규는 이제라도 명분을 바로 세워야 한다고 강경하게 주장하였다.

이에 대해 숙종은 다음과 같은 명을 내렸다.

"당시 박상과 김정이 재차 신씨 복위상소를 올렸을 때 좋은 기회라고 생각하면서도 그때 승정원에 두라고 하신 하교를 보면 그것을 공개하여 받아들일 뜻이 없으셨던 것이다. 그러니 복위를 시킬 별도의 방법이 있었는지를 알 수가 없는 것이 아닌가. …반복하여 생각해보건데 종내에 거듭되는 어려움을 어찌해야 옳을지 모르니 능히 예에 어그러지지 않게 하면서 합당한 존봉을 더하여 억울한 마음을 조금이나마 위로하는 것이 옳지 않을까 싶다."

숙종은 선왕, 즉 중종이 신씨를 복위시키지 않은 것은 다른 뜻이 있었기 때문이라며 자신이 함부로 나설 수 없다는 입장을 밝혔다. 신씨의 복위에 대해서 다만 별묘만 세우기로 하고 그 논의는 일단락되었다. 해창위 오태주가 신씨를 기리기 위해 시를 바쳤을 뿐이었다.

전날 원비로서 지존의 배필이 되었는데
건춘문으로 쫓겨날 때 모두 원통히 여겼네
불쌍한 그 정상 복위를 원했건만
성심이 있는 곳을 아는 이 없었네

새로이 사당지어 신씨를 모실 때
천추로 내려오도록 변함없어라
존봉하는 그 마음 그 의기
사실은 증명 안 해도 알 일일세

신씨 복위문제가 다시 거론되기 시작한 것은 영조 15년(1739)이었다. 유학자 김태남이 여러 차례 신씨의 복위에 대한 상소를 올리자 영조가 경연에 나가서 이 일에 대해 의논하라고 명하였다. 우의정 송인명과 호조판서 유척기는 복위 반대의 뜻을 주장하였다.

"신씨는 당초에 왕비로 책봉되지 아니하였으므로 복위를 논의하는 것은 불가하옵니다."

이때 신하들의 의견이 분분하였다. 불가하다는 주장이 있는 반면 반드시 복위를 시켜야 한다는 주장으로 양분되었다. 영조는 두 주장의 상소문을 모두 점검한 후 복위가 정당하다는 명을 내렸다.

"중종께서 여러 해 전에 간절하고도 비통한 하교를 내리신 것은 그 성심에 다른 뜻이 없으셨던 것이니, 이로써 그 뜻을 깊이 느끼고 새겨 그 위호를 회복할 수 있는 바이다. 또한 숙종께서 만년에 추모하여 애석해하신 하교가 계셨으면서도 윤허를 내리셨던 것은 거기에 다른 뜻이 없으셨던 것을 또한 가히 알 수 있으니 그 위호를 회복함이 옳은 것이다. 그러하니 하늘의 이치와 부합되는도다.

… 아아, 중종을 우러러 준수함이 여기에 있고 위로 천심의 도리에 보답하는 것이니 어찌 이를 늦출 수 있으리오. 곧 예관에게 명하여 복위의 예절을 즉시 거행하게 할지어다."

마침내 신씨는 궁궐에서 쫓겨난 지 232년 만에 신원이 되었다. 온릉이라는 능호가 내렸으며 단경왕후로 추존되었다. 온릉은 현재 경기도 양주시 장흥면 일영리에 있다.

그녀는 죽어서도 중종 옆에 갈 수 없었다. 중종의 능은 현재 서울시 강남구 삼성동의 정릉이다. 232년 만에 신원되었지만 그녀가 억울하게 보낸 50년의 세월은 그 어떤 것으로도 보상할 수 없었다. 다만 인왕산의 치마바위만 그녀의 애틋한 사랑을 기억하고 있을 뿐이다.

文定王后

문정왕후 윤씨

수렴청정으로 군주의 권력을 휘두르다

　　명종 즉위년(1545) 대왕대비 윤씨는 대비전으로 문안인사를 하러 온 영의정 윤인경과 좌의정 류관에게 하교를 내리고 있었다.

　　"미망인이 덕이 박하고 복이 없어 두 번이나 큰 변을 당하여 통곡할 따름이다. 이제 어린 임금이 섰으니 국가의 대소사는 대신에게 의지할 뿐이다. 지난번에는 터무니없는 말을 하는 무리들이 요사스러운 말까지 만들어 나라를 어지럽히려고 하였다. 지금도 난언하는 무리가 남아 있다. 이로써 아직도 민심은 의심과 두려움으로 둘러싸여 있다. 만일 다시 사언하는 무리가 있으면 엄중히 다스리겠다. 이제부터 민심을 일신하고자 과거에 유언을 퍼뜨린 자에 대하여는 일호의 사심도 두지 않겠다. 모두 씻어 버리려 한다. 그리하여 민심을 안정시키고 조정을 편안케 하고자 한다. 대신들도 이 뜻을 알고 민심을 진정시켜 모두 충성을 다하여 보국하도록 하라."

　　이날 윤씨는 아들 명종이 즉위한 후 처음 하교를 내리고 있는 중이었다. 그녀는 벅차오르는 가슴을 애써 진정시키고 있었다. 중종의 두 번째 부인 장경왕후 윤씨의 아들 인종이 재위한 지 9개월 만에 세상을 떠나자 문정왕후 윤씨의 아들 명종이 12세의 나이로 즉위하였다. 명종은 아직 국정을 운영할만한 소양이 없는 어린 나이였기에 당연히 실권은 윤씨가 차지할 수밖에 없었다. 윤씨는 왕비의 자리에 오른 후 차례차례 정적을 일소하고 명종을 왕위에 앉힌 후 20년간 국정을 마음대로 휘둘렀다. 그 정도로 배짱이 뛰어났으며, 정적들의 일소에 남성 못지않은 전략가의 자질을 발휘했던 인물이었다.

《명종실록》에 의하면 윤씨는 문자를 알며 타고난 성품이 강하고 사나웠다고 기록되어 있다. 이따금 명종에게 자신이 아니면 어떻게 그 자리에 앉을 수 있었겠느냐며 따지고 마음에 들지 않으면 호통을 치기 일쑤였다. 그 모습이 마치 민가의 여염집 아낙들이 어린 자식을 대하는 것과 다르지 않았다. 명종의 천성이 워낙 효성스러워 윤씨의 말에 모두 순종했지만 때로 후원의 구석진 곳에서 몰래 눈물을 흘리거나 목 놓아 울기까지 하였다. 명종이 화병을 앓게 된 것도 결국 이와 무관하지 않았다. 실록은 윤씨는 가히 사직의 죄인이라고 해도 무방하다며 다음과 같은 말을 덧붙이고 있다.

"《서경》의 목서에 '암탉이 새벽에 우는 것은 집안의 다함이다.' 하였으니 윤씨를 이르는 말이다."

훗날 정적이 될 윤임에 의해 간택된 국모의 자리

중종은 3명의 정실부인과 6명의 후궁을 두었다. 그 중 첫 번째 정실부인은 단경왕후 신씨로, 국모의 자리에 앉아보지도 못한 채 연산군 대의 권신 신수근의 딸이었다는 이유로 신하들의 강권에 의해 폐출되었다. 신씨가 쫓겨나자 중종반정의 일등공신 세력들에 의해 윤임의 누이 장경왕후 윤씨가 왕비로 책봉되었다. 원래 윤씨는 후궁으로 들어왔지만 신씨가 내몰리자 왕비로 책봉된 것이다. 그런데 장경왕후 윤씨도 중종 10년(1515) 왕비가 된 지 8년 만에 원자 호를 낳고 산후병으로 시달리다 세상을 떠나고 말았다.

이때 중종은 첫 정실부인 신씨에 대한 애틋한 정을 다른 후궁인 경빈 박씨에게 쏟아 붓고 있었다. 후궁 박씨는 경상도 상주 사람이었다. 친아버지 박수림은 사족출신이었지만 집안이 가난하여 군인 노릇을 하고 있었다. 박씨는 연산군 11년(1505) 채청녀사에 선발되어 궁궐로 들어오게 되었지만 며칠 지나지 않아 중종반정이 일어나 세상이 바뀌게 되었다.

중종반정이 일어난 이후 반정일등공신 박원종은 자신의 친인척 중에서 마땅한 사람을 골라 후궁으로 넣으려고 하였다. 왕비가 아니면 후궁이라도 그만한 연줄을 갖고 있어야 자신의 세력을 궁궐 내에서 확보할 수 있었기 때문이다. 박원종은 수소문 끝에 먼 인척이 되는 박수림의 딸이 궁녀로 들어와 있다는 사실을 알고 자신의 양녀로 삼았다. 하지만 경빈 박씨의 묘비에는 박씨의 본관이 밀양이라고 기록되어 있으며, 박원종의 본관은 순천이므로 서로 다른 집안임을 밝혀 둔다. 박원종의 양녀가 된 박씨는 후궁으로 간택되어 내명부 정1품 경빈을 받았다. 중종은 경빈 박씨가 후궁으로 들어오자 그녀와 애틋한 정을 나누었다. 박씨는 복성군, 혜순옹주, 혜정옹주 등 1남 2녀를 출산하였다. 중종 4년(1509) 박씨가 첫아들 복성군 미(嵋)를 낳자 그녀의 지위는 더욱 확고해졌다. 딸이 궁궐에서 인정받는 지위에 오르자, 아버지 박수림과 박인형, 박인정 등 형제들도 한성부로 올라와서 벼슬을 하였다.

중종은 아내들이 쫓겨나거나 요절하자 더 이상 왕비를 간택할 마음이 없었다. 그저 후궁 중에서 한 명을 선택하는 것이 낫다는 생각을 하고 있었다. 그리고 후궁 중에 자신이 총애하는 경빈 박씨가 있었기 때문에 더욱 새 왕비를 맞이할 마음이 없었다. 그러나 경빈 박씨는 출신이 미천하여 왕비 간택의 자격조건에서 미달되었다. 후궁은 특별히 궁녀가 왕의 승은을 입어 되는 경우도 있긴 하지만, 대부분은 삼간택에서 떨어진 나머지 규수나 명문가에서 간택하는 것이 일반적인 관례였다. 태종 이후에는 미천한 출신도 세 번째 후궁부터 될 수는 있었으나, 정비가 되기는 어려웠다. 세자의 후궁도 마찬가지였다. 이는 왕실의 위엄과 나아가 왕손의 지위와도 관련이 있기 때문이다.

그럭저럭 왕비의 자리가 공석인 지도 3년이 흘렀다. 조정과 왕실에서는 빨리 왕비를 간택해야 된다고 아우성이었다. 중종의 나이 30세 되던 해에 왕비간택령이 내려졌다. 최종 간택된 처녀는 이조판서를 지낸 파성군 윤금손의 딸과 당시 종6품에 불과한 파평 윤씨 윤지임의 딸 두 사람이었다. 이때 조정 대신들은 자신의 세력이 왕비로 간택될 수 있도록 손을 쓰고 있었다. 윤지임의 딸 뒤에는 장경왕후 윤씨의 오라버니인 윤임이 버티고 있었다. 윤임과 윤지임은 서로 가까운 친척지간이었다. 처음에는 윤금손의 딸이 될 것으로 모두 내다보고 있었으나, 최종 간택된 처녀는 윤지임의 딸이었다. 이것은 물론 윤임이 배후에서 활동한 결과였다.

중종 12년(1517) 왕비가 된 문정왕후 윤씨의 나이는 17세였다. 그녀는 어머니 전성부부인 전의 이씨를 11세 때 여의었지만 당시 여인들과 달리 넉넉지 못한 집안의 가사를 돌보면서도 글을 배우고 학문을 닦으며 지냈다. 그러던 어느 날 그녀에게 행운의 손길이 찾아왔다. 조정에서는 윤임을 비롯한 조정 대신들이 하나라도 자기 사람을 왕실에 들여 놓기 위해 광분하고 있었는데 윤씨가 눈에 띄었던 것이다. 결국 윤임의 지지로 윤씨는 왕비로 간택되었다.

윤씨가 왕비로 간택될 때 중종은 왕으로서는 처음 친영례를 거행하였다. 이것이 전례가 되어 그 이후부터는 왕들도 가례를 올릴 때 어의동본궁 혹은 태평관에서 친영례를 올렸다.

차례차례 정적들을 제거하며

왕비로 간택된 문정왕후 윤씨는 이제 친정이 세력을 펼 수 있겠다는 생각에 가슴이 벅차올랐다. 그러나 막상 궁궐 안은 훈·척신세력과 사림들 간의 세력다툼으로 조용할 날이 없었다. 왕비로 간택된 지 2년 만에 조광조가 훈·척신세력의 모함으로 제거되자 사림세력들도 하나 둘 연루되어 제거되기 시작했다. 기묘사화 이후에도 정쟁은 계속되었는데 모두가 조정에서 주도권을 장악하기 위한 싸움이었다. 이러한 어수선한 분위기에서 윤씨는 자신을 보호할 수 있는 것은 자신밖에 없다는 생각을 했다. 그래서 윤씨는 살아남을 수 있는 처세의 길을 도모하기 시작하였다. 중종이 아무리 후궁의 처소에 드나들어도 질투심을 밖으로 드러내지 않았다.

중종이 자신의 처소로 찾아오지 않는 날은 《사기》, 《여장부전》, 《진성여왕전》, 《선덕여왕전》 등을 읽으면서 소일하였다. 그녀는 당시 여성들이 반드시 읽어야 할 《내훈》, 《열녀》, 《여교》와 같은 부녀자의 덕목을 강조하는 책보다 여성들이 권력을 휘두르면서 정사를 펼치는 이야기들을 더욱 즐겨 읽었다. 이와 같은 독서 경향은 그녀에게 왕실에서 살아남을 수 있는 처세의 길을 가르쳐 주었다.

윤씨가 국모의 자리에 앉은 지 얼마 안 되어 나이 30세가 넘은 중종은 공처가로 변하고 말았다. 중종은 신하들의 힘에 의해 단지 꼭두각시 왕으로 왕위에 올랐기 때문에 즉위 초부터 그들에 의해 좌지우지되었다. 중종과 신하들의 관계는 뒤바뀐 형국이었다. 중종은 중종반정 3대신인 박원종, 유순정, 성희안이 조회를 끝내고 물러갈 때면 자리에 일어나서

중묘조 서연관 사연도 – 중종이 인종을 교육하던 서연관에서 연회를 베푸는 모습을 그린 그림
국립고궁박물관 소장

문을 나갈 때까지 계속 서 있었다고 한다. 항상 신하들을 무서워하던 중종은 눈칫밥에 이골이 난 사람이 돼버렸다. 윤씨는 중종의 심약한 태도를 재빨리 꿰뚫어 보고 자신의 발아래 그를 굴복시켰다.

윤씨는 중종을 공처가로 만들었지만 아직 못다한 일이 하나 있었다. 몇 해가 지나도록 아들을 낳지 못하고 있었던 것이다. 잉태는 거듭되었지만 출산을 하고 보면 모두 딸이었다. 그동안 장경왕후 윤씨의 아들 인종은 무럭무럭 자라고 있었다.

한편 윤원로와 윤원형은 성년이 되어 출사를 한 상태였다. 윤씨 형제들은 세력을 키우기 위해 혈안이 되어 있었다. 가장 먼저 제거 대상이 된 것은 경빈 박씨였다. 하지만 경빈 박씨도 만만치 않은 인물이었다.

그녀는 중종의 총애를 이용하여 친정 집안 식구들을 모두 조정으로 불러들여 세력을 키우고 있었다. 그녀 또한 자신이 낳은 아들 복성군을 세자로 만들기 위해 광분하고 있었다.

윤씨가 기회를 엿보고 있던 중 중종 22년(1527) '작서의 변'으로 경빈 박씨가 제거되었다. 당시 출세주의자였던 김안로가 정적 심정과 유자광을 제거하기 위해 아들 김희를 시켜 일으킨 사건이다. 세자로 있던 인종의 생일날 세자궁의 후원 은행나무에 큰 쥐가 걸렸는데, 네 다리와 꼬리가 잘리고 입, 눈, 코가 불에 지져 있었다. 경복궁 대전 침실에서도 불에 탄 쥐가 발견되었다. 인종이 태어난 해가 돼지해였기에 세자도 이와 같이 될 운명이라는 것을 암시하는 사건이었다. 조정 대신들은 철저히 범인을 색출해야 한다며 들고 일어났다.

"신 등이 생각하건데 아무래도 궁궐에 요사스러운 무리가 있어 이러한 저주를 한 것이니 의심스러운 자를 모두 문초하여 철저히 범인을 잡아내야 할 줄 아뢰오."

중종은 일을 쉽게 일단락 지으려 했으나 조정 대신들은 끝까지 물고 늘어졌다. 결국 경빈 박씨, 창빈 안씨, 숙원 김씨 등 후궁들과 그녀들의 시비 돈일, 금비, 사랑, 향이, 수모, 종가이, 무수리 오비, 칠금 등이 심문을 받았다. 그러나 이들은 작서를 발견하기만 했을 뿐 그 사건의 내막을 몰랐다. 작서를 발견한 여자들 중에서 가장 의심이 가는 인물들을 의금부에 가두고 문초를 했지만 사건의 단서를 찾지 못했다. 사건이 오리무중에 빠져 있을 때 대비 정현왕후 윤씨가 영의정 이유청에게 사건 용의자에 대한 교지를 내렸다.

"동궁과 경복궁에서의 작서의 변은 놀랄 만한 일이다. 그 중에 의심스러운 자를 적어 보낸다. 동궁의 작서는 누구의 소행인지 알 수 없으나 대전 침실 옆에서 나온 쥐에 대해서는 경빈 박씨를 의심하지 않을 수 없다. 이날 경빈이 오랫동안 경복궁 대전에 있었고 또 지난날 소생 혜순옹주의 종이인형을 만들어 참형시키는 장면을 보이면서 작서를 발설하는 자는 이와 같이 죽인다고 거기에 칼질까지 하였으니 경빈 박씨의 소행이 틀림없다."

경빈 박씨는 대비 윤씨의 교지에 의해 범인으로 지목되었다. 박씨는 억울한 누명을 쓰고 폐서인되어 궁궐에서 쫓겨났다. 그의 아들 복성군과 두 옹주도 쫓겨났으며, 심정도 박씨와 작서의 변을 일으키는데 내통했다는 혐의로 사사되었다.

야사에 의하면 이 변은 윤원형의 첩 정난정(鄭蘭貞)이 그 전날 궁궐로 들어와서 꾸민 일이라고 한다. 윤씨는 경빈 박씨를 언젠가 제거할 계획을 가지고 있었으며, 윤원형의 첩 정난정은 정실부인이 되는 것이 꿈이었다. 그래서 눈치 빠른 정난정이 문정왕후 윤씨의 계획을 알고 작서의 변을 일으켰다고 한다. 윤씨의 꿈을 이루는데 도움이 되어야 자신도 정실부인이 될 수 있었기 때문이다.

한편 윤씨는 자신이 아들을 낳아야 인종 대신 세자로 책봉될 수 있다는 생각에 초조할 수밖에 없었다. 그런 윤씨에게 마침내 중종 29년(1534) 기회가 찾아왔다. 왕비가 된 지 20년이 다 되어 34세의 늦은 나이로 아들 경원대군(훗날 명종)을 낳은 것이다. 이때부터 윤씨는 자신이 낳은 경원대군을 인종 대신 세자로 만들기 위해 광분하기 시작한다.

작서의 변으로 정적인 경빈 박씨가 제거되자 윤씨는 자신의 꿈에 위협이 되는 다른 대상에게로 눈을 돌렸다. 그 대상은 김안로였다. 그는 세력을 키우기 위해 중종의 첫 계비 장경왕후 윤씨의 딸 효혜공주를 자신의 며느리로 맞아들였다. 또한 윤임과 함께 인종을 보필하면서 세력을 키웠다. 그런데 김안로가 왕비 윤씨보다 선수를 쳐서 심복인 대사헌 양헌을 시켜 윤원로 형제를 탄핵하도록 종용했던 것이다.

"윤원로, 윤원형은 외척으로서 응당 나라의 기쁨과 근심을 같이 할 사람입니다. 그럼에도 불구하고 근심치 않으며, 게다가 사심을 품고 쓸데없는 유언비어를 만들어 사림을 일망타진하고자 기도하고 있습니다. 이 때문에 조정이 불안하고 모두 두려워하며 전전긍긍하고 있는 중입니다. 멀리 귀양 보내는 것이 좋을 듯하옵니다."

양헌이 이와 같이 상소를 올리자 문정왕후 윤씨도 가만있지 않았다. 김안로를 제거할 계획을 원로, 원형과 함께 세웠다. 원로, 원형 형제를 탄핵하라는 상소가 끊이질 않는 가운데 윤씨는 중종에게 하소연하였다.

"김안로가 세자를 위하여 중전인 소인을 폐위시키려 한다고 하옵니다."

윤씨의 하소연을 들은 중종은 다음날 형조판서 윤임에게 하문하였다.

"경은 중전을 폐위시키려 한다는 말을 들은 적이 있소?"

윤임은 김안로와 함께 윤씨의 세력을 꺾기 위해 공동전선을 펴고 있었다. 하지만 만일 이런 상황에서 김안로의 역성을 든다면 틀림없이 자신도 그와 같은 무리로 몰릴 것 같았다. 윤임은 오히려 자신이 더 앞장을 서서 김안로를 탄핵하기로 했다.

"그러한 말은 김안로의 입에서 나왔을 것이옵니다. 그는 자신과 사이가 나쁜 사람이라면 모조리 혐의를 뒤집어 씌워 역적으로 몬다고 하옵니다."

조정에서는 김안로가 실제로 중전을 폐위하려 하고 있다는 여론이 우세해지고 있는 가운데, 윤씨는 친정 당숙 윤안인을 불러 대사헌 양헌을 찾아가라고 했다. 윤안인은 왕의 밀지를 가져왔다면서 양헌을 윤씨 편으로 끌어들였다. 양헌은 다음날 김안로의 죄상을 폭로하였다. 결국 중종 32년(1537) 김안로는 진도에 유배된 뒤 사사되었다.

김안로가 제거되자 다음 대상은 윤임이었다. 당시 윤임은 인종을 끼고 세력을 잡고 있었으며, 윤원로와 윤원형은 명종과 왕비 윤씨를 중심세력으로 두고 있었다. 전자를 '대윤'이라 하고 후자를 '소윤'이라 하였다. 이른바 대윤과 소윤의 권력투쟁 양상을 띠게 된 것이다. 남은 정적인 대윤 윤임만 제거하면 모든 조정의 권력은 윤씨의 손아귀에 들어오게 되는 것이다. 윤씨는 윤임을 제거할 기회를 노리는 한편 세자 인종을 없애려는 여러 가지 계책을 모색하고 있었다. 윤씨는 일단 인종의 일거수일투족을 살피기 위해 오라버니 윤원량의 딸을 양제(세자의 후궁)로 들여 놓았다.

중종 38년(1543) 기회를 엿보던 윤씨는 세자 침전의 방문을 밖에서 잠근 채 세자궁에 불을 질러 인종을 없애려고 하였다.

이때의 상황을 담은 《연려실기술》의 기록이다.

"동궁에 불이 나는 변고 속에 세자의 침소는 밖에서 잠겨 있었지만 세자와 세자빈은 가까스로 불길을 피하였다. 누군가 불을 지른 흔적이 명백히 드러나자 궁궐 사람들 모두 간신 윤원로를 지목하였다."

실제 실록의 기록을 살펴 보면 윤씨가 세자에게 장차 경원대군과 자신의 친정 가문을 죽이지 말라고 협박 아닌 협박을 했다고 되어 있다. 자신을 키워준 윤씨에게 효심을 품고 있던 인종을 고뇌에 빠뜨린 셈이었다. 인종은 이 모든 일이 계모 윤씨의 행위라는 것을 알고 일부러 죽으려고 했다. 이렇듯 인종은 윤씨가 자신을 죽이려고 할 때도 끝까지 효를 버리지 않았던 소문난 효자였다. 다행히 선조 때 문인으로 이름 높았던 정철의 큰누님 인종의 후궁 귀인 정씨가 인종을 구해냈다.

다음날 조정에서는 방화범을 색출해야 한다며 아우성이었으나, 중종의 우유부단한 성격으로 이 역시도 시간만 끌다가 일단락되고 말았다. 윤씨가 세자 인종을 제거하지 못한 상황에서 중종은 57세의 일기로 창경궁 환경전에서 재위 39년 만에 승하하였다.

인종이 즉위하자 윤씨는 초조해지기 시작하였다. 그리고 대윤 윤임의 세력 또한 무시할 수 없을 정도로 커졌다. 윤임의 세력이 커지자 윤씨는 인종을 불러 놓고 신세한탄을 늘어놓았다.

"나야 말로 이제는 외로운 자녀 하나마저 보전치 못하겠구나! 대윤의 득세가 눈앞에 있으니 앞길이 캄캄하구나. 나는 아주 절에 들어가 선왕의 명복이나 빌어야겠다."

윤씨는 인종의 효심을 알고 있었기 때문에 분명 이런 억지를 부리면 그가 석고대죄를 할 것으로 생각하였다. 그리고 허약한 인종이 얼마 못 가 쓰러질 것이라는 계산을 하고 있었다. 역시 인종은 예상대로 강한 햇빛이 쏟아지는 5월 대비전 앞에서 석고대죄를 하였다.

"대비마마, 소자 비록 불민하여도 오직 하나인 동생 경원대군을 끝까지 보호하겠습니다. 마음을 놓으십시오."

인종은 빌고 빌었지만 윤씨는 조금도 끄덕하지 않았다. 시간이 흐르자 5월 태양 아래서 더 이상 견딜 수 없었던 인종은 그만 쓰러져 몸져눕고 말았다. 6월에 들어서자 인종은 이질 증세까지 보이기 시작했고 날이 갈수록 병색은 깊어만 갔다. 일설에 의하면 이질은 닭죽과 상극인데 문정왕후 윤씨에 의해 인종에게 그것이 매번 바쳐졌다고 한다. 닭죽을 먹던 인종은 이제 이질만이 아니라 다른 합병증까지 생겨 병명이 무엇인지도 모른 채 7월 1일 31세의 젊은 나이로 세상을 떠나고 말았다. 재위 1년도 못 채우고 계모의 등살에 생을 마감하고 말았다. 다른 일설에 의하면 문안 인사차 찾아간 인종에게 윤씨가 떡을 내놓는데 그것을 먹은 후 앓다가 죽었다고도 한다. 사인이 무엇이었는지 확실하지 않지만 결국 인종의 죽음에는 문정왕후 윤씨가 관련되어 있음을 말해주는 일화들이다.

나는 조선의 여 군주다

인종이 윤씨의 뜻대로 자손도 두지 못한 채 세상을 떠나고 명종이 즉위를 하였다. 이제야 윤씨는 앓던 이가 모두 빠진 기분이었다. 이제 남은 세력은 윤임밖에 없는데 그는 이빨 빠진 호랑이에 지나지 않았다. 최고의 권력은 윤씨 자신이 쥐고 있었기 때문이다. 윤씨에게 인종의 죽음은 안중에도 없었다. 인종이 세상을 떠난 날 경복궁으로 가서 영의정과 좌의정에게 명을 내렸다.

"대군이 비록 즉위하지만 아직 나이 어리니 전날 정희왕후가 성종의 정사를 섭정한 예대로 할 터이니 그리들 아시오!"

드디어 그동안 권력을 얻기 위해 노력한 일들이 결실을 맺게 되었다. 이제 그녀는 한 나라의 군주가 된 것이다. 만일 윤씨가 다른 정적보다 처세에 능숙하지 않았다면 오늘 이 자리는 없었을 것이고 아마 폐비가 되었을지도 모른다. 여성에게 많은 신분적인 강요를 하던 조선시대에 자신의 위치를 이용하여 권력기반을 다진 윤씨는 그런 면에서 뛰어난 전략가였다. 윤씨가 아들 명종을 꼭두각시로 세워두고 수렴청정을 하였지만 주변에서는 항상 대윤인 윤임 일파의 견제가 사사건건 이어졌다. 조정 대신들은 민심을 안정시키려면 요망하고 간사한 무리부터 제거해야 한다고 주청하였다. 영의정 윤인경이 먼저 말을 꺼냈다.

"하교를 받들어 민심을 안정시키고 조정을 평안케 한다는 말씀에 대해서는 감격할 뿐이옵니다. 지금 어린 임금이 즉위하여 국사 다난한 이때 신은 주야로 보필의 책무를 다할 것을 맹세하옵니다. 지금 민심을 안정시키려면 우선 요사스러운 무리부터 제거해야 할 줄 아옵니다."

윤원로를 가리키는 말이었다. 인종이 죽은 것도 바로 그 때문이니 그를 내쳐야 한다며 강경하게 주장하였다. 윤씨는 나름대로 막아보려 하였으나 여기저기 조정 대신들이 윤원로를 내쳐야 한다고 들고 일어났다. 더 이상 윤씨는 견디지 못하고 오라버니 윤원로를 탄핵해 귀양 보냈다. 이 모든 것이 윤임 일파에 의해 이루어졌다는 것을 알고 윤씨는 이를 갈았다. 윤임보다 먼저 선수를 쳐서 그를 제거하기로 결심했다. 드디어 윤씨는 윤임을 탄핵하는 교서를 내렸다.

"윤임은 일찍이 김안로와 함께 동궁을 보호한다는 구실로 우리 모자를 해치려고 하였다. 그 흉모는 이미 중종 임금 때 나타났다. 당시도 윤임에게 죄를 주려하였으나 동궁이 위태롭다 하여 중지하고 도리어 일품직을 주었다. 나도 윤임과 친근한 일가를 삼고자 공주를 그의 손자에게 하가시키려고 하였다. 그러나 윤임이 불응하여 성사되지 않았다. 그때 이미 그의 흉모를 짐작하였다. 이제 윤임은 왕대비인 인성왕후 박씨와 교류하고 유인숙, 유관 등과 공모하여 큰일을 일으키려 하고 있다. 대신들은 의논하여 다스리도록 하라!"

일설에 의하면 윤임과 인종의 비 인성왕후 박씨가 내통한 것은 단경왕후 신씨의 일 때문이었다고 한다. 궁궐에서 쫓겨나 어렵게 살고 있던 신씨의 한 가지 소원은 자신이 신원되어 중종의 부인으로 대우받는 것이었다. 신씨는 자신의 소원을 적은 서찰을 박씨에게 직접 전달하는 것이 어려워 윤임을 통하였다. 윤임은 신씨의 서찰을 박씨에게 전달하기 위해 찾아갔다. 그런데 문정왕후 윤씨의 시비가 두 사람이 만나서 서찰을 주고받는 것을 보고 즉시 윤씨에게 알렸던 것이다. 윤씨는 윤임을 내치는데 이 일을 이용하였다. 윤임이 박씨와 내통하여 역적모의를 한다는 명분으로 그를 탄핵하는 교지를 내렸던 것이다. 일부 조정 대신들 중에서 윤임을 탄핵할 만한 증거가 불충분하다고 하자 윤씨는 사건을 더 확대시켜 계림군과 봉성군을 끌어들였다. 문정왕후가 수렴청정하자, 윤임 일파가 윤임의 조카인 봉성군에게 왕위를 계승시키려 하였고, 인종의 사망 당시에는 계림군을 추대하려 하였다고 모함하였다. 계림군은 성종의 셋째 아들 계성군의 양자로 간 인물이며 봉성군은 중종의 후궁 희빈 홍씨의 아들이었다. 윤씨의 계략을 눈치 챈 계림군은 그 길로 함경도 안변으로 피신하였다. 그런데 이 도주가 오히려 빌미가 되었다. 죄가 있으니 도망을 친 것이 아니겠냐며 윤임, 유관, 유인숙 등은 삼흉(三兇)으로 몰려 유배되었다가 사사되고 계림군은 경기감사 김명윤의 밀고로 주살되었다. 이 사건이 을사년에 일어났다고 하여 을사사화(명종 즉위년, 1545)라고 한다.

윤씨는 윤임까지 제거하고 나니 이제 거칠 것이 없다는 생각이었다. 하지만 모든 일이 순조롭게 풀린 것만은 아니었다. 오히려 정적은 주변에 항상 도사리고 있었다. 중종 때 철퇴를 맞고 물러난 사람들이 인종의 사림 등용으로 정계에 많이 진출하고 있었던 것이다. 이 사림들이 목숨을 걸고 간언을 하기 시작했다.

윤씨의 전권을 항상 물고 늘어지는 것은 바로 이 사림들이었다. 중종 때도 처음에는 사림세력의 대표였던 조광조를 떠받들어 주었지만, 사사건건 간언을 하자 나중에 기묘사화로 그들 모두 정계에서 내쫓은 적이 있었다. 마찬가지로 문정왕후에게도 이 사림세력들은 귀찮은 존재였다. 이 사림세력들을 제거하기 위해 결국 윤원형과 짜고 '양재역 벽서사건'(명종 2년, 정미사화라고도 함)을 일으켰다. 양재역에 붉은 글씨로 윤씨를 비난하는 글이 벽서로 붙은 것이다.

위로는 여주(女主, 문정왕후)가 정권을 잡고
아래로는 간신 이기 등이 날뛰니 나라가 곧 망할 것이다.

이 벽서는 윤원형 쪽에서 조작한 것인데 그들은 윤임 일파의 소행이라고 몰아갔다. 결국 봉성군, 송인수, 이약수 등을 사사하고 을사사화에서 반대의견을 표명한 권벌, 이언적 등 20여 명은 유배되었다. 윤씨는 이 사건으로 자신을 귀찮게 하던 사림세력들을 제거할 수 있었다. 이러한 숙청은 윤씨가 전권을 휘두르는 동안 계속되었다. 이제 윤씨를 간섭할 세력은 아무도 없었다.

윤씨는 중종 재위 때부터 불교에 심취해 있었다. 조정 대신들은 이러한 왕비의 불교신앙에 대해 우려했고, 그러한 우려는 현실로 나타났다. 명종 즉위 후 수렴청정을 하게 된 윤씨가 강력한 호불정책을 전개했던 것이다.

대대로 왕실 여인들이 불교에 깊은 관심을 가질 수밖에 없었던 데에는 여러 가지 이유가 있겠지만, 불안한 현실도 그중의 하나였다. 왕실은 정치적 갈등이 첨예하게 대립되는 곳이라 언제 누구의 손에 의해 현재의 위치를 잃을지 알 수 없었다. 그리고 윤씨 역시 자연히 예측할 수 없는 미래 때문에 기복(祈福)의 경향이 강한 불교에 의지하였을 것이다.

불교에 관심을 가진 데에는 경제적인 이유도 만만치 않았다. 윤씨는 권력을 유지하기 위해서 개인적으로 쓸 자금이 필요했다. 왕실 재정은 각종 진상과 왕실 소유의 토지에서 거둬들이는 조세수입이 대부분이었다. 이외에 원당, 능침사, 수륙사 등 왕실과 관련된 사원의 토지에서도 그 일부를 충당했다. 사원들은 왕실로부터 사회적 존립을 보장받으면서 왕실 불사를 담당하는 한편 왕실의 사적인 재정의 일부를 충당하는 공생관계를 가지고 있었다. 윤씨는 바로 이러한 사적인 수입을 위해 불교계를 중흥하려 하였다.

그러나 유교를 신봉하는 조선에서 윤씨의 권력이 아무리 강하다고 하더라도 힘에 부칠 수밖에 없었다. 그래서 불교계를 관리할 새로운 인물을 찾기 위해 각 도의 감사에게 명승을 천거해 올리라 하였다. 강원도감사 정만종이 보우를 윤씨에게 추천하여 궁궐로 들여보냈다. 원래 보우는 강원도 신흥사의 승려였다. 당시 강원도감사 정만종은 보우의 학문과 견식의 뛰어남을 보고 존경하고 있었기에 그를 천거하였고 명종 3년(1548) 윤씨의 신임을 얻어 봉은사 주지가 되었다.

봉은사 대웅전

윤씨는 보우에게 불교진흥을 위한 여러 정책을 일임하였고, 그의 주장
에 따라 세종 때 세운 불교의 교종과 선종을 다시 설립하였다. 명종 7년
(1552) 봉은사를 선종의 본산, 봉선사를 교종의 본산으로 정하여 승과를 설
치하였다. 승과의 설치로 지금까지 아무나 승려의 신분으로 주지가 되어
사찰을 운영하였으나, 앞으로는 승과에 합격한 자만이 그 자격을 얻게 되
었다. 승과를 설치하게 되자 각지의 사찰에서는 불경을 연구하는 자가 늘
고 독경소리가 그치지 않았다. 한마디로 불교가 융성하게 된 것이다.

그러나 조정 대신들은 불교의 융성에 반대하는 상소를 끊임없이 올렸
으며 승과를 폐지하라고 주청하였다. 그들이 숭상하는 것은 유교사상이
었다. 조선이 건국된 것도 모두 유학에 근거하여 이루어진 것이라 불교
의 융성은 인정할 수 없었다. 그러나 윤씨는 철저하게 승려들을 옹호하
였다. 황해도 배천의 유생 조응규가 승려 도오를 구타한 일이 있었다. 이
사건이 궁궐에 전해지자 윤씨는 조응규에게 결장(決杖, 죄인에게 매를 치는
형벌을 집행하는 일)토록 하였다.

조정 대신들을 말 한마디 자유롭게 할 수 없는 처지로 만들어 버린 윤씨는 명종이 20세가 되자 수렴청정을 거두겠다고 하였다.

"옛날 사적의 글을 보면 부인이 정치에 간여하는 것은 불미스러운 일이라 하였다. 그러나 두 대왕이 승하하고 주상은 나이가 어려서 국정을 맡아볼 사람이 없기에 부득이 내가 섭정한 것이다. 이, 삼 년 내에 주상에게 왕권을 반환코자 하였으나 아직 학문이 이루어지지 않았으므로 지금까지 기다렸다. 이제 주상이 장성하여 능히 군국의 대사를 결재할 만하여 정권을 이양하니 각 대신들은 왕정을 잘 보필하라."

윤씨는 이제 형식적인 수렴청정을 하지 않아도 얼마든지 권력을 행사할 수 있는 위치였기 때문에 순순히 섭정을 거두었다. 섭정을 거둔 뒤로도 윤씨는 자신이 원하는 것을 아들 명종이 수용하지 않으면 불러다 놓고 막말로 욕을 하며 다그쳤다.

"주상이 보위에 오른 것이 누구의 힘인 줄 아는가? 나와 우리 형제의 힘으로 된 것을 정녕 모르고 있는 바보란 말이더냐? 주상은 가만히 앉아 복을 누리면서 왜 나의 명령에 거역하려는 게냐?"

이 말에 명종은 눈물만 흘릴 뿐이었다. 윤씨가 수렴청정을 거둔 것은 형식에 지나지 않았으며 실제로는 계속되었던 것이다.

한편 윤원형은 첩 정난정과 공모하여 정실부인 김씨를 독살하고 그녀를 정경부인의 자리에 앉혔다. 정난정은 윤씨가 정적들을 일소하는데 기막힌 책략을 내놓았던 존재였기 때문에 무시할 수 없었다. 양재역 벽서사건으로 윤임 일당의 잔존 세력까지 모두 제거한 소윤은 이제 활개를 치며 권력을 이용하여 부를 축적하기 시작하였다.

수렴청정을 그만둔 뒤로 윤씨는 자신의 쓸쓸함을 달래기 위해 공신들의 처를 가끔 후원으로 불러 들여 연회를 벌였다. 윤씨는 산해진미가 잔뜩 차려진 연회석이 마련되면 머리에 꽃을 꽂은 채 모습을 드러냈으며,

공신의 부인들 머리에도 꽃을 꽂으라고 하였다. 윤씨는 공신의 부인들에게 술을 권하고 한껏 흥취를 돋우면서 놀고는 하였다. 이런 윤씨의 행동을 아들 명종은 못마땅하게 생각했다. 또한 보우가 자주 궁궐에 드나드는 것 역시 눈에 거슬렸다.

명종은 어머니 윤씨에게 보우의 궁궐출입을 금하라고 하였다. 당시 항간에서는 보우와 윤씨가 내연관계라는 소문까지 나돌고 있는 형편이었다. 그러자 윤씨는 궁궐 안의 이목을 의식해 아예 봉은사에 원당을 마련해 두고 보우를 만났다. 그런데 이 또한 사람들의 이목에서 자유로울 수 없었다. 그래서 생각해 낸 것이 중종의 묘를 아예 봉은사 근처로 옮기는 것이었다.

중종의 능인 정릉은 인종 1년(1545) 서삼릉 능역에 있는 중종의 첫 번째 계비 장경왕후 윤씨의 희릉 오른쪽 언덕에 조성하였다. 정릉은 명당 중의 명당이었는데 윤씨가 남몰래 그곳에 며칠간 물을 붓게 하였다. 능에서 물이 나온다고 소문이 나자 마침내 명종 17년(1562) 현재의 위치(서울시 강남구 삼성동)로 옮기게 되었다. 이때 보우가 승려들을 동원해 중종의 왕릉을 이장하였다. 이장을 담당한 윤원형은 공사비를 가로채어 엄청난 축재를 하였다. 이장은 윤씨와 보우의 생각대로 이루어졌고 그 와중에 윤원형은 배를 채운 셈이었다.

중종의 능을 옮기고 나서 2년 뒤 문정왕후도 65세로 세상을 뜨고 말았다. 명종 20년(1565) 4월에 문정왕후는 회암사에서 큰 재를 올리려고 하였다. 그런데 재를 올리기 전 목욕재계를 하다가 그 길로 앓아누워 영영 일어나지 못했다. 윤씨는 마지막 숨을 거두기 전에 불교에 대한 자신의 주장을 유서로 남겼을 만큼 신앙심이 깊었다. 윤씨가 죽자 20년간의 독재는 막을 내렸고 소윤도 그 길로 추락하는 신세가 되고 말았다. 보우는 제주도로 귀양을 갔다가 그곳에서 죽었다. 윤원형도 관직에서 쫓겨

태릉 – 문정왕후 능

나 정난정과 함께 황해도 강음으로 갔다. 언제 목숨을 잃을지 모르는 상황이었다. 그러나 자라보고 놀란 가슴 솥뚜껑보고 놀란다는 말이 있듯이 정난정은 자신들을 죽이려고 나라에서 사람을 보내면 미리 전해달라고 강음 길목인 벽제관의 사령에게 부탁을 해 놓았다.

당시 진을 지키는 장수 가운데 범법한 자가 있어 나라에서 의금부도사를 보냈다. 의금부도사가 평안도로 가는 길에 잠시 벽제관에 머물게 되었다. 그런데 벽제관의 사령이 이 사실을 급히 정난정에게 알렸던 것이다. 그녀는 자신들을 붙잡으러 온 줄 알고 독약을 먹고 자살하였다. 나중에 오해였다는 것을 알게 된 윤원형도 탄식하다가 인생에 대한 희망이 없음을 깨닫고는 정난정의 묘에서 스스로 목숨을 끊었다. 20년간 누님 문정왕후의 힘을 믿고 축재와 온갖 나쁜 짓을 도맡아 일삼은 윤원형의 말로는 이렇게 끝이 나고 말았다.

한편 정릉은 지세가 낮아 여름철 홍수 때면 재실과 홍살문이 자주 침수되어 국고를 쏟아 붓는 보수공사가 매년 벌어졌다. 이와 같은 풍수상의 문제 탓에 정작 윤씨의 능을 이곳에 쓸 수 없었다. 윤씨가 죽자 처음에는 이곳을 택지했지만 다른 곳을 물색하라는 명종의 교지가 내려졌다. 중종 곁에 묻히기 위해 무리하게 남편의 능을 이장했던 그녀의 소원은 결국 이루어지지 못했다. 풍수가가 한성부 북쪽에 태산을 봉하면 나라가 안정될 것이라고 말하자 명종은 어머니 윤씨를 현재 서울시 노원구 공릉동 태릉에 안장하였다.

야사에 의하면 문정왕후 윤씨는 자신의 소원대로 중종의 옆에 묻혔다. 그런데 어느 날 명종의 꿈에 중종이 나타나서 봉은사 근처는 자신이 쉴 곳이 아니라고 하며 사라졌다. 명종은 꿈자리가 하도 뒤숭숭해서 다음날 살펴보니 문정왕후의 능에서 물이 나오고 있었다. 명종은 이장을 서둘러서 현재의 태릉에 안장하였다고 한다.

홀아버지 밑에서 자란 윤씨는 우연찮게 궁궐로 들어와 자신의 의지대로 권력을 잡은 여인이었다. 당시 조정은 권력 투쟁으로 조용할 날이 없었다. 그러한 분위기 속에서 처세의 길을 찾아 자신의 기반을 굳혔던 것이다. 신하들에 의해 왕이 바뀌고 왕의 조강지처가 쫓겨나는 마당에 만일 윤씨마저 신하들의 강권에 놀아났다면, 아마 그녀 자신도 폐서인될 수 있는 상황이 연출되었을지도 모른다. 조정 내의 권력투쟁이라는 어려운 상황에서 윤씨는 자신의 길을 찾은 뛰어난 전략가였다.

그러나 국왕 이상의 권력을 휘둘렀던 윤씨의 삶은 죽는 그 순간부터 부정되었다. 당시 시대상황은 부패한 훈구파의 퇴장과 신진사림파의 등장을 요구했다. 그러나 윤씨는 무오사화와 양재역 벽서사건에서 보듯이, 자신의 권력을 장악하기 위해 사건과 관련이 없는 사림파까지 제거대상으로 삼았다. 그리고 이 때문에 윤씨는 조선이 멸망할 때까지 조선 사대부들의 저주 대상이 되었다. 하지만 그녀의 숭불정책은 나름대로 역사에 기여한 바도 있었다. 임진왜란이 일어났을 때 숭불정책의 결과로 늘어난 승려들이 휴정대사를 중심으로 의병을 일으켜 구국활동에 나섰다.

왕위계승을 둘러싼 외척간의 갈등인 을사사화(乙巳士禍)를 마지막으로 정계에서 완전히 축출당한 사림파들은 이에 굴하지 않고 지방에서 자신들의 정치적 기반을 단단히 다지고 있었다. 문정왕후 윤씨가 세상을 떠나고 척신세력의 우두머리였던 윤원형이 정계에서 추방당하자 사림세력들은 속속 정계로 진출하기 시작했다. 선조 초부터 훈구세력은 사림세력에 밀려 위축된 데다 왜란을 계기로 결정적인 타격을 받아 몰락의 길을 걸었다. 반면에 사림세력은 의병활동을 통하여 정치적 기반을 더욱 확대시킬 수 있었다. 사림파의 재등장으로 예학과 명분, 정통론에 대한 지나친 관심과 함께 국가나 사회의 기본질서가 아버지, 남편, 아들이 중심인 수직관계로 재편성되었다. 기존의 부부, 부모, 자녀라는 수평관계가 부자, 군신, 적서, 주노, 장유관계 등 철저한 상하주종관계로 변한 것이다. 이는 점차 축소되어가던 여성의 지위를 더욱 하락시키는 결과를 가져왔다. 한 예로, 선조 이전에는 재산상속과 제사봉사에서 여성들의 권한이 어느 정도 인정되었으나 이후에는 그 권한마저 박탈당했다. 우선 자녀들에게 똑같이 나눠주던 재산상속에 있어서 획기적인 변화가 일어났다. 사위나 외손이 처가, 외가의 재산 분배과정에서 배제되었다. 결과적으로 굳이 처가 또는 외가를 따라 거주할 필요성이 없어졌고, 도처에는 부계친족중심의 동족부락이 생기게 되었다. 더불어 부계중심의 상속은 딸과 외손자와 외손녀의 제사 참여를 철저히 막았다.

많은 재산이 적장자에게 상속되면서 각 가문의 종가 또는 지파의 종손들이 그 재산을 몇 세대를 계승하는 동안 만석군, 천석군 등 대지주가 등장하기 시작하였다. 이러한 경제력을 기반으로 한 거대한 문중이 생겨난 것이다. 한편 이러한 정책이 향촌 사회를 기반으로 하여 일반 서민에게까지 확대되었다는 것을 포상을 받은 열녀의 신분을 보면 알 수 있다. 15세기에는 열녀 중에서 사족(士族)의 처가 76%, 군인의 처와 양녀, 천민의 처가 19%였던 것에 비하여 이 시기에 이르면 사족의 처가 43%, 군인의 처와 양녀, 천민 모두 합하여 52%를 차지하였다. 이렇듯 유교적 여성관은 하층계급으로까지 확산되어 조선 사회에 널리 일반화되기에 이르렀던 것이다. 여성의 지위가 땅에 떨어진 시기에 왕실에서의 왕비들은 어떤 모습을 하고 있었을까. 문중이 당파를 중심으로 연합하던 당시 정쟁의 소용돌이 속에서 친정 문중과 떨어질 수 없었던 왕비들은 많은 희생을 감내해야만 했다.

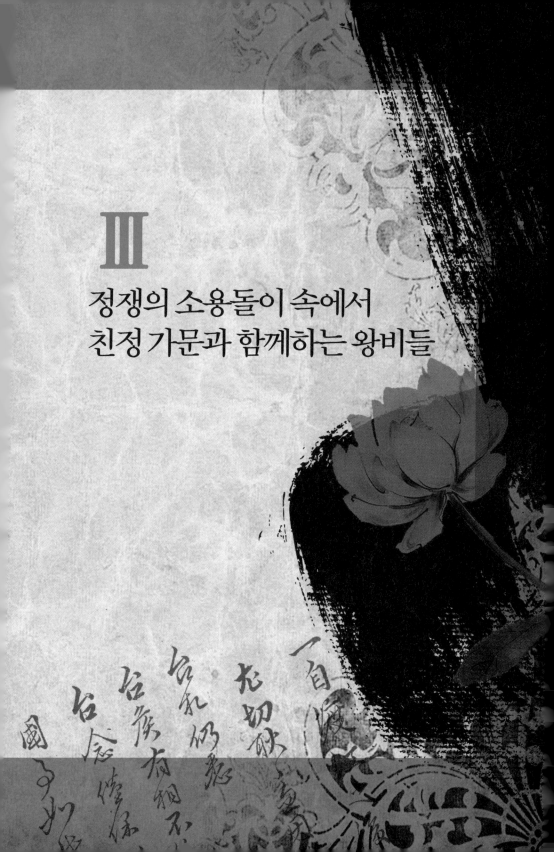

III

정쟁의 소용돌이 속에서
친정 가문과 함께하는 왕비들

仁順王后

인순왕후 심씨

왕의 탄생을 도운 왕비,
사림들의 정치시대를 열다

명종 22년(1567) 초가을로 접어든 어느 날이었다. 음력으로 7월이라 따
갑던 햇살도 한낮 뿐 저녁이면 제법 서늘한 가을바람이 코끝을 스쳤다.

궁궐 안은 큰 소란스러움 없이 평화로운 저녁 달빛 아래 깊어만 갔다.
그런데 대비 심씨만은 어두운 얼굴로 앉아 있었다. 그녀는 요즘 심각한
고민에 빠져 있었다. 분명 조정 대신들이 자신에게 수렴청정을 요구할
텐데 어떻게 대처해야 할지 아직 결정을 내리지 못했다. 일단 내일 조정
대신이 찾아오면 상의를 해야겠다며 그녀는 잠자리에 들었다.

다음날 영의정 이준경이 심씨를 찾아와 섭정을 주청하였다. 심씨는
난감했다. 이유인즉 글을 몰랐기 때문이다. 섭정을 하면 대비가 글로 쪽
지를 써서 왕에게 전달해야 하는데 답답한 노릇이었다. 잠시 머뭇거리
던 심씨는 이준경의 주청을 단호하게 거절하였다.

"내 본래 글을 모르니 어찌 국정에 참여하겠소. 사자(嗣子, 대를 이을 아들)
가 성동(成童, 15세 된 사내아이)이 지났으니 능히 친정할 수 있을 듯하오."

이준경은 사자가 여염집에서 자라 국정에 대해 아는 것이 전무하니

반드시 심씨가 나서서 섭정을 해야 한다고 간곡히 주청하였다. 결국 어쩔 수 없이 까막눈의 심씨가 권력의 최고 자리에 앉게 되었다.

심씨의 남편 명종이 후사 없이 세상을 떠나고 말았다. 심씨는 중종의 후궁인 창빈 안씨의 아들 덕흥군의 셋째 아들이며 명종의 이복 조카인 하성군(훗날 선조)을 왕위계승자로 선택하였다. 하성군은 나이가 16세였지만 궁궐에서 교육을 받지 못했기 때문에 섭정이 필요했다. 그러나 당시 조정에서 섭정할 사람이 반드시 심씨가 되어야 한다는 필요성은 없었다. 인종의 비 인성왕후 박씨도 살아 있었기 때문이다. 원칙을 따지면 박씨가 수렴청정을 해야 했으나 왕위에 1년도 채 있지 못한 왕의 비인데다가 심씨의 친정이 당시 정계에서 주도권을 잡고 있었던 터라 심씨가 수렴청정을 하게 되었다.

눈물로 얼룩진 세월

심씨는 청릉부원군 청송 심씨 심강과 완산부부인 전주 이씨 사이에서 큰딸로 태어났다. 아버지 심강은 영의정을 지낸 심연원의 아들이며, 20세 이전에 경서를 모두 외우는 등 항상 독서를 즐기는 문인이었다. 아버지는 유명한 독서가였는데 딸 심씨가 글을 모른다는 것은 약간 불가사의한 일이다. 어쨌든 이러한 아버지 슬하에서 자란 심씨는 13세가 되던 해에 11세의 경원대군(명종)과 혼인을 하여 부부인이 되었다. 심씨가 왕실과 인연을 맺게 된 것은 작은종조부 심통원이 소윤 윤원형과 친밀한 관계였기 때문이었다.

그 후 남편 명종이 왕위에 오르자 심씨는 14세에 왕비로 책봉되었다. 심씨는 왕비가 되긴 하였지만 눈물이 마를 날이 없었는데 극성스러운 시어머니 문정왕후 윤씨 때문이었다. 윤씨는 조금이라도 마음에 들지 않으면 명종과 심씨를 불러다 놓고 심하게 질책을 하거나 명종의 뺨과 종아리를 때리는 일이 다반사였다. 권력의 틈바구니 속에서 시어머니 윤씨가 바람막이는 되어 주었지만 그 대가는 눈물과 모멸감이었다. 시어머니 윤씨는 섭정을 거두고 정사에 관여하지 않는 듯하였지만 윤원형을 앞세워 모든 일을 처리하고 있었다. 결국 명종은 외숙부 윤원형의 간섭을 받을 수밖에 없었다.

명종 8년(1553) 명종은 20세가 되어 어머니 윤씨가 섭정을 거두고 직접 정사를 처리하게 되자 묘안을 생각했다. 윤원형의 세력을 견제하기 위해 심씨의 외숙부인 이양을 등용한 것이다. 그러나 이양 역시 청렴한 인물은 못 되어 자신의 권력을 이용해 부를 축재하기에 급급하였다. 이러한 이양을 명종은 한때 평안도관찰사로 내쫓기도 하였으나, 윤원형을 견제하기 위해 이조참판에 등용하여 조정으로 다시 불러들였다. 이양은 더욱 기고만장해져 함부로 세력을 휘두르기 시작하였다. 자신을 탄핵하는 사림세력들을 제거하기 위해 모의를 꾸미기도 하였다. 그런데 그 모의를 조카 심의겸이 엿듣고 명종에게 전했다. 명종은 심의겸에게 부제학 기대항으로 하여금 탄핵상소를 올리라는 밀지를 내렸다. 하늘 높은 줄 모르고 세도를 부리던 이양은 결국 평안도 강계로 귀양길을 떠났다.

명종은 바람직한 정사를 펼치기 위해 노력했으나 매번 실패로 끝날 수밖에 없었다. 명종의 뒤에 어머니 윤씨가 있었기 때문이었다. 명종이 소신껏 정사를 펼치기 위해서는 어머니 윤씨가 세상을 떠나는 수밖에 없었다. 윤씨의 원칙 없는 정치로 인해 시달림을 받고 있던 사람들은 그녀가 빨리 죽기만을 바랐다. 모든 사람들의 염원이 통했을까, 마침내 윤씨도 명종 20년 65세로 세상을 떠나고 말았다. 이제 명종에게 소신껏 선정을 펼칠 수 있는 기회가 온 것이다.

慎留守 开拆

封

流金苦熱常念起居忽見華簡喜慰同㤙予於

近來艱保度日兩数年以未元氣頗弱心熱恒留

脚力不調間有足疾今年則旬為出動專調元氣事

慈敎丁寧故兩科殿試退定於明春矣留守以予氣

欲為寬和喜慰亦深予念速見新慶以重國家

而已有何雜念乎可笑夏秋之交願頃保重敢答

명종이 쓴 글씨 – 신희복에게 하사한 서찰

아들을 낳기 위한 명종의 노력

명종은 어머니 윤씨가 죽자 선정을 베푸는데 가장 큰 걸림돌이었던 보우와 윤원형을 단칼에 잘라버렸다. 명종은 이제 자신이 원하던 정치를 펼치고자 노력했다. 그러나 한 가지 후사가 없다는 것이 항상 마음에 걸렸다.

명종 6년(1551) 심씨는 아들 순회세자(順懷世子) 부(暊)를 낳기는 하였으나 13세의 나이로 일찍 죽었다. 순회세자는 7세에 세자로 책봉되어 세자 빈까지 맞이하였다. 세자빈으로 윤원형의 인척인 안덕대와 친밀하게 지내던 황대임의 딸 황씨가 간택되었으나 혼인날을 10일 앞두고 갑자기 배앓이를 시작하여 명종이 파혼을 시켰다. 이미 정한 혼인을 파할 경우 신부는 다른 곳으로 출가하지 못하므로 사정을 헤아려 한 등급 내린 세자의 양제로 봉하였다. 그런데 황씨는 얼마 살지 못하고 죽고 말았다.

순회세자는 명종 14년(1559) 세자빈으로 참판 윤옥의 딸 윤씨를 맞아 들였다. 그때 세자 나이는 9세였다. 그러나 세자가 13세로 요절하여 윤씨는 어린 나이에 과부가 되어 덕빈이라 불렸다. 일설에 의하면 순회세자가 13세가 되면서 여색을 너무 탐해 어느 날 피를 토하고 자리에 누운 지 사흘 만에 죽었다고도 한다.

어쨌든 겨우 얻은 아들 순회세자가 세상을 떠나자 명종은 초조해지기 시작했다. 왕위를 이을 후사를 얻어야 했는데 자신의 나이 30세가 넘어 있었다. 심씨와 살을 맞대고 산 지도 20년이 넘었지만 아직 잉태를 하지 못했다. 또한 후궁을 여럿 두었지만 아무런 소식이 없어 명종은 더욱 좌불안석이었다. 그는 차츰 광적으로 아들을 원하게 되었고 정사를 소홀히 하는 결과를 낳기도 하였다. 아들을 바라는 명종의 근심은 결국 병이 되고 말았다.

조정 대신인 영의정 이준경, 좌의정 심통원, 우의정 이명 등은 빨리 양자를 삼아야 한다고 주청하였다. 명종은 오히려 기분이 상하여 이들의 말을 들은 척도 하지 않았다.

한편 후사가 불가능하다고 생각한 심씨는 양자 문제에 대해 작은종조부 심통겸과 상의하기에 이르렀다. 심통겸은 양자로 중종의 일곱째 아들 덕흥군의 아들 중 셋째인 하성군(선조)을 지목하였다. 평소 명종은 하성군을 총애하여 자주 궁궐로 불러들였다. 일설에는 심씨가 하성군을 거론하자 명종은 자신의 핏줄로 후사를 잇게 하고 싶다며 그를 탐탁지 않게 여겼다고 한다.

명종은 조정 대신 이준경, 심통원, 이명 등을 불러 놓고 어명을 내렸다.

"전날 과인이 위중하였을 때 양자를 세우라는 말을 하였다. 그러나 그때 과인은 대답하지 않았다. 그 후 대신들이 여러 번 의견을 올려 내전에서는 할 수 없이 이름을 적어 보낸 듯하다. 다행히 천우신조로 병이 나았으니 이후로는 다시 양자 이야기는 꺼내지 말도록 하라."

명종의 이 어명은 하성군을 양자로 삼을 생각이 전혀 없음을 말해주고 있다. 명종은 계속 후사를 얻을 생각에만 몰두하고 있었다. 그것도 자신의 피를 이은 아들만을 광적으로 원했다. 아들을 잘 낳는다는 소문만 있으면 신분고하를 막론하고 그 여인과 잠자리를 하였다. 한 신하가 신분이 천할수록 아이를 쉽게 가질 수 있다고 하자 무수리 중에서 적당한 여인을 선택하기도 하였다. 무수리는 궁녀의 몸종으로 매우 낮은 신분이었다. 궁녀에게 물을 떠다 바친다는 말에서 유래된 것이 무수리였는데 그 중에서 선택된 후궁이 정씨였다.

무수리 정씨를 후궁으로 삼았을 때의 일이었다. 정씨에게서도 후사의 기미가 전혀 보이지를 않자 명종은 그녀를 두 달 동안 멀리하였다. 명종의 총애를 받아야 세력을 부릴 수 있다고 생각한 정씨는 초조해지기 시

조선시대
왕실의 여성 웃어른이
탔던 가마

조선시대
왕이 탔던 가마
국립고궁박물관 소장

작했다. 그녀는 오라버니와 짜고 태몽을 꾸었다며 명종에게 전하기로
하였다. 그녀의 오라버니는 원래 군졸이었으나 누이가 후궁이 되자 무
예별감으로 승진되어 있었다. 그녀의 오라버니는 득달같이 명종에게 달
려가서 정씨가 치마폭에 해를 받는 꿈을 꾸었다며 거짓을 고했다. 명종
은 신이 나서 단숨에 정씨에게로 달려갔다. 정씨는 이번 기회에 명종의
마음을 완전히 사로잡기 위해 온갖 정성을 다했다. 그러나 그 정성이 너
무 지나쳐 명종은 아무런 고명도 남기지 못한 채 졸지에 그날 밤 유명을
달리하고 말았다.

　명종은 인재를 고르게 등용해 선정을 펴려고 노력하였으나 실패하고
엄격한 어머니 문정왕후 윤씨가 죽은 지 2년 후 34세의 젊은 나이로 죽
었다. 능은 강릉으로 현재 서울시 노원구 공릉동에 있다.

　명종이 세상을 떠나자 심씨가 지목하였던 하성군인 선조가 그 뒤를 이었다. 선조 이후부터 왕위계승자는 적자 출신에서 방계(傍系, 동일 시조의 혈족 중 직계에서 갈라진 친척) 출신으로 넘어가게 되었다. 조선 2대 왕인 태종이 계모 신덕왕후 강씨에 대한 원한에서 서얼차대법까지 마련해 두었다. 그런데 명종 이후 적자가 탄생하지 않자 적장자우선의 법칙이 적용되던 조선의 왕위가 자연스럽게 방계로 이어지게 되었다.

적장자우선의 원칙은 적자가 없을 시에는 적손으로 하고, 적손이 없을 시에는 같은 어머니에게 출생한 형제를 세우고, 이도 없을 경우에는 서손을, 마지막으로 남자가 없을 경우에는 여자를 세운다는 것이었다. 이러한 가계계승의 원칙은 고려 때부터 조선에까지 이어져 태종 14년(1414)에 명확하게 규정되었다. 왕실의 대잇기는 적장자 우선이었지만, 명종 대까지 적장자가 왕위를 계승한 경우는 총 12명 중에서 5명으로 절반도 채 안 되었다. 그래도 이때까지는 선왕의 피를 직접 이었으나 선조부터는 방계가 왕위를 계승하게 된 것이다. 선조는 자신의 이런 약점을 보완하기 위해 대군이 아닌 왕자들도 모두 간택을 통해 아내를 맞이하도록 했다.

친정 덕에 이루어진 수렴청정

아무런 유언도 없이 명종이 세상을 떠나자 왕위계승자를 둘러싸고 문제가 생겼다. 지난날 양자를 정하라는 대신들의 요청에 의해 명종이 하성군을 지목하였다. 그러나 그것은 다만 심씨가 심통원과 상의하다 언급된 것이고, 명종의 유언이 없는 상황이라 분란이 불거질 수밖에 없었다.

일부 조정 대신들은 아직 살아있는 인종의 아내 인성왕후 박씨가 후계자를 정해야 한다고 주장하였다. 그러나 실세로 있던 영의정 이준경은 후계자 문제는 심씨가 결정해야 한다는 입장이었다.

"응당 내전에서 정할 일이오. 이러한 경우에 정사는 다른 사람의 손에서 나올 수 없소."

결국 명종이 죽기 전 심씨에 의해 결정된 하성군이 왕위계승자로 결정되었다. 사실 이 배후에는 좌의정 심통원의 힘이 크게 작용하고 있었다. 심씨의 친정 집안 식구들이 정계에 많이 진출하여 세력을 발휘하던 때였다. 이러한 세력의 여파로 심씨는 영의정 이준경에게 수렴청정을 요구받았다. 심씨는 자신은 글을 모르니 섭정할 수 없다며 거절하였지만 이준경은 계속 요구하였다.

"전하의 나이 열여섯이지만 동궁에서 글을 배운 세자만 못합니다. 여염집에서 성장하여 정사를 모르는데 군국대사를 어찌 맡기겠습니까? 옛날처럼 수렴청정하십시오."

글도 모르는 심씨가 그의 형님뻘 되는 박씨를 제치고 수렴청정을 하게 된 것은 결국 그녀의 친정 집안의 세도 때문이었다.

그녀는 친정 덕에 수렴청정을 하게 되었지만 어려운 점이 한 두 가지가 아니었다. 야사에 의하면 섭정을 시작한 첫날부터 곤혹을 치렀다고 한다. 선조가 등극하던 날, 대비가 조정 대신을 새로 임명하는 교지를 내릴 때부터 문제가 발생하였다. 이황을 예조판서로 임명한다는 교지를 내릴 때였다.

"예조판서는, 예조판서는… 예조판서는…"

심씨는 이황의 이름을 읽을 줄 몰라 쩔쩔매고 있었다. 그 전날 열심히 외워두었으나 그만 잊어버렸던 것이다. 이때 이준경이 작은 목소리로 말했다.

"예조판서는 이황입니다. 대비마마."

겨우 이준경의 도움으로 심씨는 난처한 고비를 넘길 수 있었다. 사정이 이러하니 심씨는 하루속히 수렴청정을 그만두고 싶은 심정이었다. 그러나 영의정 이준경, 좌의정 이명 그리고 우의정 권철 등이 잘 보필했기 때문에 국정운영에는 별 무리가 없었다. 또한 조선시대 대표 유학자인 이황이 예조판서를 맡고 있었기 때문에 도학정치가 실현되고 있었다.

국정이 어느 정도 안정되자 조정의 젊은 대신들은 세기 최대의 부패 척신인 윤원형 일파를 숙청하라는 상소를 올렸다. 심씨는 동생 심의겸과 의논하여 윤원형과 친밀하게 지냈던 작은종조부 심통원의 관직을 삭탈하였다. 심의겸은 누님 심씨가 대비로 있었지만 척신세력은 아니었다. 척신이란 정권의 획득과 유지에 외척이라는 신분을 이용하는 경우를 뜻한다. 당시 심의겸은 과거에 급제해 이미 등용되어 있었다. 그는 명종 대에 외척 이양이 사림세력을 제거하려고 하자 왕의 밀지를 받아 그를 탄핵한 바가 있다. 심의겸은 이와 같이 사림을 보호하고자 했으며 도학정치를 실현하려고 했던 인물이었다. 그래서 척신세력이던 심통원의 관직을 삭탈할 수 있었던 것이다. 심씨가 심통원의 관직까지 삭탈했지만 젊은 조정 신하들은 여기에 그치지 않고 시어머니 문정왕후 윤씨가 독재를 할 때 연루되었던 반정부 인사들, 즉 을사사화에 관련된 인물들을 모두 석방하고 신원하라며 주장하였다. 심씨는 혼자 이 문제를 결정할 수 없어 동생 심의겸과 의논하였다.

"요새 밖에서는 을사년에 쫓겨난 사람을 다시 불러들이라 하고 또 그때의 공신을 모조리 내치라 한다는데 어찌하면 좋겠소?"

심의겸은 을사사화에 피해를 본 사람들을 일시에 복직시키는 것은 불가하다고 주장하였다. 대윤을 쓰러뜨린 소윤이 모두 공신으로 되어 있는데 이들을 끌어내리는 것은 곤란한 일이라고 했다.

"지금 원종공신 천여 명을 모두 건드리지는 못하옵니다."

한편 영의정 이준경도 시기상조론을 내세우며 을사사화 관련자의 신원은 불가하다고 주장하였다.

"주상이 아직 나이 어리시어 나라의 시비와 민심의 거취를 모르고 있습니다. 더구나 자전(인순왕후)이 계신데 지금 곧 선조의 대신들을 논의하고 모든 원한을 일시에 푼다고 하면 마음먹은 대로 되지도 않을 뿐더러 불평을 갖고 있는 사람들이 이 기회를 노리고 일어나면 사태는 더욱 복잡해집니다. 주상이 더 오래 계신 후 조용히 인도하면 좋겠습니다. 우선 쉽게 알 수 있는 원한만 풀면 족할 줄 아옵니다. 일시에 모든 일을 터뜨리면 사태는 더욱 수습하기 어렵게 될 것입니다."

그러자 심씨는 여러 젊은 대신들의 말을 다음과 같이 일축하였다.

"지난 일은 점차 시비가 밝혀질 것이오. 나는 무식한 여인에 지나지 않소. 주상이 아직 어리니 더 나이 들어 고명해지면 모든 일을 바로 잡겠소."

소윤은 친정 집안과도 관련이 있기 때문에 함부로 대윤일파를 신원할 수 없었다. 어쨌든 심씨가 수렴청정을 하고 있었기 때문에 젊은 대신들의 주장을 꺾을 수 있었다.

국정 운영권을 사림세력들에게 전이

젊은 대신들의 세력은 날로 커져서 수렴청정한 지 1년째가 되자 섭정을 끝내야 한다는 여론이 들끓기 시작하였다. 대사간 백인걸이 먼저 말을 꺼냈다.

"전하께서는 그리 어리지 않습니다. 자전께서 오랫동안 국정을 맡아 보면 후세에 좋지 않습니다. 즉시 환정조치를 하십시오."

백인걸은 조광조의 제자로서 을사사화 때 윤원형을 반대하다가 문정왕후 윤씨의 미움을 사서 파면되었다. 그 후 양재역 벽서사건 때 평안도 안변으로 귀양을 떠났다가 선조가 즉위하자 20년 만에 복직되었다. 도학정치를 이상으로 삼고 있는 이러한 사림세력들이 계속 견제를 해오자 심씨는 수렴청정을 거둘 수밖에 없었다.

"여주가 정치하여 잘못된 일은 없다고 생각하오. 모든 일이 뜻대로 된 것으로 아오. 그러나 나로서는 그 이상으로 잘 되기를 바라오. 근래 여러 가지 천변이 생긴 것은 미망인이 정권을 잡고 있기 때문인 듯하오. 이제 정권을 임금에게 넘기겠소."

심씨가 수렴청정을 거두자 이제까지 외척임을 내세워 국정을 농단하던 세력들은 자취를 감추게 되었다.

조선은 새로운 시대를 맞이하게 된 것이다. 조선이 개국된 후 156년 동안 훈·척신세력 중심으로 국정이 운영되었으나, 이제부터는 초야에서 도학정치를 꿈꾸며 수학해 온 사림들이 정계에 전면으로 나서게 되었다. 사림들은 정계진출을 통해 도학정치를 실현하려 했으나 훈·척신세력들에 밀려 수차례 좌절당했다. 그러나 인순왕후 심씨가 섭정을 거두고 서자 출신의 선조가 친정을 하게 됨으로써 조선은 새로운 시대를 맞이하게 되었다.

심씨가 수렴청정보다 더 중요하게 생각한 것은 선조에게 항상 여자를 조심시키는 일이었다. 왜냐하면 아들 순회세자나 명종이 너무 많은 궁녀들 틈에 있다가 세상을 뜨게 되었다고 생각했기 때문이다.

선조 나이 17세인데 상을 치르느라 아직 혼인을 못하고 있었다. 양부인 명종의 3년상, 그리고 생모상에 묶여 걸려 있었던 것이다. 심씨는 선조가 이성에 눈을 뜨지 못하도록 대전에는 모두 나이 든 상궁들로 배치했다. 그리고 젊은 궁녀들이 주변에 얼씬거리지 못하도록 엄명을 내렸다.

왕실에서는 손이 귀해 어떤 신분의 여자든 왕자만 낳으면 앞날을 보장받을 수 있었다. 승은을 입어 아들만 낳을 수 있다면 왕의 어머니가 될 수 있는 확률이 매우 높았던 것이다. 그 때문에 조정 내부에서는 이처럼 출세를 보장하는 자리를 놓고 불꽃 튀는 경쟁이 암암리에 벌어지

강릉 – 명종과 명종비 인순왕후의 능

고 있었다.

　심씨는 선조를 유혹하려는 여인의 손길에 대해서 가혹하게 대처하려고 했다. 하지만 심씨의 생각과는 달리 선조가 가는 곳마다 궁녀들이 있었다. 선조에게는 이미 3년상을 치르면서 아무도 모르게 가까이 두었던 여인이 있었다. 그녀는 소주방(궁궐 주방) 나인 출신으로 훗날 내명부 벼슬 정1품 공빈까지 오르게 되는 김씨이다. 공빈 김씨는 선조와의 사이에 두 아들을 두는데, 첫째 아들이 임해군이며 둘째 아들이 광해군이다. 둘째 아들 광해군은 선조의 뒤를 이어 왕위에 오르지만, 인조반정(광해군 15년, 1623)으로 폐주의 신세가 되어 유배지 제주도에서 삶을 마감하게 된다.

　한편 3년상이 끝난 후 심씨는 각별하게 신경을 써서 뛰어난 미모를 가진 며느리로 의인왕후 박씨를 맞아들였다. 이 정도의 미모라면 선조가 다른 여인들에게 정신을 팔지 않을 것이라 여겼다. 그런데 어찌된 일인지 박씨는 잉태를 하지 못했다. 그래서 선조는 심씨의 바람과는 달리 많은 후궁들을 거느리게 되었다. 그 결과 후궁들 간에 알력다툼이 치열해졌는데, 이를 정계에 진출한 사람들이 자신들의 당파를 위해 이용하기 시작하였다.

어느새 세월이 흘러 수렴청정을 거둔 지도 7년이 지났다. 세상은 그녀로 인해 많이 바뀌어 있었다. 심씨는 자신의 권력을 이용하여 척신세력을 키울 수도 있었다. 하지만 모든 사심을 버리고 도학정치에 뜻이 있는 사람들에게 국정의 주도권을 넘겨주었던 것이다.

심씨의 퇴장은 도학정치를 주장하던 사람들이 집권세력으로 부상하게 된 계기가 되었다. 조선이 건국된 후 150여 년이 넘는 기간 동안 훈·척신세력이 정국을 주도해 왔다면 이제부터는 집권 사림 내부의 대결, 즉 당쟁의 시기로 접어들었음을 의미하는 것이기도 하다.

수렴청정을 거둔 7년 후 44세로 세상을 떠난 인순왕후 심씨는 사림들의 정치시대를 앞당겼다는 평가를 받으며 남편 명종의 능인 강릉에 안장되었다.

懿仁王后

의인왕후 박씨

진정 살아있는 관음보살이었다

15세의 어린 신부 박씨는 오늘도 시비와 함께 밤을 지키고 있었다. 혼인을 한 지 두 달도 채 안되었는데 남편 선조의 발길은 가뭄에 콩나듯 하고 있었다.

왕실로 시집을 와서 내전을 지키고는 있지만 아직도 모든 일이 서툴기만 하였다. 어리둥절한 궁궐 생활 속에서 그래도 속을 털어 놓을 사람은 남편밖에 없는데 그는 야속하게 잘 찾아주지도 않았다.

밤은 점점 깊어지는데 기다리는 남편은 오지 않고 내전 문틈으로 이따금 황소바람만 들이닥쳐 을씨년스러웠다. 선조에 대한 그녀의 미련처럼 아직도 찬 겨울바람은 떠나지를 않고 잠 못 이루는 방문만 흔들어댔다.

어린 신부 박씨는 차가운 겨울바람이 자신의 신세와 같다는 생각에 한숨만 쉬고 있었다. 그러나 현명한 그녀는 이제부터 체념을 배워야겠다는 다짐을 하게 되었다. 단순히 여염집 여인네처럼 남편에 대한 사랑을 기대하는 것에서 그만 벗어나야겠다는 생각이었다. 그보다는 궁궐의 내명부 여인들과 그들 자녀를 잘 다스려 국정운영에 지장을 주지 않는 것이 자신의 역할이라는 야무진 다짐을 하고 있었다.

박씨가 15세의 어린 나이로 시집왔을 때 이미 남편 선조에게는 사랑하는 여인이 있었다. 사랑은 여러 사람에게 줄 수 없듯이 박씨에 대한 선조의 애정도 마찬가지였다. 그 속에서 그녀는 국모의 자리를 지키면서 왕실 가족들을 잘 보살피는 것이 곧 자신을 위하고 왕실을 보존하는 길임을 깨달았다. 박씨는 누구보다 후궁들에게 관대했으며 그 자녀들을 자신의 핏줄처럼 잘 보살폈다. 후궁들은 그녀를 살아있는 관음보살처럼 여겼지만 사실은 허울에 지나지 않았다.

자녀를 낳지 못하는 서러움

선조는 16세의 나이로 조선 14대 왕이 되었다. 왕실에서 이 정도의 나이면 남자로서는 노총각에 속하였다. 보통 세자가 11세가 넘으면 혼인을 하는 것이 추세였기 때문이다.

선조는 16세가 되었지만 혼인할 형편이 못 되었다. 생모 2년상과 양부인 명종의 3년상이 겹쳐 있었다. 상중에는 혼인을 하지 못하는 것이 예법이었기에 3년을 기다려야만 했다.

젊은 선조에게 가장 먼저 눈에 띈 궁녀는 공빈 김씨였다. 김씨는 사포 김희철의 딸로 선조보다 한 해 먼저 출생하였다. 선조가 김씨와 깊은 정을 나누고 있다는 말을 전해들은 인순왕후 심씨는 서둘러 그녀에게 소용이라는 내명부 정3품 직첩을 주었다. 심씨는 많은 후궁들 때문에 선조를 걱정하기도 했지만 한편으로는 하루속히 후궁의 몸에서라도 후사를 보고 싶었다. 그래서 김씨가 선조의 사랑을 받고 있다는 이야기를 듣고 두 사람의 관계를 적법화하여 내명부 직첩인 소용을 주었던 것이다.

선조가 김씨와 사랑에 빠져 지내는 동안 명종의 3년상도 어느덧 끝났

선조의 글씨 – 선조가 당시(唐詩)를 글로 쓴 6폭 병풍 중 3폭 국립중앙박물관 소장

다. 18세가 된 선조가 맞이한 정실부인이 의인왕후(懿仁王后) 박씨였다. 박씨는 번성부원군 반남 박씨 박응순과 완산부부인 전주 이씨 사이에서 태어났다. 아버지 박응순은 본관이 전라도 나주로 진사에 합격하여 출사하였다. 다음해에 의금부도사, 사복시주부에 이르렀으나 면직을 당하기도 하였다. 그 후 사헌부감찰을 거쳐 안음현감이 되었다. 딸 박씨가 선조의 아내로 간택되자 번성부원군으로 책봉되었다. 그 후 벼슬이 영돈령 겸 도총부도총관에 이르렀다. 박응순은 왕의 장인이었으나 성품이 부드럽고 항상 검소하여 문밖에 손님이 없었다고 한다. 박씨도 매우 검소하여 성장하면서 재물을 탐내지 않았다. 어머니 이씨는 정3품의 벼슬에 해당하는 문청정을 지낸 이수갑의 딸이었다. 박씨가 왕비로 간택된 것은 인순왕후 심씨 집안과 박씨 집안의 관계가 친밀했기 때문이라고 한다. 그러나 일설에는 대비 심씨가 선조의 몸을 후궁들로부터 지키기 위해 미인 며느리를 일부러 골랐다고도 한다. 아무래도 재색이 뛰어나면 후궁들을 멀리하지 않을까 하는 생각에서였다. 그러나 심씨의 이러한 예상과는 달리 선조는 많은 후궁들을 거느렸다.

박씨는 선조와 혼인을 했지만 깨가 쏟아지는 신혼을 경험하지 못했다. 선조가 소용 김씨만 찾자 박씨는 항상 독수공방 신세일 수밖에 없었다. 당연히 태기가 있을 리 없어 그녀는 이래저래 가시방석과 같은 날들을 보내야만 했다. 원래 박씨가 아이를 못 낳는 여자였는지는 확실하지 않지만 어쨌든 태기가 쉽게 보이지 않고 있었다.

20세 된 소용 김씨가 선조 5년(1572) 선조의 장남인 임해군을 먼저 낳아 종1품 귀인에 봉해졌다. 후궁이 먼저 아들을 낳자 박씨의 심기는 더욱 불편했지만 어쩔 수 없는 일이라 마음을 다스리고 자신의 아들처럼 잘 보살폈다.

3년 후 귀인 김씨는 또 아들 광해군을 낳고 정1품 빈에 책봉되었다. 손이 귀한 왕실에서 아들을 둘씩이나 낳으니 김씨는 무시할 수 없는 존재가 되었다. 그러나 그녀의 영화도 오래가지 못했는데 광해군을 낳은 지 2년 만인 25세가 되던 해에 그만 병이 들고 말았다. 이때 선조의 후궁은 6명에 이르고 있었는데 그 중 가장 총애하던 여인이 인빈 김씨였다.

예로부터 이씨 왕실에서는 왕을 모시는 궁녀 중 김씨를 꺼려하는 내력이 있었다. 금극목(金克木)이라 하여 김씨 성을 가진 사람은 목성(木姓)인 이씨에게 해를 끼친다는 이유 때문이었다. 그런데 선조가 마음에 들어 했던 여인들은 모두 김씨였다. 후궁 중 김씨 성을 가진 여인은 공빈 김씨를 비롯해 인빈 김씨, 순빈 김씨 등 3명이나 되었다.

선조보다 3세 아래인 인빈 김씨는 원래 인순왕후 심씨가 심부름시키던 궁녀 용녀였다. 김씨가 궁궐에 들어오게 된 것은 명종의 후궁인 숙의 이씨를 통해서였다. 원래 명종에게는 아들 순회세자가 있었지만 일찍 죽자 초조해진 문정왕후가 대를 잇고자 많은 여인들을 후궁으로 들였다. 어느 날 윤씨의 꿈에 한 사람이 나타나 상주에 사는 이모씨의 딸을 데려다 후궁으로 두면 후손이 번성하니까 속히 사람을 보내라는 말을 남기고 사라졌다고 한다.

꿈에서 일러주는 대로 사람을 보내 그녀를 찾았고 숙의라는 내명부 직첩을 주어 후사를 기다렸지만 전혀 태기가 없었다. 자녀를 두지 못한 숙의 이씨는 궁중 생활이 하도 적적하여 먼 일가친척의 어린 딸 김씨를 데려다 길렀다. 김씨의 아버지는 감찰 김한우이며 어머니는 효령대군의 후손 전주 이씨 가문의 충의위 이성의 딸이다. 훗날 원종의 생모이자 인조의 조모가 된다. 김씨가 궁궐에 들어온 지 얼마 후 명종이 세상을 떠나자 숙의 이씨는 비구니가 되었고 절에 들어가 명종의 명복을 빌며 지냈다. 숙의 이씨가 궁궐을 떠나자 김씨는 갑자기 오갈 데가 없어졌다. 이를 가엾게 여긴 명종의 비인 인순왕후 심씨가 내전에 두면서 심부름을 시켰는데 선조의 눈에 띄게 된 것이다. 선조는 어린 소녀를 대하자 그동안 총애하던 공빈 김씨를 멀리하였다. 이를 눈치 챈 김씨는 선조에게 더욱 사랑받기 위해 많은 애를 썼다. 결국 인순왕후 심씨가 선조에게 후궁으로 추천하여 선조 6년(1573) 종4품 숙원에 책봉되었다가 이후 종1품 귀인을 거쳐 선조 37년(1604) 11월, 정1품 인빈으로 승격되었다.

공빈 김씨가 산후병으로 자리에 눕자 인빈 김씨는 그녀가 빨리 죽기만을 기원했다. 이미 공빈 김씨에게는 두 아들, 즉 임해군과 광해군이 있었기 때문에 그 아들 중 한 명이 세자에 책봉될 수밖에 없었다. 이를 알고 있는 인빈 김씨는 공빈 김씨에 대해 저주를 일삼았다. 그 탓인지 공빈 김씨는 자리에서 일어날 줄 몰랐고 어쩌다 찾아오는 선조에게 누가 자기를 저주한다며 하소연할 뿐이었다.

"오래 전에 신첩의 신이 한 짝 없어졌습니다. 아무래도 이런 짓은 후궁 가운데 신첩을 시기하는 요사스러운 계집이 있어 벌이는 장난 같습니다."

그러나 이미 인빈 김씨만을 가슴에 품고 있는 선조의 귀에는 들리지 않았다. 한때 선조의 사랑을 받았던 공빈 김씨는 쓸쓸한 죽음을 맞이할 수밖에 없었다. 그녀는 선조 10년(1577) 27세의 나이로 세상을 떠났다.

공빈 김씨가 죽자 그녀의 두 아들을 의인왕후 박씨가 친자식처럼 길렀다. 그녀는 첫째 임해군보다 둘째 광해군을 더 총애하였다. 임해군은 성질이 난폭하여 성군의 기질이 전혀 없었다.

인빈 김씨는 공빈 김씨가 죽던 해 첫아들 의안군을 낳았다. 그 후에도 선조는 인빈 김씨만 총애하여 4명의 아들과 5명의 딸을 더 두었다. 인빈 김씨는 의인왕후 박씨가 공빈 김씨 소생의 아들만 끼고 돈다는 것을 알고 박씨의 마음을 사기 위해 무던히도 노력을 기울였다. 그녀가 박씨의 편을 든 것은 소생 없는 그녀가 중전의 자리에 있는 것이 더 낫다고 생각했기 때문이다. 만일 박씨가 쫓겨나 다른 여자가 왕비로 간택되면 자신의 위치 또한 불안해질 수밖에 없었다. 자신은 국모의 자리에 오를 만큼 신분이 뛰어나지 못했기에 아이를 못 낳는 박씨가 그 자리를 지키고 있는 것이 더 속 편했다.

선조의 총애를 받고 있는 인빈 김씨의 세력은 날로 커졌다. 그녀의 힘을 믿고 궁노들까지 세를 과시할 정도였다. 김씨의 궁노들이 사헌부의 서리들을 모욕하는 일까지 벌였다. 인빈 김씨의 아들이 거처하는 곳에 있는 궁노들이 종의 복색이 아닌 사대부의 옷을 입고 길거리를 활보하며 행패를 부리자 사헌부 서리들이 이 사실을 사헌부에 고했다. 사헌부에서는 즉시 그들을 잡아들이라고 명령하였는데 인빈 김씨가 약간 왜곡시켜 선조에게 고자질하였다.

"상감마마, 신첩의 소생을 시기하는 무리가 있음이 분명하옵니다. 어제 왕자의 사택에 사헌부에서 들이닥쳐 집안을 모두 부수고 갔다고 하옵니다. 배경이 없다고 너무 얕보는 것 같사옵니다."

선조는 인빈 김씨의 말만 듣고 사헌부 서리들을 모두 의금부에 가두게 하였다. 그러자 사헌부와 사간원에서 들고 일어났으나 선조는 조정 신하들의 말보다 인빈 김씨의 말을 더 신뢰하였다. 결국 이 사건은 잘 매듭이 지어졌지만 당시 인빈 김씨의 세력을 보여주는 사건이었다.

이 와중에 가장 서러운 사람은 구중궁궐 여성들 중에서 가장 높은 위치에 있던 의인왕후 박씨였다. 후궁들이 위계질서를 무너뜨릴 때는 단호하게 꾸짖어 이를 바로 잡아주는 것이 왕비의 역할이었다. 그러나 그녀는 후궁이 아무리 날뛰어도 말 한마디 못하고, 그저 아이를 못 낳는 자신의 신세를 한탄하며 눌려 지낼 수밖에 없었다.

세자책봉을 둘러싸고

인순왕후 심씨가 죽자 조정의 사림세력들은 이조전랑(吏曹銓郎)의 자리를 둘러싸고 동인과 서인으로 양분되었다. 이조전랑은 이조의 정5품 정랑과 정6품 좌랑을 일컫는 말로서 내외의 관원을 천거하거나 전형하는데 가장 많은 권리를 가지고 있는 관직이었다. 조선의 관제는 3정승 6조를 두었지만 관원의 등용권은 3정승이 아닌 6조 중 이조에 있었다. 이렇게 되면 이조판서의 권력이 커질 수도 있었기 때문에 3사(사헌부, 사간원, 홍문관)의 임명권은 이조의 정랑과 좌랑에게 주었다. 이조의 정랑과 좌랑을 전랑이라 하였다. 3사의 임명권을 이조전랑에게 준 것은 이 3사가 지닌 업무상의 특성 때문이었다. 3사는 청요직(淸要職)으로 조선시대 때 다른 관료들의 비리를 감찰하고 탄핵할 수 있는 권한을 가진 관청이었다.

이처럼 중요한 일을 맡아보는 3사의 관료임명권을 이조전랑에게 준 것은 재상이나 이조판서에게 자기 사람을 심어서 권력을 전횡할 수 없도록 하기 위해서였다. 그리고 이조전랑이 소신껏 3사의 관료를 임명할 수 있게 하기 위해서는 지위의 보장이 필요했다. 따라서 전랑의 임명은 누구도 간여하지 못했으며 다만 전임 이조전랑이 후임을 스스로 추천하도록 되어 있었다. 이것을 전랑천대법 혹은 전랑법이라고 했다. 전랑직을 거치면 큰 과실이 없는 한 대개는 순조롭게 재상까지 될 수 있는 출세가 보장된 요직이었다. 이 자리를 둘러싸고 사림세력은 동인과 서인으로 양분되었던 것이다.

이조전랑으로 있던 오건이 다른 자리로 가면서 그 후임으로 김효원을 추천하였다. 당시 김효원은 이황과 조식의 제자로 명종 20년(1565) 문과에 급제하여 병조좌랑과 지평을 역임한 젊고 유능한 사대부였다. 이처럼 명망 있는 김효원을 이조전랑 후임으로 추천하자 다른 조정 대신들은 모두 찬성하였다. 그런데 예외인 사람이 있었는데 바로 인순왕후 심씨의 동생 심의겸이었다.

"사람들이 김효원을 고결한 선비로 알지만 사실은 그렇지 않다. 그는 고결한 선비는커녕 척신 윤원형의 식객으로 있던 지조 없는 인물에 지나지 않는다!"

심씨는 섭정을 거둔 상태였고 작은종조부 심통원은 삭탈관직되어 있었기 때문에 집안의 세력은 그다지 크지 않았다. 그래서 심의겸의 반대 주장은 관철되지 않았다. 이조전랑이 된 김효원은 자신의 위치를 이용하여 많은 세력들을 사귀었으며 심의겸에 대해서는 복수할 기회를 노리고 있었다. 때마침 그 기회가 찾아 왔는데 심의겸의 동생 심충겸이 이조전랑의 물망에 올랐던 것이다. 김효원은 기회는 이때다 싶어 심충겸을 반대하고 나섰다. 이조의 벼슬은 외척의 소유가 될 수 없다며 반대했는데 이는 심의겸과 심충겸이 왕실의 외척임을 빗대어 한 말이었다. 김효원이 심의겸을 두고 어리석어서 쓰일 곳이 없다는 인신공격까지 하자 신의겸이 반격에 나섰다.

"외척이 원흉(윤원형)의 문객에게 지겠느냐?"

두 사람의 입장을 둘러싸고 사림세력들은 둘로 갈라졌다. 김효원을 지지하는 세력들은 대체로 젊은 사대부들로 김우옹, 유성룡, 허엽, 이 산해, 정유길, 정지연, 우성전, 이발 등인 반면, 심의겸을 지지하는 세력 은 노장 사대부들로 이해수, 이성중, 박순, 김계휘, 정철, 윤두수, 구사 맹, 홍성민, 신응시 등이었다. 이때부터 김효원의 집이 한성부 동쪽의 건천방(현 서울시 중구 인현동)에 있다 하여 그를 지지하는 당파를 '동인' 이라 하였으며, 심의겸의 집이 한성부 서쪽의 정릉방(현 서울시 중구 정동) 에 있다 하여 그를 지지하는 당파를 '서인' 이라 불렀다. 사림세력은 동 인과 서인으로 양분되었고 서로 자신의 당파를 위한 갈등의 골은 깊어 만 갔다. 두 파를 합당시키기 위해 이이는 많은 노력을 기울였지만 그때 마다 어긋났다. 이이마저 죽자 동인과 서인 간 갈등의 골은 더욱 깊어만 갔다.

두 파가 조정 내에서 팽팽한 세력다툼을 하던 중 정여립이 모반을 일 으킨 탓에 동인은 정계에서 실각하고 말았다. 그러나 세자책봉문제로 동인은 다시 정계의 주도권을 잡을 수 있었다.

당시 서인은 왕비 박씨와 함께 세자로 광해군을 염두에 두고 있었다. 박씨는 인빈 김씨의 소생인 신성군이 세자에 책봉되면 자신은 뒷방 신 세가 될 수밖에 없다는 것을 알고 있었다. 반면 실각한 동인 측의 거두 이산해는 세력을 만회하기 위해 신성군을 내세우려 하였다. 선조도 신 성군을 생각하고 있다는 사실을 눈치 챈 이산해는 인빈 김씨의 남동생 김공량과 친밀한 관계를 유지하였다. 진위는 불분명하지만 일설에 의하 면 이산해가 김공량을 찾아가 등에 난 종기까지 빨아주는 것도 마다하 지 않았다고 한다.

당시 조정 내에서 가장 중요한 현안은 세자책봉문제였다. 세자가 빨리 정해져야 조정 안에 잡음이 생기지 않기 때문이었다. 좌의정으로 있던

의인왕후산릉도감의궤
의인왕후 박씨의 능을 조성한 기록이며 본문이 불에 탄 흔적이 보인다 규장각 한국학연구원 소장

정철의 주도로 동인의 영의정 이산해, 우의정 유성룡, 서인으로는 대사
헌 이해수, 부제학 이성중 등이 모두 모여 세자책봉문제를 논의하였다.
그 결과 광해군을 세자로 추대하기로 하고 선조에게 주청하기로 했다.

그런데 이 결정은 이산해의 계략에서 나온 것이었다. 함께 세자추대
를 주청하기로 한 날 이산해는 몸이 아프다는 핑계로 참석하지 않았다.
대신에 김공량을 찾아가 정철이 광해군을 세자로 추대한 후 신성군 모
자와 김공량을 죽이려 한다고 거짓을 전했다. 이에 크게 놀란 김공량은
인빈 김씨에게 달려가 이 사실을 전하고, 인빈 김씨는 선조에게 달려가
울면서 고했다. 그러나 선조는 그럴 리 없다며 믿으려 하지 않았다.

한편 정철은 이산해가 계속 병을 핑계로 나타나지 않자 유성룡과 상
의하여 세자책봉문제를 미룰 수 없다며 선조에게 주청하였다. 내심 신
성군의 이름이 나오기를 기대했던 선조는 정철이 광해군을 지목하자 인
빈 김씨의 말이 옳다고 믿게 되었다. 이 일로 정철이 수세에 몰리자 동
인은 더욱 반격을 가했다. 정철은 경상도 진주로 유배되었다가 곧 평안
도 강계에 위리안치(圍籬安置, 가시 울타리 안에 죄인을 가둠)되었다. 동인은

이 사건으로 서인의 세력을 약화시키는 데 성공하였다. 정철이 유배되었다는 말을 들은 왕비 박씨는 자신이 자녀를 낳지 못했기 때문에 이런 일이 발생했다며 신세를 한탄하였다.

임진왜란의 전란 중에 광해군을 세자로

세자책봉문제로 서인의 세력이 쇠퇴하고 동인이 주도를 하는 형국이 되었다. 그러나 동인 내부에서 정철의 처벌문제를 둘러싸고 남인과 북인으로 갈라졌다. 이산해는 사간원과 사헌부의 동인들에게 양사가 함께 정철을 탄핵하라는 강경론을 주장한 반면, 유성룡, 김수와 우성전은 사건을 더 이상 확대시키지 말자는 온건론을 주장했다. 강경론을 주장한 이산해의 집이 한성부 강북이었기 때문에 북인이라 했으며, 온건론을 주장한 유성룡이 영남 출신인데다 강남에 살고 우성전이 남산에 살았기 때문에 남인이라 했다.

조선이 이처럼 당파 간에 갈등을 일으키고 있을 때 일본에서는 도요토미 히데요시(豊臣秀吉)가 천하통일이라는 야무진 꿈을 안고 일본열도를 통일한 후 명나라와 조선을 정벌하기 위한 준비를 하고 있었다. 도요토미 히데요시는 서로 동맹을 맺어 명나라를 정벌하자는 제의를 해왔다. 제의에 대한 승낙을 의미하는 뜻으로 통신사를 보내줄 것도 요구했다. 조선에서는 오랜 논의를 한 끝에 일본의 동태도 살펴볼 겸 통신사를 보내기로 결정하였다.

통신사로 정사는 서인 황윤길, 부사는 동인 김성일로 결정하여 일본으로 파견하였다. 이듬해 귀국한 두 사람은 서로 상반된 보고를 하였다. 동인인 김성일은 도요토미 히데요시의 인물됨이 보잘 것 없고 군사준비가 되어 있는 것을 보지 못했다고 하였다. 그래서 지레짐작으로 전쟁준비를 하면 민심만 혼란스럽게 할 뿐이라고 했는데, 서인 황윤길은 지금 일본에서는 전쟁준비가 한창이므로 침략에 대비해야 한다고 주장하였다. 상반된 보고에 대해 조정에서는 동인이 실권을 잡고 있었기 때문에 김성일의 말을 믿고 따랐다.

도요토미 히데요시는 조선과의 교섭이 결렬되자 선조 25년(1592) 4월, 15만 대군을 이끌고 조선을 침략하였다(임진왜란). 부산과 동래에서 수군 첨절제사 정발과 동래부사 송상현이 왜군의 상륙을 저지하려다 실패하자 왜군은 파죽지세로 밀고 올라왔다. 충주 탄금대에서 삼도순변사 신립이 배수진을 치고 있었지만 왜군의 북상을 저지하는데 실패하고 말았다. 조정 대신들은 빨리 후계자를 결정해야 한다며 상소를 올렸다. 가장 먼저 말을 꺼낸 이가 우부승지 신잡이었다.

"세자궁이 오래도록 비어 있으니 세자를 세워 민심을 안정시키십시오."

선조는 이 말에 이산해, 유성룡에게 물었지만 아무 대답을 하지 않자 광해군을 세자로 정하면 어떻겠냐고 다시 물었다.

"광해군이 총명하고 학문을 좋아하여 그를 세자로 삼고 싶은데 경들의 뜻은 어떠한가?"

조정 대신들은 시국이 어려운 만큼 선조의 뜻에 따르겠다고 했다. 당시 왜군들이 한성까지 올라오고 있어 조정을 분리하여 비상사태에 대비해야 하는 상황이었다. 그래서 광해군을 세자로 책봉하는데 아무도 이의를 달지 못했다(선조 25년 4월 29일).

왜군이 침략한 지 보름만에 선조는 도성을 버리고 개성을 향해 피란길에 올랐다가 한성이 함락되자 다시 평양으로 달아났다. 왕이 도성을 버리자 분노가 극에 달한 백성들은 경복궁과 창경궁 등 궁궐에 불을 지르고 노비문서를 태웠다. 4월 30일 한성부를 떠난 선조의 통치권은 사실상 그 기능을 잃은 상태였다. 누구 한사람 한성부를 지키려고 하는 이가 없었고 충심을 다해 선조를 따라가지도 않았다. 선조는 평양이 함락되자 이번에는 요동으로 망명할 준비를 서둘렀다. 선조는 의주로 향하기 전 광해군에게 종묘사직을 받들도록 했는데 이때부터 광해군의 분조(分朝, 임진왜란 때 임시로 세운 조정)는 16개월간 이어졌다.

평양에서 왕실 가족들은 세 갈래로 나누어 피난을 떠나기로 하였다. 의인왕후 박씨는 남편 선조와 떨어져 강계로, 선조는 인빈 김씨를 데리고 의주로, 광해군은 강원도로 각각 떠났다. 선조가 총애하는 인빈 김씨를 데리고 의주로 떠났기에 박씨에게는 서글픈 피난길이 되었다.

선조가 피난해 있는 의주성을 제외하고 함경도 일원까지 왜군에게 점령당하자 명나라에 원군을 청할 수밖에 없었다. 다행히 수군 명장 이순신의 활약과 명나라의 원군 그리고 의병들의 봉기로 선조 26년(1593) 4월, 한성부를 수복할 수 있었다. 선조는 인빈 김씨를 데리고 한성부로 돌아왔다. 그러나 의인왕후 박씨는 여전히 피난지인 해주에 머물러 있었다.

박씨가 4년 동안 해주에 머물러 있는 동안 명나라와 일본 간의 화의가 결렬되었다. 그러자 일본은 선조 30년(1597) 다시 침략을 재개하였는데 이것이 정유재란(丁酉再亂)이다. 왜군이 다시 침략을 해오자 의인왕후 박씨는 광해군과 함께 피난길에 올랐다. 그녀가 기약 없는 피난길에 올라 황해도 산간지대를 떠돌아다니며 고생하고 있는 동안에도 인빈 김씨는 선조의 후광으로 편안한 생활을 하고 있었다. 왕비 없는 궁궐은 인빈 김씨의 독무대가 되었다. 그러나 백성들은 이 모든 난리가 인빈 김씨 때문에 일어났다고 생각하여 궁궐에 돌을 던지기도 했다. 이러한 민심에도 아랑곳없이 선조는 인빈 김씨만 끼고 살았다. 침략을 재개했던 왜군은 이순신이 이끄는 수군과의 전투(명량대첩)에서 큰 타격을 입고 도요토미 히데요시가 병사하자 사기가 저하되어 철군하게 되었다. 노량 앞바다에서의 마지막 해전을 승리로 이끌면서 왜군은 완전히 패전하였다

(선조 31년 노량해전). 7년 동안의 난리로 어수선하던 조선은 평화를 맞이하게 되었다.

선조 33년(1600) 6월 피란길에서 고생을 한 탓에 병을 얻은 의인왕후 박씨는 46세를 일기로 소생없이 한 많은 세상을 등졌다. 박씨의 장례 때 불미스러운 일까지 벌어졌다. 능의 택지 문제로 불거진 것인데 왕권이 실추된 가운데 대신들은 자신의 문중 선산은 건드리지 못하게 나섰다. 그 결과 이래저래 택지 선택에 어려움을 겪다보니 무려 5개월이나 지연되었다. 참다못한 선조가 대신들을 향해 일갈의 전교를 내리기까지 하였다.

"또다시 택지한 곳에 세력있는 사대부의 무덤이 있다면 누구의 것인지 빠짐없이 적어두고 감시하라."

우여곡절 끝에 박씨는 12월 동구릉 깊숙한 곳에 묻혔다. 야사에 의하면 우여곡절 끝에 상여가 떠나던 날 날씨가 갑자기 추워져 상여꾼들이 발을 떼어 놓지도 못했으며, 겨우 운구를 능까지 옮겼을 때는 갑자기 상여에서 불까지 났다고 한다. 15세의 어린 나이에 왕실로 시집와서 후궁들의 등살에 남편의 사랑도 받아보지 못했던 의인왕후 박씨. 그녀는 전쟁 속 참혹한 피난생활까지 겪다가 한 많은 생을 마감했다. 그녀는 이 한 많았던 일생에 분풀이라도 하듯 상여가 떠나는 날 자신의 마음을 표현했던 것은 아니었을까. 단지 자신은 허울뿐인 살아있는 관음보살에 불과했다면서….

仁穆王后

인목왕후 김씨

대군의 탄생으로 집안의 화(禍)가 시작되다

낭하가 적막하여 새소리도 슬픈데

대낮 빈 뜰에는 풀만 푸르구나

일찍이 이곳에 출사한 이내 몸

황량하여 먼지만 쌓였네

제비는 돌아와 발 사이로 옛 집을 찾고

나비가 날아가 떨어진 꽃은 돌 아래 구르네

물이 마른 구리그릇에는 물시계도 움직이지 않고

향불 꺼진 향로에는 그을음만 쌓였네

왕비가 거처하는 곳은 더욱 쓸쓸하고

영령이 깃든 곳은 무덤과 격했네

백발의 외로운 산하가 눈물 흘릴 때

섬돌 위로 오르기 어려워라

부승지 조우인은 인목대비(仁穆大妃) 김씨가 거처하고 있는 서궁을 둘러보며 그 황량함을 시로 읊었다.

인적이 끊긴 황량한 서궁에서 인목대비는 옷고름에 눈물을 적시다 깜박 잠이 들었다.

"어마마마, 목이 너무 막힙니다. 제발 소자 좀 살려주십시오!"

얼굴이 빨갛게 달아올라 숨을 헐떡거리고 있는 아들 영창대군(永昌大君)이 울부짖으며 꿈에 나타났다 사라졌던 것이다. 깜짝 놀라 잠에서 깬 인목대비는 가슴을 쓸어내렸다. 아들 영창대군이 강화도로 유배를 떠나 그곳에서 불에 타 죽은 지도 벌써 4년이 지났다. 그녀 역시 폐모로 강등되어 서궁에 유폐된 상태였다. 이른바 서궁 유폐, 조선왕조 5백 년 역사상 유일무이하게 자식이 어머니를 폐위시킨 사건이었다.

광해군의 즉위

의인왕후 박씨가 세상을 떠나자 선조 35년(1602) 선조는 새로운 왕비를 맞아들였다. 이때 선조에게는 두 명의 후궁이 있었지만 그들을 왕비로 승격시킬 마음이 없었다. 새 장가를 가고 싶었던 것이다.

새 왕비가 된 인목왕후 김씨는 선조 17년(1584) 연흥부원군 연안 김씨 김제남과 어머니 광산부부인 광주 노씨 사이에서 태어났다. 김씨는 9세 때부터 임진왜란을 겪으며 수많은 어려움과 고통을 알게 되어 불안한 시절을 보냈다. 7년이라는 참혹하고 긴 전쟁이 끝나자 그녀 나이 16세의 처녀로 성장해 있었다.

한편 전쟁을 치르는 동안 다른 생각을 할 겨를이 없었던 대신들은 서둘러 한성부를 복구하고 명나라에 광해군의 세자책봉을 주청하기로 하였다. 선조는 내심 광해군의 세자책봉을 바라지 않고 있었다. 그 와중에 대신들은 금혼령을 내리고 김씨를 왕비로 간택하였다. 그러나 의인왕후의 3년상이 채 끝나지 않았기 때문에 김씨는 3년을 기다려야했다. 그렇게 19세가 된 김씨는 비로소 51세의 늙은 선조와 혼인하여 왕후가 될 수 있었는데 그녀가 인목왕후이다.

혼인하는 날 갑자기 비가 억수같이 쏟아졌다. 원래 혼인날 비오는 것을 좋지 않게 여기고 있었기 때문에 선조는 신랑이 신부를 맞아 데려오는 친영례를 그만두라는 명을 내렸다. 선조의 명령에 예조판서 유근은 반대의 뜻을 상주하였다.

"여름철에서 가을로 옮겨가는 환절기라 날씨가 변화무쌍합니다. 왕비가 별궁까지 온 이상 비가 쏟아진다고 물리는 것은 불가하옵니다."

비가 오는데도 계속 예식은 이루어졌다. 선조가 죽은 후 아들 영창대군이 불에 타 죽고 서모로 강등되는 등 그녀의 삶은 비운을 맞게 되는데, 이 비가 그것들을 예고한 것은 아니었을까.

한편 조정 대신들은 새로 왕비를 맞아들였으나 왕비책봉보다는 오직 세자책봉에만 관심을 기울이고 있었다. 광해군이 이미 세자로 책봉되어 있었으나 명나라에서는 이를 허락하지 않았다. 임해군이 있는데 왜 동생 광해군을 세자로 세우느냐는 것이 이유였다. 그런데 사실 그 당시 명나라 신종 만력황제는 둘째 아들 복왕 주상순을 더 총애하여 첫째 아들 태창제에게 왕위를 물려줄 뜻이 없었다. 그래서 명나라 예부에서는 태창제를 위하여 조선의 세자책봉을 반대했던 것이다. 조선에서는 몇 번 명나라로 사신을 파견하여 광해군의 세자책봉을 허락해 줄 것을 요구하였으나 번번이 거절당하였다.

더군다나 의인왕후 박씨가 죽자 한동안 세자책봉문제를 거론할 수 없었다. 그러나 김씨가 왕비로 간택되어 대신들은 다시 세자책봉을 서두르게 된 것이다. 명문가에서 국모의 자격을 갖춘 김씨가 간택되자 선조의 마음에 변화가 생겼다. 김씨가 적자를 낳을 수도 있다는 바람을 갖게 된 것이다.

당시 조정에서 가장 현안이 되었던 광해군의 세자책봉을 명나라에 허락을 청하는 문제를 조정 대신들은 신속히 완결하고자 선조에게 주청을 올렸다. 그러나 선조는 조정 대신들이 왕비책봉문제에 대해서는 관심을 기울이지 않는다며 도리어 화를 냈다.

"왕비책봉은 청하지 아니하고 세자책봉을 먼저 하려 하느냐?"

결국 인목왕후 김씨의 왕비책봉을 명나라에 청하게 되었다.

그 후 왕비로 책봉된 김씨는 자신이 지게 된 짐이 너무 무겁다는 현실을 깨닫게 되었다. 왕실은 유교적인 여성관으로만 버티고 유지해나갈 수 있는 자리가 아니었다. 치열한 정치싸움이 벌어지는 한복판이라 자신이 처신을 어떻게 하느냐에 따라 가문의 흥망성쇠가 달려있었다. 자칫 하루아침에 멸문지화를 당할 수도 있었다. 국모로서 살아가려면 먼저 행동거지부터 조심해야 한다는 자각을 하였다. 이제 19세의 어린 나이였지만 현실을 너무도 잘 파악하고 있었던 그녀는 항상 당나라 장공예의 고사를 잊지 않으려고 노력하였다.

장공예는 무려 9대가 한 가족을 이루며 살고 있었다. 어느 날 황제 고종이 그의 집을 찾아와 한 집에 식구 열 명이라도 불만 없이 살기 힘든데 어떤 방법이 있어 9대가 함께 지낼 수 있는가? 라고 물었다. 그러자 장공예는 참을 '인(忍)' 자를 백 번 써서 바쳤다.

김씨는 자신이 해야 할 일이 많다는 것을 누구보다 확실히 깨닫고 있었다. 가깝게는 왕자와 공주 그리고 후궁을 비롯해 내명부를 다스려야 할 위치였다. 그 많은 사람들을 상대하려면 무엇보다 장공예의 고사가 필요하다고 판단했던 것이다. 그래서 김씨는 벽에 '백인(百忍)'을 써서 걸어두고 항상 자신을 돌아보고는 하였다. 한편 겨울 한파로 떠는 위졸(衛卒, 5위의 군사)들을 위해 따뜻한 동복과 가죽 모자 등을 만들어 주는 자상함도 잊지 않았다.

인목왕후 김씨는 선조의 지극한 총애를 받아 이듬해인 선조 36년 (1603) 첫딸 정명공주를 낳았고 3년 후에는 아들 영창대군을 낳았다. 그러자 조정 내 분위기가 미묘하게 돌아갔다. 영의정 유영경이 백관을 거느리고 하례하려고 하였다.

"대군께서 탄생하면 조종조(祖宗朝) 때부터 하례를 드리는 전례가 있습니다. 대신들이 하례를 드리고자 하오."

세종 당시 소헌왕후 심씨가 광평대군, 평원대군, 영응대군을 낳았을 때 백관들이 하례를 드린 적이 있기 때문에 그 예를 따라야 한다는 것이었다. 좌의정 허욱과 우의정 한응인이 만류하였다.

"대군 한 명 낳았다고 백관이 하례를 드릴 것까지야 있겠습니까?"

유영경이 하례를 올리려고 한 것은 선조가 광해군을 폐하고 영창대군을 세자로 세우려는 뜻을 사전에 감지하여 영창대군의 지위를 튼튼히 하기 위해서였다. 선조는 자신이 서자 출신이었기 때문에 강한 열등감을 갖고 있었다. 그래서 인목왕후 김씨가 아들을 낳자 적장자인 영창대군을 내심 세자로 염두에 두었다. 김씨가 아들을 낳자 모두 기뻐하였으나 단 한 사람만 이를 근심하였는데 김씨의 올케 정씨였다.

"우리 시가의 화가 여기서 시작되는구나!"

이 말은 적중하여 훗날 김제남의 집안은 물론 영창대군까지 죽음으로 몰아갔다. 김씨는 이 일이 자신의 불행을 자초하리라고는 꿈에도 예상하지 못했다.

선조는 늦은 나이에 본 영창대군에게 모든 관심과 사랑을 쏟았다. 그에게는 이미 13명의 아들이 있었지만 모두 후궁 소생들이었기에 적출인 영창대군에게 더 마음이 끌렸던 것이다. 선조는 오히려 세자로 책봉된 광해군을 폐위시킬 생각까지 하고 있었다. 선조의 뜻을 안 유영경은 영

老牛用力已多年領破皮
穿只愛眠犁耙已休春雨
足主人何苦又加鞭

仁穆王后御章

兩家篋笥實藏堅只根揮毫不識年
東朝眞蹟傳宜壽分付良工字字鐫
又刊了吾心校檢留一卷差譔是
深憂裁唫御墨桂輝集五色玲瓏
繞玉樓
壬辰春正月上元日拜手謹書
右百製

인목왕후가 쓴 민우시(憫牛詩)
자신의 상황을 구박받는 늙은 소에 비유한
내용을 담은 품격 높은 해서체의 민우시
국립중앙박물관 소장

창대군을 은연중에 지지하였다. 임진왜란 이후 실권을 잡고 있던 북인은 영창대군을 지지하는 소북파와 광해군을 지지하는 대북파로 갈리고 말았다.

영창대군만을 애지중지하던 선조는 광해군의 문안인사조차 받으려 하지 않았다.

"명나라의 책봉도 받지 못했는데 어찌 세자 행세를 하는가? 다음부터는 문안하지 말라."

광해군은 그 자리에서 피를 토하며 쓰러질 것만 같았다. 인빈 김씨를 총애할 때는 신성군을 염두에 두던 부왕이었고 인목왕후 김씨가 들어오자 그 아들 영창대군만을 생각하는 부왕이 되어버렸다. 광해군은 처절한 아픔을 느꼈다. 전란이 일어났을 때 분조를 이끌며 국난을 극복하는 데 많은 공을 세운 자신을 세자에서 폐하려는 부왕에 대해 서글픔을 금하지 못했다.

조정의 형세는 점차 광해군에게 불리하게 돌아갔다. 명나라에서는 세자책봉을 허락해 주지 않고 영의정으로 있는 유영경마저 선조의 뜻을 받들어 영창대군을 지지하고 나섰기 때문이다. 조정의 분위기가 영창대군 중심으로 돌아가고 있을 때 선조는 그만 병석에 눕고 말았다. 이때 영창대군의 나이 겨우 2세였다.

선조는 강보에 싸인 두 살배기 영창대군에게 왕위를 물려준다는 것이 현실성이 없다는 것을 깨달았다. 그래서 광해군을 후계자로 정한다는 고명을 전하기 위해 원·시임대신들을 불렀다. 그런데 영의정 유영경이 시임대신만 불렀다며 원임대신들을 물러가게 하였다. 선조는 광해군을 후계자로 정한다는 전위교서를 유영경에게만 전할 수밖에 없었다. 그러나 유영경은 광해군을 지지하지 않았기 때문에 전위교서를 집에 감추어 두었다. 유영경의 처사는 같은 소북파조차도 납득할 수 없었다. 결국 소북파 내에서도 이를 지지하는 유당과 반대하는 남당으로 분당되었다.

소북파의 이와 같은 행보에 대북파도 두고만 보지 않았다. 대북파의 영수 이이첨과 정인홍은 유영경이 감추어 둔 전위교서를 발견하고는 그를 처벌할 것을 주청하였다. 그러나 선조는 이 문제를 해결하지 못한 채 선조 41년(1608) 2월, 경운궁에서 57세로 유명을 달리하고 말았다. 선조가 죽자 유영경은 재빨리 인목왕후 김씨를 찾아가 두 살배기 영창대군을 즉위시키고 수렴청정해 줄 것을 요구하였다. 김씨는 유영경의 말에 현실성이 없다고 여겨 광해군을 즉위시킨다는 교지를 내렸다. 인목왕후 김씨로서는 합리적인 단안이었으나 그 결과는 그녀에게 모진 시련만을 안겨주었다. 영창대군을 끝까지 세자로 옹립하려던 유영경은 광해군이 즉위하자 정인홍, 이이첨 등 대북파의 탄핵을 받고 함경도 경흥에 유배되었다가 사사되었다.

아들 영창대군의 죽음과 서궁으로의 유폐

광해군이 즉위했지만 그가 권위를 인정받기 위해서는 일단 서자라는 꼬리표를 떼어내야만 하였다. 광해군은 어머니 공빈 김씨를 왕후로 승격시키는 일부터 도모하였다. 그럴 수만 있다면 어머니는 의인왕후 박씨의 뒤를 잇는 선조의 계비가 되고 자신은 부왕의 적자가 되는 셈이었다. 또 자신이 적모로 모시는 인목대비 김씨에 대해서도 부담감을 덜게 되는 효과도 기대할 수 있었다. 하지만 결코 바람처럼 만만한 일이 아니었다. 자신의 권위를 부정하는 조정 대신들과 명나라로부터 인정을 받아야하는 장벽들이 버티고 있었다.

설상가상 명나라에 세자책봉을 원했지만 친형인 임해군이 있는 상황에서 동생인 광해군이 세자가 되는 것은 석연치 않다며 거절을 해왔다.

또 조사를 위해 사신을 파견하겠다고 전해온 것이다. 한편 임해군은 광해군이 세자가 되자 이에 반발해서 암암리에 군사를 불러 모으는 등 문제를 일으키고 있었다.

광해군 즉위년(1608) 2월, 우려했던 일이 터지고 말았다. 대북파의 사주를 받은 무리들이 임해군이 역모를 일으킬 것이라고 고변을 한 것이다. 조정은 들쑤셔놓은 벌집이 되었다. 선조가 죽은 지 14일 만에 터진 대사건이었다. 광분한 광해군은 그날 당장 임해군을 전라도 진도에 유배하라는 명을 내렸다.

광해군과 대북파가 잔뜩 긴장하고 있는 상황에서 명나라 예부의 사신 엄일괴가 찾아왔다. 광해군과 대북파는 그를 매수하기 위해 수만 금의 은과 인삼을 준비해놓은 상태였다. 엄일괴는 임해군이 억울함에 빠졌다는 사실을 알아차렸지만 뇌물을 챙겨 그날로 조선을 떠났다. 엄일괴가 돌아간 뒤 다시금 임해군에 대한 처벌문제가 불거졌다. 광해군은 역모 사실을 인정하면 목숨만은 구해줄 것이라고 약속했다. 하지만 대북파의 사주를 받은 3사를 비롯한 대간들이 임해군을 사사하라고 강력히 요구해왔다. 임해군의 역모를 입증하기 위해 그의 수많은 노비들에게 가혹한 고문을 가했다. 결국 임해군은 강화도 교동으로 유배되었다. 그리고 대북파의 지시를 받은 그곳을 지키던 수장 이정표에게 교살당했다.

광해군은 마침내 광해군 2년(1610) 공빈 김씨의 추숭을 지시하였다.

"나를 길러주신 어머니에게 아직 추숭의 은전을 베풀지 못했으니 인정과 사리로 볼 때 크게 잘못된 일이라 여겨 늘 가슴이 아파 슬퍼했었다. 이 문제를 하루도 잊지 않았지만 삼년상 동안에는 거론할 기회가 없었다. 그러나 이제 반드시 고례(古禮, 옛날의 예절)를 따라 인정과 예문을 고려해 대신들에게 상의하게 한 후 다음 절목을 마련하여 거행하도록 하라."

조정 대신들은 더 이상 반대할 수 없었다. 그래서 공빈 김씨는 공성왕후로, 묘는 성릉으로 승격되었다. 한편 대북파들은 왕위찬탈에 대한 혐의만 있으면 모조리 제거해 버렸다. 영창대군에 대한 혐의를 찾고 있던 대북파에게 절호의 기회가 왔다. 광해군 5년(1613) 박응서를 비롯한 당시 명망 있는 대갓집의 서자 7명이 조령고개에서 일으킨 살인강도사건에 영창대군을 연루시켰던 것이다.

7명의 서자들은 서로 삶과 죽음을 함께한다는 맹세를 하고 소양강 위에서 같이 살고 있었다. 그들은 스스로를 무륜당(無倫堂), 강변칠우 혹은 죽림칠현 등으로 부르며 시와 술을 즐겼다. 그러던 중 조령에서의 살인강도사건 혐의로 포도청에 잡히게 되었다. 이 사건을 들은 이이첨이 포도대장 한희길과 강화부사 정항에게 미리 귀띔을 하여 김씨의 아버지 김제남과 영창대군을 연루시켰다. 한희길과 정항은 박응서에게 시키는 대로 진술을 하면 죽음을 면할 수 있다고 유인하였다. 박응서는 그렇게 하겠다고 승낙한 뒤 국문을 할 때 거짓 진술을 하였다.

"우리가 도둑이 아니라 장차 큰일을 도모하려고 양식과 무기를 준비하고, 연흥부원군 김제남과 연락해서 영창대군을 왕으로 세우려 하였소."

정항이 이 사실을 상주하자 광해군이 직접 국문하였다. 박응서는 '참 용은 일어나지 않고 거짓 여우가 먼저 울도다.'라는 글을 기록한 격문을 돌린 바가 있는데 여기서 참 용은 영창대군을 일컫는 것이며, 거짓 여우는 광해군을 일컫는 것이라고 진술했다. 국문을 받던 서양갑이 함께 체포된 어머니와 누이가 매 맞는 것을 보고 광해군을 쳐다보며 분노의 일성을 터트렸다.

"전하가 세 가지 악한 죄가 있으므로 우리가 거사하려 한 것인데 어찌하여 우리를 역적이라 하오? 전하가 아버지를 죽이고 동복형(임해군)을 죽이고, 또 음증(아주머니 항렬에 있는 존속친을 간음)까지 한 일이 있지 않소!"

서양갑은 이 모든 일을 김제남이 지휘했다고 말했다. 광해군이 김제남, 대비 김씨, 영창대군 등을 모두 죽여 백성에게 원망을 사게 되면 왕위를 오래 지키지 못할 것이라는 판단을 했기 때문이다. 결국 김제남은 이이첨 등의 모함으로 서소문 밖 자택에서 사약을 받고 죽었다. 그의 아들 셋도 화를 입었고, 부인과 며느리 정씨, 어린 손자 천석은 화는 면했지만 제주도로 유배되었다. 일설에 의하면 김제남이 궁궐로 잡혀 들어갔을 때 며느리 정씨는 어린 아들 천석을 살리기 위해 일부러 급사했다는 소문을 퍼뜨린 후에 관을 준비해 장사까지 지내고 숨어서 살게 하였다고도 한다.

인목대비 김씨는 이런 변고가 일어나고 있는 줄은 전혀 알지 못했다. 김씨는 김제남이 죽은 지 4일이 지나서야 소식을 들을 수 있었다. 김제남에게는 사후 두 가지의 죄가 더해졌다. 북문으로 들어와 궁궐 안에 유숙하면서 나인들과 만나고 의인왕후의 능에 저주를 했다는 죄목이었다. 그러나 김제남이 궁궐에서 잔 것은 사실이지만 다른 이유가 있었다. 영창대군이 천연두에 걸려 김씨가 간병을 부탁했기 때문이었다.

한강의 별영을 마음대로 허물고 그곳에서 나온 재목으로 정자를 지었다는 죄목에 대한 비난도 이어졌다. 하지만 이 역시 왜곡된 것으로 한강의 별영은 혹시 모를 왜란에 대비하기 위해 제안대군의 정자를 허물고 설치한 군영이었다. 김제남이 제안대군의 정자를 복원하기 위해 한 일이었지만 이를 두고 뒷말이 생겨난 것이다. 결국 모든 일은 역모사건으로 둔갑해 버리고 말았다.

김씨의 친정이 멸문지화를 당한 후 어린 영창대군도 무사하지 못했다. 김씨는 아들 영창대군을 꼭 붙들고 놓아주지를 않았다. 광해군은 힘센 궁녀 10여 명을 풀어 영창대군을 김씨에게서 빼앗아 강화도 영락전에 위리안치 시켰다.

광해군 6년(1614) 봄, 이이첨은 강화부사 정항에게 영창대군을 죽이라고 명하였다. 정항은 별장 이응표와 함께 영창대군을 불에 태워 죽이기 위해 기거하는 방의 문을 봉하고 아궁이에 불을 지폈다. 곧 방 안은 화로보다 더 뜨겁게 달구어졌고 갇혀 있던 영창대군은 살려달라고 울부짖으며 애원을 했다. 그러나 만 8세의 어린 영창대군은 결국 손톱까지 까맣게 탄 채 죽고 말았다.

사람들은 광해군의 명을 받은 정항이 영창대군을 죽였다고 생각하였다. 그 와중에 부호군 박영신은 사대부들이 많이 모인 자리에서 이의(영창대군)가 죽었으니 사책에 반드시 정항을 시켜 대군을 죽이게 했다고 써야 할 것이라고 떠벌렸다가 유배형에 처해졌다.

대북세력들은 김씨가 박응서 사건과 관련이 있고 궁궐에서 저주사건을 일삼고 있기 때문에 폐모를 해야 한다고 주장하였다. 이때 인목대비 김씨는 이미 유폐된 처지나 마찬가지였다. 출입문을 봉쇄하고 자물쇠까지 겹겹이 채워놓은 상태에서 감찰 관원들이 교대하며 밤낮으로 지키고 있었다. 이에 관련해 《광해군일기》에 사관은 단지 '폐한다'는 한 글자만 아직 써넣지 않았을 뿐이라고 기록하고 있다.

광해군이 이렇듯 자신감을 앞세워 일을 추진한 것은 생모인 공빈 김씨가 명나라로부터 책봉을 받았기 때문이었다. 그 전에는 대신들이 반대를 했지만 이제 사정이 달라져 있었다. 인목대비 김씨는 역모사건에 연루되어 있었기에 대신들이 그녀를 보호하려고 해도 명분에서 불리한 처지였다. 광해군은 이제 종묘에 공빈 김씨를 모실 수 있었고 온전한 대군으로 왕위에 오른 셈이 되었다.

영창대군이 죽은 후 4년 동안 폐모론을 둘러싸고 찬반 상소가 잇달아 올라오자 조정에서는 끝까지 반대하는 영의정 기자헌과 영부사 이항복 외 몇몇 사람을 귀양 보냈다. 광해군 10년(1618) 인목대비 김씨의 대비라는 존호를 폐하였다. 김씨는 마침내 폐모가 되어 서궁에 유폐되는 신세가 되었다. 서궁은 현재 경운궁으로 이곳은 원래 월산대군의 사저였다. 선조 26년(1593) 선조가 의주에서 환도한 후 창덕궁, 경복궁 등이 모두 소실되어 갈 곳이 없자 이곳을 확장하여 궁궐로 삼았다. 광해군은 창덕궁 재건축을 위해 대비 김씨와 영창대군과 함께 경운궁으로 옮겼다가 다시 두 모자만 남기고 창덕궁으로 돌아가버렸다. 그 후 두 모자는 경운궁에서 살다가 영창대군이 광해군에 의해 역적 누명을 쓰고 강화도에서 증살된 후 김씨 홀로 지냈다.

폐모론을 반대하다 귀양길에 오르던 이항복은 철령 마루에서 시를 지어 인목대비 김씨를 위로하고 광해군이 올바른 정치를 할 것을 간하였다.

철령 높은 봉우리에 쉬어 넘는 저 구름아
고신원루(孤臣寃淚)를 비삼아 띄워보내
임 계신 구중심처에 뿌려준들 어떠하리

이 시는 곧 전파되어 궁녀들까지도 부르게 되었다 한다. 이때 《홍길동전》의 저자 허균도 죽음을 당했다. 그는 박응서 사건 때의 강변칠우를 배경으로 적서차별 타파를 부르짖으며 당시 사회상을 풍자하고 하층계급까지 모두 읽을 수 있도록 이 소설을 한글로 쓴 인물이었다. 갈수록 사회는 어지러워지고 광해군이 계모 인목대비 김씨까지 서궁에 유폐시키자 이를 기회로 동지를 규합하여 반역을 도모하다 발각되어 참형에 처해진 것이다. 이이첨이 혹시 자신과의 야합을 발설할지 모른다는 우려에 그의 처형을 강력히 주장한 결과이기도 했다.

한편 김씨는 하루하루 여전히 목숨이 위태로운 처지로 지내고 있었다. 폐모론에 가담했던 조정 대신들은 혹시 김씨가 권력을 되찾을까 경

석어당 – 경운궁 내 인목왕후가 유폐되어 있던 곳

계를 하고 있었기 때문이다. 그들은 훗날을 위해 김씨를 죽이는 것이 낫다고 머리를 모으고 있었다.

광해군 14년(1622) 12월 그믐, 그들은 이윽고 김씨의 암살계획을 실행에 옮겼다. 귀신을 쫓기 위해 징과 북을 치며 나례희(儺禮戱, 새해를 맞아 악귀를 쫓기 위해 벌이는 궁궐 최대 액막이행사)를 벌이는 척하며 암살단을 이끌고 경운궁으로 들어갔다.

그날 초저녁에 김씨는 요상한 꿈에 시달렸는데 선조가 나타나 지금 도적의 무리가 쳐들어오고 있으니 피하지 않으면 죽는다는 말을 했다. 꿈에서 깬 김씨가 서럽게 울자 놀란 궁녀가 황망히 달려와 이유를 물었다. 김씨가 꿈 이야기를 들려주자 궁녀가 그렇다면 자신이 대신 침전에 누워 있겠다고 하였다.

김씨는 궁녀를 두고 밖으로 빠져나와 구사일생으로 목숨을 건질 수 있었다. 궁녀는 곧 들이닥친 암살단의 칼에 죽었다.

어린 나이에 늙은 신랑 선조에게 시집와서 부귀영화를 누릴 줄로만 알았던 김씨는 기가 막혔다. 왕비라는 자리가 화근이 되어 친정은 멸문지화를 당하고 자신의 목숨보다 사랑하던 어린 아들마저 잃었으니 가슴이 골백번도 더 무너지고 찢어졌다. 거기에 자신의 목숨을 노리는 무리들마저 활개를 치는 터라 비참함이 끝이 없었다. 그러나 지금은 비록 서궁에 갇혀 지내지만 언젠가 이 모든 원수를 갚을 날이 올 것이라는 생각을 하며 삶을 지탱해 나갔다.

빛이 찾아 든 서궁

인목대비 김씨는 서궁에 갇혀 지내면서 오직 한 가지 생각밖에 하지 않았다. 광해군과 그를 지지하는 세력들을 죽여 없애는 일이었다. 마침내 그녀에게 광명이 찾아왔다. 김씨가 폐모가 된 지 5년, 광해군이 집권한 지 15년이 되던 해인 1623년 3월 인조반정이 일어났다. 광해군과 그를 지지하던 대북세력들은 쫓겨나는 신세가 되었다.

인조반정은 서인세력이 광해군과 대북일파를 몰아내고 능양군 종(倧, 인조)을 옹립한 정변이었다. 대북세력에 의해 눌려 지내던 서인들에게 인목대비 김씨의 서궁 유폐는 반정을 일으킬 수 있는 좋은 명분이었다. 광해군 5년(1613) 박응서사건 때 연루되었던 서양갑이 광해군의 패륜행위를 지적하며 민심을 잃게 될 것이라고 한 적이 있었다. 그 말이 인조반정으로 현실화되었던 것이다.

서인 이서, 이귀, 김자점, 김유, 이괄 등은 선조의 서손인 능양군을 왕으로 추대하여 정변을 일으켰다. 능양군은 선조의 후궁 인빈 김씨의 셋째 아들 정원군과 좌찬성 구사맹의 딸(인헌왕후로 추존) 사이에서 맏아들로 태어났다. 왕으로 추대될 수 있는 자격요건을 갖추고 있었으며 능양군 자신도 광해군과 대북일파에 대해 원한이 사무쳐 있었다. 능양군의 동생 능창군을 신경희, 양시우, 김정익 등이 왕으로 추대하려고 도모하다가 이 사건에 연루되어 강화도 교동으로 유배되었다가 스스로 목을 매어 죽은 일이 있었기 때문이다. 그래서 능양군도 정변을 일으키려는 세력들에게 쉽게 동조할 수 있었던 것이다.

한편 김자점은 거사가 일어나기 전에 입막음할 수 있는 곳은 모두 조치를 취해두었다. 당시 광해군은 입 안에 혀처럼 굴던 상궁 김개시를 매우 신뢰하고 있었다. 김상궁은 원래 시정의 천한 신분으로 한 때 시집까지 갔다가 궁궐로 들어 온 여인이었다. 그녀는 선조 말년에 세자로 영창대군을 세우려한다는 소식을 귀띔해 준 바 있으며 또 광해군이 영특하다고 선조에게 추천한 적도 있었다. 이래저래 그녀는 광해군의 환심을 사고 있었다.

광해군에게 얼굴을 보이려면 먼저 김상궁을 거쳐야만 했다. 그래서 궁녀들은 광해군의 승은을 입기 위하여 그녀에게 뇌물을 갖다 바치는 실정이었다. 김상궁은 궁궐의 안주인처럼 행세를 했고 주위에는 많은 여인들이 몰려들기 시작했다. 그중 서인 이귀의 딸 이씨도 포함되어 있었는데 그녀는 원래 김자점의 동생 김자겸의 부인이었다. 그런데 김자겸이 세상을 떠나자 남편 친구인 오언관과 가깝게 지내다 결국 연인관계가 되었다. 당시에는 과부가 다른 남자와 사랑을 나눈다는 것은 있을 수 없는 일이었다. 그래서 두 사람은 산속으로 도망쳐 이씨는 비구니가 되고 오언관은 승려가 되었다.

그 후 이귀를 반대하는 대북세력들이 두 사람을 잡아들였다. 오언관은 이 일로 인해 장살(매를 쳐서 죽임) 당했으며 이씨는 광해군의 살려주라는 명에 따라 자수궁의 비구니가 되었다. 자수궁은 선왕들이 세상을 떠나고 마음을 의지할 곳이 없어진 후궁들이 비구니가 되어 살던 곳이었다. 이곳을 드나들던 김상궁과 이씨는 곧 친밀한 관계가 되었다. 김상궁은 정변에 대한 소문이 떠돌자 이씨에게 물어 보았다.

"바로 네 아버지 이귀와 김자점이 세상을 뒤집는다고 하는구나."

이씨는 그 일에 대해 절대 모른다며 발뺌을 하였다.

"그럴 리가 있겠습니까? 전부 소문입니다. 소승의 아비는 아무런 세력도 없는 학자입니다. 그리고 소승의 시아주버니 김자점도 글을 읽는 선비에 지나지 않습니다. 그런데 어찌 음모를 꾸미겠습니까?"

이씨의 입을 통해 이 일은 이귀와 김자점 귀에까지 들어갔다. 김자점은 곧 입막음을 위하여 뇌물공세를 폈고 이에 넘어간 김상궁은 김자점을 신뢰하기 시작했다. 대북세력들은 정변의 기미를 눈치 채고 몇 번이나 상계하였으나 광해군은 듣지 않았다. 김상궁이 중간에서 절대 그럴리가 없다며 광해군의 판단을 흐리게 하였던 것이다.

"밖의 공론이 가소롭사옵니다. 김자점이 역모한다니 어찌 말이나 되옵니까?"

광해군이 즉위할 무렵부터 정치권력을 잃었던 서인세력은 학덕이 높은 유생의 불만을 이용해 정변을 꾀하려고 하였다. 그러다 광해군 12년 (1620) 이서, 신경진이 먼저 구체적인 반정계획을 세운 후 이귀, 김유 등의 문신과 손을 잡았다. 그리고 능양군을 왕위에 앉힌다는 계획 아래 1623년 3월 12일을 거사일로 정하고 추진하였다. 드디어 거사 당일 능양군은 직접 군사들을 이끌고 창의문으로 돌진하여 성문을 부서버렸다. 창덕궁에 이르자 이미 반정군에 포섭되었던 훈련대장 이흥립의 도움이 기다리고 있었다. 훈련도감의 군사들은 반정군을 보자 성문을 활짝 열어주어 궁궐을 쉽게 점령할 수 있었다.

결국 광해군은 김상궁의 말에 넘어가 폐주의 신세가 되고 말았다. 혼비백산한 광해군은 궁궐 담을 넘어 의관 안국신의 집에 숨었으나 곧 체포되었다.

정변에 성공을 거둔 능양군은 곧 인목대비 김씨의 윤허를 얻기 위해 이귀를 서궁으로 보냈으나 그녀는 화를 내며 말했다.

"죄인의 부자와 이이첨의 부자 그 외 모든 당파의 죄인들을 효시(죄인의 목을 베어 매달아 보임)한 연후에 이 문밖을 나가겠다."

김씨가 이처럼 강경하게 버티자 능양군은 밤이 늦었는데도 불구하고 광해군과 함께 서궁으로 가서 대죄를 청했다. 그러자 김씨는 자신에게 어새를 넘길 것을 요구하였다. 이귀가 자신의 머리는 줄 수 있어도 그것만은 절대 불가하다며 강경하게 버티었다. 한동안 실랑이를 벌이다 능양군이 어새를 김씨에게 주라고 명하였다. 어새를 품에 안은 김씨는 이 일로 자신의 위치를 확고하게 해 두려고 했다. 그리고 뒤따라온 광해군에 대해 '군부의 병이 위중할 때 위협의 말을 가해 빨리 돌아가시게 하고 부왕의 희첩을 간음했다.' 는 등의 36가지의 죄를 들먹이며 면책하였다.

"역적 혼을 죽이고야 말겠다!"

지금까지 광해군에 대한 불타는 복수심으로 삶을 지탱해온 김씨였기 때문에 그 언성은 서릿발 같았다. 광해군에 대해 면책한 후 비로소 능양군을 올라오라고 하여 책립례를 거행하고 어새를 전달했다. 그리하여 마침내 능양군이 왕위에 오르게 되었으니 그가 조선 16대 왕 인조이다.

암울하고 음습한 서궁에 유폐되어 있던 김씨는 복호되어 대왕대비로서 인경궁 흠명전으로 옮겨졌다. 김씨를 암울한 서궁에 유폐시킨 대북일파 가운데 일부는 귀양 보내고 일부는 사사시켰으나 광해군만은 강화도에 위리안치 시켰다. 김씨는 인조가 광해군을 그대로 살려 놓은 것이 못마땅했다. 아들 영창대군과 친정의 원수를 갚기 위해서는 광해군을 하루라도 빨리 죽여야 한다는 생각뿐이었다.

광해군에 대한 불타는 복수심

김씨가 광해군을 죽이라고 채근하자 인조는 난감하였다. 아직 민심을
제대로 얻지 못한 상황에서 살육만 저지르다 보면 자신도 광해군과 같
은 신세가 될지 모른다는 생각 때문이었다. 광해군 때는 항상 풍년만 들
어 그렇게 어렵지 않았는데 인조가 정변을 일으킨 이후 흉년이 이어졌
다. 그러자 불만의 소리들이 생겨났으며 반정일등공신인 이서마저 이렇
게 상황을 묘사하였다.

"갑자기 광해군을 폐출하고 새로이 임금을 세웠다는 소식을 들은 백
성들은 새 임금이 성덕이 있는 줄 알지 못했으므로 상하가 놀라 어쩔 줄
을 몰랐다. 성패가 확실히 정해지지 않은 터에 위세로서 진압할 수도 없
어서 말하기 지극히 어려운 사정이 있었다. 이원익이 전 왕조 때의 원로
로서 영상에 제수되자 백성들의 마음이 비로소 안정되었다."

인조는 반정 직후 민심을 얻지 못했기 때문에 광해군을 쉽게 죽일 처
지가 못 되었다. 그러나 인목대비 김씨는 광해군을 죽여야 자신도 편히
눈을 감을 수 있다고 생각했다. 하지만 실권을 가진 자들은 김씨가 아닌
서인세력이었다. 단지 김씨는 서인세력들에게 명분만 제공해주었을 뿐
이었다. 인조가 할 일은 김씨의 원수를 갚아주는 것이 아니라 민심을 안
정시키는 일일 수밖에 없었다.

실권이 없던 김씨는 서인세력에게 또 한 번 이용당했다. 인조 6년
(1628) 해창군 윤방, 영의정 신흠 등의 중신들이 인성군에 대한 과거의 죄
목을 들먹이면서 처벌할 것을 인조에게 주청하였다. 인성군은 선조의
후궁 정빈 민씨의 아들로서 광해군이 폐모를 논할 때 종친을 데리고 참
석한 사실이 있었다. 그래서 이귀가 인성군을 탄핵하기 시작하였는데
인조는 조정 대신들의 말에 귀 기울이지 않았다.

인성군을 탄핵하기 시작한 것은 이괄의 난을 진압한 이후였다. 이괄의 난은 서인세력 내부의 갈등을 보여주는 사건이었다. 이괄은 인조반정에서 혁혁한 공을 세웠지만 논공행상에서 제대로 대접받지 못하고 이등공신으로 밀린 후 외직으로 축출되었다. 중앙의 서인세력들은 이괄이 아들과 짜고 역모를 꾀했다고 인조에게 고변한 후 그의 아들을 잡아가려 하였다. 이에 이괄은 반란을 일으켜 진군하였고 19일 만에 한성부를 점령하여 선조의 아들 흥안군(선조의 후궁 온빈 안씨의 아들)을 왕으로 추대하였다. 그러나 패주했던 관군이 전열을 가다듬어 공격해 들어오자 이괄은 대패하여 현재의 경기도 이천으로 도망갔다. 대세가 기울었다고 판단한 부하들은 이괄 등 9명의 주모자들의 목을 베어 관군에 투항했고 비로소 난은 평정되었다. 이 난이 평정된 후 흥안군은 살해되었으며 조정에서는 또 이러한 역모가 터질지 모른다 하여 매우 경계하였다. 선조는 후궁들을 많이 두어 그 소생도 많았기 때문에 항상 말썽이 되었다. 그 소생 중 이제 가장 유력한 인물은 인성군(선조의 후궁 정빈 민씨의 아들)이라 그를 제거하기 위해 서인들이 기회를 노리고 있었다.

사소한 사건만 일어나도 인성군을 연루시켰지만 인조는 그에 대해 관대하게 처리하였다. 그러자 인조 6년(1628) 유효립이 역모를 꾀했을 때 서인세력들은 인성군 뿐 아니라 인목대비 김씨도 연루시켰다.

"인성군이 자전(인목대비)의 밀지를 받들어 흉도들을 끌어들였습니다."

이 사건을 들은 김씨는 기절초풍할 지경이었다. 실권 없이 이래저래 당하기만 하던 김씨는 전교를 내려 자신이 무관함을 변명했다.

"나로서는 대왕의 골육을 보전하고자 삼강의 도리에 관한 근본적인 죄도 다스리지 않았었는데 그것이 나의 잘못이다. 미망인은 죽지 않고 다시 살아나 부형의 원수를 갚았다. 이제는 황천으로 가서 부형을 위로하고자 하였으나 자결할 수가 없어서 남아있는데 걸핏하면 역적의 입에 오르게 되니 분하고 원통한 마음 어찌할 바가 없구나. 이공(인성군)을 잡아다가 국문하여 자결하게 하라!"

인조도 어찌할 수 없어 마침내 인성군을 진도에서 사사하였다. 조정 신하들에 의해 정략적으로 필요할 때만 존재 가치가 있던 인목대비 김씨는 인조 10년(1632) 49세의 일기로 세상을 떠나 동구릉의 목릉에 안장되었다. 그때까지 광해군은 살아있었다. 김씨는 광해군을 집안의 원수로 여겨 죽이려 하였지만 자신은 신하들에 의해 이용된 하나의 명분에 불과했다. 김씨가 그토록 죽이려던 광해군은 김씨보다 10년을 더 살았으니 폐위와 복위로 점철된 김씨의 삶은 허무할 수밖에 없었다.

城文
人夫
郡

폐비 유씨

후세에는 왕비로
태어나지 않도록 해 주십시오

　차가운 바닷바람이 칼날처럼 달려드는 초겨울. 강화도 교동 초라한 초가의 방 안에서 한 여인이 꼿꼿이 선 채 굵은 눈물을 흘리고 있었다. 모든 것을 체념한 듯한 얼굴이었다. 잠시 후 여인은 무언가 결심한 듯 눈물을 닦아냈다. 그리고 두 손을 모아 합장을 하고 축수를 올렸다.

　"후세에는 절대 왕실의 부인으로 태어나지 않도록 해 주십시오."

　그녀는 몇 번 축수를 한 뒤 치마를 벗어 둘둘 말았다. 그리고 올가미처럼 만든 치마를 시렁에 묶고는 목을 매달았다. 두어 차례 발버둥을 치던 그녀의 몸은 곧 축 늘어졌다. 밖에서 지키고 있던 군졸들이 들이닥쳤지만 그녀는 이미 숨을 거둔 뒤였다.

　자기 손으로 생을 마감할 수밖에 없었던 이 여인은 폐주 광해군의 아내 폐비 유씨였다. 유씨는 16년 동안 세자빈 생활을 하면서 어린 시어머니 인목왕후 김씨에게 구박 아닌 구박도 많이 받았다. 그 후 남편이 왕위에 올라 15년간 화려한 왕실생활을 영위했지만, 유씨에게 마지막 남은 길은 자결뿐이었다.

어린 시어머니와의 불화

유씨는 아버지 문양부원군 문화 유씨 유자신과 어머니 봉원부부인 동래 정씨 사이에서 태어났다. 16세 되던 해에 광해군 혼과 백년가약을 맺었다. 아버지 유자신은 진사시에 합격하여 태릉참봉을 거쳐 형조참판을 지내다 딸 유씨가 광해군과 혼인을 하자 벼슬이 올랐다. 임진왜란 때 광해군을 수행한 후 동녕부동지사가 되었다. 왕의 어가를 호송하여 평양까지 갔다가 다시 광해군 분조를 따라 강원도 방면으로 나갔다가 성천에서 성천도호부사가 되었다. 그 후 선조 28년(1595) 사헌부의 탄핵을 받고 파면된 후 다시 한성판윤이 되었으나, 선조 31년(1598) 명나라 포정사 양조령의 부하를 구타하여 파면되었다가 복직되었다. 광해군이 즉위하자 문양부원군에 책봉되었다. 유씨의 어머니 봉원부부인 정씨는 정유길의 딸이었다. 유씨에게 외조부가 되는 정유길은 문과에 급제하여 벼슬길에 나섰으며 전적, 도승지, 대사헌 등을 거쳐 좌의정까지 지낸 인물이다. 그는 문장이 유려하고 시에 능한 것으로 정평이 나 있었다. 유씨 집안 사람들은 모두 광해군을 정점으로 세력을 확장시키고 있었던 것이다.

유씨는 광해군과의 사이에 3남을 두었으나 첫째 아들과 셋째 아들은 홍역으로 일찍 요절하고 둘째 아들 질(袏)만 남았다. 질이 5세 되던 해인 선조 35년(1602)에 시아버지 선조는 어린 신부 인목왕후 김씨를 맞이하였다. 이때 유씨 나이 27세로 김씨보다 8세가 많았다. 남편 광해군의 나이는 28세였으며 세자로 책봉되어 있는 상태였다. 물론 유씨도 세자빈에 책봉되어 있었지만 명나라에서 허락을 해주지 않아 골치를 썩이고 있었다. 명나라에서 세자로 책봉한다는 고명이 오지 않은 가운데 인목왕후 김씨가 아들 영창대군을 낳았다. 그러자 선조는 어린 신부가 사랑스러웠고 서출인 광해군보다 적출인 영창대군을 더 귀여워하였다.

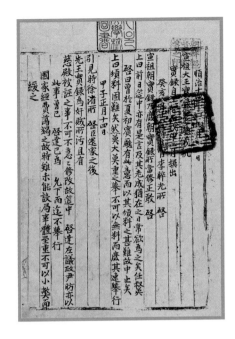

선조대왕실록수정청의궤
선조실록은 광해군 즉위 후에 편찬되었으나 인조반정 후 서인들에 의해서 효종 8년에 수정본이 만들어졌다. 정치세력 변동에 따른 실록 수정 사례의 하나이다.
규장각 한국학연구원 소장

유씨는 어린 시어머니 김씨와 사이가 좋을 리 없었다. 시어머니가 아들을 낳는 바람에 입지가 위태롭게 되고 말았다. 김씨 뒤에는 선조가 버티고 있었기 때문에 궁녀들의 콧대도 만만치 않았다. 선조는 광해군에게 문안인사조차 받으려 하지 않았기 때문에 궁인들도 은연중에 유씨를 무시하려 들었다. 김씨와 유씨 사이에는 서로 보이지 않는 팽팽한 긴장상태가 계속되었다. 그런데 두 사람의 불화가 표면화된 결정적인 계기에 대해 야사에서는 다음과 같이 전하고 있다.

막내아들이 병이 들자 유씨는 대전약방에서 약을 가져다 사용하려 하였다. 당시는 대전약방과 동궁약방이 구별되어 있었다. 그런데 대전약방으로 갔던 궁녀가 울면서 돌아왔다. 대전약방에 있는 궁녀가 김씨의 세력을 믿고 동궁약방에서 약을 가져다 사용하라며 유씨가 보낸 궁녀를 돌려보냈던 것이다. 이 말을 들은 유씨는 아무 말 없이 동궁약방에서 약을 가져다 사용했는데 공교롭게도 아들이 죽고 말았다. 아들을 잃은 유씨의 분노는 시어머니 김씨에게로 옮겨갔다. 아들이 죽은 것이 모두 김씨가 세력을 부렸기 때문이라고 생각했던 것이다. 이 사건으로 김씨와 유씨 사이의 불화는 겉으로 드러나기 시작했다. 어쨌든 선조가 살아 있었을 때는 김씨의 텃세가 매우 심해 유씨는 분노를 속으로만 삭일 수밖에 없었다.

궁 버들 청청한데 꾀꼬리 요란하게 나는구나(宮柳靑靑鶯亂飛)

인목왕후 김씨의 텃세도 오래 가지는 못했다. 영창대군이 2세 되던 해에 선조가 그만 유명을 달리하고 말았다. 광해군이 조선 15대 왕으로 즉위하자 유씨도 왕비로 책봉되었다. 이와 함께 유씨 집안의 세도도 갈수록 커져갔다. 유씨 집안에서는 그녀의 오라버니 유희분, 유희발, 유희량 등이 이미 출사한 상태로 광해군을 돕고 있었으며 조카 유충립, 유효립 등도 모두 벼슬길에 나선 상태였다. 유씨 형제들은 매제가 왕의 자리에 있고 누이가 왕비에 앉아 있었기 때문에 항상 의기양양하였다. 유희분은 임해군, 영창대군, 능창대군을 무고해 죽이는데 가담한 공으로 익사일등공신에 책봉되어 문창부원군에 봉해졌다. 유씨의 일가친척들이 모두 조정의 요직을 차지하고 있었기 때문에 유씨는 따로 방패막을 만들 필요가 없었다.

유씨는 은근히 인목대비 김씨를 무시하려고 하였다. 그녀는 선조의 죽음을 슬퍼하는 김씨를 한 번도 찾지 않을 정도였다. 도리어 슬퍼하는 모습을 두고 빈정대며 비꼬았다.

"어디 저런 사람이 다 있다는 말이냐? 대군을 세우려다 뜻을 이루지 못해 아마 그래서 더 서러워 우시나보다!"

나이 많은 궁녀들은 유씨의 이런 행동을 보고 의인왕후를 모시는 것과 너무 다르다는 말을 했다고 한다. 유씨는 인목대비 김씨와 후원 나들이를 함께할 때도 자신이 뒤에서 따르는 것에 불만을 드러냈다.

"나는 나이가 많고 윗전은 젊어도 내 뒤에는 못 서실 것이다. 내 잠깐 핑계를 대고 머무르거든 먼저 모셔 가도록 하라!"

한번은 가마를 멘 하인이 넘어져 김씨가 떨어질 뻔했는데도 말없이 지나쳐 궁녀들의 구설수에 오르기도 하였다.

한편, 유씨 집안 식구들은 왕실을 배경으로 비리를 일삼기 시작하였다. 유희분은 천인 출신 김충보라는 자에게 뇌물을 받고 벼슬을 제수해준 적이 있었다. 김충보는 각 관아에 들어가는 공물을 뺏은 후 자기가 얼마씩 착복하고 유희분이 눈감아주는 대신 나머지 공물을 갖다 바쳤다. 유희분은 그에게 고마움의 표시로 옥강 만호라는 호를 지어주고 장기군수까지 될 수 있게 다리를 놓아주기도 하였다.

당대의 세력가들이 판을 쳐도 바른 소리를 하는 인물은 있기 마련이었다. 광해군 3년(1611) 봄, 성균관 진사 임숙영이 책문시에서 유씨 집안과 정사를 풍자하여 비평한 글을 지어 논란을 불러 일으켰다. 광해군은 이 글을 보고 그를 당장 합격자 명단에서 제외시키라고 하였다. 그러나 양사에서 이미 합격을 시켰기에 명단을 빼기는 어렵다고 주장하였다. 결국 가을이 되어서야 그 방을 붙일 수 있었다. 당시 시를 잘 짓기로 유명한 권필이 이 사건을 전해 듣고는 이른 바 '궁류시(宮柳詩)'로 당시의 현실을 더 적나라하게 비판하였다.

궁 버들 청청한데 꾀꼬리 요란하게 나는구나
성에 찬 관개가 봄볕에 상긋거리네
조정에선 함께 태평의 즐거움을 하려 하는 판에

누가 시켜 위태한 말이 포의의 입에서 나오게 하였나

*관개는 갓과 일산(지위를 나타내는 큰 양산)으로 벼슬한 사람을 지칭

권필은 더러운 세상이라 과거도 보지 않겠다던 인물이었는데 이 시로 국문을 당하게 되었다. 국문 도중에도 그는 외척들이 날뛰어 나라가 어지럽다며 소신을 밝혔다. 하지만 그는 매를 너무 많이 맞은 탓에 귀양길에 누군가 동정하여 내민 술을 마시고는 죽고 말았다. 그는 국문을 당하기 사흘 전에 미리 자신의 죽음을 예감하고 조카 심모에게 시 하나를 보자기에 싸서 맡겼다.

평생에 우스개 글귀를 지어서
인간 만 입의 쑥덕거림을 불러 일으켰다
이제부터는 입을 봉하고 내 입을 마칠거나
옛날에 공부자(孔夫子)께서도 말없고자 하셨는데

이처럼 뜻있는 인물들은 광해군과 유씨 집안을 비판했지만 김직재의 옥사(광해군 4년, 1612)가 일어난 이후 나라의 부정부패는 더욱 심해졌다. 이 옥사는 대북세력이 소북세력을 제거하기 위해 일으킨 조작극으로 김직재가 희생양이 된 사건이었다. 봉산군수 신율이 병조의 문서를 위조하여 군역을 피하려다 잡힌 김경립을 문초하던 중에 김직재, 김백함 부자가 군사를 모아 모반을 계획한다고 무고하였다. 그리하여 광해군이 직접 김직재를 국문하였는데 그는 매에 못 이겨 허위자백을 하고 말았다. 이호민, 윤안성, 송상인, 정호선 등과 함께 순화군(광해군의 이복형)의 양자 진릉군을 추대하여 대북파 이이첨, 이창준, 유영근, 송순 등을 제거하려고 했다는 것이다. 이 사건은 이이첨이 주동하여 꾸민 옥사였다.

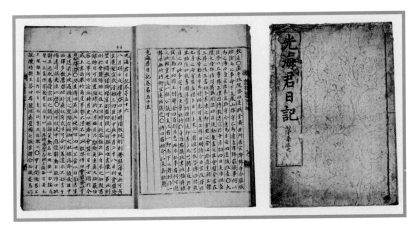

광해군 일기

이 옥사 이후 관련된 죄인들이 뇌물을 쓰고 면죄받았는데 이것이 전례가 되어 죄를 짓고도 뇌물을 쓰면 풀려나는 일이 벌어졌다. 결과적으로 관리등용에도 영향을 미쳐 뇌물의 많고 적음에 따라 관직의 등급이 달라지기도 하였다. 감사직의 값은 수천 냥에 이르렀다고 한다.

이로 인해 이후 벌어진 인목대비 김씨의 아버지 김제남의 옥사에서는 뇌물이 없으면 아예 풀려날 수조차 없게 되었다. 선조의 고명대신 가운데 신흠, 서성, 박동량, 박준겸 등이 모두 은 수백 냥을 바치고 석방되었던 것이다. 이때부터 옥사와 고변이 잇달아 벌어졌는데 고변을 할 경우 그에 상응하는 포상이 보장되었다. 유몽인의 소설에 '숟가락이 남보다 조금 큰 것만 봐도 반드시 고변했다.'는 표현까지 나올 지경이었다.

한편 당시는 궁궐 재건사업이 한창이었던 때였다. 재건사업은 광해군 즉위 초부터 시작되어 재위 기간 내내 진행이 되었다. 광해군은 이를 위해 영건도감(營建都監, 궁궐 건축 공사를 관장하던 임시 관서)을 설치하고 작업에 박차를 가했다. 광해군은 임진왜란으로 거의 모든 궁궐이 소실되었기에 경운궁에 거처하고 있었다. 원래 경운궁은 월산대군의 사저로 선조가 임진왜란 이후 임시 거처로 삼았던 곳이기도 했다. 광해군은 즉위하자마자 종묘의 중건부터 시작해 창덕궁, 창경궁, 경덕궁, 인경궁, 자수궁 등을 지었다. 그리고 마지막으로 경복궁을 중건할 계획이었다.

궁궐 재건사업에 따른 문제점이 있었다. 새로 궁궐을 지을 때마다 백성들이 그 모든 비용을 부담할 수밖에 없었기 때문이다. 궁궐을 너무 웅장하게 짓다 보니 비용이 많이 들어 백성들에게 집터, 돌, 철물, 은 등을 바치게 하였다. 그 대신 가치에 따라 통훈, 대부 등의 벼슬을 주었다. 그리고 지응곤, 왕명회, 김순, 권충남 등은 조도사라는 관직을 얻어 지방으로 돌아다니며 재물을 받고 벼슬을 팔았다. 이것을 벼슬행상이라고 하는데 이때 잡채상서, 산삼정승이라는 말까지 떠돌았다. 이충은 광해군에게 잡채를 한 그릇 올리고 호조판서가 되고, 한효순은 산삼 한 근을 바치고 정승이 되었다고 한다.

이와 같은 부정거래는 대신들에게만 국한된 것이 아니었다. 조정 대신들을 비롯해 후궁, 상궁, 궁녀, 환관들까지 거미줄처럼 모두 얽혀있었다. 이 가운데 상궁 김개시의 일화가 유명하다. 그녀는 선조 대의 상궁이었는데 광해군과 정치적으로 결탁하면서 여러 가지 이권에 개입했던 인물이다. 그녀는 세자빈 박씨가 궁궐로 들어오면서 세력에서 밀려난 이이첨과 조국필의 추천으로 상궁이 되었다. 세자빈 아버지 박승종과 조부 박자홍이 세자빈 박씨를 내세워 광해군의 총애를 배경으로 유희분과 함께 이이첨을 견제하고 있었다. 그래서 이이첨은 조국필과 함께 광해군에게 몰래 김개시를 상궁으로 추천하기에 이르렀던 것이다. 김개시와 이이첨은 친밀한 사이가 되었고 김개시는 그 관계를 유지하면서 궁궐 밖의 여러 이권에 개입하게 되었다.

이러한 사회 분위기를 조롱하여 다음과 같은 시까지 등장하였다.

산삼 같은 정승은 사람마다 사모하는데

잡채 같은 판서의 세력은 당할 길 없구나

광해군은 평소 부인 유씨와 그녀의 집안 사람들과 긴밀한 관계를 유지하고 있었다. 인목대비 김씨가 정명공주를 잉태하고 있을 때의 일이다. 유자신은 이를 낙태시키기 위해 궁궐에 돌팔매질을 하였다. 또 궁녀들 측간에 구멍을 내고 나무로 쑤시는가 하면 도적이 나타났다고 거짓으로 소란을 피웠다. 영창대군의 경우에도 태어난 날부터 없애버리고 싶어 했다고 전해진다.

유자신은 광해군이 국정을 운영할 때 많은 도움을 준 인물이었다. 《계축일기》에 의하면 광해군은 매우 무식하지만 유자신과 유씨는 어느 정도 학문이 있는 것으로 묘사되어 있다. 유씨가 말귀를 잘 알아듣고 글도 잘하며 심성이 유순한 것으로 기록되어 있기도 하다. 유씨가 인목대비 김씨와 사이가 좋지 않은 이유는 유씨를 모시는 궁인들 때문이라는 대목도 발견된다. 그녀의 학문 수준은 어머니 정씨, 세자와 함께 시를 논할 정도였다고 한다.

조정은 갈수록 원칙이 없어지고 세상마저 부패해 가는데도 왕비 유씨는 별 걱정 없이 화려한 중전생활을 영위하며 가끔 어머니 정씨를 모시고 궁궐에서 연회를 베풀기도 하였다. 광해군과 세자 질이 정씨를 위해 시를 한 수 올리면 정씨도 답시를 보내며 화기애애한 분위기를 만들었다. 또한 유씨가 어머니를 위해 시를 짓기도 했다.

29년간 궁중에서 모시고 있을 때

의장을 갖춘 이적이 부끄러워

부왕 선조의 중흥 일을 맞이하여

우리 성성의 덕이 안전하길 비네

그동안 여러 번 세상이 시끄러웠으나

그래도 평화를 길이 누리게 되셨네

어머니의 학발(백발)이 통명전에 가득한데

수를 올리어 은총이 두루 펴있네

조정 안은 계속 부패해갔지만 광해군 때는 이상하게 계속 풍년이 들어 궁궐 생활도 호화로웠다. 유씨는 자신이 어머니를 위해 올린 시처럼 화려한 생활이 계속 유지되기를 기원하고 또 기원하였다.

광해군과 유씨 그리고 유씨 집안은 승려 및 술사(術士, 음양·복서·점술에 능통한 사람)들과 매우 밀접하게 지냈다. 대표적인 인물이 성지와 복동이라는 두 사람이었다.

광해군 8년(1616) 풍수학에 조예가 조금 있었던 승려 성지가 궁궐로 들어왔다. 당시 광해군은 천도(遷都)를 생각하고 있었는데 풍수가 이의신이 고했던 말 때문이었다.

"왜란과 역모사건 그리고 당쟁 등은 모두 도성의 왕기가 쇠했기 때문에 벌어진 일입니다."

이의신의 말에 놀란 대신들은 절대 불가함을 내세웠지만 이 와중에 성지가 찾아와 광해군에게 은밀히 말을 전했다.

"인왕산 아래 궁궐을 지으면 쇠한 왕기를 회복할 수 있습니다. 그곳을 향해 백성들이 앞 다투어 달려오게 될 것입니다."

광해군은 솔깃하여 성지를 절대적으로 지지하며 인왕산 아래 터를 잡고 다음해부터 인경궁 건축에 매달렸다. 그런데 공사 도중 술사 김일룡이 새문동(현 서울시 종로구 신문로 2가)에 왕기가 있다는 주장을 하고 나섰다. 새문동은 정원군(능양군 아버지)의 옛집이 있는 곳이었다. 광해군은 그

기를 누르기 위해 그곳에 궁궐을 짓게 하였는데 이것이 경덕궁(경희궁)이다. 이 때문에 인경궁 공사는 잠시 중단되었다가 광해군 13년(1621)부터 본격적으로 재개되었다. 하지만 2년 뒤 일어난 인조반정으로 다시 중단되고 만다.

술사 복동이 궁궐에 드나들게 된 것은 저주사건 때문이었다. 광해군 10년(1618) 유씨가 중병에 걸린 적이 있었는데 광해군과 가까이 지내는 상궁 김개시 때문이라는 소문이 나돌았다. 김상궁이 유씨를 질투해 요상한 물건들을 방 안 가득 쌓아놓고 또 궁궐 곳곳에 묻었다는 것이다. 이 방중술을 일러준 용의자로 복동이 지목되었다. 그래서 이이첨이 궁궐 안에 있는 저주에 쓰인 물건들을 찾아낼 사람은 복동이라고 추천하였다. 복동이 그 물건들을 찾아내는지 유씨를 위해 기도하여 효험이 있는지 시험해 보라는 것이다.

그런데 정말 복동이 저주에 쓰인 물건들을 찾아냈고 기도를 했더니 유씨가 차츰 회복되기 시작하였다. 이때부터 광해군과 유씨는 복동을 총애하게 되었고 어려운 일이 생길 때마다 그에게 자문을 구했다.

복동은 얼굴이 여자처럼 생겼는데 목소리마저 고와서 부인 복장을 하고 궁궐을 드나들었다. 그는 이현궁에 귀신을 그려놓고 노부, 의장, 의복 등을 구비한 기도처를 만든 뒤 밤낮으로 굿을 해댔다. 또 전국 산천에 기도를 드려야한다며 엄청난 비용을 쏟아붓기도 하였다. 이와 같은 궁궐의 일들은 꼬리에 꼬리를 물고 이어졌다. 복동이 굿을 시작하면 유씨도 친히 나와 절을 하며 평안이 오랫동안 유지되기를 기원하였다. 그러나 그것은 한낱 기원에 불과했다.

나라 안의 부패는 걷잡을 수 없이 심해졌으나 풍년은 계속되었다. 나이 든 궁녀는 계속 풍년이 드는 것은 분명 나라가 망할 징조라고 예언하였다.

"풍년이 성세에 들어야 할 텐데, 오늘날에 풍년이 드니 아마도 우리 임금이 실국할 징조인가 보다."

이 궁녀의 예언은 적중하였다. 광해군 15년(1623) 정변이 일어난 것이다. 유씨의 화려한 중전생활도 이날로 끝나버렸다. 정변이 일어났을 때도 광해군은 수많은 궁녀들과 함께 연회를 열고 술에 취해 흥청거리고 있었다. 광해군 옆에서 시중을 들던 궁녀들은 이미 정변의 주모자인 김자점에게 매수당한 뒤였다. 그래서 계속 고변서가 올라와도 광해군에게 술만 따르고 있었던 것이다.

궁궐에 불길이 솟구치자 이를 본 광해군은 환관에게 다른 성(姓)을 가진 자가 역모를 했으면 필시 종묘에 불을 냈을 것이니 가서 살펴보라고 명했다. 잠시 후 환관은 함춘원(창경궁 홍화문 밖 동쪽에 있는 정원)에 불이 난 것을 종묘로 착각해서 그대로 고했다.

"아, 내 대에 와서 종묘사직이 끝이로구나!"

한탄하던 광해군은 재빨리 북문 담을 넘어 달아나버렸다. 사실 불이 나기 전 광해군은 반정의 고변을 확인했지만 심각성을 깨닫지 못했고 다급해졌을 때는 이미 늦은 뒤였다. 결국 광해군은 속수무책으로 반정 세력에게 궁궐을 빼앗기고 말았다.

정변 소식을 들은 유씨는 궁녀 수십 명을 이끌고 어수당으로 피신하였다. 반정군이 포위하자 이들은 그 안에 이틀 동안 숨어 있었다. 유씨는 이제 아무런 희망이 없음을 알고 반정군에게 백기를 들기로 결심하였다. 궁녀들에게 자신이 이곳에 있음을 알리고 목숨을 구하라고 명하였다.

"내가 어찌 숨어서 살기를 바라랴. 너희들은 중전이 여기 있다고 말하여라."

이 말에 아무도 나서는 궁녀가 없었다. 그런데 그중 총명한 궁녀 한보향이 나서서 외쳤다.

"중전께서 여기 계시오!"

달려온 군졸들에게 한보향은 유씨의 뜻에 따라 이렇게 물었다.

"우리 주상께서 나라를 잃었으니 새 임금은 누구시오?"

반정군 대장이 감히 그 이름을 댈 수가 없다고 하자 한보향이 다시 물었다.

"그렇다면 오늘날 이 일이 종사를 위한 것이요, 부귀를 위한 것이오?"

반정군 대장이 대답했다.

"종사가 위태하므로 우리가 부득이 새 임금을 받들어 반정한 것이지. 부귀를 위하여 한 일은 아니오."

한보향이 목소리를 가다듬더니 질책하였다.

"이미 의거하는 이름으로 반정을 하였다면 어찌하여 전왕의 왕비를 굶겨 죽이려 하오? 그것이 소위 의거란 것이오?"

숙연해진 반정군은 할 말을 잃고 머뭇거리다가 인조에게 유씨의 뜻을 전했다. 인조는 즉시 물과 음식을 들여보내라 지시하였다. 유씨는 일가 친척들과 함께 나라를 문란하게 했지만 그 기개만은 아무도 꺾을 수 없었다. 그녀는 전혀 비굴함 없이 패배를 인정하였다.

야사에 의하면 유씨는 강화도로 광해군과 함께 귀양을 떠나는 뱃길에서 몇 번이나 남편에게 목숨을 끊으라고 요구하였다고 한다. 비극을 영위하다가는 사람 꼴조차 우습게 된다는 것을 알고 있었기 때문이다. 그러나 광해군은 자신의 손으로 목숨을 끊을 만큼 절개와 용기가 있는 인물은 못 되었다.

강화도 교동에서 이들은 구차한 삶을 계속 영위하였다. 유씨는 그나마 아들 질이 있었기 때문에 희망을 품을 수도 있었다. 그런데 폐세자 질이 반정을 꿈꾸며 몰래 밖으로 통하는 땅굴을 팠다. 낮에는 자고 밤만 되면 일어나 팠는데 26일 만에 일을 끝내고 도망치다 그만 군졸들에 의해 붙잡히고 말았다(인조 1년 5월 22일). 이 소식을 들은 폐세자빈 박씨는 목을 매어 죽었다. 폐세자빈 박씨는 박승종의 딸이었다. 박승종은 광해군 10년(1618) 영의정이 되어 밀양부원군으로 봉군된 인물이었다. 그는 이이첨 등이 서궁에 유폐되어 있는 인목대비 김씨를 해치려할 때 많은 하인들을 데리고 가 이를 모면하게 해 준 적도 있었다. 그러나 인조반정이 일어나자 손녀가 광해군의 세자빈이 되어 오랫동안 권세를 누린 사실을 자책하고 이제 남은 것은 비극적인 삶이라는 생각에 아들 박자흥과 함께 선산으로 달려가 목을 매 자결하였다.

한편 폐세자 질의 처단에 대한 일을 3사에서 논계하여 죽음을 내렸다. 의금부도사가 강화도에 가서 질에게 어명을 전하자 질은 스스로 방안에서 목을 매어 죽었다(6월 25일). 아들 질이 죽었다는 소식을 들은 유씨도 얼마 후 병으로 세상을 떠났다(윤 10월 9일). 야사에서는 질이 묵었던 방에 들어가 합장을 하고 축수를 올린 후 목을 매 자살했다고 전한다. 《공사견문(公私見聞)》에 의하면 궁궐에는 나무로 새기고 흙으로 빚어 만든 불상이 매우 많았는데 폐비 유씨는 항상 "후세에는 절대 왕실의 부인으로 태어나지 않도록 해 주십시오."라며 빌었다고 한다. 아들 질이 죽은 지 4개월 뒤인 폐위된 지 7개월 만의 일이었다. 유씨의 소식을 들은 인조는 "폐비가 병으로 죽었다니 내가 매우 놀랍고 슬프다. 염빈(殮殯)할 때 쓸 의금과 관판 등의 물자를 속히 내려 보내도록 하라."고 하교한 후 그녀

광해군과 부인 폐비 유씨의 쌍묘

에게 문성군부인이라는 읍호를 내려주었다.

　유씨의 시신은 경기도 남양주시 진건읍에 안장되었다. 유씨가 죽은 이후에 광해군은 그녀를 그리워하다 유배 19년만인 인조19년(1641) 7월 10일 67세를 일기로 제주도에서 생을 마감하였다.

　광해군이 죽자 조정에서는 연산군의 예에 준하는 왕자의 예식으로 장례를 치르게 하고 제사는 외손이 주관할 것을 명하였다.

　《승정원일기》에 의하면 민심을 두려워했는지 인조는 광해군의 딸에게 곡식을 내렸다고 한다. 또 멀리서 올라온 광해군의 관을 새로 만들도록 하고 외손에게 전택과 노비를 내려 제사를 돌보게 했다고 전해진다. 그리고 광해군은 폐위된 지 19년 만에 마침내 천수를 마쳤고 장례 때도 은례(恩禮)를 갖췄기에 모두가 왕의 성덕에 감복했다고 기록되어 있다. 한편 '19년 만'이라는 기록을 놓고 볼 때, 광해군이 제주에 묻혔다가 '인조 21년(1643) 경기도 양주로 이장'했다는 문화재청의 자료는 오류라고 볼 수 있다.

광해군의 마지막 소원은 어머니 공빈 김씨의 발치에 묻어달라는 것이었다. 광해군은 부인 유씨와 나란히 어머니 묘에서 멀지 않은 곳에 잠들어있다. 어린 나이에 어머니를 잃었던 광해군은 죽어서라도 그 곁에 묻히고 싶어 했다, 이는 그가 유배지에서 얼마나 어머니를 사무치도록 그리워했을지 엿볼 수 있는 인간적인 대목이다.

화려한 왕실생활 끝에 돌아온 비극이었다. 그녀가 남긴 한마디에는 많은 의미들이 함축되어 있었다. 왕실의 부인이라고 해서 항상 화려하고 행복한 것은 아니라는 뜻이었다. 그것은 수없이 많은 정적들을 제거해야만 지킬 수 있는 자리이며 만약 그렇지 못하면 구차한 삶과 목숨까지 담보해야만 했다.

인열왕후 한씨

큰 세상을 꿈꾼 사도세자,
비운의 왕세자로 만든 어머니

늦은 밤 인열왕후(仁烈王后) 한씨는 남편 인조와 함께 중궁전에서 시간 가는 줄 모르고 나랏일을 걱정하고 있었다. 이번에는 폐세자가 된 질이 유배지에서 역모를 꾀했다는 고변이 들어왔기 때문이다. 질은 쫓겨난 광해군의 아들로 인조와 따지자면 사촌지간이라고 할 수 있다. 정변을 일으킨 지 얼마 되지 않아 아직 민심도 얻지 못한 상태였다. 그런데 이번에 정권을 잡은 서인세력 조정 대신들은 폐세자 질을 죽여야 한다고 강경하게 주장하고 있었다. 인조로서는 난감한 일이었다. 사촌인 질을 죽일 수도 없고 그렇다고 조정 대신들의 말을 안 들을 수도 없는 입장이었다. 그래서 그는 아내 한씨에게 고민을 털어 놓고 있는 중이었다. 한씨는 남편 인조에게 단호하게 말했다.

"폐세자 질의 죄를 다루어 살리고 죽이는 것은 부녀자가 알 바 아니오나, 나라의 흥망이 덕과 신의 여하에 있는 것이며 이는 마음에 달렸는데, 마음으로 결단하는 것은 실로 순간에 있는 것이 아니오이까? 아침에 천자가 되었다가 저물어서는 필부가 되고자 하여도 얻지 못한 일이 있었사오니 전하께서 오늘날에 조심하시면 다시는 전하와 같이 어진 왕이 없을 것이라 여기옵니다. 그러하오니 원컨대 질을 죽이지 마시옵고 훗날 우리 자손을 보전할 계획을 세우시옵소서."

그녀는 이처럼 살생은 살생을 부른다는 진리를 깊이 깨닫고 있었다. 광해군이 왕위에서 쫓겨난 것도 이러한 진리를 실천하지 못했기 때문이라 생각했다. 그리하여 남편 인조가 살생을 저지르지 말기를 간절히 바라는 마음으로 내조에 힘썼다.

매사에 조심 또 조심

인조는 2명의 정실부인과 3명의 후궁을 두었다. 정실부인 중 첫째 부인이 인열왕후 한씨이며, 둘째 부인이 장렬왕후 조씨이다. 장렬왕후 조씨는 본의 아니게 복제와 예송논쟁의 대상이 되었던 인물이기도 하다.

인조의 첫째 부인인 인열왕후 한씨는 강원도 원주의 우소에서 아버지 서평부원군 청주 한씨 한준겸과 어머니 회산부부인 창원 황씨 사이에서 태어났다. 아버지 한준겸은 선조 19년(1586) 문과에 급제하여 사국에 뽑혀 예문관 검열이 된 후 중앙의 벼슬길에 나섰다. 그 후 금천현감으로 재직하고 있을 때 정여립이 난을 일으키자 정여립의 사위 이진길을 천거했다고 해서 연루되어 투옥되기도 하였다. 그는 예조정랑을 거쳐 원주목사, 지평 등을 지냈으며 정유재란이 일어나자 명나라 제독 마귀(麻貴)를 도와 마초와 식량 등의 수집과 저장으로 난리를 극복하기 위해 많은 노력을 기울였다. 경기도관찰사, 대사성, 영남안찰사 등의 관직을 두루 역임하였다. 그는 대북파의 거두 정인홍을 매우 싫어하여 그 집 앞을 지나면서 한 번도 방문한 적이 없었다고 한다. 이러한 처신이 빌미가 되어 대북세력 문홍도의 무고로 파직당하기도 하였다. 그 후 병조참판으

인조가 쓴 글씨

로 기용되어 4도체찰사부사를 겸임하였으며 호남안찰사, 예조참판 등을 지냈다.

선조는 유교칠신(遺敎七臣, 선조가 승하할 때 유명을 내린 신임하던 7명의 신하로, 유영경, 박동량, 서성, 신흠, 허성, 한준겸 등이다)에게 어린 영창대군의 보필을 부탁하면서 세상을 떠났는데 이 중 한 명이 한준겸이었다. 그는 선조의 유언을 받들려다 광해군이 영창대군을 제거하기 위해 일으킨 광해군 5년(1613) 계축옥사에 연루되어 5년 동안 귀양살이를 했다. 이러한 아버지 밑에서 자란 한씨는 매사에 신중을 기하지 않으면 권력투쟁 속에서 어떤 변을 당할지 모른다는 것을 깨달았다. 어머니 황씨는 한씨가 태어나고 몇 달 후 세상을 떠났기 때문에 아버지의 수발은 그녀의 몫이 되었다.

한씨가 13세 되던 해 당시 능양군(인조)의 아내로 간택이 되었다. 하지만 선조가 유명을 달리하는 바람에 3년의 국상이 끝나고 17세 되던 해에 능양군과 혼인할 수 있었다. 그녀는 청성현부인으로 봉해졌으며 1623년 인조반정으로 왕비가 되었다. 소생으로는 4남을 두었는데, 장남 소현세자, 둘째 봉림대군(훗날 효종), 셋째 인평대군, 넷째 용성대군이며 아들 둘을 더 출산하였으나 태어난 지 얼마 안 되어 죽었다.

한씨는 인조와 혼인을 했지만 생활이 넉넉하지 않아 검소한 생활을 할 수밖에 없었다. 광해군 7년 시동생 능창군이 역모에 연루되자 화를 피하기 위해 혼수로 가져온 패물을 모조리 관련 벼슬아치들에게 주었기 때문에 생활은 갈수록 곤궁해졌다. 야사에 의하면 한씨가 왕비로 책봉되었을 때 과거 광해군의 아내 유씨를 모시던 궁녀가 그녀에게 동냥아치 중전마마라며 뒤에서 수군거린 적도 있었다고 한다. 그만큼 끼니를 걱정할 정도로 어려운 생활을 했었다.

한씨가 30세 되던 해에 광해군이 쫓겨나면서 남편 인조가 왕위에 올랐다. 인조가 등극할 수 있었던 밑바탕에 그녀의 도움도 적지 않게 깔려 있었다. 평소 밀모를 할 때면 항상 은밀히 참여하여 협조를 아끼지 않았다. 그러나 왕비가 되었다고 해서 만사가 순조로운 것은 아니었다. 민심은 자신들에게로 향해 있지 않았다.

광해군처럼 쉽게 살생을 반복하다 보면 분명 인조 또한 그의 전철을 밟을 수도 있었다. 그래서 매사에 조심 또 조심하는 등 살얼음판을 걷는 마음가짐으로 지내야 했다. 더군다나 정변에 공을 세운 조정 대신들은 하나같이 강경파였다. 이들은 광해군과 연루되어 있기만 하면 무조건 죽여야 한다고 주장하는 상황이라 더욱 신중해야만 했다.

왕위에 오른 지 얼마 되지 않았기에 가장 우선적으로 해야 할 일은 민심을 얻는 일이었다. 한씨가 해야 할 일은 내명부를 잘 다스리는 것이었다. 궁궐에는 아직도 옛 상전을 잊지 못하는 궁녀들과 새로운 상전에게 지지를 보내는 궁녀들로 나뉘어져 있었다.

한씨가 궁궐의 안주인이 되자 이를 못마땅하게 여기는 궁녀들이 생겨났다. 이들은 모두 광해군의 아내 유씨가 후하게 대접해 주었기 때문에 그 옛날을 잊지 못하고 있었다. 또한 궁궐 밖에 있을 때 궁핍한 생활을 했던 한씨를 쉽게 인정하지 못했다. 광해군이 통치할 때는 해마다 풍년이 들어 궁궐 안의 생활이 풍족하였다. 그래서 더욱 옛날을 그리워하는 궁녀들이 생겼던 것이다. 분위기를 파악한 한씨는 궁녀들의 시비를 처음부터 잘못 가리면 분란을 자초할 것을 알고 조심하였다. 어느 날 한 궁녀가 한씨에게로 달려와 호들갑을 떨었다.

　"중전마마, 숙원 한보향이 폐주를 잊지 못해 남몰래 울면서 옛일을 생각하고 있사옵니다. 이대로 두었다가는 무슨 큰 변이 일어나고 말 듯하옵니다. 일찌감치 처리하도록 하옵소서."

　한보향은 폐비 유씨가 어수당으로 피신했을 때 용감하게 나섰던 상궁이었다. 그녀는 명종 때 문정왕후가 득세하던 시기에 무수리로 들어와 인순왕후 심씨, 의인왕후 박씨, 폐비 유씨 등 3대에 걸쳐 왕비 처소에서 일을 했는데 옛 주인인 광해군을 잊지 못하고 있었다. 한보향이 한씨를 쉽게 섬기지 못 할 것은 자명한 사실이었다. 그러나 한씨는 한보향에 대해 의리를 아는 궁녀라고 칭찬하면서 오히려 고자질한 궁녀를 호되게 꾸짖었다. 그녀는 한보향을 불러 오히려 위로를 해주었다.

　"나라의 흥폐가 무상하고 지금 우리 임금이 하늘의 가호를 받아 오늘에 이르렀다. 후일 또 어떻게 될지 누가 알랴. 광해군 같이 쫓겨날는지도 알 수 없는 노릇이고 네가 옛 주인을 생각하는 그 마음으로 내 아들을 보호해 주면 좋겠구나."

　한씨는 한보향에게 강보에 싸인 셋째 아들 인평대군을 맡기고 후추한 말을 하사하였다. 그리고 고자질한 궁녀를 모두가 보는 앞에서 매로 다스렸다. 한씨의 처사에 대해 한보향은 충성을 다짐하지 않을 수 없었

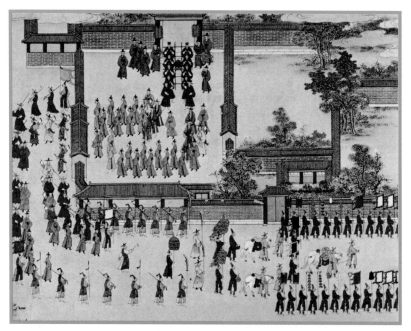

출궁의식을 그린 그림 국립고궁박물관 소장

다. 그 결과 다른 궁녀들에게도 그 영향이 미치게 되었다. 한씨는 이렇게 궁녀들을 다스려 나가는 한편 인조에 대한 내조도 각별하였다. 내조의 기본 원칙은 인조가 덕을 잃어 폐주가 되지 않도록 하는 것이었다. 광해군을 보면서 민심이 떠났을 때 그 결과가 어떻게 된다는 것을 잘 알고 있는 그녀였다.

인조반정으로 폐세자가 되어 강화도에 위리안치 되어 있던 광해군의 아들 질이 땅굴을 파고 탈출을 시도하다가 발각되어 목을 매어 26세의 나이로 세상을 떠나고 말았다.

한씨의 만류에도 불구하고 질은 죽었지만 그녀의 생각은 변함이 없었다. 항상 인조에게 덕을 쌓는 성군이 되라며 조언을 게을리 하지 않았다. 어느 날 한씨와 인조는 배가 엎어져 있는 그림을 함께 감상하고 있었다. 그때 한씨가 인조에게 이렇게 말했다.

"상감은 이 그림을 보시고 위태로운 것과 두려운 것을 항상 생각하여야 하옵니다. 한 번 잘못하면 큰일이 난다는 것을 아셔야 하옵니다. 무심히 병풍의 그림만을 감상하지 마시옵소서."

그녀는 항상 인조의 옆에서 긴장의 경계를 풀지 않도록 내조에 최선을 다했다. 인조가 후원을 사치스럽게 만들고자 할 때도 지난날을 되새겨주며 검소한 생활을 하도록 이끌었다. 광해군 때는 풍년이 해마다 들어 곡기 걱정이 없었는데 인조가 즉위한 뒤에는 흉년만 이어지자 한씨는 적극 나서서 기민운동을 전개했다고 야사에서는 전한다. 이괄의 난 이후 왕실에서 벌어지고 있는 기민운동을 사가에서 듣고는 서로 앞다투어 곡식이며 옷가지들을 들고 오는 사람들로 인해 장사진을 이루었다고 한다.

한씨의 내조는 인조 즉위 이후 민심을 회복하는데 많은 도움이 되었다. 살생은 살생을 부른다는 진리를 마음에 새기고 매사에 조심 또 조심하며 인조를 내조한 그녀의 헌신적인 노력의 결과이다.

조정 대신들의 뜻에 따른 며느리 간택

인조반정 당시 인조는 정변의 선봉에서 진두지휘를 했기 때문에 중종 때의 상황과는 매우 달랐다. 중종은 반정군이 들이닥쳤을 때 자신을 죽이러 온 줄 알았던 인물이었다. 상황판단이 흐렸던 중종이었기에 아내 단경왕후 신씨마저 신하들로부터 지킬 수가 없었다.

그러나 인조는 중종과 다른 입장에서 왕위에 올랐지만 정변에 공이 컸던 조정 대신들의 입김을 무시할 수 없는 입장이었다. 많은 세월을 거치는 동안 신하들은 자신들의 의지에 따라 왕을 교체시키면서 막강한 힘을 얻게 되었다. 며느리 간택도 인조 마음대로 할 수 없는 형편이었다. 인조의 입장이 이러하니 한씨의 위치 또한 다를 바 없어 자신이 원하는 며느리를 마음대로 고를 수 없었다. 한씨는 아들 소현세자가 장성함에 따라 좋은 배필을 빨리 구해주고 싶었다.

소현세자의 나이 14세가 되었을 때 결혼도감을 설치하고 세자빈 간택령이 내려졌다. 인조는 삼간택에 남인 윤의립의 딸 윤씨도 포함시키라고 명하였다. 세자빈 간택은 초간택, 재간택, 삼간택의 순서로 이루어지는데 삼간택에서 결정을 하였다. 한씨도 윤씨가 흡족할 정도로 마음에 들었는데 그만 문제가 생기고 말았다. 조정 대신들 중 서인세력들이 윤의립의 딸은 절대로 안 된다며 주장하고 나섰던 것이다. 당시 정권을 장악하고 있던 서인세력들은 정권유지를 위한 하나의 방책으로 국혼물실(國婚勿失)을 세우고 있었다. 국혼, 즉 왕비는 반드시 서인 집안에서 내겠다는 원칙이었다. 세자빈으로 간택된 윤씨는 남인 윤의립의 딸이었기 때문에 서인세력들이 들고 일어났던 것이다.

윤씨의 추천은 계운궁에서 지내던 연주군부인, 즉 인조의 어머니 인헌왕후 구씨에 의해 이루어진 것이었다. 구씨와 왕실 집안이 인연을 맺게 된 것은 선조 때였다. 선조는 후궁 중에서 인빈 김씨를 매우 총애하였다. 인빈 김씨는 선조의 총애를 받자 자신의 오라버니 김공량을 내수사별좌로 불러들였다. 김공량은 너무 무식해서 아무리 누이가 세력이 있어도 내수사별좌 이상의 관직에는 임명될 수 없었다. 그러나 김공량은 학문적인 면에서는 무식했지만 처세술에는 뛰어났다. 모든 것을 인빈 김씨가 뒤에서 받쳐 주고 있었기 때문이다. 그러자 내수사별좌 주제에 과도한 세도까지 부리는 것을 보고 당연히 눈꼴사납게 생각하는 사람이 많을 수밖에 없었다. 그중에 한 사람이 문관 구성이었는데 그는 매우 검소한 생활을 했으며 전혀 가식이 없는 청빈한 인물이었다. 구성의 눈에는 당연히 김공량의 득세가 눈엣가시처럼 여겨질 수밖에 없었다. 그는 항상 많은 사람들 앞에서 거침없이 불평의 소리를 해댔다.

"도대체 내수사의 별좌란 자가 정치를 좌우하니 될 말이냐? 내가 후일 대각(臺閣, 사헌부·사간원의 통칭)에 들어가면 우선 김공량부터 없애야겠다!"

이 말을 전해들은 김공량이 누이 인빈 김씨를 찾아가 하소연했다. 인빈 김씨는 구성을 혼내주기로 마음먹었다. 그런데 선조에게 무고를 하기보다는 자신의 세력으로 끌어들이는 것이 더 이익이라 여겨졌다. 그래야 훗날 자신의 자손들도 안전할 것 같았다. 인빈 김씨는 선조에게 구성의 딸을 자신의 셋째 아들 정원군과 혼인을 시켰으면 좋겠다고 간청하였다. 선조는 곧 구성에게 사돈을 맺었으면 좋겠다는 의사를 밝혔다. 구성은 내심 거절하고 싶었으나 왕의 명이라 할 수 없이 승낙하고 말았다. 결국 정원군과 구성의 딸 구씨가 서로 부부의 인연을 맺게 되었는데 두 사람 사이에서 난 첫아들이 능양군 인조였다. 인조는 즉위하여 어머니 구씨를 연주군부인으로 승격시키고 경운궁에 거처하게 했다. 경운궁에 거처하고 있는 구씨가 세자빈으로 남인 집안의 윤씨를 추천하자 서인세력들은 가만히 두고만 볼 수 없었다.

김자점과 심명세는 인조와 대면하는 자리에서 윤씨의 간택을 반대한다고 주장하였다. 윤여립의 형 윤경립의 서자인 윤인발이 이괄과 함께 역모하다 죽었기 때문에 역적 집안과 국혼을 한다는 것은 있을 수 없는 일이라는 것이었다. 인조가 크게 화를 내며 김자점을 문외출송(門外出送, 도성 밖으로 내쫓는 중벌)시키고 심명세는 충주로 귀양 보냈다. 이번에는 이귀가 다시 상소를 올렸다.

"역적 윤인발의 흉측한 죄악이 이괄과 다름이 없사온데 윤의립이 그 숙부로서 연좌할 죄를 면한 것은 국조 이백 년 이래 없는 일이오니 후세에 모범이 될 수 없나이다. 윤인발의 죄상이 이괄의 죄악과 같사오니 만일 윤의립이 이괄의 숙부가 되어도 전하께서 그 딸에게 구혼하시겠나이까? 신은 천만 번이라도 역당의 집과 국혼하는 것을 볼 수 없나이다."

인조는 더욱 분노하여 상소를 묵살해 버렸다. 서인들이 이렇게 나오자 남인세력 또한 가만히 있지 않았다. 검열 목성선과 정자 유석 등이 윤씨 집과 혼인을 못 하게 반대하는 것은 공정한 심사가 아니라는 내용의 상소를 올렸다.

세자빈 간택문제는 서인과 남인 간의 전면전으로 전개되었다. 이런 상황에서 당시 절의(節義)와 경행(經行)으로 존경받던 남인 정경세가 부제학을 그만두자 서인 김상헌이 그 자리에 임명되었다. 부제학이 된 김상헌은 세자빈 간택에 대해 다음과 같은 상소를 올렸다.

"목성선의 무리가 역적의 딸을 국모로 만들려 함은 자기 당 사람으로 임금과 친족관계를 맺어…"

인조는 김상헌이 당에 대한 간섭이 너무 심하다며 그를 파면시켰다. 결국 윤의립의 딸 윤씨는 세자빈에 간택되지 못했다. 사실 윤의립은 이괄의 난에 대한 책임을 지고 관직을 모두 사퇴하여 인조의 신임을 받고 있었다. 그리고 서인의 득세를 견제하기 위해 인조는 남인인 윤의립의 딸을 더 염두에 두었던 것이다.

인조와 한씨는 조정 대신들의 등살에 원하는 며느리조차 얻지 못하는 신세였다. 야사에 의하면 소현세자는 윤의립의 딸 윤씨를 한 번 보고 사랑에 빠진 뒤 혼인날만 기다렸다고 한다. 그런데 신하들의 강권으로 그녀를 아내로 맞이하지 못하자 그만 마음의 병을 얻어 방황하게 되었다. 윤씨 또한 혼인을 하지 못한 충격으로 목을 매 자살하였다.

이 소식을 전해들은 소현세자는 절망 속에서 2년 동안 방황을 하다 인조 5년(1627) 비로소 혼인을 하게 되었다. 이때 세자빈으로 간택된 여

장릉 – 인조와 인열왕후의 능. 합장으로 묻혔다.

인이 강씨였다. 강씨의 나이 17세로 세자보다 한 살이 많았다. 아버지 강석기는 문과 급제로 출사하여 우의정까지 올랐으며 김장생의 문하생으로 예학에 정통한 서인세력의 인물이었다.

소현세자는 아버지 강석기의 든든한 배경 속에 세자빈으로 간택된 강씨를 처음에 멀리하였다. 일설에는 소현세자가 죽은 윤씨와 헤어진 것도 모두 강씨 때문이라며 그녀를 가까이 하지 않았다는 말도 있다. 윤씨는 남인 집안 출신이고 강씨는 서인 집안 출신이었기 때문이다.

소현세자는 자신의 마음을 양제 귀희에게서 위로받았다. 그런데 귀희는 부덕이 없는 여자로 소현세자의 총애를 받게 되자 오히려 강씨를 없애기 위해 모사를 꾸미기 시작했다. 술사 애단을 궁궐로 불러들여 죽은 인목대비 김씨를 축수한다는 핑계로 방술을 시작했다. 방술은 강씨를 그린 초상화를 땅에 묻고 저주를 하는 푸닥거리였는데 결국 빨리 죽으라는 기원이었던 것이다. 이 사실을 알게 된 강씨는 아버지 강석기에게 하소연하여 조정에 알리도록 했다. 모사가 발각된 귀희는 물볼기를 맞고 기진한 뒤 죽고 말았다. 이 일로 인해 소현세자는 서인 집안 출신의 강씨를 더욱 미워하였다고 한다. 갈수록 소현세자는 마음을 잡지 못한 채 어긋난 행동만 하였다. 신하들의 뜻에 따라 선택할 수밖에 없었던 세자빈이었기 때문에 아들 소현세자를 지켜보는 한씨의 마음은 더욱 아팠다.

인조 13년(1635) 근심거리만 있던 궁궐에도 잠시 기쁜 일이 생겼다. 42세가 된 인열왕후 한씨가 잉태를 한 것이다. 그러나 사산을 한 뒤 그녀마저 세상을 떠나는 바람에 그 기쁨은 오래 가지 못했다. 한씨는 현재 경기도 파주시 탄현면 갈현리 장릉에 인조와 합장으로 묻혀있다.

청나라의 볼모로 잡혀가는 두 아들과 그 가족들

한씨가 죽은 지 1년 뒤, 후금은 국호를 청으로 고친 뒤 12만 대군을 이끌고 조선을 침략하였다. 후금은 광해군 8년(1616) 건주여진 추장인 태조 누르하치(奴爾哈赤)가 쑤쯔허(蘇子河)를 근거지로 통합하여 건국한 나라로 명나라를 압박하고 있었다. 이러한 대륙 정세를 간파한 광해군과 대북세력은 명나라와 후금 간에 중립외교를 견지하며 후금과 화평한 관계를 유지하였다. 그러나 인조반정으로 광해군이 퇴위하고 대북세력 대신 서인들이 집권하면서 이들은 친명배금정책을 노골화하여 후금과의 화평관계는 금이 가고 말았다. 서인들이 인조반정을 일으킨 명분 중에는 두 마음을 품어 오랑캐에게 투항했다는 것이 들어 있었다.

이와 같이 시대착오적인 발상을 하고 있던 서인들이 집권하자 당연히 외교정책은 친명배금정책이 될 수밖에 없었다. 당시 명나라 장수 모문룡이 평안도 철산 가도에 주둔하면서 요동회복을 꾀하고 있어 후금은 이에 위협을 느끼고 있었다. 그런데 조선마저 친명배금정책으로 나오자 그들의 심기는 더욱 자극되었다. 마침 이괄의 난이 일어나 후금이 조선을 침략할 수 있는 명분을 제공해주었다. 한성부를 점령하였다가 관군에게 진압된 이괄의 잔당들이 후금으로 달아나 인조 즉위의 부당성을 호소하자 이를 구실로 3만의 군사를 이끌고 조선을 침략해 온 것이다. 이것이 인조 5년(1627)에 일어난 정묘호란이다. 후금의 군사들이 안주, 평산, 평양을 점령하고 황주를 장악하였다. 조선의 군사는 개성까지 후퇴하자 한성부를 버리고 강화로 피난한 인조는 조정 대신들과 합의하여 화의를 청했다. 후금도 사실상 조선보다는 명을 칠 의도였기 때문에 강화의 의사를 표시했다. 조선은 이를 받아들여 화의가 성립되었다. 화의 내용은 형제관계를 맺을 것, 양국 군사는 압록강을 넘지 않을 것, 화의 성립 후 군사를 철수시킬 것, 조선은 후금과 강화하여도 명을 적대하지 않을 것 등이었다. 그러나 이것이 끝이 아니었다.

인조 14년(1636) 후금은 형제관계에서 군신관계로 변경하고 황금과 백금 그리고 군마 등 세폐(歲幣, 사신을 통해 보내는 공물)와 정병을 요구해왔다. 또한 용골대 등을 보내 조선의 신사(臣事)를 강요하였으나 인조는 척화론자들의 주장에 따라 8도에 교서를 내려 후금과의 관계를 끊는다고 선언하였다. 그러자 국호를 바꾼 청나라 태종 홍타이지가 10만 대군을 이끌고 압록강을 건너 조선을 침략하였는데 이것이 병자호란이다. 이때 의주 백마산성에서는 명장 임경업이 굳건하게 방비하고 있었으나 청군은 이 길을 피해 곧장 한성부로 진격하여 10여 일 만에 근교에까지 육박하였다. 청군의 침략 비보를 전날 접한 인조는 김경진, 장신, 심기원에게 강화와 한성부를 수비하게 하였다. 그리고 서둘러 윤방과 김상용에게 종묘사직의 신주를 받들게 하였다. 세자빈 강씨와 원손, 봉림대군(효종), 인평대군 두 왕자를 먼저 강화로 피난시킨 후 소현세자, 백관 등을 거느리고 뒤를 따르려 하였다. 하지만 이미 청군이 강화로 가는 길을 끊어 놓은 상태라 남한산성으로 피신할 수밖에 없었다. 그러나 청태종이 남한산성 아래 탄천에 20만 청군을 집결시켜 성은 완전히 고립되었다.

삼전도비
병자호란 때 청나라 태종이
인조의 항복을 받고
자기의 공덕을 자랑하기 위해
세운 전승비(戰勝碑)로
이경석이 작성함.
현재 석촌공원에 소재.

　12월이라 얼어 죽는 병사도 속출하였으며 남한산성에서는 지형적인
여건상 오랫동안 피난해 있을 곳이 못 되었다. 포위된 지 40여 일이 지
나자 성안의 양식은 모두 떨어져 갔으며 군사들의 사기도 저하되었다.
성안에서는 주전파와 주화파 간의 대결이 거듭되다 마침내 항복하기로
하였다. 최명길 등이 항복문서를 내밀며 여러 번 청군과 교섭을 진행했
지만 청나라 태종은 요구사항을 내세우며 받아들이지 않았다. 태종이
요구한 것은 인조가 친히 성을 나와 항복하고 양국관계를 악화시킨 주
모자를 인도하는 것이었다.

인조가 망설이고 있는데 강화도가 함락되어 그곳으로 피신했던 왕자와 빈궁 등이 포로가 되었다는 소식이 날아들었다. 이제 더 이상 줄다리기를 할 만한 상황이 아니었다. 결국 인조는 소현세자와 함께 신하임을 나타내는 남융복을 입고 성문을 열고 나왔다. 그리고 한강 동쪽 삼전도에서 청태종을 향해 세 번 무릎을 꿇고 아홉 번 머리를 조아리는 삼배구고두(三拜九叩頭)의 예를 올리고 굴욕적인 강화를 맺었다.

조선과 청나라는 화약을 체결하였다. 화약의 내용은 청에 대하여 신하의 예를 다하며 명나라와 단교할 것, 왕자와 대신들을 인질로 보낼 것, 매년 세폐를 보낼 것 등이었다. 정말 굴욕적인 순간이었다. 인조는 평생 이 순간을 잊지 못했다.

청나라 태종은 만족스러운 결과를 얻고 소현세자와 봉림대군은 물론 그들의 가족들을 모두 인질로 잡아갔다. 또한 주전파의 강경론자였던 홍익한, 윤집, 오달제 등의 3학사는 참형을 시켰으며 김상헌도 잡아가 오랫동안 옥에 가두었다. 그 후 청나라는 삼전도에 청나라 태종의 송덕비를 세우도록 하는 등 굴욕적인 강요를 계속하였다.

사후에 벌어진 엄청난 비극

인조 22년(1644) 명나라가 망했기 때문에 청나라는 더 이상 소현세자를 잡아둘 필요가 없어졌다. 소현세자가 일가족을 데리고 귀국한 것은 다음해 2월이었다. 소현세자는 그곳에 머물면서 많은 문물을 접하여 사상까지 바꾼 상태였다. 반면 같이 잡혀갔던 동생 봉림대군은 청나라에 대해 여전히 이를 갈면서 원수를 갚을 날만 기다렸다. 봉림대군의 입장이 조정에 알려지자 인조는 둘째 아들인 그가 더 기특하다며 내심 흐뭇하게 여겼다.

여러 가지 꿈을 안고 귀국한 소현세자를 기다리고 있는 것은 부왕 인조의 냉대였다. 인조는 소현세자를 봉림대군과 함께 부른 자리에서 그동안 볼모로 있으면서 겪었던 감회를 물어보았다. 그러자 대뜸 봉림대군이 청나라 세조에 대해 욕을 해대며 목소리를 높였다. 그는 볼모로 잡혀갔던 백성들을 풀어달라고 해서 겨우 데려올 수 있었다고 흥분을 가라앉히지 못했다. 반면에 소현세자는 청나라 세조의 넓은 도량에 대해 칭송을 하며 그가 아끼던 벼루를 선물로 받아왔다고 자랑했다. 이때 청나라라면 이를 갈고 있던 인조는 소현세자의 말에 순간 화가 머리끝까지 올랐다.

"뭣이, 이 우치한 놈아! 그래 벼루는 어디에 쓸 작정이더냐?"

인조가 벼루를 소현세자의 얼굴에 던졌다. 소현세자는 이 일로 크게 상심하여 그만 병석에 눕고 말았다. 그를 진찰했던 어의가 학질이라는 진단을 내렸다. 어의 이형익이 열을 내린다고 침을 세 차례나 놓았는데 그로부터 3일 만에 소현세자는 죽고 말았다. 그리고 소현세자 가족도 인조와 그를 둘러싼 정치세력에 의해 몰살당하고 말았다.

인조 등극 이후 항상 매사에 조심 또 조심을 강조하며 내조하던 인열왕후 한씨가 10년만 더 오래 살았다면 이러한 비극은 일어나지 않았을지도 모른다. 한씨가 살아있었을 때는 그녀를 정점으로 궁궐의 내명부가 위계질서를 지키고 있었지만, 그녀가 사망하자 그 질서는 깨지고 말았다. 물론 3년 후 계비 장렬왕후 조씨가 들어오지만 그녀는 겨우 15세로서 내명부를 다스릴 만큼 소양을 갖추고 있지 못했다. 오히려 후궁들이 기세를 펴 급기야 세자빈까지 모함하기에 이르렀다. 후궁들 배후에는 항상 힘을 키우려는 정치세력이 있기 마련이었다. 그러한 정치세력과 결탁한 후궁들로 인해 인조는 마침내 아들 소현세자 일가족을 몰살시키는 비정한 부왕이 되고 말았다.

烈
莊
王后

장렬왕후 조씨

아들과 며느리가 죽었는데
내 상복이 중요하더냐!

효종이 세상을 떠나자 조정에서는 장렬왕후 조씨(자의대비)의 복상(服喪) 문제를 둘러싸고 논쟁이 일어났다. 당시 예학의 일인자로 명성이 높았던 송시열은 기년설(朞年說, 1년설)을 주장하였다.

"효종께서 장남이 아닌 차남이기 때문에 자의대비는 상복을 일 년만 입어야 하오."

그러자 남인 윤휴가 반대하고 나섰다.

"아니오, 삼 년을 입어야 옳을 것이외다."

이 논쟁은 결국 송시열의 1년설이 받아들여져 집권하고 있던 서인들의 우세로 일단락되었다. 그러나 14년 뒤 효종의 비 효숙대비(인선왕후 장씨)가 세상을 떠나자 조정에서는 다시 조씨의 복상 문제가 정쟁의 핵폭탄으로 떠올랐다. 그동안 제1차 예송논쟁으로 세력이 약화되어 있던 남인들이 이 기회를 놓칠 리 없었다. 마침내 이들은 이 예송논쟁을 정쟁의 화두로 삼아 서로 죽고 죽이는 관계로 이어갔다.

조씨는 엉뚱하게 각 당파의 주도권 확보를 위한 시비의 주인공으로 떠오른 것이다. 그 결과 서인들이 실각하고 남인들이 정권을 잡게 되었는데, 그녀는 끝내 자신의 가슴에 박힌 슬픔과 설움을 드러내며 눈을 감을 수밖에 없었다.

남편 인조의 죽음으로 되찾은 권위

인조의 첫 아내인 인열왕후 한씨가 세상을 떠난 후 3년이 지나도록 왕비를 간택하지 않았다. 병자호란으로 나라 전체가 혼란에 빠져있어 신경을 쓸 여유가 없었기 때문이다. 인조가 삼전도에서 청태종 홍타이지에게 굴욕적인 삼배구고두의 예를 행함으로써 청나라는 물러가고 그 볼모로 두 왕자를 보낸 후 조정은 조금씩 안정을 되찾고 있었다. 인조는 삼전도의 굴욕을 잊지 못한 채 그 원한을 가슴에 품고 있었다. 그 굴욕을 당한 지도 1년이 흘렀다.

국모의 자리가 비어 있으면 그것을 둘러싸고 치열한 암투가 벌어질 수 있었다. 나라의 기강을 바로 세우기 위해서라도 국모의 자리를 오래 비워둘 수가 없었다. 병자호란의 여파가 어느 정도 아물어가던 인조 16년(1638) 왕비간택령을 내렸다. 이때 간택된 여인이 14세의 장렬왕후 조씨였다. 조씨는 인조 2년(1624) 직산 관아에서 태어났다. 아버지 양주 조씨 조창원은 이때 인천부사였는데 순량리(循良吏, 준법정신 아래 백성을 잘 다스리는 관리)로 명성이 자자하여 군자정으로 발탁되어 제수되기도 하였다. 딸 조씨가 국모로 간택됨으로써 조창원은 한원부원군에 봉해졌으며 영돈령부사로서 혜목이라는 시호를 받았다. 어머니는 대사간 최철견의 딸 완산부부인 전주 최씨였다. 최씨는 딸을 세 명이나 낳았는데 그 중의 막내가 조씨였다. 조씨를 낳기 전 어머니 최씨의 꿈속에 상서로운 무지개가 방안 가득한 가운데 하늘로부터 신선의 음악이 들리면서 많은 옥녀들이 채

인조와 장렬왕후의 가례도감 의궤 반차도 규장각 한국학연구원 소장

색옷을 입고 향을 피우며 내려와 '귀부인이 이미 내려오셨으니 옥책이
장차 열려 이를 것입니다.' 라는 말을 남기고 사라졌다 한다.

　태몽은 좋았지만 그녀의 궁궐 생활은 결코 순탄하지만은 않았다. 순
량리였던 아버지 슬하에서 교육을 받았기 때문인지 조씨 역시 재물에
대해 욕심이 없고 조용한 성품을 가진 여인이었다. 딸 조씨가 이처럼 매
사에 단아한 성품을 보이자 아버지 조창원은 항상 그녀를 칭찬하였다.
훌륭한 가르침을 받고 자라난 조씨는 14세 되던 해에 인조의 계비로 간
택되어 29세나 많은 43세의 남편을 얻게 되었다.

　어린 나이에 궁궐로 들어 온 장렬왕후 조씨에게 막강한 적이 기다리고

있었다. 바로 인조가 총애하던 소용 조씨였다. 그녀는 20대 중반으로 이미 궁궐의 안살림에 대해서는 훤하게 꿰고 있었다. 조씨는 국모로 간택되기는 했으나 나이가 너무 어려 내명부를 다스릴만한 소양이 없었다. 인조도 나이 어린 아내보다는 소용 조씨를 더 마음에 두고 있었다. 이때 소용 조씨는 이미 아들 숭선군과 딸 효명옹주를 낳은 상태였으므로 그 권세는 날로 더해가고 있었다. 그녀의 뒤에는 철저한 권력추구자인 김자점과 인조가 받쳐주고 있었기 때문에 궁궐의 안주인처럼 행세하였다.

소용 조씨는 누구든지 자신에게 위협을 줄 수 있는 인물은 선수를 쳐서 제거하는데 일가견이 있었다. 어느 날 조씨보다 먼저 궁녀로 들어온 상궁 이씨가 그녀의 권세를 보다 못해 궁녀 애향에게 언짢은 심정을 털어놓았다. 사실 두 사람은 왕에게 승은만 입으면 내명부 벼슬에 올라갈 수도 있는 예비 후궁들이었다. 언제든지 조씨와 같은 위치가 될 수도 있었다. 그런데 후궁이 되었다고 거들먹거리는 조씨를 보자 어쩐지 눈꼴이 시렸던 것이다. 이 사실을 안 조씨가 가만있을 리가 없었다. 자신의 처소를 찾아온 인조에게 하소연하였다.

"상감마마, 애향과 진이, 정민 등이 궁궐 안에서 저주를 하고 있는 것 같사옵니다."

인조가 놀라 다시 물어보자 조씨는 자신을 향한 저주라며 너절한 색동저고리와 조그마한 인형 등을 꺼내 놓았다.

"요것을 소첩이 자는 방 뒤에 묻었으니 방술을 한 것이 아니고 무엇이란 말씀이옵니까."

인조는 당장 국문을 해서 진상을 밝히겠다고 했다.

다음날 조씨가 지명한 궁녀들을 국문하였다. 그런데 이 모든 사건은 조씨가 조작한 것이라는 소문이 들렸다. 따지려고 찾아온 인조에게 그녀는 오히려 자신이 지명한 궁녀들을 모두 죽여야 한다고 울부짖었다.

인조는 그녀의 말을 곧이곧대로 믿고서 다음날 상궁 이씨와 궁녀들을 죽이라는 명을 내렸다.

장렬왕후 조씨는 내명부에서 가장 높은 왕비였지만 이에 관여하지 않았다. 그녀는 아버지 조창원의 당부에 따라 숨을 죽이며 조용히 살뿐이었다.

소용 조씨가 궁궐의 안주인 행세를 하고 있는 상황에서 장렬왕후 조씨는 설상가상으로 수태가 되지 않고 있었다. 원래 성품이 곧고 조용한 그녀인지라 수태하지 못하는 자신을 죄인으로 여기고 있었다. 그래서 소용 조씨의 치맛바람이 드세도 중궁전에서 조용히 죄인처럼 칩거하고 있을 따름이었다. 소용 조씨는 왕비 조씨의 이런 성품을 일찍부터 간파하고 그녀를 무시하였다.

병자호란 후 소현세자와 함께 청나라 심양에 볼모로 갔었던 세자빈 강씨가 인조 23년(1645. 2. 18) 귀국하였다. 강씨는 왕비 조씨와는 성품이 다른 여성으로 그 무렵 소용 조씨 따위는 안중에도 없었다. 그녀는 당당한 집안 출신의 아녀자로서 후궁 따위에는 신경조차 쓰지 않았다. 소용 조씨는 강씨 때문에 자신의 위치가 흔들릴 것 같은 두려움을 느껴 선수를 치기로 했다. 소현세자에게 마음이 떠나 있는 인조를 부추겨 세자의 가족들을 모두 제거하기로 했던 것이다. 그녀는 마침내 독약사건과 저주사건을 일으켜 그해 4월 26일 소현세자가 인조의 미움 속에서 죽게 만들었다. 강씨는 시강원 제신들의 조문도 받지 못한 채 세자의 장지와 장일 문제에도 관여할 수 없는 처지가 되고 말았다. 세자가 죽으면 세손이 왕위에 오르는 것이 원칙이지만 인조는 이를 무시하고 차자인 봉림대군을 후계자로 삼았다.

평소 사이가 나쁘면서 인조의 총애를 받고 있는 소용 조씨의 모함이 크게 작용한 결과였다. 그 후 조씨의 자작극으로 조씨 자신에 대한 저주

인조실록 – 효종 4년(1653)에 간행됨. 인조실록을 찍기 위해 새로 새긴 목활자를 사용하였다.
규장각 한국학연구원 소장

사건이 벌어졌는데 그 배후자로 강씨가 지목되었다. 또 인조 24년(1646) 수라상에서 독이 발견되자 역시 강씨의 소행으로 모함을 해 조사도 없이 후원 별당에 감금하게 만들었다. 궁녀들은 억울함을 호소하다 무참히 죽임을 당하고 조정 대신들도 강력히 불가함을 역설했지만 결국 사사되었다. 후환을 막는다는 구실로 세자빈 강씨는 폐출되었고 그날 사약을 받고 사사되었다. 어린 세 아들은 제주도에 유배된 뒤 석철과 석린 형제도 죽음을 당했다. 노모와 4형제는 모두 처형되거나 장살되었다.

장렬왕후 조씨는 그저 뒷전에만 있을 뿐 아무런 영향력을 행사하지도 못했다. 궁궐의 여인들을 쥐고 흔드는 것은 오직 소의 조씨(세자책봉 직후인 인조 23년에 소용 조씨는 정2품 소의에 오름)였다. 장렬왕후 조씨는 그저 아무 잡음도 일어나지 않기를 바라며 조용히 지냈다. 야사에 의하면 그녀는 인조가 어쩌다 찾아오려고 해도 중풍이 들었다며 만나기를 꺼려했다

286

고 한다. 그런데 말이 씨가 되었는지 그녀는 19세의 나이에 실제 중풍에 시달렸다고 한다.

암울한 중전궁에도 볕들 날이 왔는데 바로 인조의 죽음이었다. 인조 가 55세로 세상을 떠나자 귀인 조씨(인조가 승하하기 전 소의 조씨는 종1품 귀 인으로 진봉됨)는 자신을 받쳐줄 든든한 배경을 잃어버리고 만 것이다.

세자빈 강씨의 억울한 죽음이 귀인 조씨와 김자점의 손바닥 안에서 벌어진 일이었다는 사실이 그대로 묻히지 않았다. 조정 대신들은 인조 가 세상을 떠나고 효종이 즉위하자 곧 김자점을 비난하기 시작했다.

"김자점이 나라를 병들게 하고 조정을 소란하게 하오니 곧 귀양을 보 내어 사직의 법전을 밝게 하옵고 또 그에게 아부하는 무리들도 징계하 여 조정을 맑게 하시옵소서."

그러나 효종은 김자점이 부왕 인조의 공신이었다는 이유로 가혹한 벌 로 다스리기를 주저하였다. 조정 대신들이 다시 힘주어 주장하였다.

"언관의 기운을 꺾는 것은 나라의 흥망에 관계되옵나이다."

할 수 없이 효종은 영의정이던 김자점을 파면시켰다. 정계에서 실각 한 김자점은 그대로 순순히 물러날 위인이 아니었다. 조선 17대 왕 효종 이 된 봉림대군은 병자호란으로 당한 국치를 설욕하려고 김상헌 등 신 하와 협의하여 청나라 정벌계획을 세우기 시작했다. 그러자 김자점은 자신의 무리를 청나라로 보내 조선의 북벌계획을 알리고 그 증거로 인 조의 지문, 즉 장릉지문(長陵誌文)을 제시하였다. 이 지문은 송시열이 작 성하였는데 그는 여기에 청나라의 연호를 쓰지 않고 명나라 연호를 사 용하였다. 청나라의 연호를 기록하지 않은 것은 조선이 나라로 인정하 지 않고 있다는 증거였고 김자점은 바로 그것을 노렸던 것이다. 청나라 에서는 이 지문을 받자마자 당장 사신을 보내 이를 힐문하였다. 조정에 서는 크게 놀라 김자점을 달래서 화를 면하고자 하였다. 하지만 이후원이 한사코 그 부당성을 주장하여 김자점을 귀양 보내게 하였다.

김자점마저 귀양을 떠나자 귀인 조씨는 완전히 끈 떨어진 두레박 신세가 되었다. 그녀는 효종이 즉위하자 효종비 인선왕후 장씨의 명령으로 함원전에서 숙경재로 거처를 옮겼었다. 숙경재는 상궁 정도의 내관이 살던 한미한 처소로 조씨에게는 참을 수 없는 모욕이었다. 인조가 살아 있을 때는 온 조정이 모두 그녀의 치마폭에서 놀아났기 때문에 더욱 비참한 심정이었다.

그녀는 지난날의 영화를 되찾기 위해 무당 앵무를 불러다 죽은 사람의 뼈를 마당에 묻고 몇날 며칠 동안 푸덕거리를 했다. 이 사실을 안 조정에서는 당장 조씨와 연루된 자들을 잡아들였다. 그중에는 김자점과 그의 손자 김세룡 그리고 조씨의 딸이자 김세룡의 아내인 효명옹주 등이 연루되어 있었다. 국문 결과 이들은 조씨의 아들 숭선군을 왕위로 세우려는 역모를 꾸미고 있었던 것을 밝혀내었다. 결국 귀인 조씨는 사사되고 김자점과 김세룡 등은 국문을 거쳐 처형되었으며 숭선군은 귀양 보내졌다(김자점의 옥, 효종 2년, 1651).

인조가 생존해 있을 때 장렬왕후 조씨의 존재는 거의 무시되었지만 효종이 그녀의 권위를 되찾아 주었다. 남편 인조의 승하로 조씨의 권위가 회복된 웃지 못 할 결과를 낳게 되었던 것이다. 효종은 조씨에게 극진한 효를 다했다.

일설에 의하면 효종이 왕세자로 있을 때 귀인 조씨를 탐탁지 않게 여겼다고 한다. 인조가 승하하기 직전 임종을 국모인 장렬왕후 조씨가 지켜야 함에도 불구하고 귀인 조씨가 그 자리에 있었다. 뒤늦게 달려온 효종이 귀인 조씨의 법도에 어긋난 행동을 보고 당장 계모 조씨를 모시고 오라며 명을 내렸다. 그녀는 왕세자의 명을 거역할 수 없었다. 효종 덕분에 장렬왕후 조씨는 인조의 임종을 지킬 수 있었고 그 덕분에 권위를 되찾을 수 있었다고 한다.

아들이 죽었을 때 어머니의 상복은?

장렬왕후 조씨는 이제 효종의 보호 하에 조용히 대비로서의 권위만 지키면 되었다. 그러나 이러한 평화도 얼마가지 못했다. 효종이 세상을 떠나자 그녀의 복상문제를 두고 조정에서는 남인들이 예송(禮訟) 논쟁을 계기로 정국의 주체로 나서면서 당쟁이 치열해졌다. 이 논쟁이 제1차 예송 논쟁이다.

효종이 재위 10년 만에 세상을 떠나자 대비 조씨의 복상문제를 어떻게 처리하느냐가 정쟁의 중심 화두로 떠올랐다.

현종 즉위년(1659) 예조판서 윤강이 현종에게 고했다.

"자의대비도 응당 복제가 있을 터인데 오례의에 분명한 조문이 없고 삼년복을 입는다 하고 혹은 기년복을 입는다 하오나 그에 준할만한 예설이 없사오니 대신과 유신들에게 의논을 하게 하옵소서."

오례의란 《국조오례의》를 지칭하는 것으로 세종 때 허주 등이 어명으로 고금의 예서와 홍무예제 등을 참작하여 편찬에 착수하였다. 이어 세조 때 강희맹 등을 시켜 오례인 길례, 가례, 빈례, 군례, 흉례 중에서 실행해야 할 것을 뽑아 도식을 편찬, 탈고한 것을 성종 5년(1474)에 이르러 신숙주, 정척 등이 완성한 것이다. 이후 이 《국조오례의》를 참고로 하여 조정에서는 예를 거행했다.

그런데 자의대비 조씨(장렬왕후)의 복상문제와 같은 예를 찾아 볼 수 없어 윤강이 현종에게 고했던 것이다. 그래서 당시 예학에 최고로 명성이 높았던 서인 이조판서 송시열에게 자문을 구하였다. 송시열은 우참찬 송준길과 의논하여 대비 조씨는 1년복을 입어야 한다는 결론을 내렸다.

"의례 상복소에 비록 승중(承重, 아버지가 사망한 후 대신 제사를 받드는 일)을 하여도 삼년복은 입지 못한다는 말이 있사오니 선왕(효종)께서 비록 왕계의 대통을 이었다 하더라도 윤서상 장자가 아닌 차자이니 자의대비의 복도 기년을 넘지 않아야 마땅하나이다."

이들이 근거로 삼은 것은 《주례》, 《주자가례》 등으로 중국 주나라, 송나라의 예론이었다. 이에 따르면 상을 당했을 때 입는 복은 다섯 종류가 있었다. 첫째 3년복인 참최, 둘째 3년 또는 1년복인 재최, 셋째 9개월복인 대공, 넷째 5개월복인 소송, 다섯째 3개월복인 시마 등이었다. 이 규정에 따르면 부모상에는 자녀가 3년복을 입고 반대로 받아들인 장자상에는 그 부모가 3년복을 입는 것으로 되어 있었다. 따라서 이들은 효종이 둘째 아들이기 때문에 당연히 1년복을 입어야 된다는 결론을 내렸던 것이다. 이들의 주장에 따라 현종은 대비 조씨의 복제를 1년복으로 결정하려고 하였다. 그런데 남인인 예조 참의 윤휴가 이의를 제기했다.

"장자가 죽고 적처 소생인 차자를 세워도 역시 장자라고 하는 명문이 있으니 자의대비께서는 당연히 재최 삼년복을 입어야 합니다."

이와 같은 내용의 글을 윤휴는 이시백에게 보냈는데 그는 이 글을 영의정 정태화에게 보여주었다. 정태화가 다시 송시열에게 윤휴의 글을 보여주자, 그는 4종설을 내세우며 1년복이 맞다고 주장하였다. 4종설이란 가통을 계승했어도 3년복을 입지 못하는 경우를 가리키는 것이었다. 정태화가 4종설이 무엇이냐고 송시열에게 묻자 그는 이렇게 설명해 주었다.

"첫째 정이불체(正而不體)란 것이 있으니 이는 적손이 가통을 이은 경우이며, 둘째 체이부정(體而不正)이란 것은 서자가 뒤를 잇는 것이며, 셋째 정체부득전중(正體不得傳重)이란 말은 적자가 병으로 폐인된 것이며, 넷째 전중비정체(傳重非正體)란 말은 서손(庶孫)이 뒤를 잇는다는 말이니, 이것이 소위 4종설입니다. 그러니 서자가 비록 가통을 계승했다 하더라도 삼년복을 입지 못하는 법인즉 고례대로 기년복을 입는 것이 옳습니다."

송시열은 적처가 낳은 둘째 아들부터는 모두 서자이고 효종 또한 둘째 아들이기 때문에 마땅히 기년복을 입어야 한다고 했다. 송시열의 설명을 듣던 정태화는 깜짝 놀라고 말았다. 이 4종설을 가지고 반대하는 무리들이 시비를 걸 수 있었기 때문이었다. 만약 체이부정을 인용한다면, 효종이 적장자가 아닌데도 왕위를 이었다는 부당함으로 해석될 수도 있었다. 자칫 잘못 해석하면 송시열은 효종을 왕으로 인정하지 않는 역적으로 몰릴 수도 있다는 뜻이었다. 사실 남인들은 그렇게 사태를 몰아가려고 했었다. 그래서 송시열이 다른 방법을 제시하였다.

"그렇다면 좋은 예가 있습니다. 대명률(大明律, 중국 명대의 형법전의 하나)과 우리나라 제도에 장자와 서자를 막론하고 다 기년복을 입게 되어 있습니다. 이대로 작성한다면 근거가 없지도 않을 뿐더러 역시 종묘의 뜻에도 부합됩니다."

이 말에 정태화는 무릎을 치면서 그렇게 하면 오해의 소지가 없을 것이라며 기년복을 입기로 결정하였다. 그런데 윤휴가 자신의 주장이 수용되지 않자 다시 제동을 걸었다.

"군주의 초상에는 내외 종친이 다 참최 삼년복을 입는 법이니 그것은 군신의 의를 중하게 여기는 때문이라, 대비 조씨는 역시 참최 삼년복을 입어야 타당합니다."

송시열은 윤휴의 주장에 신하들은 모두 3년복을 입는 것이 당연하지만 선왕이 신하로서 대왕대비를 섬겼기 때문에 그럴 수 없다고 반박하였다. 또한 아들이 어머니를 신하로 삼는 경우는 있을 수 없다며 역설하였다. 그러자 윤휴는 주나라 무왕이 부모를 신하로 삼았던 고사를 인용하였다. 송시열은 아들이 어머니를 신하로 대접하는 법은 없다는 주자의 말을 인용하며 대응하였다. 그리고 윤휴가 인용한 고사는 무왕의 어머니가 아니라 무왕의 아내를 지칭하는 것이라고 반박했다.

의견이 분분하자 정태화는 결국 조선의 국제(國制, 국상의 복제)와 대명률에 근거하여 기년복으로 결정하였다. 그래서 송시열의 주장대로 자의대비 조씨는 1년복을 입었다. 대비전에 있는 조씨의 심기는 매우 불편하였다. 자신의 선택여하에 따라 상복을 입는 것이 아니라, 신하들의 결정에 따라야 하는 신세였기 때문이었다. 송시열의 의견대로 기년복이 결정되었지만 남인들은 이를 묵과하지 않았다. 그 다음해 4월, 허목이 상소를 올려 이 문제를 또 걸고넘어졌다.

그는 체이부정을 들먹이면서 서인들이 효종의 왕통을 인정하지 않는 것이 아니냐며 정치적 공세를 펴기 시작했다. 이때 송시열은 관직을 그만두고 낙향해 있었기에 이유태가 4종설을 들면서 이를 강경하게 반박하였다.

현종은 허목의 상소를 본 후 곧 다시 의논해 보겠다고 했다. 조정에서 이 문제를 두고 의견이 분분한 가운데 서인 내부에서도 분열이 일어났다. 서인 영의정 정태화, 영돈령 이경석, 영중추 심지원 등은 1년복설을 지지했으나 원두표는 허목의 주장을 지지하였다. 자의대비 조씨의 복제를 두고 조정 대신들의 의견이 분분하자 현종은 이를 종식시키기 위해 송시열을 지지한다는 하교를 내렸다. 송시열의 의견대로 1년복설이 결정되었다.

서인 측에서는 자신들의 의견이 관철되었음에도 불구하고 이 문제는 단지 예론에 대한 견해 차이로 여겼을 뿐 더 이상 문제를 확대하지 않으려 하였다. 그런데 남인들은 이 기회를 이용하여 정치적인 실권을 되찾으려는 움직임을 보였다. 남인 윤선도가 예송문제를 정치적인 문제로 비화시켰던 것이다. 그는 현종에게 사가에서도 조종의 적통을 이어받으면 참최 3년복을 입는데 하물며 국가는 말할 것도 없다고 상소를 올렸다. 만일 송시열의 말대로 한다면 효종의 자손인 현종은 가짜 왕이라는 뜻이었다. 자칫 잘못하면 송시열이 완전히 역적으로 몰릴 판국이었다.

윤선도의 상소에 서인들은 비로소 남인들의 정치적 의도를 간파하고 일제히 단합하여 공격했다. 그중 대사간 이경억, 사간 박세모, 정언 권격, 장령 윤비경, 지평 이무, 정수 등은 연명하여 윤선도를 탄핵하는 상소를 올렸다.

서인의 공격을 한몸에 받게 된 윤선도를 구명하고 나선 인물이 우윤 권시였다. 그는 현종에게 이렇게 상소를 올렸다.

"자의대비마마의 복제가 삼년이 맞는 것은 조금도 의심할 여지가 없는 사실입니다. 그런데 송시열, 송준길 등이 이를 잘못 해석한 것은 유감된 일입니다. 온 세상이 이것을 잘못임을 알지만 누구도 말하는 사람이 없기에 윤선도가 대신한 것입니다. 다만 윤선도의 말이 간악하나 간언을 한 용기는 취할만한 점이고 또 선왕의 사부이니 경솔하게 죽일 수는 없다고 사료되옵니다."

이번에는 3사에서 일제히 나서 권시를 공격했다. 일이 이처럼 계속 확대되자 현종은 처음 송시열이 내놓았던 의견대로 국제를 따라 기년복으로 결정한다는 하교를 내렸다. 그리고 덧붙여 만일 복제문제로 서로 모함하는 자가 있으면 중형에 처하겠다며 예론의 거론 자체를 금지시켰다.

권시는 서인들이 총공격을 가해오자 벼슬을 버리고 낙향했으며 윤선도는 함경도 삼수로 귀양가고 허목은 삼척부사로 좌천당했다. 제1차 예송논쟁은 일단락되었지만 완전히 끝이 난 것은 아니었다. 자의대비 조씨는 또 다시 조정 대신들 정쟁의 제공자가 되었다.

며느리가 죽었을 때 시어머니의 상복은?

서인들이 정권을 주도하는 가운데 15년의 세월이 흘렀다. 자의대비 조씨도 모든 일을 잊고 조용히 지내고 있었다. 그러던 중 현종 15년(1674) 효종의 아내 인선왕후 장씨가 세상을 떠났다. 며느리 장씨(효숙대비)가 조씨보다 먼저 세상을 등졌던 것이다. 며느리 장씨는 조씨보다 6세가 더 많은 연상이었다. 따라서 조씨가 요절하지 않는 이상 며느리보다 더 오래 살 수밖에 없었다. 어린 나이로 나이 많은 남편과 혼인을 한 결과 전처 부인의 아들과 며느리보다 오래 살게 되었던 것이다.

15년 전에 효종이 죽자 조씨는 조정 대신들 권력투쟁의 시빗거리를 제공한 바가 있었는데, 며느리 장씨가 죽자 또 휘말리게 되었다(제2차 예송논쟁). 조정 대신들 간에 조씨가 9개월간 상복을 입어야 하는지 1년간 상복을 입어야 하는지 의견이 분분하였다. 고례에 의하면 맏며느리의 상에는 1년복을 입게 되어 있고, 둘째 며느리의 상에는 대공복(9개월복)을 입게 되어 있으며 국제에 따르면 모두 1년복을 입게 되어 있었다.

예조판서 조연은 현종에게 과거 효종의 상을 치를 때 결정되었던 국제에 따른 1년복을 아뢰었다. 이때 송시열은 관직을 버리고 낙향해 있었으며 김수흥, 김수항 형제가 정승으로 조정을 지키고 있었다. 조연의 말을 들은 이 두 형제는 효종비의 복제는 효종의 경우와 같을 수 없다며 1년복이 아닌 9개월복, 즉 대공복이 되어야 한다고 주장했다. 조정에서는 듣고 보니 일리가 있는 말이라 현종에게 9개월복으로 고쳐 올렸다. 이 결정에 대해 남인 측에서 들고 일어났다. 처음 상소를 올린 인물은 70세의 영남 유생 도신징이었다.

"대왕대비의 복제를 기년으로 했다가 다시 대공으로 바꾼 것은 어떤 근거에 의한 것입니까? 큰아들과 며느리의 복제가 모두 일년이라고 《국

왕비나 대비가 거처하는 곳에 설치된 십장생 병풍 국립고궁박물관 소장

조오례의》에 분명히 나와 있는데 효종의 상에는 일년복을 입게 하시고 이제 와서 국조 경전에도 없는 대공복을 입게 하시니 앞과 뒤가 왜 이렇게 다릅니까. …기해년에 참최복으로 정했어야 하는데 일년복으로 정한 데서부터 이런 문제들이 나오는 것입니다. 기해예송(제1차 예송논쟁)에서 일년복으로 정한 것이나 지금 대공복으로 바꾼 것은 모두 효종을 서자로 만들려는 수작이옵니다. 지금이라도 늦지 않았으니 구개월복을 일년복으로 바꾸어야 합니다."

제1차 예송논쟁 때 기해복을 정한 일까지 공격하자 서인들은 난감하게 되었다. 현종은 이 상소문을 읽고 김수흥을 불러 물었다.

"기해년 복제는 실상 《국조오례의》에 의한 것인데, 오늘날 자의대왕대비의 복제를 대공으로 마련한 것은 기해년 복제와 같으오, 다르오?"

김수흥은 남인 측이 이 예론을 빌미로 정권의 지배권을 잡겠다는 것을 파악하고 있었기 때문에 쉽게 대답할 수가 없었다. 현종이 다시 묻자 김수흥은 얼버무렸다.

"기해년 복제는 중론이 분분하였으나 국제에 의거하여 기년복을 정한 것이온데 삼년을 쓰지 않는 것은 사종설에 의거하였다고 생각하옵니다. 이제 대공복을 청한 것은 역시 중자부(衆子婦, 맏아들 이외 여러 아들의 아내)

의 상복을 의미한 것이옵나이다."

현종은 도저히 이해할 수가 없었다. 아무래도 정확한 대답이 아니라고 판단한 현종은 6조판서가 모두 참여하는 연석회의를 열어 상의하라는 명을 내렸다. 그러나 명쾌한 결정이 나올 리 없었다. 회의를 마친 대신들은 기해예송이 정해진 경위와 당시 시비가 있었다는 정도만 현종에게 고했다. 그러자 현종은 격양된 목소리를 터뜨렸다.

"그것을 몰라서 연석회의까지 열어서 논의를 하라고 했느냐? 기해년의 일년 복제와 현재 구개월 복제는 같은 근거에 의한 것인지, 아니면 다른 근거에 의한 것인지를 분명히 밝히도록 히리!"

대신들은 기해년의 기년 복제는 국제의 예에 의한 것이며 이번 대공복제는 고례에 의한 것이라고 답변을 했다.

승정원에서는 제1차 예송논쟁 때 허목의 상소문을 참고자료로 현종에게 올렸다. 현종은 상소문을 검토한 후 좌부승지 김석주에게 의례 참최장에 대한 해석을 의뢰했다. 김석주의 아버지 김좌명은 현종비 명성왕후의 아버지인 김우명의 형이었다. 김석주는 현종의 장인인 김우명의 조카로서 현종과 처남관계에 있는 외척이었다. 또한 서인이었지만 남인의 영수 허적과도 가까운 사이였기 때문에 객관적인 해석을 해줄 것으로 기대하였던 것이다. 그런데 김석주는 남인 측의 입장을 두둔하는 내용을 현종에게 전했다. 의례 참최장에 둘째 아들이 후사를 이으면 장자라고 한다는 해석과 체이부정설 등에 대해 소상하게 보고했던 것이다. 김석주의 보고내용을 전해들은 서인들은 그를 비난했다. 그러자 그는 사실대로 보고했을 뿐이라며 변명을 했다.

사실 김석주의 집안은 송시열에 대해 원한을 갖고 있었다. 아버지 김좌명과 숙부 김우명이 조부 김육의 묘에 왕만이 쓸 수 있는 수도(隧道. 묘혈로 통하도록 관을 묻기 위해 땅 속으로 낸 길)를 닦아 치장했는데 이에 대해 송시열과 민유중 등이 공격을 했던 것이다. 이 사건으로 서인 측인 김석주 집안은 송시열과 멀어지고 오히려 남인들과 가깝게 지냈다. 그래서 김석주는 남인 측의 주장을 지지하는 해석을 현종에게 보고했던 것이다. 현종은 즉시 김석주, 정유악 등을 입회시킨 채 김수흥을 다시 불러들였다. 김수흥은 사태가 불리해지자 너무 오래된 일이라 기억이 나지 않으니 다시 제신들과 협의해 보겠다며 그 자리를 빠져 나왔다.

위기의 자리는 모면했지만 서인들 간에 뾰족한 답이 나올 리 없었다. 현종이 원하는 것은 기해예송과 갑인예송이 모두 잘못되었다는 대답이었다. 그렇다고 해서 서인 측에서 그대로 시인할 수도 없는 노릇이었다. 시인을 한다면 곧 왕실을 능멸한 죄목으로 정권을 내놓고 물러나야 할 판이었다. 서인 측에서 계속 시간만 끌자 현종은 이 문제에 대해 단안을 내렸다.

"기해년 복제를 나는 다만 국제에 의거한 것으로 알았는데 중외(中外)에서 고례에 의거했다고 하니 이것은 국가에 쓰는 복은 가볍게 하고 제신들의 사가에서 쓰는 복을 중하게 하는 것이 아니냐? 또 그대들은 다 같이 선왕의 두터운 은혜를 입었는데 감히 선왕을 체이부정으로 지목하니 왕에게는 박하고 누구에게는 후덕하고자 하는 것이더냐?"

덧붙여 다음과 같은 특지를 내리기도 하였다.

"자의대비의 복은 기년으로 마련하고 국가제도에 장자복 기년을 삼년 참최복으로 고쳐라."

이로써 모든 예송논쟁은 끝이 났다. 현종은 예론을 잘못 쓴 책임을 물어 김수흥을 귀양 보내고 남인의 영수 허적을 영의정으로 등용하였다. 따지고 보면 기해예송 때 송시열이 정확하게 해놓지 않은 탓에 김수흥이 그 죄를 떠안게 되었다. 그리고 김석주는 김수흥이 아닌 송시열을 제거하고자 했던 것이었다. 그런데 송시열은 당시 현직에 있지 않았기 때문에 대신 영의정 김수흥이 귀양을 가게 되었다.

김석주는 김수흥의 귀양 처분을 철회해줄 것을 요청하였으나 현종은 받아들이지 않았다. 결국 조정 대신들 중 서인세력들은 하나 둘 정계에서 빠져나가기 시작하였다. 그리고 영의정으로 등용된 허적은 점차 남인세력들을 대거 정계로 불러들여 결과적으로 서인들은 실각하고 남인들이 정권을 잡게 되었다.

이 모든 것은 자의대비 조씨를 둘러싸고 일어났던 일련의 권력투쟁이었다. 그녀는 자신도 모르게 서인과 남인들 간 정파싸움의 화두가 되어 있었던 것이다. 그녀는 현종이 죽고 숙종이 왕위에 올랐을 때까지도 생존해 있었다. 숙종이 즉위하자 각 당파들은 조씨를 이용한 정권투쟁에서 이제는 후궁과 왕비를 당파의 명분으로 삼아 당쟁을 계속했다.

사후에도 쓸쓸함은 그대로

자신도 모르게 당쟁의 화두를 제공해 준 자의대비 조씨는 인조, 효종, 현종 및 숙종 대를 걸쳐 삶을 영위하다가 숙종 14년(1688) 64세를 일기로 삶을 마감하였다. 야사에 의하면 그녀가 죽기 전 당시 증손주 며느리였던 인현왕후 민씨에게 이렇게 하소연했다고 한다.

"생각하면 나도 지겹게 살았소. 너무 오래 살았지. 내가 인조대왕께 시집온 것이 열네 살 중전과 같은 나이였소. 그러다가 열아홉에 중풍기운이 생기니 인조대왕께서 어찌 나를 아내라고… 왕비라고 생각해 주시기나 하였겠소. 그러다가 내 나이 스물여섯에 대왕께서 승하하시니 소생 하나 없고 왕실에 들어와 공 하나 없는 내가 거추장스러운 대비로 산 송장 노릇을 시작하였고 그 뒤로 아들, 며느리인 효종대왕 내외 그 뒤에 손자 손부 현종대왕 내외가 모두 내 앞에서 승하하고… 그때마다 죽지도 않는 이 목숨이 남아서 복상문제로 예송논쟁이 나서 숱한 사람이 죽고 쫓겨나는 것을 볼 때 스스로 내 목숨을 끊고 싶었던 것이 한 두 번이 아니었소. 그러나 어느 집이고 사람이 생죽음을 당하면 그 앙화가 후대에 내린다고 하기에 참고 참으며 명이 스스로 다하기를 기다리다가 이제까지 이토록 오래 살아남은 것이라오.”

그녀는 이처럼 인생의 한없는 비애를 토로하면서 당시 어질기만 하던 인현왕후 민씨도 자신의 전철을 밟지 않을까 걱정하며 숨을 거두었다고 한다.

어렸을 때부터 부덕만 잘 닦고 그대로 실천하면 탈 없이 행복한 인생을 누릴 수 있다고 교육을 받아왔던 조선의 여인들에게는 감내해야 할 일들이 너무 많았다. 특히 국모가 된 여인들의 속사정은 그 누구도 알아주지 못했다. 혹시 왕실에 누가 될까 매사에 신중을 기하며 한 치의 외도도 하지 않았던 여인들이 국모였다. 조씨도 마찬가지였다. 가만히 앉아만 있어도 신하들은 당파를 지어 그녀를 이용해 정권다툼을 하는 실정이다. 그 때문에 실권 없는 그녀로서는 하고 싶은 말도 하지 못하는 신세였다. 이처럼 남편에게 사랑도 제대로 받지 못하고 그렇다고 후사도 두지 못한 조씨는 당쟁의 명분만 제공해주다 세상을 떠났던 것이다.

그녀는 죽어서도 남편 인조 옆으로 가지 못했다. 이미 전처인 인열왕후 한씨가 파주의 장릉에 인조와 함께 안장되어 있었기 때문이다. 그녀는 현재 경기도 구리시에 있는 휘릉에 홀로 안장되었다. 죽어서도 그녀는 살아생전 풀지 못한 외로움을 그대로 지닌 채 바람, 풀, 구름 등 자연을 벗 삼아 그 쓸쓸함을 위로받는 신세로 남게 되었다.

昭顯
世子嬪

소현세자빈 강씨

세계화 시대로 나아갈 준비된 여인, 사사되다

인조 5년(1627) 17세의 꽃다운 나이에 세자빈 간택에 임하게 된 강씨는 두근거리는 마음으로 사인교를 타고 궁궐로 들어갔다. 창덕궁 중희당에는 이미 강씨와 비슷한 연령의 아리따운 처자들이 모여 있었다. 그 중에서 아버지가 판서로 있는 박씨 성을 가진 처자가 유독 눈에 띄었다.

떨리는 마음으로 선을 보고 나자 음식상이 들어왔다. 상 위에는 국수장국, 신선로, 김치가 있었고 화채는 따로 놓여져 있었다. 강씨는 어려운 자리인데다 혹시 부모님에게 누가 될지 모른다는 생각에 긴장을 하였다. 그래서 그녀는 평소 어머니에게 배운대로 몸가짐에 신중을 기하며 조심스럽게 음식을 먹기 시작했다.

그런데 박씨 성을 가진 처자는 젓가락 소리를 내고 쩝쩝거리며 게걸스럽게 먹어댔다. 선을 보기 위해 나왔던 노상궁들은 그 모습을 보며 기가 막힌 듯 벌어진 입을 다물 줄 몰랐다.

가장 유력하게 세자빈의 물망에 올랐던 박씨 처자는 당연히 간택에서 떨어졌다. 그러나 사실은 간택에서 떨어지기 위해 지혜를 발휘했던 것

이다. 결과적으로 세자빈 자리는 강씨에게 돌아왔으나 이는 결코 행운
이 아니었다.

서인 집안 출신이었기 때문에 간택된 세자빈 자리

강씨가 세자빈에 간택되었지만 원래 그 자리는 윤씨나 권씨의 몫이
될 수도 있었다.

신하들의 입에서 세자빈 간택이 언급되기 시작한 것은 2년 전이었다.
그때 간택된 처자는 윤의립의 딸 윤씨였다. 세자빈의 간택은 정치적인
상황에 따라 좌우되었는데 윤씨의 경우 순조롭지 못했다.

인조는 서인을 견제하기 위해 남인 이원익을 영의정에 앉혔다. 세자
빈도 남인 가문에서 선택하려고 하였기에 윤의립의 딸 윤씨가 지목된
것도 이와 무관하지 않았다. 반면에 이를 지켜보던 서인 측은 인조가 자
신들을 견제하고 있다는 사실을 알아차렸다. 그들은 인조의 뜻에 따라
순종할 수만은 없었다. 세자빈 자리는 세자와 원손을 마음대로 할 수 있
는 위치라 공신세력들이 즉각 들고 일어났다.

윤의립은 이괄의 난에 연루되어 처형된 윤인발의 숙부라서 그의 딸은
윤인발과는 사촌지간이 되었다. 이런 가계 속에서 인조가 윤의립의 딸
을 세자빈으로 낙점한 것이다. 서인들은 윤의립의 훌륭한 인품에 대해
잘 알고 있었지만 그가 남인이었기 때문에 그냥 지나칠 수 없었다. 오히
려 공격하기 좋은 결함이자 구실이 되었다. 왕실이 역적의 가문과 사돈
을 맺는 것은 결코 용납할 수 없는 일이었다.

인조는 세자빈이자 자신의 며느리조차 마음대로 선택할 수 없다는 현
실에 마음이 무거웠다. 하지만 달리 내세울 명분이 없어 신하들의 주장
을 무조건 묵과할 수도 없었다. 인조는 결국 소현세자가 아직 어리다는

이유를 들어 가례를 연기하는 것으로 사태를 매듭지었다.

소현세자의 나이 14세로 사실 역대 조선의 세자들의 혼인 연령과 비교했을 때 결코 어린 나이가 아니었다. 그런데도 인조는 나이를 핑계 삼아 혼인을 서둘러야 할 이유가 없다고 한 것이다. 그러나 2년 뒤 소현세자가 16세가 되자 더는 미룰 수가 없게 되었다.

당시는 왕실과의 혼인을 기피하는 분위기가 지배적이었다. 임진왜란 이후 국가재건에 힘써야 할 때 일으킨 인조반정이 일반 백성들에게 그다지 지지를 받지 못하고 있었다. 더군다나 광해군의 인목대비 폐모사건 등으로 왕실과 사돈을 맺는 것은 위험을 자초하는 일이기도 했다.

물론 그 이전에도 왕실과 사돈을 맺은 집안은 대부분 역적으로 몰려 몰살되다시피 하였다. 잘 되면 부귀영화를 누릴 수 있지만 그렇지 못할 경우 역적으로 몰리는 판국이라 왕실과 사돈 맺는 것을 은연중 꺼려했던 것이다.

인조 1년(1623) 세자 혼인을 위해 처녀단자를 받을 때도 내놓지 않으려는 집들이 많았다. 그래서 한성부에서는 처녀를 숨긴 집의 가장을 적발하여 죄로 다스릴 것을 요청하기도 했다. 이와 같은 연유로 권씨 성을 가진 처자도 일부러 광증이 있는 사람처럼 행동해서 간택에서 떨어지기도 하였다.

이런 우여곡절 끝에 세자빈에 간택된 후보가 강씨였다. 강씨는 광해군 3년(1611) 본관이 금천인 아버지 강석기와 어머니 고령 신씨 사이에서 5남 3녀 가운데 둘째 딸로 태어났다. 강씨가 간택된 데는 부승지로 있는 아버지가 서인 집안 출신이었던 것이 한몫하였다.

세자빈에 간택된 강씨는 시조모 인목대비 김씨, 시부모인 인조와 인열왕후 한씨에게 인사를 한 후 궁궐과 일반 사가의 중간 정도인 별궁으로 갔다. 삼간택에 뽑힌 규수는 이제 일반 처자가 아니라는 의미에서 사

소현세자 가례도감 의궤 반차도
규장각 한국학연구원 소장

가로 돌아가지 못하고 곧바로 별궁에서 기거를 하였다.

세자빈이 별궁에 거처하게 된 것은 광해군 대부터였는데 이전에는 친정집을 이용했었다. 성종 대에는 세자빈 신씨를 간택한 후 친정집을 전부 비우게 한 후 그곳에 거처하게 하고 나머지 식구들은 이웃집으로 옮기게 했다. 그리고 세자빈이 거처하는 집으로 주방, 등촉, 제색, 설리 및 반감, 별감, 파직 군졸들을 딸려 보냈다. 광해군 대에는 세자빈을 간택한 후 민가에 둘 수 없어 이현본궁(梨峴本宮)을 이용하였다. 강씨도 왕실에서 결정한 별궁에 거처하다 친영례 때 태평관으로 옮겨갔다.

강씨는 인조 5년(1627) 9월에 세자빈으로 간택되고 별궁에서 생활한 지 거의 3개월이 지난 12월에 가례를 올렸다. 처음에 남편 소현세자는 자살한 윤의립의 딸 때문에 소현세자빈 강씨(민회빈 강씨 혹은 강빈이라 불렸다)를 그리 탐탁지 않게 여기는 듯했다. 그러나 강씨가 별다른 마찰 없이 자신의 역할을 수행해 나가자 소현세자의 마음도 차츰 기울어졌다.

인조 14년(1636) 강씨는 원손 경선군(석철)을 낳은 후 차례대로 경완군(석린), 경안군(석견)과 군주(딸) 3명을 더 낳았다. 인조는 경사라 하여 별시를 시행해 원손 탄생을 축하하고 강씨의 아버지를 이조판서로 등용하였다. 그러나 훗날 자신의 손으로 이 손자를 죽이게 될 줄은 몰랐을 것이다.

강씨는 그동안 참아왔던 세월을 보상받은 듯 했지만 그 행복도 오래 가지는 못했다.

볼모 기간 중 보여준 뛰어난 수완

광해군 8년(1616) 누르하치가 세운 나라인 후금은 그 후 급속도로 성장해 명나라를 압박하고 있었다. 이런 정세를 간파한 광해군과 대북세력은 명나라와 후금 사이에서 중립적 외교로 후금과 화평한 관계를 유지해왔다. 그러나 인조반정으로 광해군이 폐위되고 대북 대신 서인들이 집권하자 친명배금정책을 노골적으로 드러내 후금과의 관계도 무너졌다.

그런데 이괄의 난이 일어나 후금이 조선을 침략할 수 있는 명분을 만들어주었다. 관군에게 진압된 이괄의 잔당들은 후금으로 도망쳐 인조 즉위의 부당성을 알렸다. 후금은 이를 구실삼아 3만의 군사를 앞세워 침략하였다(정묘호란, 인조 5년, 1627). 조선은 후금과 형제관계를 맺고 화의가 성립되었다.

그러나 이것으로 끝이 난 것이 아니라 인조 14년(1636) 형제 관계에서 군신 관계로 바꿀 것을 요구하면서 황금과 백금 1만 냥, 군마 3천 필 등을 보낼 것을 강요해왔다. 인조는 척화론(화친을 반대함)을 주장하는 신하들의 의견을 좇아 8도에 교서를 내려 청나라와의 관계를 단절한다고 선언하였다. 대노한 청나라 2대 황제 태종(홍타이지, 누르하치의 8남)은 결국

10만 대군을 이끌고 압록강을 건너왔다(병자호란 1636년 12월~1637년 1월).

강씨는 원손인 경선군과 소현세자의 동생인 봉림대군, 인평대군 두 왕자 등과 강화도로 피신하였다. 인조는 세자와 조정의 문무백관 등을 거느리고 뒤따르려고 했지만 청나라 군사가 길목을 끊어버려 경기도 광주의 남한산성으로 피신할 수밖에 없었다. 성을 포위당한 지 47일 만에 인조는 결국 삼배구고두의 예를 행하며 성하지맹(城下之盟, 적에게 항복한 후 맺는 굴욕적인 강화)의 치욕을 겪어야했다.

강씨에게 뒤늦게나마 찾아온 행복은 병자호란으로 산산조각이 났다. 소현세자와 함께 청나라의 수도 심양으로 끌려가야 했기 때문이다.

소현세자는 인조가 청나라에 항복한 뒤 화약의 조건에 의해 그해 2월 8일 조선을 떠났다. 그 후 4월, 심양에 도착한 뒤 5월 7일부터 새로 완성된 심양관(瀋陽館)에 머물게 되었다. 여기에 상주하게 된 인원은 소현세자와 강씨 이외 동생인 봉림대군 부부 그리고 시강원 관리를 중심으로 한 수행 신하와 노비들까지 합쳐 모두 3백 명이 넘었다.

울면서 길을 떠났던 강씨는 소현세자와 새로운 세상에 눈을 뜰 수 있었다. 대륙의 주인이 청나라임을 똑똑히 목격하고 확인하게 된 것이다. 소현세자는 청나라와 조선 사이에서 중재역할을 하게 되었다. 인조는 오랑캐에게 당한 굴욕을 수치스럽게 여겨 직접 청나라와 교류하지 않고 모든 것을 소현세자에게 일임하였다. 그런데 청나라가 조선의 문제를 놓고 소현세자와 논의하는 과정에서 왕권이 양분되는 결과가 초래되고 말았다.

세자빈 강씨의 진정한 가치는 이곳에서 여실히 드러났다. 고국에 대한 막막한 그리움으로만 보내지 않았던 강씨는 심양관 생활을 자신과 앞으로 조선이 걸어갈 운명의 첫걸음으로 만들려고 노력하였다. 소현세자가 정치적인 중재역할이었다면 그녀는 심양관의 경제문제에 해결사 역할을 자청하고 나선 것이다.

무엇보다 급한 것이 심양관에 정착한 대규모 일행의 끼니 문제였다. 심양관 앞에서 굶주린 채 통곡하고 노예시장에 팔려가는 조선 백성들을 보면서 마음을 더욱 다졌다. 강씨는 경제문제 해결책을 위해 직접 나서 무역을 시작하였다.

인조 17년(1639) 심양의 팔왕(八王)이 비밀리에 은자 5백 냥을 보내 면포, 표범가죽, 수달피, 꿀 등을 무역할 것을 요구할 정도로 청나라는 물품 부족에 시달리고 있었다. 이런 상황을 신속정확하게 파악한 강씨는 청나라 지배층의 묵직한 금고와 조선의 물품을 연결시키면 큰돈을 벌 수 있다고 판단하였다. 면포와 표범가죽뿐만 아니라 종이나 괴화(槐花, 회화나무 꽃봉오리) 등의 약재와 생강, 담배도 좋은 무역품이었다.

강씨는 본격적인 무역활동을 통해 심양관의 식생활과 경제사정을 조금씩 해결해나갈 수 있었다. 인조 19년(1641) 또 다른 계기가 찾아왔는데 청나라에서 농사짓기를 권유해온 것이다. 그러나 농사를 지을 사람이 없었기 때문에 대부분이 반대를 하고 나섰다. 노비가 있었지만 그들은 심양관의 일을 도와야했기 때문에 벼슬아치와 그 자제들 그리고 내관이 전부였기에 일손이 거의 없는 현실이었다. 특히 신하들이 극구 반대한 것은 농사는 곧 정착을 의미했기 때문이었다. 행여 조선으로 영원히 돌아가지 못할 수도 있다는 불안감에 차일피일 시간을 끌기 시작하였다. 그러나 강씨의 생각은 달랐다. 오히려 좋은 기회로 삼아 농사에 서툰 유목민족의 땅에서 농경민족의 우수한 농법을 발휘한다면 더 많은 수확을 올릴 수도 있을 것이라고 본 것이다.

강씨는 우선 한족(漢族) 출신 노예와 소를 구입한 뒤 농사를 시작하였다. 여진족과 달리 농경민족인 한족은 농사의 기초가 배어있어 큰 효과를 거둘 수 있었다. 《심양장계》(시강원 신하들이 심양관의 일을 빠짐없이 기록해 조선으로 보낸 편지)에 따르면 인조 20년(1642) 농사로 거둔 곡식이 3천 석을 넘었다고 기록되어 있는데 이는 대성공으로 평가되었다. 하지만 강씨의 목적은 단순히 돈이 아니었다. 비참하게 팔려가던 조선 백성들을 잊지 않고 있었던 그녀는 차츰 한족 대신 조선인 출신으로 농부들을 구성해나갔다.

인조 21년(1643) 9월, 국경을 넘어서 삼을 캐다 잡혀 사형 위기에 처한 조선인 36명을 공속(公贖, 청나라로 잡혀간 사람들을 나라에서 비용을 대고 데려오는 일)을 통해 농부로 삼기도 하였다. 죽음 직전에서 살아난 그들은 열심히 일을 해 그해 수확물은 더욱 늘어났다. 강씨는 이 수확물을 만주족 귀족들에게 팔아 큰 수익을 남기기도 하였다. 무역에만 국한했던 것을 생산도 겸하는 복합체제로 발전시켰는데 인조 22년(1644)에는 청나라로부터 채소밭까지 넘겨받아 영역을 넓혀나갔다.

강씨의 노력으로 자포자기에 젖어 통곡하던 조선인의 모습은 사라지고 심양관 앞 거리에는 무역을 위해 몰려든 인파로 연일 북적거렸다. 강씨는 자신의 결심처럼 위기를 기회로 삼아 그나마 볼모생활에 커다란 희망을 안겨다주고 있었다.

한편 집을 짓고 단청을 그려 단장하기도 했는데 이는 원래 궁궐과 사찰 등에서 장엄함과 권위를 나타내기 위해 사용하는 것이었다. 인조는 이 소식을 접하고는 내심 불쾌함을 감추지 못했다. 인조 입장에서는 소현세자가 재산을 쌓고 발전돼가는 모습이 마음에 들지 않았다. 행여 소현세자가 축적한 재산으로 세력을 모아 청나라와 짜고 자신을 몰아낼 수도 있다는 위기감에 봉착한 것이다. 소용 조씨가 곁에서 그런 분위기를 끊임없이 조성하는 바람에 의심은 계속될 수밖에 없었다.

소현세자는 청나라 사람들의 모든 행동을 따라할 정도로 현실적인 일에 빠져들고 있었다. 그래서 자신을 따르는 말뿐인 신하들보다 용감하게 삶의 현장에서 일하는 사람이나 노비들과 더 가깝게 지냈다. 반면에 신하들은 소현세자와 강씨가 오직 재산증식에만 관심이 있다며 비난하기에 이르렀다. 이 사실 역시 《심양장계》를 통해 인조에게 고스란히 전해졌다. 인조는 들려오는 소문과 편지를 접하면서 소현세자와 강씨를 더욱 불안한 마음으로 지켜보게 되었다.

그동안 소현세자는 조선을 세 번 다녀갔다. 세 번째 방문길(인조 20년)에는 강씨도 동행했는데 소현세자가 도착하자 도성 안의 조정 대신과 유생은 물론 수많은 백성들이 나와 열렬히 마중하였다. 양철평(현 서울시 은평구 녹번동 일대 추정)에서 창경궁의 정문인 홍화문까지 거리를 메운 백성들은 절을 하며 눈물마저 흘렸다.

인조는 두 사람을 반가워하지 않았다. 그래서 병을 핑계 삼아 일찍이 심양에 갔다 온 적이 있는 전라도감사 박황을 대신 내보냈다. 박황을 본 소현세자는 서러움이 복받쳐 눈물을 쏟고 말았다. 강씨 역시 인조의 박대 속에 가슴을 쳐야했다. 아버지 강석기가 세상을 떠났는데 인조는 찾아가 보지도 못하게 했던 것이다. 조정의 신하들은 인조의 아들 내외에 대한 냉대가 너무 지나치다 싶어 주청을 올렸다. 하지만 인조의 단호한 태도는 바뀌지 않았다. 먼 길을 달려온 강씨는 결국 병석에 있는 어머니의 얼굴조차 보지 못한 채 심양으로 돌아가야만 하였다.

청태종 홍타이지를 따라 북경에 들어간 소현세자는 서양선교사 아담 샬을 만나 천주교를 받아들이기 시작했다. 천주교와 서양문물을 접하면서 조선이 우물 안 개구리에 지나지 않는다는 것을 절실히 깨달았다. 그동안 신봉했던 성리학이 전 우주를 대변하는 절대적인 진리가 아닌 낡은 사상에 지나지 않는다는 것도 알게 된 것이다. 소현세자의 새로운 세계관은 당연히 강씨에게도 전해졌고, 그녀 역시 사무역을 주도하면서 새로운 세상을 알게 되었기에 쉽게 받아들일 수 있었다.

북경 남당 천주당

　소현세자는 인조와는 달리 청나라와의 외교에서 현실론을 채택하는
한편 귀국하면 그곳에서 습득한 서구문물을 더욱 발전시켜 조선을 강대
국으로 만들겠다고 결심했다. 그러나 그의 야무진 꿈은 척박한 조선과
전혀 어울릴 수 없는 무리였다. 한편 소용 조씨와 김자점 등의 이간질로
세자 부부를 의심하고 있던 인조는 더욱 불안감에 휩싸이게 되었다. 더
군다나 세자의 일가가 모해를 당하자 강씨의 지위는 한층 위험해졌다.
인조는 소현세자가 청나라와 친밀해진 원인이 강씨 탓이라 생각해 더욱
의심을 하게 되었다. 그러던 중 명나라가 망하고 청나라가 중국을 통일

하자 인조 23년(1645) 2월 18일, 소현세자가 일가족과 함께 한성부로 돌아왔다.

꿈은 좌절되고 죽음에 이르다

8년여 동안의 볼모생활을 마치고 귀국한 세자 내외의 가슴은 뛰었으나, 막상 그들을 맞은 것은 부왕 인조의 냉대였다. 인조는 심지어 귀국한 세자에 대한 백관의 하례도 막을 정도였다.

신하들은 당연히 두 사람이 대면하는 것이 원칙이라며 날짜를 연기하더라도 하례식을 하자고 요구하였다.

"세자가 영원히 돌아온 것은 실로 전에 없던 온 나라의 경사라 백성들은 남녀노소 손뼉을 치며 기뻐하고 있습니다. 한번쯤 하례를 올리고 전하의 얼굴을 우러러보는 것은 인정이므로 그만 두어서는 안 됩니다. 그런데 갑자기 왕의 참석 없이 간략히 하라는 명이 있어 조정의 모든 관원들이 실망을 금치 못하고 있습니다. 아직 전달하지 못했으니 하루쯤 연기해서 거행하도록 해주시옵소서."

인조는 날짜를 연기하는 것은 옳지 못한 일이라며 끝내 허락하지 않았다. 소현세자는 볼모생활로 쇠약해진 상태에서 인조의 박대까지 받자 심신이 더욱 지쳐버렸다.

이런 마음고생 때문인지 귀국한 지 2개월 만인 인조 23년(1645) 4월 23일 몸져눕게 되었다. 《인조실록》에 보면 이때 소현세자를 진맥하고 치료하는 대목이 나온다.

"세자가 병이 났는데 어의 박군이 들어가 진맥해보고는 학질로 진단하였다. 다음날 새벽 약방이 이형익에게 침을 놓아 열을 내리게 할 것을 청하니 임금이 허락하였다."

그러나 인조의 주치의 이형익이 놓은 침 때문에 소현세자는 죽었다. 오한이 나서 치료를 받은 지 불과 4일 만이었다. 34세 젊은 나이의 의문 투성이 죽음이었는데도 인조는 이형익을 오히려 비호했다.

실록과는 달리 소현세자가 독살되었다는 설이 정설로 받아들여지고 있다. 당시 청나라를 배척하는 조선 조정의 분위기와 인조의 불안한 심리상태를 놓고 볼 때 독살설에 더 무게가 실리기 때문이다. 인조가 소용 조씨와 김자점에게 사주해 소현세자를 독살했다는 것이 거의 사실로 받아들여지고 있는 이유이다. 《인조실록》에는 소현세자의 시신은 새까맣게 변해있었고 7군데의 혈(穴)에서 피가 나왔다는 기록도 보인다. 이는 사약을 마시고 죽은 사람들에게 나타나는 현상이다.

인조는 소현세자의 장례를 간소화(3년상을 1년상으로 축소)하였고 무덤 역시 원(園)이 아닌 묘(墓)로 명명하여 소현묘라고 하였다. 인조는 죽을 때까지 한 번도 소현세자의 묘를 찾지 않았다고 한다. 소현묘는 현재 경기도 고양시 덕양구 원당동 서삼릉에서 무인도처럼 덩그러니 떨어져 있다. 그 후 고종 대에 가서 소현묘는 소경원으로 격상되었다.

소현세자가 죽자 인조는 5개월 뒤인 9월 27일, 왕권강화를 위해 원손 경선군(소현세자의 장남)을 폐위하고 봉림대군을 세자로 책봉하였다.

소현세자에 대한 인조의 저주는 강씨에게까지 미쳤다. 소현세자의 갑작스러운 죽음에 슬퍼할 겨를도 없이 친정 오라버니들이 저주사건에 휘말리게 된 것이다. 풍수가가 소현세자의 묏자리에 관련해 진언한 것이 그 시작이었다. 풍수가는 영릉 동쪽인 한성부 북부 연은방(현 서울시 서대문구 홍제동 일대)으로 하는 것이 좋다고 했지만 인조는 길이 멀고 백성들에게 큰 폐를 끼치기 때문에 효릉의 등성이가 낫다고 생각했다. 강씨는 풍수가의 말에 일리가 있는 것 같아 동조를 했지만 인조가 끝내 받아들이지 않았다.

그 와중에 강씨의 오라버니 강문명이 소현세자의 장례일이 자오(子午)가 충돌하는 날이라 원손에게 불리하다고 주장하였다. 자와 오는 방위가 정반대로 맞서고 있기 때문에 금기로 여긴다는 것이다. 인조는 크게 화를 낼 수밖에 없었다. 봉림대군을 왕세자로 책봉하고 싶은데 이미 폐위시킨 원손을 들먹이자 자신의 뜻을 무시하는 것으로 받아들인 것이다.

강씨의 친정 식구들은 모두 유배형에 처해졌는데 그들 모두 원손 경선군을 내세워 정권을 잡으려 한다고 여겼기 때문이었다.

인조를 옆에서 더욱 부추긴 사람은 바로 소용 조씨였다. 그녀는 강씨를 제거하기 위해 여러 방법을 동원했다. 저주사건이 일어났을 때도 강씨가 소현세자를 죽이기 위해 벌인 일이라고 인조에게 무고를 했다. 국문을 받던 궁녀들은 모진 고문에도 자백을 거부하며 강씨를 보호했다. 이제 강씨를 보호해줄 세력은 어디에도 없는 형편이었다.

인조 24년(1646) 1월, 인조 수라상에 올린 전복구이에 독이 발견된 사건이 벌어져 강씨가 그 죄를 뒤집어쓰게 되었다. 강씨는 행동이 자유롭지 못한 신세라 독을 탈 만한 여유가 전혀 없었다. 그런데도 모든 혐의는 강씨에게 돌려졌고 결국 후원 별당에 감금되는 신세로 전락하였다. 소의(소용 조씨는 인조 23년 10월 소의로 진봉됨) 조씨는 궁녀를 통해 강씨를 감시하는 한편 인조에게는 그녀를 당장 죽여야 한다고 부추겼다.

마침내 인조는 조정 대신들을 불러 모았다. 인조는 강씨가 심양에 있었을 때와 그동안 벌인 사건들을 볼 때 죄를 물어야 한다며 목소리를 높였다. 그러나 조정 대신들은 그 동안의 사건들이 모두 강씨를 반대하는 무리들의 소행이라는 것을 알았기 때문에 찬성할 수 없었다. 대신 강씨를 폐해도 좋지만 죽여서는 안 된다고 간언했다. 그러나 오직 김자점만이 죽여야 한다고 주장을 하자 인조는 강씨를 폐서인시켜 친정으로 돌려보낸 뒤 2월 사사시키라는 명을 내렸다. 또한 죽이지는 말라는 말을

광명 영회원 – 소현세자빈 강씨 묘

꺼낸 대사헌 홍무적을 귀양 보냈다.

　그 당시 상황을 《인조실록》에서 이렇게 전하고 있다.

　"강씨를 옛집에서 사사하고 교명죽책(敎命竹冊, 왕비 책봉문), 인(印), 장복(章服, 의례복) 등은 거두어 모두 불태웠다. 의금부도사 오이규가 덮개가 있는 검은 가마로 강씨를 싣고 선인문을 통해 나가니 길가에서 바라보는 이들이 담장처럼 둘러섰고 남녀노소가 분주히 오가며 한탄하였다.

　강씨는 성격이 드셌는데 끝내 불순한 행실로 상(인조)의 뜻을 거역해 오다가 드디어 사사되기에 이르렀다. 그러나 그 죄악이 아직 확실히 드러나지 않았는데 단지 추측만으로 법을 집행하였기에 안팎의 민심은 인정하지 않는 분위기고 모두 조씨에게 죄를 돌렸다."

　강씨의 묘는 현재 경기도 광명시 학온동에 있으며 처음에는 민회묘로 불렸으나 고종 7년(1903) 영회원으로 개칭되었으며, 2011년 문화재청 고시에 따라 광명 영회원으로 명칭이 변경되었다.

　인조는 굴복한 궁녀들을 빌미삼아 강씨의 칠순 노모까지 처형시켰다. 죽은 아버지 강석기를 삭탈관직 시키고 다음해 세 아들(경선군, 경완군, 경안군)마저 제주도로 귀양 보냈다. 당시 그들의 나이 각각 12세, 8세, 4세였다. 이 가운데 첫째와 둘째는 의혹의 죽음을 당하고 막내아들만 겨우 살아남을 수 있었다.

인조가 소현세자와 관련된 주위 세력들을 이렇게 철저히 제거했던 것은 봉림대군에게 왕위를 물려주기 위해서였다. 이런 철저함은 봉림대군 효종도 마찬가지였다. 황해도감사 김홍욱이 강씨를 신원시키고 소현세자의 막내아들을 석방하라고 직언하자 매를 때려 죽였다. 만일 강씨의 옥사가 모두 조작이라는 사실이 밝혀져 신원이 되면 효종의 재위는 명분을 잃게 되고, 종통은 살아 있는 소현세자의 막내아들에게 돌아갈 수 있었기 때문이었다.

그 후 강씨는 73년이 지난 숙종 44년(1718) 무고함이 판명되어 복위와 함께 민회(愍懷)라고 신원되었다.

강씨의 진짜 사사 이유

인조가 강씨에게 결정적인 혐의를 둔 것은 소현세자와 강씨가 첫 번째 귀국 후 청나라로 돌아가고 난 다음부터였다. 강씨와 소현세자가 돌아간 지 한 달 정도 지난 후에 역모사건이 발각되었다(인조 22년 3월). 주동자 심기원을 비롯하여 이일원, 권억 등이 역모를 꾸며 회은군 이덕인을 추대하려 한다는 사실이 밝혀진 것이다. 하지만 그들이 추대하려고 했던 이덕인은 역모사실조차 모르고 있었다. 사실 인조는 이덕인이 아닌 소현세자와 강씨에게 그 혐의를 두고 있었으나, 세자와 세자빈이었기 때문에 직접적으로 거론할 수 없어 이덕인을 희생양으로 삼았던 것이다.

훗날 인조는 강씨를 사사시킨 후 '갑오년 봄에 강씨가 은밀히 청나라 사람과 도모하여 장차 왕위를 교체하려 한다는 말을 들었다.'고 회고하였다. 이러한 몇 가지 혐의 때문에 인조는 소현세자와 강씨가 볼모생활을 벗고 귀국했을 때 살려둘 수가 없었다. 그래서 소현세자는 어의 이형익의 침으로 절명시키고, 강씨는 독을 탔다는 혐의를 두어 사사시켰던 것이다.

소현세자와 강씨가 비운의 죽음을 당한 것은 인조 자신의 열등감 때문이었다. 광해군을 몰아내고 왕위쟁탈을 한 전과와 그를 부추긴 정치세력들이 그렇게 만들었다. 그래서 아들과 며느리조차 정적으로만 보였던 것이다. 이로써 새로운 시대에 대한 강씨의 꿈은 좌절되었고, 그 꿈이 이루어지기 위해서는 반세기를 더 기다려야 했다.

仁宣王后

인선왕후 장씨

청나라 정벌을 조선 최대의 과제로 여긴
내조의 왕비

밤이 꽤 깊었는데도 구중궁궐 중전 처소에는 아직 황촉불이 활활 타오르고 있었다. 가끔씩 흔들리는 황촉불 사이로 보이는 인선왕후(仁宣王后) 장씨의 얼굴은 무엇인가 다짐이라도 한 듯 비장해 보였다. 그녀 앞에는 남편 효종이 앉아 있었다. 두 사람은 오늘 낮에 있었던 일을 이야기하는 중이었다. 주로 말하는 쪽은 남편 효종이었고 장씨는 이따금 고개만 끄덕였다.

효종이 꺼낸 이야기는 북벌에 관한 것이었다. 두 사람은 과거 청나라에 8년 동안 볼모로 잡혀있으면서 많은 고초를 겪었던 터였다. 그날 효종은 송시열로부터 북벌을 하기 위해 조정을 정점으로 조선인들이 지켜야 할 18조의 수칙을 진언 받았었다. 그 이야기를 지금 장씨에게 하고 있었던 것이다. 그중 그녀의 가슴에 가장 와 닿는 수칙이 하나 있었다. 궁궐부터 퇴폐풍조를 없애는 모범을 보여야 한다는 내용이었다. 다음날 장씨는 당장 실천에 옮겼다. 그녀는 소박하고 검소한 생활의 모범을 보여주면서 효종의 재위 10년 동안 남편과 함께 북벌의 꿈을 불태웠다.

지상 최대의 꿈, 청나라 정벌

　장씨는 광해군 10년(1618) 시흥 장곡동 안골마을의 시골집에서 태어났다. 아버지 장유(張維)는 본관이 덕수로 광해군 1년(1609) 문과에 급제하여 벼슬길에 올랐다. 인조반정 후 정사공신이등에 녹훈되었으며, 이괄의 난 때 인조를 보필한 공으로 신풍부원군으로 봉해졌다. 정묘호란 때는 인조를 받들어 강화도에서 돌아온 후 이조판서, 대제학을 지냈다. 병자호란 때는 남한산성으로 인조를 호위해 갔으며 돌아온 후 우의정이 되었다. 그는 시문집인《계곡집(谿谷集)》 36권을 남길 정도로 학문을 사랑하고 문장에 능했으며 천문, 지리, 의술, 병서 등에도 능통한 인물이었다.

　어머니 영가부부인 안동 김씨는 우의정을 지낸 김상용의 딸이며, 그녀의 숙부는 강경한 척사파로 한때 청나라에 잡혀갔던 김상헌이다. 장씨의 외조부인 김상용은 병자호란이 일어나자 묘사(廟舍, 종묘와 사직)를 모시고 강화도로 건너갔으나, 청나라 군사가 강화성으로 쳐들어와 함락의 위기에 놓이자 화약에 불을 질러 자살하였다. 장씨의 친가, 외가 모두 곧은 절개를 자랑하는 가문으로 특히 외가는 청나라를 반대하는 강경한 척사파였다. 이런 가문 속에서 자란 장씨는 14세의 나이로 13세의 봉림대군과 혼인하여 풍안부부인으로 봉해졌다. 그 후 4년 동안 궁궐에서 살다 사저로 나와 지냈다.

　인조가 삼전도에서 청나라 태종에게 신하의 예를 올리는 굴욕을 당한 후 장씨는 세자 내외와 남편 봉림대군과 함께 청나라에 볼모로 끌려갔었다. 장씨는 그곳 심양에서 숙신, 숙안, 숙명공주를 낳고 아들 연(棩, 현종)을 낳았다. 그렇게 볼모생활을 한 지 여러 해가 지나고 있을 무렵 청나라는 소현세자와 봉림대군에게 명나라와의 전쟁에 참가할 것을 요구했었다.

"어찌 세자저하께서 싸움터에 나갈 수 있다는 말입니까? 소인이 대신 출전하겠습니다."

봉림대군이 소현세자 대신 전쟁터로 출발하자 장씨는 밤마다 그의 무사귀환을 천지신명에게 빌고 또 빌었다. 다행히 청군이 산해관 전투에서 승리하는 바람에 봉림대군은 무탈하게 돌아올 수 있었다.

조선은 청나라에 사신을 보낼 때마다 인질을 돌려줄 것을 간곡히 요청하고 있었다. 그러던 중 소현세자 부부가 볼모생활을 접고 귀국하자 장씨는 자신들은 왜 돌아갈 수 없는지 통탄에 젖고 말았다.

장씨는 인조 23년(1645) 2월에 먼저 귀국한 소현세자가 4월 정치적인 음모에 의해 갑자기 죽었다는 소식을 듣고 봉림대군과 함께 5월에 귀국할 수 있었다.

인조는 세자가 죽은 지 3개월 뒤 자신의 병이 깊기 때문에 세자로 봉림대군을 책봉해야 한다며 조정 대신들에게 알렸다. 조정 대신들은 세자의 첫아들 석철이 왕위를 잇는 것이 합당하다고 건의했으나 인조는 자신의 의지대로 봉림대군을 책봉하였다.

봉림대군은 세자로 책봉된 후 좋아하던 술까지 끊으며 청나라를 정벌하기 위한 무서운 결심을 하였다. 그가 왕위에 오른 후 조정 대신들이 술을 끊지 못하자 이렇게 자신의 경험담을 털어놓기도 했다.

"내가 본시 술을 좋아해서 날마다 취하지 않는 날이 없었으나 세자가 된 뒤에 술을 끊었더니 금년 봄에 자전(자의대비 장렬왕후 조씨)께서 양육과 술 한 잔을 주시니 사양할 수 없어 먹었는데 맛이 괴상해서 쓴 약을 먹는 것 같더라."

이러한 봉림대군이었기에 인조는 자신이 청나라에게 당한 굴욕을 둘째 아들이 씻어줄 것으로 기대했던 것이다. 그리고 남은 소현세자의 가족들이 이러한 자신의 생각을 그르칠 것 같아 세자빈 강씨를 비롯해 그녀를 둘러싼 모든 세력들을 제거하기 시작했다.

장씨는 시아버지 인조에 의해 남편 봉림대군이 세자로 책봉되자 얼마 후 세자빈이 되었다. 세자빈이 되었지만 정식으로 책봉이 이루어지지 못했다. 왜냐하면 세자빈 강씨가 아직 살아있었기에 그녀를 강등시킨 후 정식 책봉을 해야 했기 때문이다.

인조가 죽고 뒤를 이어 즉위한 봉림대군 효종은 종통(宗統, 맏아들 혈통)에 대한 약점을 안고 있었다. 이런 약점에도 그는 친청파(親淸派) 김자점의 주도로 적장손인 소현세자의 아들을 제치고 왕위에 올랐다. 당시 효종은 자신을 왕세자로 지명한 것을 거두고 소현세자 아들인 원손(경선군)을 왕세손으로 할 것을 울며 간청하였다.

"모기가 산을 짊어진다고 할 때 그것은 기다리지 않아도 감당하기 어렵다는 사실을 압니다. 그런데 이렇듯 나라가 매우 어려운 시국에 막중한 자리를 일개 불초한 신에게 부탁하시니 이게 어찌 모기가 산을 짊어지는 만큼만 힘들 뿐이겠습니까?"

효종이 왕위에 오른 것은 청나라에서 돌아온 지 4년째 되는 인조 27년(1649) 5월이었다. 남편이 왕위에 오르자 장씨도 왕비가 되었으나 정식 책봉은 2년 뒤에 이루어졌다.

왕위에 오른 효종은 가장 먼저 북벌을 하기 위해 뜻이 있는 인물들을 등용하기 시작했다. 이들을 등용하기 전인 효종 2년(1651) 척신세력 중 김자점 무리들을 가장 먼저 제거하였다. 그리고 북벌에 뜻이 있는 서인세력 중 산당세력들을 등용했다. 등용된 대표 인물은 송시열, 송준길 등이었다. 효종은 평소에 북벌을 하기 위해서는 조정과 백성들이 단결해서 검약하고 소박한 생활을 해야 한다고 강조하였다.

어느 날 효종이 그의 다섯째 딸 숙정공주의 남편인 사위 동평위 정재륜과 함께 식사를 한 적이 있었다. 그때 동평위가 물에 만 밥을 먹다가 남긴 채 상을 물리려고 하자 효종이 따끔하게 훈시를 하였다.

"당초에 내 양을 생각한 후에 밥을 알맞게 말아서 남기지 않도록 할 것이지, 물에 만 밥을 남겨서 혹 짐승을 먹인다면 다행이지만 무지한 하천배들이 곡식 소중한 줄을 모르고 수채 같은 데에 버리게 되면 이것은 버리는 이의 허물이 아니라 밥 먹는 이가 복을 아끼지 않은 결과이다."

넷째 딸 숙휘공주가 비단 치마를 만들어 달라고 졸라댔을 때도 효종은 호되게 야단을 쳤었다.

"내가 일국의 임금이 되어서 검소한 모습을 백성들에게 보이고 싶은데 너로 하여금 먼저 비단옷을 입게 해서야 되겠느냐? 내가 죽은 후에 네 어머니가 대비가 되거든 그때는 비록 비단을 입어도 큰 허물이 되지 않을 터이니 때를 기다려라."

효종은 북벌정책을 성공시키기 위해 위에서부터 모범을 보여야 한다고 믿었다. 장씨도 이러한 남편을 내조하고 있었기 때문에 그녀의 생활도 아주 검소했다.

한편 김자점은 정계에서 실각하자 송시열이 쓴 인조의 장릉지문에 청나라 연호를 사용하지 않고 명나라 연호를 사용한 것을 문제 삼았다. 그래서 조선이 반청사상을 가지고 있는 증거라며 효종을 청나라에 고발하였다. 이 사건으로 청나라는 압록강 근처에 군사들을 주둔시키고 진상을 조사하기 위해 사신을 파견하였다. 이때 영의정으로 있던 이경석은 자신이 직접 사신을 만나 담판을 짓겠다고 자청하였다. 청나라에서 사신을 파견하기 이전에 동래부사 노협, 경상도감사 이만 등이 일본의 정세를 조정에 보고하여 조선에서는 우의정 정태화가 청나라로 가서 일본의 정세가 수상하니 성을 축성하고 군사를 양성해야 한다고 요청한 적이 있었다. 사실 이것은 병자호란 때 협약을 통해 금지된 일이었다. 조선에서 성의 축성과 군사양성을 요청하니까 청나라는 수상하게 생각하였다. 그런데 김자점 일파가 청나라 조정에 가서 북벌을 운운하자 즉각 사신을 파견했던 것이다.

청나라 사신을 만난 이경석은 모든 책임이 영의정인 자신에게 있으며 왕은 전혀 모르는 일이라고 변명을 했다. 이경석은 한동안 백마성에 감금되었지만 다행히 쉽게 무마되었다.

한편 청나라의 구왕이 왕족 중에서 공주나 옹주를 자신의 비로 삼고 싶다고 요구해 왔다. 조정에서는 여전히 청나라를 오랑캐로 간주하고 있었기 때문에 쉽게 승낙할 수 없었다. 그러자 금림군 이개윤이 자신의 딸을 보내겠다고 자청을 하였다. 조정에서는 그의 딸을 의순공주라 칭하고 구왕에게 시집을 보냈다. 그 후 구왕이 죽고 역적으로 몰리자 그 부하인 친왕 보로에게 재가를 하였다. 하지만 그 역시 병사하자 홀로 외롭게 살다 아버지 이개윤의 주청에 의해 조선으로 돌아오게 되었다.

결과적으로 오랑캐에게 시집을 갔었고 남편이 죽자 수절하지 않은 채 재가까지 했던 의순공주와 그 가족에 대한 조선의 시선은 곱지 못했다. 더 이상 정치적 가치마저 없다고 판단한 조정의 태도 역시 돌변하였다. 사헌부에서 그녀를 조선으로 데려온 이개윤을 탄핵하여 파직시켰다. 사간원에서는 파직으로는 형벌이 약하다고 하여 이개윤은 삭탈관직되어 도성 밖으로 쫓겨났고 의순공주의 칭호는 이개윤의 딸로 격하되었다. 《현종실록》에는 의순공주가 정식으로 공주로 봉호된 것이 아니라 그저 공주라고 일컬어졌을 뿐이라고 기록되어 있다. 그녀는 청나라에서 황족의 예우를 받았던 시절과는 비교도 할 수 없을 정도로 몰락하고 말았다.

청나라의 눈총 때문인지 이개윤은 다시 서용(죄로 관직에서 물러난 사람을 다시 씀)되어 청나라의 사신으로 활동하게 되었다. 《연려실기술》에서는 이개윤이 나라를 위해 자청해서 딸을 보낸 것이 아니라 청나라에서 보내는 비단에 욕심을 냈기 때문이라고 되어 있다. 또 구왕이 의순공주를

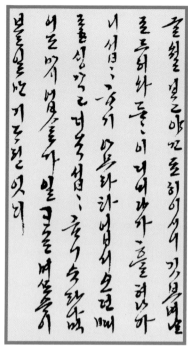

인선왕후 장씨의 한글 글씨

소박해 내치고 말단 군사에게 시집을 보내자 이개윤이 데려왔는데 사람들이 침을 뱉고 욕을 했다고 덧붙이고 있다.

효종은 청나라의 요구를 계속 들어주는 한편 내부적으로 군복을 개량하고 성을 축성하는 등 북벌준비를 계속하였다. 그러나 이와 같은 군비확충정책은 민생이 어려워지는 결과를 초래하여 호서지방에서는 대동법을 실시하기도 하였다.

효종이 북벌준비를 진행하고 있는 동안 청나라에서 원군을 요청해 왔는데 러시아(루스 차르국)

때문이었다. 러시아는 17세기부터 청나라 땅인 아무르강(흑룡강) 일대를 자주 침범해왔었다. 그러다 군사를 이끌고 남침을 꾀하자 청나라와의 충돌이 빈번하게 일어났다. 그래서 청나라는 사신 한거원을 보내 원군을 요청했던 것이다.

효종은 영의정 정태화의 건의에 따라 함경도병마우후 변급에게 원정군을 인솔하게 했다. 변급은 150명의 조총군사를 이끌고 청나라 군대와 합류한 후 러시아 군대를 무찌르고 돌아왔다. 그 후 4년 뒤 다시 청나라의 원군요청이 있어 조총군사 200명을 선발하여 신유를 대장으로 삼아 출병하게 하였다. 이때도 혁혁한 성과를 올리고 돌아왔다. 두 번에 걸친 전쟁의 승리는 조선군의 사기를 높여주었으며, 원군요청을 핑계로 성을 정비하고 군비를 확충하는 등 북벌준비에 박차를 가할 수 있었다.

한편 표류하다 제주도에 머물게 된 네덜란드인 하멜에게 신무기를 만들게 하기도 하였다. 하멜은 일행 38명과 일본 나가사키를 향해 항해하던 중 폭풍을 만나 제주도에 정박하게 되었다. 이듬해 이들은 한성부로 호송된 뒤 여수, 순천, 남원 등지의 병영에 감금되어 있다가 탈출하여 일본을 거쳐 네덜란드로 돌아갔다. 하멜은 본국으로 돌아가 조선에 억류되었던 14년간의 체험을 《난선제주도난파기》라는 책으로 펴냈다. 이 책 때문에 조선은 서구 세계에 알려지게 되었다.

효종이 북벌론을 지상 최대의 과제로 여기고 준비를 철저히 하는 동안, 장씨도 궁궐의 여인들을 재촉하여 그 계획에 내조하였다.

북벌계획의 내조

인선왕후 장씨 또한 효종 못지않은 북벌론의 지지자였다. 그녀의 일가 친척들 대부분이 강경한 척사파이었기에 당연히 지지할 수밖에 없었다.

그녀가 가장 먼저 손을 댄 것은 궁궐 내명부의 기강확립이었다. 효종 초 인조의 권세를 믿고 궁궐의 안주인 행세를 하던 귀인 조씨에 대한 처리부터 서둘렀다. 반면 크게 실추된 자의대비 조씨의 권위를 되찾아 주기로 하였다. 그 일환으로 먼저 귀인 조씨를 함원전에서 숙경재로 거처를 옮기게 하였다.

김자점이 유배되자 위기에 몰린 귀인 조씨는 자신의 아들 숭선군을 왕위에 앉히기 위해 남아있는 김자점 일파와 은밀한 모의를 이어나갔다. 인선왕후 장씨는 내명부에서 귀인 조씨의 궁녀들에 대한 조사를 철저히 하도록 지시하였다. 결국 귀인 조씨와 김자점 일당이 숭선군을 추대하려고 역모를 꾸민다는 사실이 드러나고 말았다. 《효종실록》을 보면 효종 2년(1651) 11월 23일, 효종이 대신과 비변사 여러 신하와 의금부당상 등을 불러 귀인 조씨가 저주한 봉서(封書)를 보여주는 대목이 있다. 이미 귀인 조씨에 대한 조사가 이루어져 효종에게 보고되었다는 사실을 의미하는 것으로 인선왕후 장씨의 머리에서 나온 일이라고 할 수 있다.

효종은 귀인 조씨에게 자진하라는 명을 내렸고 김자점도 아들과 손자와 함께 처형되었다. 친청파들이 무너지자 효종은 이완, 유혁연 등 무장을 등용해 본격적인 북벌계획을 추진하였다.

인선왕후 장씨는 자의대비 조씨의 거처를 내반원(내시부)으로 옮기도록 하였다. 장씨는 효종과 함께 조씨에게 항상 효를 다하였다. 장씨는 자신의 병이 위독했을 때도 조씨가 찾아왔다고 하자 그 예를 다했다고 한다.

그녀의 이러한 행동은 효종이 북벌을 준비하는데 많은 도움이 되었다. 만약 궁궐 내에서 여러 암투가 벌어지고 알력이 생겼다면 조정은 정체에 빠질 수밖에 없었을 것이다. 그러나 장씨의 내조로 북벌준비를 순조롭게 해나갈 수 있었다.

효종은 즉위한 후 송시열을 중앙정계로 불러들였으나 그는 뜻이 맞지 않다며 낙향해 버렸다. 그 후 효종은 송시열을 다시 찾았다. 효종은 송시열에게 자신의 북벌계획을 전하고 그의 뜻을 물었다. 송시열은 북벌을 하기 위해 지켜야 할 18가지 수칙이 담긴 상소를 밀봉해서 올렸다. 이를 정유년에 올렸다 해서 정유봉사(丁酉封事, 효종 8년, 1657)라고 한다. 봉사라는 것은 다른 사람에게 누설되지 않도록 밀봉하여 왕에게 바치는 상소이다.

효종은 송시열의 진언이 모두 타당하다고 여겨 그 내용을 그날 밤 아내 장씨에게 전했다. 진언 18조에는 궁궐에서 산대놀이, 투호놀이, 무당굿의 놀이를 일소하라는 내용도 들어 있었다. 장씨 또한 평소부터 절감하던 터라 곧 이를 실천하기로 하였다. 당시 여성들은 시집이 번영해야 자신이 잘 된다고 믿었다. 그래서 그러한 복을 구하기 위해 무당 등을 불러 굿판을 벌이는 일이 잦았다. 이런 일들은 궁궐의 여인들이 앞장을 서야 일소되는 법이었다. 장씨는 자신이 국모의 위치에서 할 수 있는 일들을 소신 있게 해나가기 시작했다.

야사에 의하면 그녀는 다음과 같은 일들을 궁궐에서 실천했다고 한다. 가장 먼저 종묘에 쓸 제주 이외에는 일체 술을 담그지 못하게 하는 금주령을 내렸다. 그런데 금주령이 내려지자 백성들이 동요하였고 특히 노인들이 들고 일어났다. 오로지 사는 낙이라고는 술 먹는 재미밖에 없는데 금주령을 내렸다며 반발이 심했다. 장씨는 사소한 일로 민심을 잃게 된다면 나랏일에 차질이 생길 것 같은 위기감이 들어 상궁의 권유로 이완의 소실인 안주댁에게 의견을 구하였다. 그녀는 궁궐 안에서 노인들을 위로하는 경로잔치를 베풀자는 의견을 내놓았다. 그래서 효종에게 재가를 얻어 경로잔치를 열었다. 노인들은 이 잔치 때문에 노여움을 풀었으며, 장씨는 민심을 얻게 되었다. 이처럼 민심을 다시 조정으로 돌리는데 장씨는 많은 역할을 했다.

금주령뿐 아니라 이불의 색깔을 바꾸어 유사시에도 사용할 수 있도록 하였다. 종전의 이불 색은 한가지였는데 빨간색과 파란색을 섞어 만들도록 한 것이다. 군복의 색이 빨간색과 파란색이었기 때문이다. 왕실에서 먼저 모범을 보이면 사대부집도 따라하게 되고 자연히 온 백성들도 그렇게 하리라는 발상이었다. 이때부터 우리나라는 두 가지 색을 넣은 이불을 만들었고 만약 단일 색상이면 예에 어긋난 것으로 여겼다고 한다. 장씨는 이처럼 여자로서 할 수 있는 일은 적극적으로 찾아 실천함으로써 북벌계획에 도움을 주었다.

북벌의 원대한 꿈을 품었던 효종은 재위 10년 만인 효종 10년(1659) 5

官軍西出過樓蘭營幕傍臨月窟寒蒲海曉霜凝馬尾慈山夜雪

襟旌竿綠樹重陰蓋四隣青苔日厚自無塵科頭箕踞長松下白

眼看他世上人金吾除夜進儺名畫袴朱永四隊行院院燒鐙如

白日沉香火底坐吹笙兩箇黃鸝鳴翠柳一行白鷺上青天窓舍

西嶺千秋雪門泊東吳萬里舡籠烟紫氣日曈曈宣政門開玉殿

風五刻閶前鄉相出下簾聲在半天中

효종이 쓴 글씨
국립중앙박물관 소장

월 4일, 갑작스럽게 세상을 떠나고 말았다. 《연려실기술》에 의하면 효종의 귀 밑에 난 종기가 악화되었는데 침의 신가귀가 시침하자 처음에는 고름이 조금 나왔다고 한다. 그런데 이것이 화근이 되어 엄청난 출혈이 있은 후 그 충격으로 숨을 거두었다고 한다. 아침에 침을 맞은 뒤 오전 9시에서 11시 사이에 벌어진 일이라고 하니 시침 후 곧 죽은 것이나 마찬가지였다. 궁궐 뜰에 있던 송시열과 정태화가 소식을 듣고 달려갔지만 효종은 한마디 유언도 없이 이미 싸늘하게 변한 뒤였다.

마치 자신의 죽음을 예감했는지 4월에 비원을 행차하며 마지막이 되어버린 시를 읊었다고 전해진다.

> 비개인 뒤 맑은 빛에 온갖 초목이 새롭고
> 한 자리에 모인 늙은이와 젊은이는 임금과 신하로다
> 꽃과 버드나무 속 누대와 정자는 마치 그림 같은데
> 이따금 들리는 꾀꼬리 소리 주인을 부르는구나

효종은 뒤따르는 신하들에게 9월 늦가을 때 단풍이 들면 다시 부르겠다는 약속을 하였다. 또 슬픈 얼굴로 훗날 만날 것을 어찌 다짐할 수 있겠느냐는 말도 남겼다. 그리고 한 달 뒤 약속을 지키지 못한 채 눈을 감은 것이다.

장씨의 죽음으로 재연되는 논쟁

효종이 사망하자 세자 연은 용상에 앉을 수 없다며 빈전에 버티고 있었다. 인선왕후 장씨는 답답한 노릇이었다. 용상은 조금만 비워두더라도 언제 누구에 의해 역모가 꾀해질지 모르는 자리이기 때문이었다. 생각 끝에 장씨는 효종의 빈전에서 울고 있는 세자 연을 데리고 대비전으로 갔다. 장씨는 대비 조씨에게 어서 속히 세자가 왕위에 오르도록 교지를 내릴 것을 요구하였다. 대비 조씨는 곧 교지를 내려 세자의 즉위식을 거행하도록 했다.

장씨는 왕위에 오른 아들 현종 뒤에서 내정간섭을 하려 했으나 뜻대로 되지 않았다. 이때 현종은 19세로 어느 정도 문리(文理)는 알고 있는 나이였기 때문에 부왕 효종이 신뢰하던 조정 대신들의 말을 더 따르고 있었다.

한편 현종이 즉위하자 장씨는 남편 효종의 종기에 침을 놓았던 신가귀 등을 국문하여 사사시킬 것을 명하였다. 그러나 송시열은 그들에게 자비를 베풀어 귀양 정도로 일단락을 짓는 것이 좋겠다고 상주하였다.

"옥중에 있는 죄수들에게는 대사령을 내리시고 용안에 산침을 놓은 어의들에게는 귀양을 보내는 정도로 자비를 베푸소서."

송시열의 말에 영의정 정태화도 지지하고 나섰다. 현종은 조정 대신들의 의견에 따라 어의 3명은 귀양을 보내고 신가귀는 교형에 처하는 것으로 사건을 매듭지었다. 그러나 장씨는 이 판결에 승복하지 않은 채 그들을 모두 죽이라고 요구하였다.

"억울하게 세상을 뜨신 선왕께서는 재궁에 쓰일 널(棺)조차도 마땅치 않아 대조전 빈청에 누워 계십니다. 헌데 생죽음을 당하시게 만든 역적 놈들을 살려 두시다니 상감 내외분은 부모도 없이 세상에 탄생하신 줄 아십니까? 어디 대답을 좀 들어 봅시다."

사실 이것은 뒷전으로 물러나게 되자 자신의 입김을 한 번 더 확인하기 위한 것이었다. 그러나 유림들의 세력이 커짐에 따라 조정 대신들의 힘도 만만치 않았기 때문에 부질없는 일이었다. 신하들에 의해 두 번이나 왕의 교체가 일어난 것이 조선의 현실이었다. 그만큼 신하들의 힘은

커진 것이다. 현종은 어머니 장씨의 말을 이해하지 못하는 것은 아니었다. 하지만 경솔하게 처리하다 보면 일을 그르치는 결과를 가져올 수도 있음을 잘 알고 있었다.

사사건건 조정을 간섭하던 효숙대비 장씨(인선왕후)는 신하들의 주청에 의해 항상 거절당하는 입장이 되자 자연히 아들 현종과 불화가 생길 수밖에 없었다. 효종이 살아 있을 때는 자신도 한 나라의 국모로서 내정에 관여하기도 했었는데 이제 뒷방 마님의 신세가 되고 만 것이다. 대비 장씨는 다시 실권을 잡아보려고 노력하다 끝내 물거품이 되고, 현종 15년 (1674) 57세로 세상을 떠났다.

그녀는 평소 몸이 매우 비대했다고 한다. 그래서 조정에서는 뚱뚱한 그녀를 위해 큰 관을 준비했는데 오히려 너무 커서 다른 관을 구하려고 했지만 구할 수 없어 그 큰 관을 그대로 사용했다고 한다. 큰 관은 수로를 통해 현재의 경기도 여주시 능서면 왕대리까지 옮겨져 효종이 묻혀 있는 영릉에 함께 안장되었다.

명성왕후 김씨

권력에 집착했지만 간절한 모정을 지닌 어머니

숙종 1년(1675) 조정에서는 여전히 당파 간의 정쟁이 한창이었다. 이번
에는 왕손과 궁녀 사이의 연애사건이 조정을 뒤흔들고 있었다. 표면적
으로는 단순한 연애사건으로 보이지만 그 배후에는 서인과 남인 간의
권력투쟁이 핵심을 이루고 있었다.

이 사건은 대비전에 있는 김씨로 인해 발단이 되었다. 김씨는 인조의
아들인 인평대군의 둘째 아들 복창군과 넷째 아들 복평군이 궁녀들과
연애를 하고 있으니 이를 엄중히 단속을 해야 한다며 아버지 김우명에
게 몇 번에 걸쳐 알렸다. 김우명은 숙종에게 왕손과 궁녀들의 단속이 필
요하다는 상소를 올렸다. 그러자 남인들은 김우명이 올린 상소의 출처
부터 밝혀야 한다며 숙종에게 요구하였다. 남인 영의정 허적은 김우명
의 상소가 무고한 것이라고 주장하였다. 이 말을 엿듣고 있던 대비 김씨
는 대성통곡을 하며 허적을 꾸짖었다.

"네가 여러 조정에 은혜를 받은 신하로서 보답할 생각은 아니하고 어
찌 내가 눈으로 직접 본 일을 애매하다 하느냐?"

이러한 대비 김씨의 조정 간섭에 남인들은 무리를 지어 일어났다. 이 사건으로 인해 아버지 김우명이 화병으로 세상을 떠나자 김씨는 남인들의 정계 축출에 적극적으로 앞장서게 되었다. 그 후 남인과 결탁한 희빈 장씨도 쫓아냈다. 남인 축출만이 김씨 자신과 아들 숙종 그리고 친정 집안이 살아남을 수 있는 유일한 길이라고 생각했다.

여성금지구역인 정청에서의 대성통곡

조선 18대 왕인 현종은 정실왕후 한 사람만 아내로 두었다. 그 여인이 명성왕후(明聖王后) 김씨였다. 김씨는 인조 20년(1642) 청풍 김씨 집안에서 태어났다. 그녀가 태어난 곳은 한성부 중부 장통방(현 서울시 종로구 관철동)이었다. 아버지 청풍부원군 김우명은 대동법을 주장한 김육의 아들로서 인조 때 진사에 급제하여 벼슬길에 올랐으며, 세마 등을 역임하였다. 당파는 서인이었지만 남인과도 친밀한 관계를 유지하였다. 서인의 거두 송시열과의 개인적인 감정에 의해 불화가 생기면서 남인 측과 가까이 지내게 되었던 것이다.

어머니 덕은부부인 은진 송씨는 찬성 송국택의 딸이었다. 송씨가 수태를 한 지 8개월이 되었을 때 새 한 마리가 옥을 물고 그녀의 처소를 날아다니다가 떨어뜨리고 간 일이 있었다. 조부 김육이 점을 보니 어진 아기를 얻을 징조라는 점괘가 나왔는데 그 아기가 곧 김씨였다고 한다. 이러한 점괘 탓인지 아무튼 김씨는 10세 되던 해인 효종 2년(1651) 세자로 있던 현종과 혼인을 하여 세자빈에 책봉되었다. 이때 현종은 김씨보다 한 살이 더 많은 11세였다. 효종은 새 며느리를 얻자 매우 기뻐하며 다음과 같은 말과 함께 그녀에게 그림 한 폭을 선물로 주었다.

"아름답구나, 내 며느리. 종내 우리 조선을 복되게 할 것이다."

늙은 신선이 사내아이를 안고 가는 그림이었다. 효종은 새 며느리가 빨리 손자를 안겨주기를 기대하며 이 그림을 선물로 주었다. 효종의 바람이 통했는지 김씨는 1남 3녀의 자녀를 두었다. 그 아들이 현종의 뒤를 이은 숙종이다. 효종이 세상을 떠나자 남편 현종이 왕위를 계승함으로써 그녀는 왕비로 책봉되었다. 이때 그녀의 나이 18세였다. 그녀의 신분은 왕비였지만 항상 숨을 죽이며 지낼 수밖에 없었다. 무서운 시어머니 효숙대비 장씨(인선왕후) 때문이었다. 장씨는 효종과 함께 북벌에 대한 꿈을 불태우며 내정에 관여하기도 해 그녀의 존재를 무시할 수 없었다. 그런데 현종이 즉위하자 장씨는 뒷방 마님 신세로 전락했다. 현종이 자신의 소신보다는 신하들의 뜻을 더 많이 따랐기 때문이다. 그래서 장씨는 항상 불만을 품고 지냈다. 틈만 나면 그 불만을 현종과 김씨에게 퍼부어댔다. 이러한 시어머니를 두고 있었기 때문에 김씨는 매사에 숨죽이며 지냈다.

야사에서는 김씨가 시어머니 장씨 때문에 수태한 것까지 숨겼다고 한다. 혹시 시어머니 장씨가 악담이라도 해서 뱃속의 아기에게 해가 미칠까 염려를 했던 것이다. 당시 조선사회에서는 사람의 인생이란 어머니 뱃속에서부터 시작된다고 여겨 태교를 무척 중요시했다. 명종 때부터는 직계손이 귀하여 방계 출신의 선조가 왕위를 잇게 되고, 그 이후에도 정실왕비들이 왕자를 낳지 못했다. 따라서 왕실에서 수태를 한다는 것은 매우 중요한 일이었기 때문에 김씨는 6개월 동안 그 사실을 숨겼던 것이다. 그 정도로 시어머니 장씨는 김씨에게 무서운 존재였다.

현종 15년(1674) 시어머니 장씨가 세상을 떠나고 3개월 후 남편 현종마저 눈을 감았다. 어린 아들 숙종의 나이 이제 14세였다. 김씨는 이제야 자신의 의지를 펼 수 있을 것 같은 홀가분한 생각이 들었다. 숙종의 나이 14세로 김씨는 수렴청정을 하게 되었지만 얼마 못 되어 거둘 수밖에

현종이 쓴 글씨 국립중앙박물관 소장

없었다. 당시 조정의 주도권을 남인들이 장악하고 있었기 때문이다. 물론 김씨 뒤에도 아버지 김우명, 사촌 오라버니 김석주 등이 버티고 있었으나 남인세력들이 상대적으로 더 강했다. 아버지 김우명은 남인세력들을 의식하여 매사에 신중을 기하고 있었지만 사촌 김석주는 달랐다. 김석주는 현종 말년 서인들을 실각시키는데 가장 큰 공로를 세웠는데 그가 지지하는 것은 남인들이 아니었다. 그때는 다만 송시열을 제거하기 위한 것이었는데, 남인을 지지한 결과가 되었던 것이다.

14세의 어린 숙종이 즉위하자 남인들은 인평대군의 세 아들인 복창군, 복선군, 복평군 등을 둘러싸고 세력을 형성하였다. 당시 이 세 명의 왕손을 삼복이라 불렀다. 삼복의 외숙은 오정위, 오정창으로 남인세력들이었다. 효종은 그의 형 소현세자도 죽고 동생 인평대군도 죽자 쓸쓸함에 시달렸다. 그래서 인평대군의 세 아들인 삼복을 항상 궁궐로 불러들여 귀여워하였다. 그로서는 유일하게 남아 있는 조카들이었다. 인선왕후 장씨도 이 세 명을 친아들처럼 귀여워하였으며 현종도 이들을 친형제처럼 여겼다. 궁중에서 자신들을 귀여워하자 삼복은 차츰 교만해졌다. 이들의 횡포를 보다 못한 교리 신익상이 현종 14년(1673) 복창군을 탄핵하였다. 간관 윤계도 복창군과 복선군을 탄핵했지만 어떤 조치도 없었다. 오히려 삼복의 방자함은 계속되었다.

급기야 이들은 인선왕후 장씨의 시신을 지키는 와중에 궁녀들과 연애 사건을 일으켰다. 장씨가 세상을 떠나자 시신을 지켜야 할 사람이 필요했다. 가장 가까운 종친인 복창군, 복평군 형제가 선발되었다. 늦은 밤 잠도 못 자고 회상전에서 시신을 지키고 있으면 궁녀들이 밤참을 내오거나 시중을 들기 위해 수시로 왕래를 했다. 그중 김상업이라는 궁녀도 자주 회상전을 찾아 복창군의 시중을 들었다. 사실 김상업과 복창군은 대비 장씨가 살아 있을 때부터 서로 친밀한 관계였다. 김상업은 서원 김이선의 딸로서 장씨 처소의 무수리로 있었다. 장씨가 복창군을 귀여워했기 때문에 그는 수시로 대비 처소에 드나들면서 자연스레 김상업과 가까워졌던 것이다. 두 사람의 밀애는 계속되었고 복평군도 내수사의 종 귀례와 사랑을 속삭이는 관계가 되었다.

네 사람은 장씨의 시신을 지킨다는 명목 아래 서로의 사랑놀이에만 심취해 있었다. 그러나 궁녀와 연애하는 것은 금지된 일이었다. 세조 때 임영대군의 아들 구성군에게 그를 사랑하던 궁녀 덕중이 연서를 보냈다 해서 그녀를 사형시킨 적이 있었다.

시간은 어느덧 흘러 장씨의 발인날이 되었고 이 두 쌍의 연인들은 헤어질 수밖에 없었다. 4개월이 넘는 시간을 함께 하였으니 정은 깊을 대로 깊어진 뒤였다. 복창군은 헤어지는 것이 너무 안타까워 궁녀 김상업에게 다음에 만나자는 사연을 적은 서찰을 보냈다. 그러나 이 서찰이 명성왕후 김씨 손으로 들어가고 말았다. 김씨는 곰곰이 생각한 끝에 물의를 일으킬 것 같아 이 사실을 그대로 덮어두기로 하였다.

장씨의 장례를 끝낸 지 얼마 안 되어 현종마저 세상을 떠났다. 이때도 복창군과 복평군이 시신을 지키게 되었다. 이들은 시신을 지키면서 남인세력들과 서로 정치적 결탁을 하고 있었다. 이와 같은 소문이 돌자 수상한 낌새를 간파한 김석주와 대비 김씨는 이들에 대한 경계를 게을리하지 않았다. 아들 숙종이 아무리 영민하다고 하지만 이제 겨우 14세의 어린 나이였다. 세상 무서운 줄 모르고 날뛰는 삼복이 혹시 왕위를 넘볼지 모른다고 생각했다. 김씨는 어떤 단안을 내려야 한다고 결심하고 고심 끝에 아버지 김우명에게 삼복의 연애사건을 털어놓았다.

"복창군 형제가 궁녀와 배가 맞아 궁궐을 더럽히고 있소이다. 어서 처분하도록 하시오."

김우명은 남인들과 친밀한 관계를 유지하고 있었기 때문에 신중을 기하려 하였다.

"자전마마, 그게 무슨 말씀이오. 주상전하께서 어렸을 때부터 복창군과 잘 어울리셨는데, 혹 자전마마가 잘못 듣고 하시는 말씀이 아니신지요."

김우명은 이 일을 그대로 덮어두려 하였는데 어느 날 허정이 찾아왔다. 허정은 인조가 왕위에 오르기 전 막역한 친구 사이였던 허계의 아들이었다.

"나는 겉으로는 남인인 척 하지만 속은 서인이요, 대감은 외면은 서인인데 내용은 남인인즉 오늘 한자리에서 시생과 당론 이야기를 좀 하여보오리까?"

허정의 말에 김우명은 웃으면서 어디 한 번 들어보자고 했다. 그는 다음과 같은 말을 하며 눈물을 흘렸다.

"금상(숙종)께서는 인조의 손자이시며 인조는 우리 아버지의 별교(別交,

막역한 친구)이신즉 인조의 자손과 우리 아버지의 자손과는 세교(世交, 대대로 사귀어 온 교분)의 정의가 있지 않습니까? 이제 이들 자손이 저렇게 고단하고 위급하여 조석을 보전하지 못하게 되니, 시생은 단지 세교 있는 집의 위급한 것을 보아 참을 수가 없는데, 대감은 왕실 친척과 같은데 아무 생각이 없으시나이까? 시생은 잠을 이루지 못하는 형편입니다."

허정이 눈물을 흘리면서 말을 하자 김우명은 나름대로 최근 느낀 바를 토로하였다.

"아닌게 아니라 상감이 어리고 약하시며 병이 많고 또 친형제 한 사람과 자녀 하나도 없습니다. 또 강성한 종친들은 호랑이보다 더 무서운데, 능히 보호할만한 대신 한 사람도 없는 처지입니다. 그런데 저 삼복과 남인들이 날마다 서로 결탁하니 언제 무슨 변이 생길지 안심할 수가 없습니다."

그 다음날 김우명은 즉시 숙종에게 다음과 같은 내용을 기록한 차자(箚子, 격식 없이 사실만을 간략하게 적은 상소문)를 올렸다.

"삼복이 효종의 친자 같은 사랑과 선왕(현종)의 형제같이 우애하던 은혜를 입고 궁궐 출입을 뜻대로 하더니 추악한 소문이 밖으로 들려나옵니다. 이것은 선왕이 놀라시고 근심하던 바이옵고 자전마마의 난처하시던 것이올 뿐, 전하가 승교하신 바이옵니다. 일찍이 소신도 선처하기를 청한 것이오니 후세에 모범이 되게 하옵소서."

숙종은 당장 복창군과 복평군 그리고 궁녀 김상업과 귀례를 의금부에 가두고 자백을 강요하였으나 아무도 굴복하지 않았다. 하는 수 없이 숙종은 네 사람을 모두 풀어주라고 명을 내렸다.

한편 삼복의 외숙부인 오정위는 남인 윤휴와 허목을 찾아가 그들의 죄가 무고라며 주장하였다. 윤휴와 허목은 숙종에게 김우명을 소환해 어디에서 그러한 사실을 들었는지를 밝혀야 한다고 요구하였다. 김우명은 궁녀들 중에 자녀를 둔 자가 있다며 증거를 제시하였다. 그 결과 연애사건을 일으킨 네 사람은 모두 다시 감금되었다. 의금부에서 이들에 대한 증거가 불충분하다는 장계를 올리자 남인 측에서 가만있지를 않았다.

숙종은 이 문제를 해결하기 위해 조정 대신들을 불러들였다. 이때 모인 조정 대신들은 대부분 남인이었다. 논의를 시작하려 하자 갑자기 한 여인의 대성통곡소리가 들렸다. 대비 김씨가 여성금지구역인 정청 휘장 뒤에 있었던 것이다. 그녀는 남인이 득세하고 있기 때문에 아버지 김우명이 아무래도 무고죄로 몰릴지도 모른다고 생각했다. 조정 대신들은 깜짝 놀랐지만 모두들 김씨가 무슨 이유로 대성통곡을 했는지 모르는 눈치는 아니었다. 숙종이 당황하며 궁색한 설명을 했다.

"복창군, 복평군사건은 내간의 일이라 과인이 알 수 없다고 생각하여 자전께서 직접 설명해주려고 나오신 것이오."

그러나 수렴청정을 하지 않는 대비가 그곳에서 대성통곡까지 한다는 것은 있을 수 없는 일이었다. 그런 대비 김씨를 보고 조정 대신들은 당장 거부반응을 보였다. 먼저 권대운이 말을 꺼냈다.

"이는 비상식적인 일이니 신들은 좌석을 같이 할 수 없사옵니다."

조정 대신들의 반응에 영의정 허적이 중재를 나서서 겨우 사태를 무마시켰다. 숙종은 통곡을 하고 있는 어머니 김씨를 만류하였다. 허적과 권대운 두 정승만 입시하여 대비 김씨의 사건 전말에 대한 이야기를 듣게 되었다. 결국 대비 김씨의 말을 조정 대신들과 숙종은 물리칠 수 없었다. 연애사건의 주범인 복창군을 영암에 복평군을 무안에 그리고 김상업은 삼수에 귀례를 갑산에 각각 귀양 보내어 사건을 일단락 지었다.

남인들은 수렴청정을 하지 않는 대비가 정청에 나타난 불법행위를 그냥 넘기려 하지 않았다. 대비 김씨의 조정간섭을 제도적으로 막자는 안건을 숙종에게 요구하였다. 이조참의 윤휴는 숙종에게 이렇게 간하였다.

"군신이 참석한 정청에 아무런 예고도 없이 자전께서 친히 임하여 신하들을 당황하게 한 것은 조종 삼백 년에 전례 없는 일이옵니다. 이는 전하의 탓이며 이런 일이 다시 있게 되면 선례로서 악용될 수 있으니 다시는 이런 일이 있어서는 아니 되겠사옵니다."

조사기는 공회석상에서 옛날 문정왕후를 다시 보겠구나 라며 탄식했다. 홍우원도 대비 김씨가 정청에 모습을 보인 것에 대해 말리지 못한 것은 아들의 잘못이라며 숙종을 비판하였다. 박헌은 이 모든 것이 서인들의 사주라고 주장하였다. 송시열의 당인들이 대비의 마음을 의혹시켜서 벌어진 일이라며 서인에게 그 책임을 전가시켰다. 남인들이 적극적인 공세를 펴자 대비 김씨는 다음과 같이 하교하였다.

"살아서 이익 없는 인생이 빨리 죽어야 마땅한데 이제까지 살았다가 차마 듣지 못할 욕이 선왕께 미치고, 또 나로 말미암아 상감의 성덕에 해를 입히게 되니, 이런 말을 얻어 듣고는 오직 입을 닫고 말없이 죽고만 싶다."

이에 숙종이 박헌을 귀양 보내자 남인들이 그를 구하려는 상소를 올렸다. 서인들도 구경만 할 수 없다는 듯 김수항이 대비 김씨를 옹호하고 나섰다.

"전후에 진언한 이들이 대개 패륜역리(悖倫逆理)함이 많습니다. 전하에게 자전의 동정을 살펴보라고 권하는 사람까지 있었는데 자녀로서 부모의 동정을 살피는 도리가 어디 있습니까?"

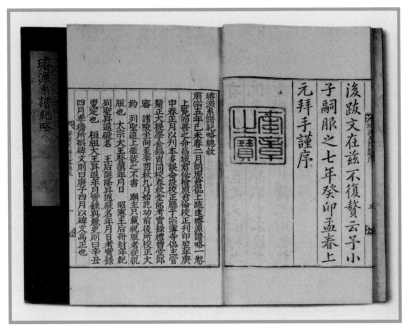

조선왕실족보 왕실의 족보이자 국가의 족보로 인식되어 사고에 보관 국립고궁박물관 소장

이 상소를 3사에서 합계해 김수항을 탄핵했다. 숙종도 내심 어머니가 정사에 간섭하는 것을 옳지 않게 여기고 있었기 때문에 3사의 탄핵을 받아들여 김수항을 귀양 보냈다. 이 사건으로 크게 인격적인 손상을 당한 김우명은 두문불출하고 있다가 얼마 후 병으로 세상을 떠났다. 대비 김씨는 이 일로 남인을 원수로 여기게 되었다.

서인집권과 궁녀 장씨의 축출

현종 말년 제2차 예송논쟁으로 영의정에 제수된 허적은 숙종 초기에 정계의 일인자로 떠올랐다. 그의 권한이 갈수록 커지자 남인들의 세력 또한 차츰 막강해졌다. 그러자 이에 불안을 느낀 숙종은 그 권한을 줄일

기회를 노리고 있었다. 대비 김씨 또한 김석주와 긴밀한 관계를 유지하며 남인들의 축출에 앞장을 섰다. 허적이 중심이 된 정국을 뒤집기 위해 김석주는 정보원을 곳곳에 포진시켰다. 그리고 입수한 정보를 남구만에게 알려 지체없이 상소하게 하였다. 내용은 허적의 서자 허견의 비행이었다. 허적은 정실부인에게서 아들을 하나도 얻지 못했으며 서자로 허견 하나만 슬하에 두고 있었다. 그런데 이 허견은 한량으로 아버지 권세를 믿고 서억만의 아내 이차옥을 납치하여 욕을 보이는 등 추문이 끊이지를 않았다.

김우명의 첩이 허견에게 맞아 이가 부러진 적도 있었다. 허적은 허견이 서자 출신이지만 장차 적자로 만들 생각이었다. 그래서 며느리도 양반집 규수로 데려오고자 하였으나 마음대로 되지 않아 병사 홍순민 첩의 딸 홍예형을 며느리로 맞이하였다. 그런데 그녀의 어머니는 양인 출신이 아니라 천인 출신으로 홍순민의 집에서 부리던 종이었다. 그리고 여전히 천적(賤籍, 노비의 명부)에 그대로 남아 있었다. 이 사실을 알게 된 허적은 즉시 며느리를 집에서 쫓아내버렸다. 쫓겨난 그녀는 숙부 홍양민, 오라버니 홍진웅 그리고 언니 홍씨까지 모두 대동하여 허견의 집으로 몇 차례 찾아가 소란을 피웠다. 또한 그녀는 홧김에 불륜도 곧잘 저질렀다. 허견은 보다 못해 부인을 집으로 불러들였다. 이때 홍예형은 자신의 친정식구들을 모두 데리고 갔다. 결국 한바탕 큰 싸움이 났는데 이때 허견이 홍예형의 언니인 홍씨를 때려 이를 부러뜨렸던 것이다. 그녀의 언니는 김우명의 첩이었다.

이 사건을 알게 된 서인 측의 남구만이 즉시 상소를 올렸다. 허견은 부원군 첩의 이를 부러뜨렸다는 죄명으로 장형에 처해져 매 80대를 맞고 풀려났다. 여기에 더해서 허적의 '유악사건'이 발생하였다.

숙종 6년(1680) 3월 허적은 그의 조부 허잠이 문충공의 시호를 받고 또 그 자신은 왕으로부터 궤장(几杖)을 받아 이를 축하하기 위해 잔치를 벌였다. 그런데 잔치 도중 비가 내려 왕실 전용 유악(기름천막)을 가져다 사용하였다.

비가 몹시 내리자 숙종은 허적 집에서 잔치를 벌이고 있는 것을 걱정하여 왕실의 유악을 그곳으로 보내라는 명을 내렸다. 그런데 하명을 받은 중관이 이미 허적 집에서 가져갔다고 하자 숙종은 크게 분노하였다. 숙종은 세조와 성종 때 정계의 일인자였던 한명회의 예를 들면서 그도 이런 짓은 하지 않았다며 한탄을 했다. 이때 서인 남두북이 상소를 올렸다.

"오늘 허적이 잔칫날을 맞이하여 무사들을 모아 들여 서인을 일망타진한다 하옵니다. 즉시 훈련대장을 교체하고 궁궐 안을 엄단히 단속하시옵소서."

김석주와 김만기에게 술을 먹여 독살한다는 소문도 떠돌았다. 숙종은 크게 놀라 신하들을 보냈다. 동정을 살피고 돌아온 신하 한 사람이 보고했다.

"남인들이 모두 모여 떠들썩할 뿐만 아니라 허적의 서자 허견이 따로 무사와 장정들을 모아 잔치를 벌이고 있사옵니다."

보고를 받은 숙종은 크게 노하여 영의정인 남인 허적을 파면한 후 서인인 김수항으로 대체하고 훈련대장 남인 유혁연의 병권을 빼앗아 서인 김만기로, 총융사에 신여철을, 수어사에 김익훈을 임명해 병권을 서인에게 넘겼다. 이로써 남인을 축출하고 서인을 불러들이는 경신환국의 서막이 열린 것이다.

숙종이 남인에 대해서 의심의 눈초리를 보내고 있던 차에 김석주는 정원로 등에게 허견과 삼복의 역모를 고변하게 하였다.

"허견이 복선군에게 전하의 춘추가 왕성하지만 자주 편찮으시고 또

세자가 없는데 만약 불행한 일이 생긴다면 대감은 사양하실 수 없을 것이라고 말하자 복선군은 아무 말도 하지 않고 듣고만 있었사옵니다. 그런데 그때는 주상께서 허견의 부친인 허적을 각별히 신임하셨으므로 이 사실을 말하였다가는 도리어 무고하였다는 죄를 입을까 두려워 전전긍긍하다가 이제야 아뢰옵나이다."

실제로 1년 전에 정원로는 허견과 복선군을 자기 집으로 불러 술자리를 가진 적이 있었다. 그때 그는 복선군에게 이렇게 말했다.

"지금 성상(숙종)의 춘추가 아직 젊어 아무런 염려도 없소. 그러나 만일 불행한 날이 닥치면 왕실 중 가장 중요한 인물은 대감이오. 대감을 빼놓고 다른 사람은 없소이다."

이런 말을 나누면서 세 사람은 서로 형제의 의를 맺으며 절대 입 밖에 내지 말 것을 약속하였다. 그런데 1년 후 남인이 점차 실각하고 서인이 우세해지자 정원로는 자신의 일신을 위해 고변을 했던 것이다. 사실 정원로는 김석주가 심어놓은 심복이었다. 모든 일은 대비 김씨와 김석주가 그 배후에 있었던 것이다.

당장 서인 측에서 들고 일어났고 엄청난 피바람이 궁궐을 휩쓸었다. 복선군은 모든 사실을 인정하여 교살되었으며 허견을 비롯해 역모와 관련된 남인세력들도 모두 처형당하거나 유배형에 처해졌다. 이 사건으로 남인세력은 정계에서 대부분 축출되었다(경신환국, 숙종 6년, 1680).

한편 대비 김씨는 남인과 결탁하고 있는 후궁도 가만두지를 않았다. 사전에 모든 싹을 자르겠다는 입장이었다. 숙종이 세자로 있을 때 조사석과 동평군 이항의 주선으로 장옥정이라는 여인이 궁녀로 들어왔다. 이 여인이 희빈 장씨이다. 처음 그녀를 본 숙종은 첫눈에 반했고 곧 두 사람은 뜨거운 관계로 발전하였다. 숙종의 그녀에 대한 총애가 너무 지나치자 대비 김씨는 감시의 눈초리로 경계를 하고 있었다. 얼마 후 대비 김씨는 급기야 장옥정을 궁궐 밖으로 쫓아낼 심사로 아들 숙종을 불러 다그쳤다.

"상감, 듣자온데 근래 나인 장녀를 가까이 한다는데 참말이오?"

숙종이 그렇다고 대답하자 대비 김씨는 그녀가 남인이기 때문에 절대로 안 된다며 못을 박았다.

다음날 장옥정은 쫓겨나는 신세가 되고 말았다. 그러나 연인 사이란 뜨거울 때 헤어지면 평생을 못 잊는 법이라 숙종도 예외는 아니었다. 정실부인에게서는 정을 느끼지 못하고 장옥정만 그리워했다.

숙종은 첫 아내 인경왕후 김씨가 죽자 인현왕후 민씨를 계비로 맞아들였다. 그녀는 자신이 수태하지 못한다는 것을 알고 숙종이 총애하는 장씨를 데려오자며 대비 김씨에게 청을 했었다.

"중전은 모르는 소리요. 아직 그 여자를 못 보았으니 하는 소리요. 장나인은 얼굴이 천하의 미인이오. 미인일수록 잔인하오. 더구나 상감은 희로애락의 급한 성질을 갖고 있소."

김씨가 정색을 하자 인현왕후는 다시 간곡하게 부탁했다.

"그래도 은총을 입은 나인을 밖에 두면 외문이 나쁘오이다."

김씨는 단호하게 거절했다.

"안 되오. 나인은 남인이오. 한번 은총을 입으면 우리 서인 집안이 몰락하오."

김씨는 사태를 정확하게 파악하고 있었다. 과거에도 그랬지만 후궁, 왕비, 세자의 자리는 세력을 확보하기에 더 없이 좋은 위치였다. 인조가 집정할 때부터 서인들은 국혼물실이라고 하여 왕비의 자리는 서인 측에서 내자는 원칙을 세우고 있었다. 그런데 남인세력과 결탁하고 있는 장옥정이 다시 들어온다면 숙종이 누구의 손에 의해 놀아날 것인지 너무도 자명하였다. 그래서 명성왕후 김씨는 극구 말렸던 것이다.

숭릉 - 현종과 명성왕후의 쌍릉

대비 김씨는 조선의 그 어느 왕실 여인보다 뚜렷한 당파적 입장을 지니고 있었다. 김씨가 정청에 나타난 것은, 왕비는 조용히 내조만 하던 과거의 왕실 풍토에 비추어 보면 상당한 변화였다. 그리고 왕실 여인들이 정사에 직접 개입하는 추세는 점점 심해졌다.

태종이 처가와 사돈가를 주륙(誅戮, 죄를 물어 죽임)내면서 세웠던 원칙이 차츰 붕괴되기 시작한 것이다. 이제 왕비와 후궁은 국가 권력에 영향력을 미치는 중대한 요소의 하나가 되었다.

죽음을 불러온 물벼락

정계에서 남인들을 축출하는데 앞장섰던 명성왕후 김씨는 숙종 9년 (1683) 42세로 세상을 떠났다. 그녀가 세상을 떠나게 된 것은 추운 겨울

날 물벼락을 맞았기 때문이었다. 당시 숙종은 기질(奇疾, 증세가 기이한 병)에 걸려 그 증세가 매우 심하였다.

아직 후손도 없는 터라 김씨의 걱정은 이만저만이 아니었다. 답답한 마음에 무당을 불러 고칠 방도를 물어보니 물벌을 서야 한다는 것이었다. 김씨에게 삼재가 들어 있어 숙종이 아픈 것이니 그 방법을 사용해야만 병이 낫는다고 했다. 김씨는 무당이 일러주는 대로 홑치마만 입은 채 삿갓을 쓰고 찬 물벼락을 맞았다. 엄동설한에 노쇠한 몸으로 얼음장 같은 물벼락을 감내하기는 매우 힘든 일이었다. 그녀는 이 물벼락으로 인해 그만 몸져눕고 말았다. 그런데 정성 탓이었는지 숙종은 병에서 완쾌되었지만 김씨는 얼마 후 세상을 떠나고 말았다. 현재 김씨는 동구릉에 있는 숭릉에 현종과 함께 안장되어 있다.

어린 아들 숙종이 즉위하면서 김씨는 장성한 다른 왕손들이 왕위를 노리지 않을까 노심초사했었다. 그래서 그녀가 그때부터 앞장선 것이 정계의 주도권을 장악하고 있던 남인들의 축출이었다. 그녀는 서인 지지를 원해서 한 것이 아니라 아들 숙종을 지키기 위해 서인들의 배후인물이 되었던 것이다. 여하튼 그녀는 세상을 떠나기 전 남인 축출에 대성공을 거두었다. 그러나 그녀가 세상을 떠난 지 얼마 안 되어 다시 서인들이 실각하고 남인들이 정계의 주도권을 잡게 된다.

仁顯王后

인현왕후 민씨, 희빈 장씨

폐위와 복위로 엇갈리는 비극적 운명의 두 여인

"희빈 장씨가 처음으로 왕자를 출산하니 성상께서 지나치게 사랑하심은 이를 것도 없고, 왕후도 크게 기뻐하사 어루만져 사랑하심을 당신이 낳으신 친자녀와 같이 하시니, 장씨가 자기 분수를 지키고 있었더라면 영화 가득할 것으로되 분수에 넘치는 뜻과 방자한 마음이 불일 듯하여, 중궁의 성덕과 용색(容色)이 뛰어나 신망이 두터움을 시기하여 가만히 남몰래 제거하고 중궁 자리를 차지하고자 하니 그 참람(僭濫)한 역심이 더하여 날마다 기색을 살펴 중궁전을 참소하기를…"

《인현왕후전》에 나오는 한 구절이다. 여기서 인현왕후(仁顯王后)는 유교적 덕목을 갖춘 모범적인 인물로, 희빈 장씨는 이러한 인현왕후를 시기하여 참소(讒訴, 남을 헐뜯고 이간질 함)를 그치지 않은 나쁜 여인으로 그려져 있다. 이 책이 오늘날까지 전해져 온 덕택에 인현왕후는 조선 최고의 모범적인 여인상으로 알려지게 되었다.

하지만 과연 그러할까. 숙종이 민씨를 쫓아낸 이유 중의 하나가 투기라는 내용이 《숙종실록》에 남아 있는 것을 보아 이는 인현왕후를 지지하는 당파적 입장이 반영된 기록이라 할 수 있다. 어쨌든 인현왕후가 오늘날 추앙받게 된 것은 《인현왕후전》을 지은 작자의 공로라고 할 수 있다. 이 책에서 특이한 점은 인현왕후가 폐출될 때 소론들이 목숨을 걸고 폐비 반대를 한 상황을 장황하고 세세하게 기록하고 있다는 점이다. 책이 만들어진 연대가 정조 재위기간이라는 것을 감안해보면, 소론 집안에서 어떤 정치적 목적을 가지고 기록하였다고 볼 수 있다. 따라서 인현왕후와 희빈 장씨의 평가는 당시 정치세력의 동향 속에서 찾는 것이 더 올바를 것이다.

배후에 포진해 있는 서인세력들

숙종은 3명의 왕후와 1명의 폐왕후 그리고 5명의 후궁을 거느렸으며 슬하에 6명의 아들을 두었다. 첫 왕후인 인경왕후(仁敬王后) 김씨는 광성부원군 광주 김씨 김만기의 딸이었다. 그녀의 고조부는 예학의 최고봉으로 알려진 김장생이다. 김씨는 한성부 남부 회현방(현 서울시 중구 회현동 일대)에서 태어났는데 숙종과 같은 나이였다. 그녀의 어머니는 군수를 지낸 한유량의 딸 서원부부인 청주 한씨였다. 김씨가 10세 되던 해인 현종 11년(1670)에 세자빈으로 간택되어 숙종과 혼인하였다. 그녀가 별궁에 따로 거처하고 있을 때 아버지 김만기가 찾아와 《소학》을 읽어주기도 하였다.

숙종이 왕위에 오르자 김씨도 왕비가 되었으며 2년 뒤에 정식 왕비의 책명을 받았다. 그녀가 왕비로 책봉되었을 때 남인들이 득세하고 있었으나, 시어머니, 시조모 등이 모두 서인 집안 출신이고 친정 집안도 건재하여 안전하게 국모 자리를 지킬 수 있었다. 그러나 왕비로 책봉된 지

인현왕후 민씨와 숙종의
가례도감 의궤 반차도
규장각 한국학연구원 소장

4년 후에 갑자기 천연두를 앓게 되었다. 김씨는 발병한 지 8일 만에 경덕궁에서 20세의 젊은 나이로 그만 세상을 떠나고 말았다. 그녀는 슬하에 두 딸을 두었지만 모두 일찍 죽었다. 그녀는 서오릉에 있는 익릉에 홀로 안장되었다.

인경왕후 김씨가 세상을 떠나자 그 다음 맞이한 둘째 왕후가 인현왕후 민씨였다. 민씨도 서인 집안 출신으로 한성부 서부 반송방(현 서울시 충정로·아현동 일대)에서 태어났다. 아버지 여흥 민씨 민유중은 효종 1년(1650) 문과에 급제한 후 벼슬이 영돈령부사에 이르렀으며 민씨가 왕비로 간택되자 여양부원군으로 책봉되었다. 어머니 은진 송씨는 송준길의 딸로 은성부부인으로 봉해졌다.

민씨는 숙종보다 21세나 어린 15세의 나이에 왕비로 간택되어 궁궐에서 살게 되었다. 그런데 숙종의 마음이 다른 곳에 있음을 피부로 느끼게 되었다. 시어머니 명성왕후 김씨에 의해 쫓겨난 궁녀 장옥정을 매일 그리워한다는 사실을 알게 된 것이다.

장옥정은 효종 10년(1659) 중인 장형의 둘째 딸로 태어났다. 장형은 처음 고씨와 혼인했지만 그녀가 일찍 죽자 윤씨와 재혼을 하였다. 그 사이에 1남 2녀를 두었는데 장옥정이 막내였다. 그녀는 조사석과 동평군 이항의 주선에 의해 나인으로 들어왔는데 미모가 매우 뛰어났다고 전해진다.

그녀의 숙부 장현은 복창군과 인연을 맺고 있었다. 장응인의 조카인 장현은 역관 중에서도 뛰어난 인물로 거부였고 남인의 영수인 허적의 서자 허견이 결탁했던 복평군 등과도 친밀한 관계였다. 장옥정이 남인과 가까웠던 이유는 이런 사정이 작용한 결과이다.

장응인은 중종 때 영의정을 지낸 장순손의 서손이었다. 그는 인조 때 소현세자를 보좌해 심양에 들어가 6년 동안 그곳에서 세자의 통역관으로 활동하였다. 그래서 청나라의 사정을 잘 알고 있었다. 그 후로도 청나라와 사신이 왕래할 때면 장현이 역관으로 들어가 일을 처리하였다. 그는 40년간 수석 역관으로서 활약한 인물로 당시에 그를 모르는 사람이 없을 정도였다. 현종이 재위하던 시절 복창군이 청나라의 수석 사신으로 갈 때도 역시 역관으로 따라가 일을 하면서 신용을 얻었다. 그는 역관으로 여러 차례 북경을 왕래하면서 큰 부자가 되었다. 그러나 숙종 6년(1680) 복창군이 처형될 때 연루되어 함경도 경원에서 귀양살이를 하였다. 그는 중인이라 남인은 아니었으나 남인 인사들과 친분을 맺었다.

《숙종실록》에 따르면 그녀의 어머니 윤씨는 자의대비 조씨(장렬왕후)의 6촌 동생인 조사석 처가의 여종이었다. 윤씨는 남편 장형이 죽은 후 수시로 조사석의 집을 드나들며 사통(私通)한 사이였다. 조사석은 동평군 이항에게 정부의 딸을 부탁하였고 그래서 장옥정이 나인으로 입궁할 수 있었다.

궁녀로 들어온 장씨는 숙종의 눈에 띄어 총애를 받기 시작하였으나 곧 궁궐에서 쫓겨나는 신세가 되었다. 남인세력과 가까운 장씨에 대해 숙종이 지나친 관심을 보이자 명성왕후 김씨는 걱정이 되었다. 숙종은 장옥정에게 모든 마음을 두고 있었기에 인현왕후 민씨가 눈에 들어올 리 없었다. 더군다나 민씨의 몸은 너무 허약하여 병치레를 할 때가 많았다. 후사를 기대하는 것조차 매우 어려운 일이라 숙종은 더욱 마음을 줄 수 없었다.

허약한 민씨가 왕비로 간택된 것은 그 배후에 서인세력들이 포진하고 있었기 때문이었다. 서인들은 인조반정 때 정권을 잡으면서 절대 국혼을 놓치지 않겠다는 정권유지책을 세운 바 있었다. 이런 서인세력들에 의해 그녀가 왕비로 간택되었던 것이다. 그러나 몇 년이 흘러도 수태의 기미가 없자 민씨는 명성왕후 김씨를 찾아가 숙종이 사랑하는 나인 장씨를 불러 들여올 것을 간청하였다. 그러나 대비 김씨는 단호하였다. 장옥정이 남인이기 때문에 분명 실각한 남인들이 그녀를 연줄로 해서 정계의 주도권을 장악할 것을 우려했던 것이다.

한편 쫓겨난 장옥정은 다시 궁궐로 들어갈 날만을 꿈꾸며 지냈다. 장옥정은 자의대비 조씨의 이질녀(언니의 딸) 신씨의 집에 자주 드나들며 자신의 신세를 하소연하였다. 신씨는 인조의 후궁 소용 조씨의 아들 숭선군의 아내로 현 조정세력에 대해서 반감을 가지고 있었다. 숭선군이 효종 때 역모사건에 연루된 적이 있었기 때문이다. 자의대비 조씨도 서인세력이었으나 그녀의 집안이 제대로 출세를 하지 못하고 있어 나름대로 현 정치에 대해 불만을 가지고 있었다. 따라서 이들은 서로 의견이 잘 통하는 관계였다. 차츰 조씨도 장씨에 대해 친밀감을 가지게 되었다. 이런 관계 속에서 숙종 9년(1683) 명성왕후 김씨가 세상을 떠나자 다시 궁궐로 돌아올 수 있었다. 숙종은 노골적으로 장씨를 총애하였다. 당시 장씨의 나이 25세로 숙종 12년(1686) 숙원을 거쳐 2년 뒤에는 정2품 소의로 승급했다. 그동안 오라버니 장희재와 그의 첩 숙정은 남인과 연합할 것을 장씨에게 충고해 왔었다. 이때부터 장씨는 남인과 더욱 밀접한 관계를 유지하게 되었다.

숙종은 오직 장씨만을 찾았다. 서인 출신의 민씨가 잉태도 하지 못하는 상황에서 숙종이 장씨만을 총애하자 서인세력들은 불안을 느끼기 시작했다. 그러던 중 묘안을 하나 생각했는데 서인 출신 집안에서 후궁을 뽑아 그녀를 통해 후사를 보게 하는 것이었다.

그래서 조정 대신들은 숙종에게 후사를 보기 위해서는 후궁을 간택해야 한다고 고하였다. 숙종은 장씨가 있어 별로 내키지 않았지만 장인 민유중이 앞장서서 요구하는 바람에 어쩔 수 없었다. 간택된 후궁은 영의정 김수항의 조카인 청양현감 김창국의 딸 김씨(영빈 김씨)였다. 김씨는 숙종 12년(1686) 입궁하여 그해 3월 내명부 종2품 벼슬인 숙의에 봉해졌다. 그녀는 숙종의 다른 후궁인 소의 장씨나 숙빈 최씨와는 달리 명문가의 딸로 정식 간택되어 들어온 후궁이었다. 궁궐에 들어온 지 채 1년도 되지 않아 소의(정2품)로 진봉되고 곧 귀인(종1품)에 봉해졌다. 그런데 민씨와 마찬가지로 숙의 김씨도 몸이 매우 허약하였다. 숙종은 장씨와 더욱 뜨거워진 관계였기 때문에 숙의 김씨에 대해서도 관심이 없었다. 숙종이 장씨에게만 관심을 두자 처지가 같아진 민씨와 김씨는 서로 친밀한 사이가 되었다. 그러나 그녀가 인현왕후 민씨와 밀접한 관련이 있던 서인 집안이었던 탓에 민씨가 폐출되면서 함께 쫓겨났다. 그 후 숙종 20년(1694) 인현왕후 민씨가 복위되면서 함께 빛을 보아 숙종 28년(1702) 정1품 영빈에 봉해졌다.

이때만 해도 민씨에게는 아버지 민유중을 비롯한 쟁쟁한 서인세력들이 조정에 포진하고 있었기 때문에 별 탈이 없었다. 하지만 김석주가 눈을 감고 아버지 민유중과 김만기 등도 차례로 세상을 떠나자 민씨의 입지는 불안해지기 시작했다.

후궁 장씨에게 빼앗기는 국모 자리

서인의 강경파들이 하나 둘씩 세상을 떠나자 숙종의 마음도 흔들리기 시작했다. 그는 남인을 실각시키고 서인들을 등용했었다. 하지만 8년의 세월이 흐르는 동안 서인들의 세력은 왕권보다 더 강해져 있었다. 숙종은 왕권강화를 위해 서인들을 멀리하고 조사석을 좌의정으로 영입하였다.

숙종 14년(1688) 10월, 소의 장씨가 왕자 윤(昀, 훗날 경종)을 낳았다. 그녀 나이 29세에 찾아온 크나큰 행운이었다. 이때 인현왕후 민씨는 22세였으나 아직 소생이 없었다. 서인들에게는 장씨가 눈엣가시처럼 여겨질 수밖에 없었다.

장씨의 어머니 윤씨가 산후조리를 해주기 위해 옥교(왕이 타던 가마의 일종)를 타고 궁궐로 들어왔다. 그녀는 천인 출신이라 옥교를 타고 궁궐을 드나들 수 없는 신분이었다. 이 광경을 목격한 사헌부 지평 이익수와 이언기가 사헌부 금리를 불러 옥교를 빼앗고 8명의 비복들을 치죄하였다. 이 사건을 들은 숙종은 불같이 화를 냈다. 윤씨는 자신의 장모와도 같은 존재였기 때문이다. 장모를 능멸했다는 것은 자신을 능멸한 것과 똑같다고 숙종은 생각했다.

숙종은 숙의 김씨의 어머니도 옥교를 타고 예사로 궁궐을 드나드는데 유독 장씨의 어머니에게만 모욕을 준 이유가 무엇이냐며 조정 대신들에게 따졌다. 숙종은 지평 이익수와 이언기를 파직시켰지만 승정원에서 그들에게 잘못이 없다며 강경하게 나오자 복직을 허용할 수밖에 없었다. 서인 측에서 드세게 나오자 숙종은 아들 윤을 위해 어떤 조치를 취해야겠다고 생각했다.

윤이 태어난 지 3개월 후 시·원임대신과 6조 및 3사의 책임자 등을 소집했다. 갑작스러운 소집에 달려온 신하들에게 숙종이 말했다.

"나라의 근본이 정해지지 않아 민심이 갈피를 잡지 못하고 있소. 지금은 원자의 명호(名號)를 정하는 게 중요한 일이요. 만약 이에 머뭇거리거나 관망하거나 감히 이의를 제기하려는 자가 있다면 관직을 내놓고 물러들 가시오!"

숙종은 아들 윤의 위치를 확고히 해두려고 했지만 대신들이 대부분 반대하고 나섰다. 중전이 아직 젊은데 서둘러 결정을 할 필요가 있느냐는 것이 그 이유였다. 조정 대신들은 대부분 서인들이었기에 당연히 반대할 수밖에 없었다. 숙종은 강경한 자세로 추진할 뜻을 보였다.

"내 나이 스물여덟이 되어 겨우 아들을 얻었는데 다시 무엇을 바라겠는가? 국세가 위태롭고 옆에는 강한 이웃이 있으니 종사의 중대한 계획을 늦출 수가 없다!"

이조판서 남용익이 반대의사를 강력히 표시하자 숙종은 그를 중죄로 다스렸다. 그리고 다음해인 숙종 15년(1689) 1월, 왕자는 원자로 정호(定號)되었고 장씨도 내명부 정1품 희빈에 책봉되었다.

숙종의 강경한 정책에 대해 낙향해 있던 송시열이 들고 일어났다. 숙종은 김익훈 고변사건이 일어났을 때 송시열을 조정으로 부른 적이 있었다. 그때 소론 윤증과 박세채도 같이 불렀다. 윤증과 박세채는 자신들의 의견이 조정에서 관철되지 않음을 알고 한성부로 올라오다가 도중에 낙향하였다. 먼저 올라와 있던 송시열도 자신의 위치가 우스워지자 역시 낙향하였다. 그 후 송시열은 금강산을 유람하면서 다시는 벼슬길에 나서지 않고 있었다. 그러던 그가 숙종에게 원자의 정호가 부당하다며 상소를 올렸던 것이다.

"옛날 송나라 신종은 나이 스물여덟에 철종을 낳았습니다. 그때 그의 어미는 후궁 주씨였습니다. 횡거 장재(張載)의 충성을 찬미하였으며 주자와 여동래도 다 같이 잘한 일이라 하였습니다. 오늘날 조정에서 왕자 탄생을 모두 기뻐하고 있습니다. 그런데 작년 동짓날(11월)에 영상 김수항도 기뻐하며 신에게 통지해 주었습니다. 지금 듣건대 여러 신하들이 위호가 너무 이르다 하옵니다. 더구나 정실왕후께서도 경사가 있다는 설도 있사옵니다. 그리하니 원자를 정하는 것은 이르옵니다."

송시열은 중국의 예를 들어 민씨가 아직 젊은데 후궁 장씨의 소생을 원자로 삼은 것은 성급한 조치였다고 비판을 하였다. 숙종은 분기탱천하여 당장 승지 이현기와 교리 남치훈, 수찬 이익수 등을 불렀다. 그리고 명나라 황제도 황자(황제의 아들) 탄생 4개월 만에 봉호한 일이 있다며 송시열의 주장이 잘못되었음을 역설하였다. 그 자리에 있던 이익수는 송시열의 주장이 맞는다며 그의 의견을 지지하였다. 숙종은 이익수를 당장 파직시켰다.

송시열의 상소는 서인들의 몰락을 불러오는 계기가 되었다. 숙종은 원자를 보호하기 위해 서인들을 몰아내고 남인등용책을 써야겠다고 생각했다. 숙종은 서둘러 송시열을 삭탈관직하여 외방으로 유배보내고 영의정 김수흥을 파직시킨 반면 남인 권대운, 목래선, 김덕원을 각각 3정승에 임명하였다. 또한 송시열의 상소에 대해 미온적으로 처리했다고 해서 대사간 이유, 지평 원성유, 헌납 이의창 등도 파직시켰다. 조정에서 서인세력들을 거의 몰아낸 셈이었다(기사환국, 숙종 15년, 1689).

서인과 정권교체를 한 남인들은 서인의 영수 송시열을 극형에 처할 것을 숙종에게 요구하였다. 숙종은 답변 대신 민씨에 대한 이야기를 꺼냈다.

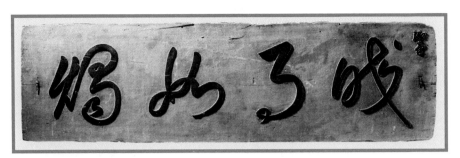

경희궁 용비루 현판 - 숙종 글씨
경희궁 용비루에 걸었던 현판으로 '교월여촉'은 '밝은 달이 촛불처럼 밝다'는 뜻. 국립고궁박물관 소장

　"중궁(인현왕후)은 투기하는 버릇이 있소. 희빈이 숙원으로 있을 때 중궁이 김수항의 종손녀인 김숙의와 한패가 되어 과인을 원망하고 숙원을 질투한 실상은 이루 헤아릴 수 없소. 하루는 중궁이 나에게 말하기를 꿈에 선왕과 선후를 뵈었는데 민씨 자신과 김숙의는 복이 많아 자손의 번창함이 선조 임금 때와 같을 것이나 숙원은 앞으로도 아들이 없고 복도 없으니 만약 궁궐에 오랫동안 있으면 경신환국(숙종 6년인 1680년 남인이 대거 실각해 정권에서 물러난 사건) 후 원한을 가진 사람들과 결탁하여 망측한 일을 꾸며 나라에 해를 끼칠 것이라 하셨다는 것이오. 예전에도 질투하는 왕비가 있기는 했지만 어찌 감히 선왕과 선후를 빙자하여 내 마음을 움직이는 계교를 꾸밀 수 있단 말이오? 희빈에게 자녀가 없다면 어찌 원자를 낳았단 말이오?"

　숙종의 말을 듣고 있던 조정 대신들은 아연실색하였다. 왕비를 폐출한다는 것은 함부로 할 수 없는 일이었다. 우부승지 이시만이 이에 먼저 반대하고 나섰다.

　"전하께서는 신들을 자녀로 여기시고 신들은 진하를 어버이같이 섬기고 있사옵니다. 사가(私家)로 비유하면 부모가 사이가 좋지 못한 것이니 자녀들이 어찌 편안할 수 있겠사옵니까? 중전마마께 불만스러운 일이 있더라도 마땅히 서서히 진정시키실 일이거늘 어찌 밖으로 드러내시나이까? 자고로 부인이란 귀천을 따질 것 없이 모두 성품이 편벽하거늘 어찌 이를 생각하지 않으시옵니까? 참으로 뜻밖이옵니다."

남인들도 숙종의 명에 복종할 수 없었다. 그러나 숙종은 이시만을 파직시키고 송시열의 사사를 명했다. 숙종은 민씨의 폐출과 송시열의 사사를 맞바꾼 셈이었다. 송시열은 국문을 받기 위해 한성부로 올라오는 도중 전라도 정읍에서 사사되고 말았다. 이를 계기로 서인세력들을 사사, 삭탈관직, 유배 등을 통해 정계에서 모두 축출시켰다. 그리고 그 후 서인들이 신앙처럼 여기는 이이와 성혼을 문묘에서 출향(黜享)시켰다. 남인들은 이이가 어머니의 죽음에 충격을 받고 3년 간 여묘살이를 한 후 불교에 잠시 귀의했던 일을 들추어냈다. 또 성혼이 임진왜란 때 선조의 몽진행렬을 호종(護從)하지 않았다는 것 등을 들어 두 사람의 위패를 문묘에서 출향시킬 것을 숙종에게 요구하여 허락을 받아냈던 것이다.

조정에서 이제 서인세력은 그림자도 찾아볼 수 없게 되었고 외로운 처지에 있는 것은 민씨뿐이었다. 민씨 폐출에 대해 남인들의 합의를 얻어낸 숙종은 먼저 그녀와 친하게 지내던 숙의 김씨의 작호를 삭탈하고 교지를 불태운 후 폐출시켰다. 그녀의 죄목은 민씨와 함께 희빈 장씨를 투기했다는 것이었다. 그 후 민씨의 생일날 내수사와 각 궁에서는 축하를 위해 공상단자를 올렸다. 그러나 숙종은 이를 내치고 음식까지 물리친 후 대신과 2품 이상 중신들을 불러놓고 민씨를 폐하라는 전교를 내렸다.

"내 나이 스물여덟에 처음으로 원자를 낳았소. 이는 종사를 위한 무한의 복이오. 누구나 여기에 대하여 경사스러운 일이라 찬양하고 있소. 응당 민비도 자기의 소생같이 기뻐하며 돌보아야 하겠소. 그런데 민비는 원자 탄생의 소식을 듣자 도리어 노여워하고 있소. 그리고 불평 섞인

말과 예의에 어긋난 일이 한두 번이 아니오. 그러하니 중전은 하루라도 일국의 어머니로 있을 수 없소. 상세히 옛법에 따라 속히 내보내도록 하시오."

모여 있던 조정 대신과 중신들은 폐비의 불가함을 간하였다. 전 판서 오두인 등 80여 명의 전직 관료 및 재야 유림들이 폐비에 반대하여 상소를 올렸다. 숙종은 이에 직접 친국을 열어 상소문의 오두인은 평안도 의주에, 집필자인 박태보는 전라도 진도로 각각 유배를 보냈는데 가는 도중에 고문 후유증으로 객사하였다.

궁궐 안팎에서 폐비의 조치에 대해 반대하였으나 숙종은 뜻을 굽히지 않았다. 오히려 이를 반대하는 자들을 모두 귀양 보냈다. 이때 귀양을 간 사람이 40여 명에 이르렀다.

민씨는 결국 폐비의 절차도 없이 폐위되어 일반 평민이 타는 소교(素轎, 흰 가마)에 실려 궁궐을 떠나는 신세가 되고 말았다(숙종 15년 5월 2일). 그녀의 뒤를 따르는 사람은 겨우 상궁 한 명과 시비 두 명이었다. 민씨는 역대 쫓겨났던 왕비들과 달리 얼굴 표정에는 변함이 없었다. 왜냐하면 당연히 죄로서 받아들였기 때문이었다. 그녀의 외가와 친가는 모두 예학을 숭상하던 집안이었다. 그런 집안에서 교육을 받고 자라난 그녀는 한 점 흐트러짐 없이 자신을 죄인으로 인정하고 궁궐 문을 나섰던 것이다. 이러한 의연한 태도 때문에 오늘날에도 조선 역대 왕실 여인 중에서 가장 현덕한 왕후로 그녀를 손꼽고 있다.

숙종은 민씨의 왕비가례 때 교명죽책, 책보, 장복 등을 몰수하여 불태워버렸다. 이틀 뒤에는 폐비의 축출을 태묘에 고하고 교지를 중외에 반포하였다. 이로서 민씨는 궁궐에서 완전히 축출 당했다. 숙종은 사건의 원인이었던 왕실 문제를 처리함으로써 이 환국을 마무리하였다(기사환국, 1689).

다시 찾은 국모 자리

민씨를 폐위시킨 숙종은 즉시 희빈 장씨를 왕비로 책봉하였다. 숙종 16년(1690) 10월 22일, 그녀가 왕비로 책봉되자 아버지 장형은 중인에서 양반으로 승격되었으며 옥산부원군으로 봉해졌다. 장씨의 오라버니 장희재는 남인들과 손잡고 정국을 뒤흔들고 있었다. 장씨 집안은 최고의 명문가로 떠올랐다. 세력이 있으면 사람이 몰리기 마련이라 장희재에게 줄을 대려는 사람이 인산인해를 이루었다.

한편 민씨는 한성부 북부 안국방(현 서울시 종로구 안국동) 친정집에 도착하자마자 어머니를 비롯한 친정식구 모두를 백부 민정중 집에 거처하도록 하였다. 그리고 안국방에 있는 감고당(感古堂)에서 혼자 지냈다. 민씨는 스스로 죄인으로 자처하고 앞으로의 삶을 귀양살이로 여겼던 것이다.

죄인 아닌 죄인 생활을 시작한 민씨는 자신을 자책하며 한 많은 세월을 보냈다. 우선 집밖의 왕래를 금하고 내외문을 굳게 닫아걸었다. 죄인이니 어떤 방문객도 들이지 말라는 것이었다. 정당을 버리고 아래채로 내려앉았다. 더구나 아래채 방도 과분하다면서 뚫어진 문에 창호지 한 장 못 바르게 하고 안마당의 잡초도 그대로 두었다. 단지 우물과 변소로 이어진 길만 남겨 놓았다. 당시 쫓겨났을 때가 초여름이라 뽑지 않은 잡초는 순식간에 우거져 온 집안은 폐옥같이 되어 버렸다.

근신하며 지내는 민씨에 대한 소문은 갈수록 커져만 갔다. 소문은 사람들 입에서 입으로 전해지고 그녀에 대한 백성들의 존경은 중전으로 있을 때보다 몇 배나 더해졌다. 그녀는 본의 아니게 장안에서 최고의 명성을 얻게 된 것이다. 항간에서는 민씨와 희빈 장씨를 빗대어 노랫가락을 만들어 불렀다.

미나리는 사철이요

장다리는 한 철일세

철을 잊은 호랑나비

오락가락 노니느니

제철 가면 어이 놀까

제철 가면 어이 놀까

미나리는 민씨를, 장다리는 희빈 장씨를 가리키는 말이다. 민심은 모두 민씨에게로 기울고 있었으며 여전히 그녀를 국모로 생각하였다. 안국동 별궁에서 조신하게 지내고 있던 민씨의 앞날은 어둡지 않았다.

민씨를 폐위시킨 지 5년이 흐르자 장씨에 대한 숙종의 애정도 어느덧 식게 되었다. 그리고 차츰 민씨를 폐위시킨 것에 대해 후회하기 시작하였다. 숙종이 마음의 동요를 일으키고 있을 때 김만기의 손자인 김춘택이 친밀하게 지내던 한중혁과 강만태 등을 통해 김만기의 동생 김만중이 유배지에서 쓴 《사씨남정기》를 한역하여 올렸다. 이 소설의 배경은 중국 명나라지만 숙종이 장씨에게 현혹당해 민씨를 내쫓은 사실을 풍자하여 쓴 글이었다. 이 소설을 읽은 숙종은 민씨 생각이 더욱 간절하였다.

숙종은 어느 날 밤 지난날을 뉘우치며 궁궐을 거닐다 한 궁녀의 방에 불이 켜진 것을 발견하고 그곳으로 갔다. 그곳에는 무수리 최씨가 민씨를 위해 만수무강을 기원하는 축원을 드리고 있었다. 최씨는 원래 민씨의 시중을 들던 무수리였다. 그런데 이러한 행동은 목숨을 부지할 수 없는 일이었다. 이를 목격한 숙종은 힐책보다는 민씨를 그리워하는 마음이 더 앞섰다. 그날, 최씨는 숙종의 승은을 입고 숙원이 되었으며(숙종 19년 4월), 그 후 아들 영수(永壽)를 낳았으나 두 달만에 세상을 떠났다. 이듬해 갑술환국으로 인현왕후가 복위된 후 두 번째 또 아들을 낳았는데 바로 연잉군 금(昑)으로 훗날 영조이다. 그녀는 무수리에서 일약 내명부 정1품 벼슬인 숙빈으로 책봉되었다. 최씨는 영의정에 추증된 최효원의 딸로 궁궐에 무수리로 들어온 것은 7세 때라고 알려져 있다. 달리 전해지는 이야기로는 최씨의 이름은 복순이며 전염병으로 가족이 모두 죽고 고아가 되자 나주목사의 부인이자 인현왕후의 친척인 민씨가 거두었다고도 한다. 그래서 인현왕후가 왕비로 간택되었을 때 12세의 나이로 따라서 궁궐에 들어왔다는 것이다.

최씨는 인현왕후가 죽은 후에 더욱 지극히 숙종을 섬겼다. 그러나 숙종은 희빈 장씨와 같은 일이 생길까 우려해 궁녀에서 왕비로 오르는 것을 금지하는 법을 만들었다. 그 때문에 최씨는 결국 왕비가 되지 못하였다. 《선원계보기략》에 보면 영조 밑으로도 왕자가 있었으나 어렸을 때 죽었다고 되어있다. 최씨는 숙원이 된 후 25년이 지난 숙종 44년(1718) 세상을 떠나 현재의 경기도 파주시 광탄면 영장리 소령원에 안장되었다.

한편 《사씨남정기》를 올린 바 있는 김춘택은 숙종의 마음이 최씨에게 기울어진 것을 알고 그녀와 접촉을 했다. 그의 고모였던 인경왕후 김씨가 살아생전 숙종의 유모 봉보부인과 친하게 지냈었다. 김춘택은 이 봉보부인을 통해 최씨와 접촉을 했던 것이다. 그리고 다른 한편으로 궁인의 동생을 뇌물로 매수하여 궁궐 안의 정보를 입수하였다. 또한 장희재의 아내와 간통하여 장씨 집안과 그 집을 드나드는 남인들에 대한 정보도 수집하였다. 이외에도 효종의 딸인 숙안공주와 숙명공주도 포섭하였다. 숙안공주는 익평군 홍득기와 결혼했는데 그녀의 아들 홍치상이 기사환국 때 사사되었기 때문에 남인들에게 원한을 가지고 있었다. 김춘택은 남인에게 원한을 가진 모든 서인들을 모아 정권을 다시 찾으려고 노력하였다. 그러나 모의에 같이 참여했던 김석주의 집안 사람 함이완

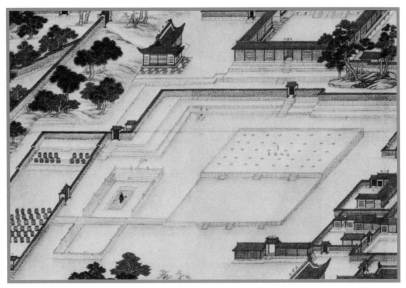

통명전 – 창경궁 내에 있으며 희빈 장씨가 인현왕후 민씨를 음해하기 위해 각시인형, 붕어, 새, 쥐 등을 보자기에 싸서 통명전 일대에 묻었다가 발각되어 사사됨 고려대학교 박물관 소장

이 남인들의 회유에 넘어가 이를 조정에 고변하였다.

"한중혁이 김춘택, 유복기, 유태기 등과 역모를 꾸며 강만태, 변진영 등을 도당으로 삼아 자금과 사람을 모집하고 있습니다. 이들은 세력을 키우면서 환관과 척가(戚家)에 뇌물을 써서 정보를 입수하고 있습니다."

그는 서인세력의 동정을 낱낱이 알고 있던 남인 우의정 민암과 훈련 대장 이의징이 이 사실을 고변하면 살려주겠다는 회유에 넘어갔던 것이 다. 이들 남인들은 고변의 신뢰성을 높이기 위해 함이완을 이용했다. 고 변을 들은 숙종은 즉시 국청을 설치하여 역모 관련자들을 심문하도록 하였다. 잡혀온 관련자 중 한중혁이 먼저 자복을 했다. 민암은 이 일을 더 크게 벌여 관련된 서인들을 모두 제거하고자 했다. 시인들은 긴급히 수단을 강구하지 않으면 안 되었다. 그래서 숙종 20년(1694) 3월 김인, 박귀근, 박의길 등이 장희재가 숙의 최씨를 독살하려는 역모가 있다는 역고변을 했다.

"장희재가 김해성을 꾀어 그의 장모로 하여금 숙의 최씨의 생일날에 독이 든 음식을 가지고 입궐하여 그녀를 독살하려 했습니다. 이 음모에 가담한 인물들은 우의정 민암, 병조판서 목창명, 호조판서 오시복, 신천 군수 윤희, 훈국별장 성호빈 등입니다."

역고변이 있자 관련자들은 즉시 무고라며 반격에 나섰다. 아직은 남인들이 득세를 하고 있었기 때문에 고변에 대해 전혀 근거 없는 일이라며 일축해 버렸다. 그리고 이 세 명의 고변자를 의금부에 가두었다. 그러나 상황은 역전되고 있었다. 서인들의 역고변이 있은 후 사흘 뒤 숙종은 서인의 손을 들어주는 명을 내렸던 것이다.

"임금을 우롱하고 대신을 함부로 죽이는 정상이 통탄스럽다. 국청에 참여했던 대신들을 모두 삭탈관직 문외출송하고 민암과 의금부당상을 외딴 섬에 안치하라!"

숙종의 이와 같은 명령 뒤에는 숙의 최씨가 있었다. 숙종이 최씨에게 독살설을 물어보자 그녀는 모두 사실이라고 하였다. 그래서 민암과 유명현을 섬으로 귀양 보내고 이의징의 훈련대장 병부를 빼앗아 신여철, 윤지완 등을 양사 대장으로 삼았으며 영의정으로 남구만을 임명하였다. 이 사건으로 졸지에 남인들은 정계에서 퇴각하게 되고 조정은 서인으로 채워졌다. 서인 송시열, 김수항, 김석주, 김익훈 등을 모두 신원시켰으며 문묘에서 출향당한 이이와 성혼을 다시 제향하도록 하여 서인들을 완전히 복귀시켰다. 남인이 물러가고 서인이 다시 들어서게 된 해가 갑술년이라서 이를 갑술환국(甲戌換局, 1694)이라 한다. 정권을 서인이 장악하자 폐위된 민씨는 자연스럽게 복위될 수 있었다.

기사환국의 밑바탕이 원자 정호와 희빈 장씨의 중전책봉이었던 것처럼 갑술환국의 핵심 또한 인현왕후의 복위였다. 숙종 20년(1694) 4월 12

일, 숙종은 이전의 일을 뉘우치며 폐비 인현왕후 민씨를 환궁시켜 별궁으로 옮기게 한 뒤 늠료(廩料, 녹봉으로 주는 쌀)를 주라고 명령했다. 그리고 며칠 후 장씨를 다시 희빈으로 강등시켰는데 그녀 나이 35세였다.

"나라의 운수가 태평스러워 중전이 복위하였다. 궁궐에 두 안주인이 있을 수 없다. 그러므로 다시 전날의 희빈으로 복구한다. 세자에게는 정성을 다하여 보살피는 예를 그대로 행하라."

숙종의 한마디에 두 왕비의 복위와 폐위라는 희비가 엇갈렸다. 희빈 장씨는 평민 출신으로 왕비까지 올랐지만 어디까지나 숙종의 총애에 기인한 것이었다. 숙종의 총애가 사라지자 그녀의 운명 역시 끈 떨어진 뒤 웅박 신세에 지나지 않게 되었다.

숙종은 매우 변덕스러운 면이 많았다. 숙의 최씨를 총애하여 숙종 20년(1694) 9월 20일, 왕자(훗날 영조)를 낳게 되었다. 그런데 숙종은 그녀의 말만 믿고 다시 한 번 정권교체를 단행하게 된다. 사실 그 이면에는 한 당파세력이 오랫동안 정권을 잡게 되면 그 권한이 비대해져 왕권을 위협할지도 모른다는 우려가 내재되어 있었다.

인현왕후 민씨는 다시 왕비로 복위되었으나 선천적으로 허약한 데다 6년 간 궁궐 밖에서 생활한 탓에 병이 깊어져 하루가 멀다 하고 누워 지냈다. 자리보전을 한 채 시름시름 앓던 민씨는 복위된 지 7년 만인 숙종 27년(1701) 8월 14일, 35세의 일기로 세상을 떠났다. 능은 현재 서오릉에 숙종과 동혈이분(同穴異墳)으로 안장되어 있다. 그 후 민씨의 희비가 엇갈린 생을 옆에서 지켜보던 한 궁녀가 그녀를 주인공으로 삼아 소설로 쓴 책이 바로 《인현왕후전》이다.

사사되는 희빈 장씨

장씨는 희빈으로 강등되자 오라버니 장희재와 다시 재기를 노렸다. 장희재는 남인들과 짜고 양주 선산에 있는 아버지 장형의 무덤을 파헤쳐 봉분 속에 흉물을 묻고 이를 서인 신여철의 짓이라며 자작극을 벌였다. 그리고 생원 강오장으로 하여금 이러한 내용의 상소를 올리게 하였다.

조정에서는 국청을 벌여 장희재의 노비 업동을 불러다 조사하였다. 그는 조사과정에서 분묘 앞에 호패가 떨어져 있었는데 신여철의 노비 응선의 것이라고 했다. 그러나 응선은 극구 부인하다 혹독한 고문을 받던 도중에 죽고 말았다. 다시 업동을 불러들였는데 그의 말은 전후가 맞지 않았다. 더 이상 신문을 하다 보면 희빈 장씨까지 파헤쳐질 것 같아 3정승은 이를 만류하였다. 장희재는 구사일생으로 살아남았는데 숙종이 3정승의 말에 따른 것은 세자 때문이었다. 희빈 장씨는 세자의 어머니였기 때문에 그 정도에서 그친 것이었다.

숙종 27년(1701) 민씨가 죽자 희빈 장씨와 남인들은 정권 복귀를 꿈꾸었지만 일은 엉뚱하게 흘러가버렸다. 남인 이봉징이 희빈 장씨는 6년간 왕비에 있었기 때문에 다른 후궁과는 복제가 달라야 한다고 주장을 했다. 만일 숙종이 받아들여 다른 후궁과 차별적인 예우를 한다면 이를 계기로 희빈 장씨를 복위시킬 계획이었다. 그러나 숙종은 이미 희빈 장씨에게 마음이 없었다. 숙종은 이봉징을 전라도 섬 지도에 위리안치시켰다.

그 해 10월 7일 숙종이 명을 내렸다.

"이제부터 나라의 법전을 명백하게 정하여 빈(嬪)이 왕비의 자리에 오를 수 없게 하라."

서인세력에서도 들고 일어났다. 갑술환국에서 큰 공을 세운 김춘택이 민씨의 죽음은 모두 희빈 장씨의 요사스러운 짓 때문에 일어난 것이라

주장하였다. 또한 장희재를 두
둔하던 인물들은 조정에서 모
두 물러나야 한다고 목소리를
높였다. 그런데 여기에 또 숙빈
최씨가 가세하고 나섰다. 그녀
도 희빈 장씨에게 원한이 많았
던 것이다. 최씨는 숙종에게 희
빈 장씨가 궁궐 내에 신당을 차
려놓고 저주했기 때문에 민씨
가 죽었다며 밀고를 했다. 이

명릉도 – 숙종과 인현왕후 및 인원왕후의 왕릉 그림
국립고궁박물관 소장

밀고를 받은 숙종은 격노하여 10월 8일 하교를 내렸다.

"중전이 병든 지 2년이나 되었으나 희빈 장씨는 한 번도 문병하지 않
았다. 또 중전을 중궁전이라 부르지도 않고 민씨라 칭하였으며 중전을
요망하다고 하였다. 희빈 장씨는 남몰래 취선당 서쪽에 신당을 설치하
고 매일 종년 두셋과 더불어 중전을 저주했으니 이를 누가 참을 수 있으
랴? 먼저 제주에 위리안치되어 있는 장희재를 처단하라!"

이틀 후 숙종은 희빈 장씨에게 자진할 것을 명했다. 그러자 입직승지
와 홍문관에서 희빈 장씨를 변호하고 나섰다. 희빈 장씨는 세자의 생모
이기 때문에 살려두어야 세자 역시 보존할 수 있다는 주장이었다. 결국
숙종은 세자를 생각하여 장씨에게 내린 명령을 거두어 들였다. 그러나
숙종은 연일 관련된 시녀와 무녀들을 국문했다. 영의정 최석정은 세자
와 종묘사직을 위해 희빈 장씨를 관대하게 처리해줄 것을 세 차례에 걸
쳐 청하였다. 숙종은 그를 진천으로 유배시킨 후 다시 장씨에게 자진 명
령을 내렸다. 조정 대신들은 이에 반대했으나 숙종은 단호했다.

"희빈 장씨가 내전을 질투하고 원망해 몰래 모략하려고 궁궐 안팎에

신당을 세워 밤낮으로 빌었다. 또 흉악하고 불결한 물건을 두 궁궐에 묻은 것이 모두 드러나 분개하는 바이다. 이대로 둔다면 나라의 근심이 커지니 종사와 세자를 위하여 장씨를 자진케 하려는 것이다. 내 생각에 생각을 거듭한 끝에 내린 결정이다."

일이 이 지경에 이르자 세자 윤은 조정 대신들을 붙잡고 어머니를 살려달라며 빌었다. 그러나 누구도 숙종의 마음을 돌이킬 수 없었다. 평민 출신으로 국모의 자리까지 오른 희빈 장씨는 민씨가 죽은 지 2개월 후에 43세의 나이로 사약을 받고 죽었다(숙종 20년 9월 25일). 그녀의 시신은 서오릉의 대빈묘에 안장되었다.

오늘날에는 희빈 장씨를 악녀, 인현왕후 민씨를 현숙한 여인으로 묘사하고 있다. 하지만 당시 상황을 염두에 둔다면 이렇게 단정적으로 평가하기는 어렵다. 평민 출신으로 국모가 된 희빈 장씨는 자신이 적극적인 공세를 펴지 않았다면 민씨와 대적하기 어려웠을 것이다. 민씨의 경우는 당대의 쟁쟁한 명문가 출신으로 가만히 있어도 그녀를 둘러싼 정치세력들이 보위해주었기 때문에 굳이 기를 쓰고 나설 이유가 없었다.

이처럼 서로 대조적인 출신이었기에 희빈 장씨는 적극적으로 숙종의 총애를 얻기 위해 애를 썼을 것이며, 민씨는 그럴 필요조차 느끼지 않았던 것이다. 장씨는 엄격한 신분제 사회에서 한정적인 사랑을 이용해 그 신분을 뛰어넘으려다 좌절을 당한 불운한 조선의 여인이었다.

인원왕후 김씨

영조의 영원한 후견인이 되다

경종 1년(1721) 8월, 대비전에 있던 김씨는 밤이 깊었는데도 마음이 뒤숭숭하여 잠자리도 펴지 않고 있었다. 그때 갑자기 경종이 대비전으로 들이닥쳤다. 경종이 찾아온 이유는 이복동생 연잉군 금(훗날 영조)에 대한 세제책봉문제 때문이었다. 김씨는 이미 경종이 찾아올 것을 알고 잠을 청하지 않고 있었다.

자정을 훨씬 넘긴 축시에 노론 대신들이 경종을 찾아와 후사를 빨리 결정하라는 요청을 했었다. 경종은 아직 자녀를 하나도 두지 못한 상태였기에 후계자로는 연잉군 밖에 없었다. 조정의 세력은 노론과 소론으로 양분되어 있는 상황이었다. 경종을 둘러싼 세력은 소론이었으며 연잉군을 둘러싼 세력은 노론들이었다. 대비 김씨 또한 노론을 지지하고 있었다. 그녀는 별 망설임 없이 한글로 연잉군을 왕세제로 책봉한다는 내용의 글을 써내려갔다.

효종의 혈맥과 선왕(숙종)의 골육은

오직 금상과 연잉군이 있을 뿐이니

다시 무엇을 의논하리오.

이 봉서를 경종에게 건네주었다. 경종은 밖에서 초조하게 기다리던 노론 대신들을 대비전으로 불러들였다. 그리고 대비 김씨의 봉서가 놓여 있는 책상 위를 가리키며 "여기 있소." 라고 말했다. 하룻밤 사이에 연잉군이 왕세제로 책봉될 수 있었던 것은 대비 김씨 때문이었다.

인현왕후 민씨와 희빈 장씨가 죽은 후 숙종이 새로 맞이한 아내가 인원왕후(仁元王后) 김씨였다. 숙종은 희빈 장씨가 낳은 아들 경종을 노론세력으로부터 보호하기 위해 소론 출신의 김씨를 아내로 맞이했다. 그러나 그녀는 숙종이 경종보다 연령군이나 연잉군을 더 총애하자 자신도 소론에서 노론으로 당파를 바꾸었다. 그 길만이 자신이 살아남을 수 있다고 믿었던 것이다. 연령군이 21세의 나이로 죽고 연잉군만 남게 되자 노론세력은 모두 그를 집중적으로 지지하였다. 그리고 연잉군을 소론세력으로부터 보호하면서 왕위에 오르게 하는데 지대한 역할을 한 인물이 인원왕후 김씨였다.

노론과 소론의 대립

시국관의 차이로 서인은 노론과 소론으로 분열되었었다. 노론의 영수인 송시열은 남인에 대해서 강경한 입장이었으며, 소론의 영수인 윤증은 남인에 대해 온건한 입장이었다. 이와 같이 시국관의 차이로 노론과 소론으로 분열되었으나 개인적인 감정도 여기에 한 몫을 하였다.

현종 말년에 일어난 회니시비(懷尼是非) 때문이었다. 송시열이 회덕(懷

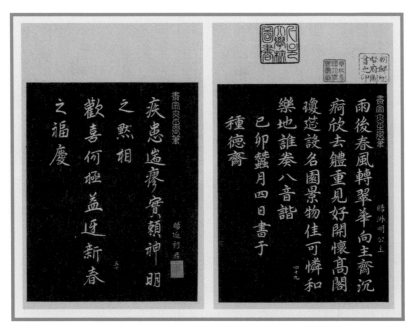

숙종이 쓴 글씨 규장각 한국학연구원 소장

德)에 살았고 윤증이 이성(尼城)에 살았기 때문에 이를 회니시비라 한다.
두 사람은 윤증의 아버지 윤선거의 비문 문제를 두고 서로 싸움을 벌였
다. 처음 발단이 된 것은 아버지 윤선거가 죽자 윤증이 그 묘갈명(무덤 앞
에 세우는 위가 둥근 돌비석에 새기는 글)을 송시열에게 부탁했던 일 때문이있
다. 이때 송시열은 윤증의 스승이었고 윤선거와는 막역한 친구 사이였
다. 그러나 송시열은 윤선거가 예송논쟁 때 자신과 반대의 의견을 가지
고 있던 윤휴를 지지하자 이때부터 좋지 않은 감정을 가지게 되었다.

　사실 윤휴는 송시열을 역적으로 몰아 제거하려고 했었다. 당연히 송
시열로서는 윤선거를 좋게 생각할 수가 없었다. 그런데 윤증이 자신의
아버지 비문을 부탁해왔던 것이다. 마지못해 송시열은 비문 집필을 허
락했지만 개인적인 감정에서 자유로울 수 없었다. 보통 묘갈명은 죽은

이의 장점과 업적 등 생전의 행적을 좋게 지어주는데 송시열은 남들이 말하는 내용 그대로를 성의 없이 써주었다. 이를 받은 윤증은 아버지 윤선거의 생에 대한 모독으로 여겨 몇 번이나 송시열을 찾아가 비문의 수정을 요청했다. 그럴 때마다 송시열은 몇 부분 고쳐주는 시늉만 했다. 결국 화가 난 윤증은 송시열에게 비난의 서찰을 보냈다. 그리고 이이는 한때 머리를 깎고 승려가 된 적이 있지만, 아버지 윤선거의 강화도 탈출은 전혀 잘못한 것이 아니었다는 내용의 서찰을 사국(史局, 사관이 사초를 만드는 곳)에도 보냈다.

윤선거는 병자호란이 일어났을 때 권장순, 김익겸 등과 함께 강화도에서 순절하기로 약속하고 들어갔었다. 그런데 강화도가 함락되자 혼자만 노비로 변장한 채 그곳을 빠져나왔다. 그 후 윤선거는 강화도에서 죽지 못한 것을 자책하여 과거의 뜻을 버리고 향리에서 학문에 정진하며 후학을 키우는데 일생을 보냈다. 윤증은 이러한 아버지에게 무슨 잘못이 있느냐는 반론이었다. 그러나 유림들은 이와 달랐다. 윤증이 아버지 신원을 위해 선현(이이)을 욕보였다는 것이었다. 논쟁은 다른 방향으로 점차 확대되어 노론과 소론으로 분열되는데 일정한 역할을 했다. 하지만 가장 중요한 분열 요인은 정국을 바라보는 입장의 차이에서 비롯되었다.

노론과 소론으로 분열된 후 기사환국 때는 단합하여 민씨 폐출을 적극 저지하기도 하였다. 그러나 이들은 희빈 장씨의 사사에 대한 입장 차이로 다시 분열되었다. 소론은 세자를 위하여 희빈 장씨 사사를 막은 반면, 노론은 적극적으로 찬성했다. 희빈 장씨 사사 이후 소론과 노론은 대등한 입장에서 정국을 운영해 가고 있었다. 하지만 소론은 세자 경종을 적극적으로 후원하면서 그 세력을 확대하기 시작하였다. 반면에 노론은 세자를 축출하기 위해 많은 노력을 기울이고 있었다. 노론이 세자 축출을 위해 안간힘을 썼던 것은 훗날을 두려워했기 때문이다. 경종의 어머니 희빈 장씨의 사사를 적극적으로 주장을 했던 것이 바로 노론이었다. 소론과 노론이 이와 같이 함께 정국을 운영할 때 왕실로 들어온 여인이 인원왕후 김씨였다.

소론에서 노론으로

희빈 장씨의 사사 이후 숙종은 왕비간택령을 내렸다. 이때 간택된 여인이 인원왕후 김씨였다. 사실 이때 김씨가 아닌 맹만택의 딸 맹씨가 먼저 간택되었다. 숙종은 맹씨를 더 마음에 들어 했다. 원래 맹사성의 후손인 맹만택은 현종의 딸 명선공주와 약혼했다. 그런데 공주와의 혼인날을 받아놓고 기다리던 중 그만 명선공주가 천연두를 앓다가 세상을 떠나버린 것이다. 그래서 혼인도 하지 않은 맹만택에게 신안위라는 작호만 내렸다. 부마의 작호를 받게 되면 정실 부인를 얻을 수 없는 것이 당시 법이라 맹만택은 억울한 홀아비 생활을 하였다. 그러던 중 이를 딱하게 여긴 왕실에서 그의 작호를 거두어 들여 비로소 혼인을 할 수 있게 되었다. 그 후 얻은 아내가 이홍일의 딸 이씨였고 그 사이에서 태어난 딸 맹씨를 숙종이 아내로 맞이하려 했던 것이다. 조정 대신들은 이홍일의 집안이 비방을 많이 받고 있기 때문에 그 결정을 취소해야 한다고 주장했다. 또한 인현왕후 민씨의 대상이 끝난 지 얼마 되지 않았다는 이유를 들어 반대하였다. 조정 대신들이 이렇게 나오자 숙종은 아쉽지만 그만 맹씨를 돌려보낼 수밖에 없었다.

그 후 다시 맞이한 아내가 16세의 인원왕후 김씨였다. 43세의 숙종보다 무려 27세나 어렸다. 숙종이 김씨를 선택한 것은 그의 집안이 소론이었기 때문이다. 숙종은 희빈 장씨가 죽자 그의 아들 경종을 걱정하지 않을 수 없었다. 노론에서 분명 세자를 둘러싸고 어떤 일을 벌일지 모르는 일이었기 때문이다. 그래서 아들 경종을 보호하기 위해 소론 집안에서 왕비를 간택했다.

왕비에 간택된 김씨는 한성부 북부 순화방(현 서울시 중구 순화동) 양정재에서 태어났다. 아버지 경주 김씨 김주신은 박세당의 문인으로 생원에 장원하여 관직을 맡게 되었다. 그 후 장원서별검이 되었으며 순안현령을 지냈는데 그때 딸 김씨가 왕비로 간택되었다. 그 후 그는 벼슬길이 순탄하여 통정, 돈령부도정, 영돈령부사를 역임하였으며 경은부원군에 봉해졌다. 이어 오위도총부 도총관으로서 상의원, 장악원의 제조, 호위대장 등을 지냈다. 그는 효성이 지극하고 지조가 굳은 인물로 알려져 있었으며 숙종이 죽자 애통해하다 그만 병이 들어 죽었다. 어머니는 조경창의 딸 임천 조씨였으며 딸이 왕비로 간택되자 가림부부인에 봉해졌다.

김씨가 왕비로 간택되어 궁궐로 들어왔을 때 조정은 노론과 소론으로 양분되어 당쟁을 치열하게 벌이고 있었다. 또한 숙종은 이를 이용하여 노론과 소론을 적당히 기용하면서 그의 권한을 극대화하고 있었다. 《가례원류》를 둘러싸고 논쟁을 벌였을 때(숙종 41년, 1715)는 소론을 지지하였으며, 병신처분(숙종 42년, 1716)에서는 송시열을 옹호하고 윤선거와 윤증을 비판함으로써 노론을 지지하기도 했다. 《가례원류》는 현종 때 부제학 유계가 가례에 관한 여러 글을 분류, 정리하여 저술한 책인데 이를 완성하지 못한 채 세상을 떠났다. 그런데 이 책은 유계가 단독으로 엮은 것이 아니라 윤선거와 같이 엮은 것이고, 그 뒤 윤선거의 아들이자 유계의 문인인 윤증이 여기에 계속 증보를 하고 있었지만 미처 발간하지는 못하고 있었다. 그런데 유계의 손자 노론 유상기가 《가례원류》를 간행하고자 좌의정 이이명이 숙종에게 품신하여 간행하게 되었다. 그는 윤증에게 《가례원류》를 줄 것을 청했다. 윤증은 자신과 상의도 없이 이를 달라고 하자 내놓지 않았다. 그러자 유상기는 《가례원류》 초본을 그대로 간행하기로 하고 권상하와 정호에게 서문과 발문을 짓게 했는데 발문에 윤증에 대한 욕을 함께 실었다. 유상기는 이 책을 상소와 함께 숙종에게 올렸다. 이 시기는 서인이 노론과 소론으로 분당된 무렵이었기 때문에 노론과 소론의 분쟁 요인이 되었다. 숙종은 이를 보고 윤증을 욕했다 해서 정호를 파직시킴으로써 윤증과 소론의 편을 들어주어 《가례원류》가 공저라는 입장을 표명했다. 노론에서는 이 일에 대한 시비를 가리기 위해 들고 일어났으나 숙종은 단호하게 배척했다. 윤증이 죽자 숙종은 그를 기리는 시를 짓기도 했다.

예의 동방에
아름다운 저 도덕을
유림이 다 높이거니
소자 아니 흠앙하리
평생에 못 뵈온 한이 이날 더욱 깊도다
또
셋 그늘 사는 몸이 섬김인들 다를리만
군사부일체라고 한들
경중이 없단 말인가
우습다 저 논사장이
임을 무함하다니

다음해 숙종의 태도가 변하여 노론의 의견을 받아들여 송시열이 옳다며 윤선거와 윤증의 관직까지 삭탈시켰는데 이것이 '병신처분'이다.

처음에 숙종은 세자 경종을 노론으로부터 보호하려 하였으나 '병신처

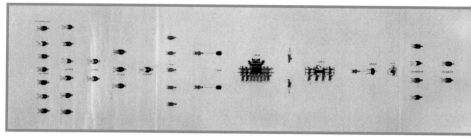

책례 반차도 – 왕의 행차 모습을 그린 기록화　국립고궁박물관 소장

분' 이후 명빈 박씨의 소생 연령군과 숙빈 최씨의 소생인 연잉군에게 더
마음을 쏟았다. 경종이 후사를 보지 못하는 것도 하나의 원인으로 작용
하였다. 경종이 후사를 못 보게 된 원인은 그의 어머니 희빈 장씨 때문
이라는 소문이 떠돌고 있었다. 희빈 장씨가 사약을 받기 전 세자 경종을
꼭 한 번만 보게 해 줄 것을 간청했었다. 장씨는 아들 경종을 보자 이씨
집안의 씨를 말리겠다고 저주하며 그의 하초를 잡아 당겨 성불구자가
되었다는 이야기다. 그러나 이것은 노론이 연잉군을 세자로 삼기 위해
전략적으로 퍼뜨린 소문이라는 설도 있다.

숙종은 경종이 아닌 다른 왕자에게로 마음이 기울어지면서 세자를 갈
아치우고자 했다. 숙종 43년(1717) 노론의 거두 이이명을 불러 단 둘이서
밀담을 나누었다. 원래 왕과 대신은 밀담을 나눌 수 없는 것이 당시의
정치적인 관례였다. 반드시 사관과 입직 승지를 입대시켜 그 투명성을
보장해야 했다. 그러나 숙종은 이러한 관례를 무시하고 이이명을 불러
들인 것이다. 이를 정유년에 밀담을 나누었다고 해서 정유독대(丁酉獨對)
라고 한다.

이 자리에서 숙종은 경종을 제외시키고 두 왕자 중에 세자를 세워달
라는 부탁을 했다. 또한 이와 같은 큰일을 수행하려면 누가 가장 적임자
인지를 물었다. 이이명은 김춘택의 사촌 동생 김용택과 이천기를 추천

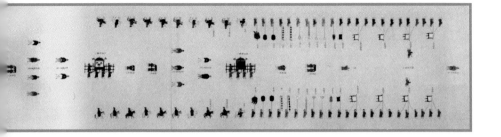

하였다. 김용택은 이이명의 형인 이사명 사위였으며 이천기는 김춘택의 처남이었다. 이이명이 두 사람에게 숙종의 뜻을 전하였다. 노론에서는 만일 세자를 바꾸면 누구를 추대할 것인지를 두고 논쟁까지 벌였다. 그러나 얼마 후 연령군이 죽자 자연히 연잉군으로 결정되었다. 심지어 김창집의 손자 김성행과 김만기의 손자 김복택이 연잉군을 찾아가기조차 했다.

한편 이이명과 독대를 한 숙종은 몇 시간 후 시·원임대신들을 불러 세자에게 대리청정을 맡기겠다는 명을 내렸다.

"내가 안질로 왼쪽 눈은 전혀 보이지 않고 오른쪽 눈도 희미하여 상소문의 작은 글자들을 알아볼 수 없으니 세자가 대리청정하는 것 외에는 방법이 없소."

이 자리에 모인 대신들은 모두 노론들이었다. 이들은 모두 숙종의 뜻에 따르겠다며 찬성을 했다. 사실 대리청정에는 함정이 숨어 있었다. 대리청정을 하게 해서 허물이 생기면 이를 이용하여 세자를 바꾸겠다는 계획이었다. 소론에서는 즉각적으로 들고 일어났다. 소론의 영중추부사 윤지완은 82세의 노구에다 병중임에도 불구하고 널까지 짊어지고 와서 반대 상소를 올렸다. 이러한 논란이 거듭되는 중에 숙종이 병석에 눕자 세자의 대리청정은 기정사실화되었다. 숙종이 노론을 지지하게 되자 인원왕후 김씨도 노론을 따랐다. 이후에도 김씨는 노론에서 추대하는 연잉군을 배후에서 끝까지 보호해주었다.

영원한 영조의 후견인

경종에게 대리청정을 시킨 숙종은 60세로 세상을 떠났다. 그 뒤를 이어 경종이 즉위하자 소론은 즉시 희빈 장씨를 신원하라는 상소를 올렸다. 그러나 실권을 잡고 있는 측은 노론이었다. 노론의 태학생 윤지술이 희빈 장씨 사사와 병신처분이 숙종의 대표적인 업적인데 행장에 이를 애매하게 표시해 두었다면서 시정을 요구하는 상소를 올렸다. 이를 못 박아 둠으로써 소론의 이견에 쐐기를 박아두려는 계산이었다.

이 상소를 접한 경종은 치를 떨며 당장 윤지술을 귀양 보내려하자 노론의 영의정 김창집과 3사의 대간들이 선비들의 사기를 지나치게 꺾으면 안 된다며 만류하였다. 지금 권력을 쥐고 있는 것은 경종이 아니라 노론이었다. 그러나 경종이 언제까지나 약한 왕일 수는 없었다. 경종의 권한이 강해지는 날 노론은 몰락할 수밖에 없었다. 그래서 하루라도 빨리 연잉군을 왕세제로 책봉하려 했다.

한편 경종이 후사를 보지 못하자 그의 아내 선의왕후(宣懿王后) 어씨가 종친 중의 한 명을 양자로 삼으려 했다. 경종이 세자였을 때 단의왕후(端懿王后) 심씨를 세자빈으로 맞이했다. 하지만 그녀는 경종이 즉위하기 2년 전에 병으로 죽고 말았다. 그녀는 한성부 남부 회현방에서 태어나 숙종 22년(1696) 11세 되던 해에 9세인 경종과 혼인을 하여 세자빈에 책봉되었다. 그녀의 아버지는 청은부원군 청송 심씨 심호이며 어머니는 군수 박빈의 딸 영원부부인 고령 박씨였다. 심씨는 어렸을 때부터 총명하고 덕을 갖추어 어리지만 시부모와 병약한 세자를 섬기는데 손색이 없었다. 하지만 그녀는 숙종 44년(1718) 병약한 세자보다 더 빨리 33세의 나이로 세상을 떠났다. 2년 뒤 경종이 즉위하자 그녀는 왕후로 추존되었다.

심씨가 죽은 후 경종이 다시 맞이한 아내가 선의왕후 어씨였다. 그녀는 한성부 동부 숭교방(현 서울시 종로구 명륜동)에서 태어났으며 14세 되던 해인 숙종 44년(1718)에 세자빈으로 책봉되었으며 2년 뒤 경종이 즉위하자 16세의 나이로 왕비가 되었다. 아버지 함종 어씨 어유구는 사마시에 합격하여 태릉 참봉이 되었으며 정언과 응교 등을 거쳐 승지까지 올랐다. 그 후 경종이 즉위하자 영돈령부사가 되었으며 함원부원군으로 피봉되었다. 어머니는 현감을 지낸 이하번의 딸 완릉부부인 전주 이씨였다. 어유구는 원래 노론 출신이었으나 소론들이 경종을 지지하자 당파를 바꾸었다. 어씨 역시 남편 경종으로 인해 소론을 지지하게 되었다. 인원왕후 김씨와는 정반대가 되었다. 인원왕후 김씨는 처음에 왕실로 들어왔을 때는 소론이었으나 상황이 급변하자 노론을 지지하게 된 반면, 어씨는 이와 정반대가 되었던 것이다.

소론을 지지하는 어씨가 연잉군을 무시하고 종친 중에서 양자를 삼으려 하자 노론에서는 상황이 급박해졌다. 사실 후사가 없을 경우 양자를 들여 가통을 잇는 것이 조선의 사회법제상 정상적인 행위였다. 그러나 이렇게 될 경우 노론은 불리해질 수밖에 없었다. 그래서 경종 1년(1721) 8월 20일, 노론의 정언 이정소를 시켜 상소를 올리게 하였다.

"전하의 춘추가 한창이신데도 후사가 없어 나라의 형세가 위태롭고 민심이 흩어져 있습니다. 이를 수습하기 위해서는 후사를 빨리 정하는 길밖에 없습니다. 대비마마께 품의하고 대신들과 상의하여 사직의 대책을 정하시옵소서."

이 상소를 올린 그날 밤 노론인 영의정 김창집과 좌의정 이건명은 경종에게 입대를 요청하였다. 이러한 요청은 나라에 위급한 일이 있을 때만 가능한 일이었다. 입대를 허락한 경종은 자정을 넘긴 축시에 대신들과 만났다. 대신들은 경종에게 빨리 후사를 정하라며 독촉하였다. 머뭇거리던 경종은 이들의 거듭된 독촉에 연잉군을 왕세제로 책봉하겠다고 요구를 받아들였다. 그러자 노론의 4대신인 김창집, 이건명, 조태채, 이이명 등은 왕세제 책봉은 매우 중요한 일이니 대비 김씨의 허락도 받아야 한다며 책봉문제를 확고히 하려고 했다. 경종이 대비 김씨를 찾아가 이 문제에 대해 자세하게 설명하자 그녀는 망설임 없이 허락한다는 교지를 내렸다. 김씨로서는 망설일 이유가 전혀 없었다.

왕세제가 책봉되었다는 사실을 들은 소론의 사직 유봉휘가 먼저 시기상조론을 이유로 상소를 올렸다.

"책봉이라는 것이 얼마나 중요한 일인데 시임 정승들이 듣지도 못하고 여러 신하들이 참여하지 못한 채 한밤중에 결정되었다니 놀랍습니다. 이미 결정되었으니 다시 의논할 수 없지만 임금을 농락하고 협박한 대신들의 죄는 묻지 않을 수 없습니다."

그러자 노론에서는 왕세제를 논박하는 것은 대명천지에 있을 수 없는 일이라며 유봉휘를 국문할 것을 청했다. 연잉군도 유봉휘의 상소에 대해 심장이 떨린다며 자신의 입장을 토로했다. 노론에서 강경하게 나오자 오히려 유봉휘가 귀양을 가게 되었다. 청나라에서도 허락을 하여 연잉군이 왕세제로 책봉되었다. 그러나 왕세제 책봉 후 연잉군이 왕위에 오르기 위해서는 넘어야 할 산이 많았다. 그러한 고비마다 대비 김씨는 그를 후원해 주었다.

연잉군을 세제로 책봉하고 나서 2개월 후 노론에서는 한 걸음 더 나아가 세제대리청정을 들고 나왔다. 집의 조성복이 세제가 정사에 참여해야 한다는 상소를 올렸다. 이 상소에 경종은 역정을 내기는커녕 오히려 기다렸다는 듯이 대리청정을 허락한다는 답변을 내렸다.

"내가 병이 있어 회복의 기미가 없고 정무를 친람하기 어려우니 모든 정무를 세제가 처리하도록 하라."

이러한 답변을 내린 경종의 저의는 사실 조야의 반응을 떠보기 위한 것일 수도 있었다. 이전에 태종이 조정과 민간의 반응을 떠보기 위해 선위파동을 몇 번에 걸쳐 했던 것처럼 경종도 그러한 술책을 가지고 대리청정을 허락했을 가능성이 높다. 왜냐하면 대리청정의 파문 이후 이를 빌미로 해서 자신을 반대하는 노론을 정계에서 모두 실각시킬 수 있기 때문이다.

한편 이러한 경종의 결정에 대해 소론 승지 이기익 등이 즉시 전교환수를 요청했다. 그러나 경종은 이를 거절하였다. 경종이 전교환수를 허락하지 않자 이기익 등은 조성복을 파면해야 한다고 요청했다. 소론에서는 더 이상 이를 그대로 묵과할 수가 없다고 여겨 소론 거두 최석정의 동생인 좌참찬 최석항이 늦은 밤인데도 불구하고 입대를 요청했다. 최석항이 입실하자 경종은 문을 자물쇠로 채우라고 명령했다. 최석항이 울면서 전교환수를 간곡히 청하자 경종은 다시 생각해보겠다는 답변을 하였다. 최석항은 오늘밤 내로 결정을 내리지 않으면 다음날 어떤 변수가 생길지 모른다고 생각하여 거듭 환수를 권했다. 많은 시간이 지난 후 경종은 드디어 환수를 하겠다는 답변을 내렸다.

그러나 며칠 후 경종은 다시 세제대리청정을 명했다. 이에 소론과 노론은 모두 반대를 했다. 노론이 반대를 했던 것은 경종의 저의가 무엇인지를 몰랐기 때문이다. 연잉군도 다섯 차례나 사양하는 상소를 올리고 대신들도 사흘 동안 환수를 거듭 청했다. 그러나 경종의 의지를 꺾을 수 없었다. 이에 영의정 김창집은 경종의 뜻을 받아들이기로 하고 연명으로 차자를 올려 숙종 때의 전례대로 대리청정 시행을 요청했다.

그러나 소론에서는 이에 즉각 반대하고 나섰다. 소론의 좌참찬 최석항은 이를 비난하는 상소를 올리고 이태좌 등 소론세력과 대책을 협의했다. 이때 소론 우의정 조태구가 입궐하여 입대를 요청했다. 당시 조태구는 연잉군이 세제로 책봉되었을 때 반대 상소를 올린 유봉휘를 옹호했다고 해서 탄핵을 받아 근신중에 있었다. 근신중에 있으면 상소를 올리지 못하는 것이 관례였다. 그러나 조태구는 사생결단을 하고 입궐을 했던 것이다. 승정원에서는 절대 안 된다며 거절하였으나 경종으로부터 조태구를 만나겠다는 전교가 내려졌다. 이때 다른 소론 대신들도 함께 그 뒤를 따라 들어갔다. 조태구는 눈물을 흘리며 대리청정 철회를 간곡하게 요청했다.

"보위(寶位)는 왕의 뜻대로 처단하지 못하는 것이옵니다. 정유대리(숙종 43년)로 말하오면 선왕(숙종)께서 여러 해 동안 질환이 계시고 또 춘추도 쉰일곱으로 이미 많으신 때라, 전하의 오늘날 처지와는 사뭇 다르오니 그것을 예로 삼을 수 없사오며, 더욱 전하께서 동궁의 사정이 불안할 것을 생각하지 아니 하시나이까?"

조태구가 간곡히 요청하자 같이 있던 다른 대신들도 이를 지지한다는 의사를 표시하였다. 그리하여 경종은 환수하겠다는 답변을 내렸다. 이로써 소론은 자신들의 의견이 받아들여지자 이를 계기로 주도권을 잡으려 했다.

대리청정 결정이 철회되고 나서 2개월째가 되던 12월에 경종은 눈이 오지 않고 가뭄이 계속되자 내외에 널리 직언을 구하였다. 그러자 소론은 이를 계기로 노론을 공격했다. 소론 김일경을 중심으로 박필몽, 이명의, 이진유, 유성시, 정해, 서종하 등 7명이 연명으로 노론을 공격하는 상소를 올렸다. 그들은 노론 4대신들이 신하된 도리로 대리청정의 명을 중지시켜야 함에도 불구하고 이를 받아들인 것은 신하의 예에 어긋난 것이라고 했다. 그래서 반드시 처벌을 해야 하며 또한 조태구가 청대(請對, 급한 일로 신하가 왕의 알현을 청함)를 요구했을 때 이를 가로막은 승지와 조태구를 탄핵한 3사도 모두 처벌을 해야 한다고 맞섰다. 그러자 노론의 승지 신사철이 김일경의 상소를 비판하면서 그를 처벌해야 한다고 맞섰다. 경종은 노론의 요구에 따라 왕세제를 책봉하고, 대리청정을 허락했던 것 등에 대해 조금은 후회를 하고 있었다. 그래서 노론의 비판에 대해 경종은 격노하며 여러 명의 승지와 3사 그리고 영의정 김창집, 영중추부사 이이명, 판중추부사 조태채, 좌의정 이건명 등의 노론 4대신들을 모두 삭탈관직시키고 유배를 보냈다. 조정의 빈자리는 소론 인물들로 채웠다. 이조참판에 김일경을 제수하고 박필몽 등을 3사에 기용했다. 이외에 병조판서에 최석항, 훈련대장에 윤취상 등을 임명하는 등 소론을 대거 등용했다. 그리하여 노론들이 실각하고 소론이 정권을 잡게 되었다. 이를 신축년에 정권을 교체했다고 해서 신축옥사(辛丑獄事, 경종 1년, 1721)라 한다.

소론들은 정권을 잡게 되자 선의왕후 어씨를 중심으로 연잉군을 제거하려 했다. 이조참판이 된 김일경은 판의금부사 심단과 모의하여 연잉군을 없애버리고 다른 왕손을 추대하는 계책을 꾸몄다. 그리하여 환관 박상검을 통해 연잉군을 제거하기로 했다. 박상검은 궁인 석렬, 필정, 환관 문유도 등과 모의하여 연잉군 제거에 나섰다.

연잉군은 박상검의 전횡이 너무 심하다며 그를 처벌해줄 것을 경종에게 청하자 이를 허락하려고 했다. 사실 경종은 연잉군을 친동생처럼 사랑했다. 자신들을 이간질하는 것은 모두 신하들이라고 생각했다. 그러자 박상검은 '상검은 묻지 말고 그대로 두어라.'는 전교를 자신이 만들어 3사에 내렸다. 그리고 연잉군이 경종에게 문안 다니는 길에 여우가 출몰한다는 핑계를 대고 덫을 놓아 출입을 막았다. 이들의 횡포에 연잉군은 경종조차 만날 수 없었다. 그러던 중에 김일경과 박상검은 자신들이 '세제를 폐하여 서인을 만든다.'는 교지를 만들어 발표하기로 계획을 세우고 있었다. 이때 세제궁에 있던 환관 장세상이 이 사실을 연잉군에게 낱낱이 보고하였다. 사태가 이처럼 급박하게 진전됨에도 불구하고 연잉군은 경종을 만날 방법이 없었다. 그리하여 죽기를 결심하고 독약 두 사발을 만들어 세제빈 서씨(정성왕후)에게 내밀며 같이 죽자고 울면서 말했다.

"지금 화(禍)가 목전에 급박하여 주상께 위급한 말씀을 아뢰려 하여도 뵈올 길이 없으며, 내일은 반드시 화를 입을 터이니 차라리 이 약을 마시고 자결하는 것이 낫지 않겠소."

이 말에 세제빈 서씨는 같이 눈물을 흘리며 대답했다.

"주상께서 인자하시고 우애하시건만 병환이 들었기에 저것들이 이런 일을 꾸미는 것이옵니다. 이제 이 약을 마시고 죽으면 다음에 또 무슨 악명을 죽은 귀신에게까지 덮어씌울지 모르오니 이 연유를 자전(인원왕후 김씨)께 아뢰옵소서. 혹시 불쌍히 생각하시어 구해주시면 다행이옵고 또 만일 힘이 미치지 못하여서 구하시지 못하면 그때 죽어도 늦지 않을까 하옵니다."

날이 밝자 두 사람은 숙직하고 있던 시강원의 정7품 벼슬 송인명의 안내로 담을 넘어 대비 김씨에게로 갔다. 김씨는 일찍 일어나 머리를 빗고 있다가 이들의 방문을 받았다. 자초지종을 모르고 있던 김씨는 세제 내외의 설명에 깜짝 놀라며 말했다.

"이놈들이 감히 그런 일을 한단 말이냐? 나는 전혀 알지 못하였구나."

김씨는 버선발로 세제 내외를 데리고 경종이 거처하는 대전으로 향했다. 그때 박상검이 궁녀와 함께 경종의 전교를 비망록에 쓰고 있었다. 그 비망록에는 김일경과 모의한 연잉군을 서인으로 만든다는 내용의 글이 담겨져 있었다. 이를 본 대비 김씨는 크게 격분하여 교지를 내렸다.

인원왕후 부묘도감의궤 국립고궁박물관 소장

"이달 초엿샛날 이후의 일은 모두 대전 처분이 아니시고 두 환관이 만든 거짓 전교이다. 이번에 신하들이 국문을 받고 귀양가고 한 것도 오로지 대전 내관 박상검과 문유도, 대전 상궁 필정, 석렬의 무리가 서로 결탁하여 저지른 것이다. 나라가 위험한 지경에 빠졌으며 나와 동궁이 또한 위태로운 지경에 이르렀으니 만만 절통하노라. 세제의 사위(辭位)함을 허락하여 선왕께서 주신 작호를 그대로 보전하게 하라."

대비 김씨의 명에 의해 박상검과 문유도를 모두 잡아들여 국문을 했다. 두 사람은 자복을 해서 참형에 처해지고 석렬은 이미 집에서 자살하였고, 필정은 매를 맞고 죽었다. 그리고 더 이상 사건이 확대되지 않아 김일경은 무사할 수 있었다.

노론이 실각한 후 연잉군을 보호해줄 세력은 아무도 없었다. 아마 대비 김씨가 후견해 주지 않았더라면 그는 왕위에 오르기도 전에 소론에 의해 죽음을 당했을 것이다.

그러나 소론은 여기서 그치지 않았다. 연잉군이 왕위에 오르면 자신들의 몰살은 각오해야 할 판이었다. 그래서 2개월 후 다시 연잉군을 제거하기 위해 김일경은 목호룡을 사주하여 고변하도록 했다. 목호룡이 고변한 내용은 삼수(三手, 三急手라고도 함)를 사용해 경종을 시해하려 했다는 것이었다. 삼수란 자객을 보내 경종을 살해하는 대급수, 궁녀를 시켜 경종의 수라상에 독을 풀어 살해하는 소급수, 숙종의 유언을 위조해 경종을 폐출시키는 평지수 등의 세 가지 시해 방법이었다. 목호룡은 노론이 숙종 말년부터 경종을 죽이기 위해 모의를 꾸몄다고 진술했다. 사실 목호룡은 양반이 아니라 남인 집안의 서얼로서 종친 천릉군 집의 가노였다. 그러던 그가 풍수를 배워 사대부들과 어울리면서 지관으로 이름이 나게 되었다. 세제 연잉군의 친어머니 숙빈 최씨의 장지를 정해주어 그 대가로 천인 출신에서 풀려나 양민이 된 것이다. 그런 인연으로 왕실 소유의 정토를 관리하고 소작료를 대리 징수하는 궁 차사원이 되어 부호가 된 인물이었다.

그는 이 고변을 통해 삼급수 살해계획에 가담한 인물들이 모두 노론 4대신들의 자제들임을 밝혔다. 조정에서는 즉시 이 역모를 파헤치기 위해 국문을 시작하였다. 이 사건에 연루된 자들은 국문 도중 매에 못 이겨 죽어갔다. 그러나 이들은 끝내 자백을 하지 않았다. 자백의 결과는 곧 집안의 도륙이었기 때문이다. 가혹한 고문으로 역모 혐의자들이 모두 죽자 노론 4대신에게로 그 화살을 겨누었다. 대사간 이사상, 헌납 윤회, 장령 이경열, 지평 박필몽 등이 노론 4대신의 관련 여부를 밝히고 극형에 처할 것을 주장했다. 경종은 극형이 너무 심하다며 허락하지 않았다. 그러자 이들은 윤허를 하지 않는다면 물러나지 않겠다며 강경하게 나왔다. 경종은 하는 수 없이 이를 허락하여 노론 4대신들을 비롯한 60여 명을 처형하였고, 노론 170여 명을 유배 또는 치죄하였다. 소론에서는 연잉군의 관련여부도 밝혔으나 경종이 허락하지 않아 임인옥사(壬寅獄事, 경종 2년, 1722)에서 빠지게 되었다. 인원왕후 김씨가 뒤에서 버티고 있었기 때문이다.

소론이 노론을 모두 제거한 후 그 화살을 연잉군으로 돌렸지만 경종의 동생에 대한 사랑과 인원왕후 김씨로 인해 목숨을 보존할 수 있었다. 2년 후 소론이 여전히 집권한 가운데 경종이 37세로 세상을 떠났다. 경종의 갑작스러운 죽음으로 선의왕후 어씨도 20세에 과부가 되어 대비전으로 물러났다. 그곳에서 쓸쓸한 말년을 보내다가 영조 6년(1730) 새벽에 26세를 일기로 세상을 떠났다. 능은 의릉에 경종과 쌍릉으로 묻혀있다. 경종이 죽자 그 동안 숨죽이며 지내던 연잉군이 드디어 즉위하게 되었는데 그가 바로 조선 21대 왕인 영조이다.

인원왕후 김씨는 영조가 어려운 일을 당할 때마다 발 벗고 나섬으로써 그의 후견인 역할을 톡톡히 해냈다. 그 결과 영조가 즉위하자 33년 동안 그녀는 편안한 여생을 보낼 수 있었다. 인원왕후 김씨가 없었다면 영조의 즉위는 어려웠을 것이다. 이와 같이 영조와 뜻을 같이했던 그녀는 천수를 누리다 영조 33년(1757) 71세의 일기로 세상을 떠났다. 그녀의 유해는 서오릉의 명릉에 인현왕후 민씨, 숙종과 함께 안장되었다.

헌경왕후 홍씨

친정 변명과 억울한 인생을
호소하기 위해 쓴 《한중록》

늦은 밤, 혜경궁의 불빛만 아직도 환하다. 지금까지의 인생 역경을 말해주는 듯 하얗게 센 머리와 굵은 주름이 잡힌 이마를 가진 헌경왕후(獻敬王后) 홍씨(혜경궁 홍씨)가 열심히 붓끝을 놀리고 있었다.

"…이 일을 선왕이 크게 깨닫고 갑자에 누명을 씻겠노라 하신 말씀이 여러 번이시고, 병신과 임자에 두 번 분부가 더욱 분명한 증거가 되매 이 일을 신설하는 것이 선왕의 유지라, 금상께서 불안해하시거나 주저하실 일이 아니라…."

홍씨가 쓰고 있는 것은 《한중록》이다. 이 글을 쓰기 시작한 지도 어느덧 10년이라는 세월이 흘렀는데 이제 겨우 완성되어 가고 있는 중이다. 이 책은 홍씨가 자신이 살아온 60평생의 한 많은 이야기를 사소설체(私小說體)로 적은 것이다. 특히 남편 사도세자(思悼世子)의 참변에 대한 내용을 중점적으로 기록하고 있다. 문장이 섬세하고 아담한 궁중체로 되어 있어 오늘날 《인현왕후전》과 쌍벽을 이루는 궁중문학으로 손꼽히고 있다.

홍씨가 이처럼 10년간 공을 들여 《한중록》을 남긴 이유는 무엇일까?

남편 사도세자에 대한 불명예가 시아버지 영조와 아들 정조에 의해 벗겨졌음에도 불구하고 홍씨가 이 책을 굳이 남긴 것은 바로 친정 홍씨 가문의 신원 때문이었다.

탕평책으로 안정된 정국

홍씨는 영조 11년(1735) 6월, 한성부 서부 반송방(현 서울시 종로구 평동)에서 영풍부원군 풍산 홍씨 홍봉한의 딸로 태어났다. 홍씨가 태어난 해에 성균관유생으로 있던 홍봉한은 홍씨가 태어나기 전에 검은 용이 나오는 꿈을 꾸었다. 홍씨가 태어나고 2개월 뒤 성균관 진사 신분으로 송시열과 송준길을 문묘에 배향하자는 내용의 상소를 올렸다. 그러나 영조는 불만스러웠는지 곧 성균관 유생들의 출석을 점검하라는 명을 내렸다. 혼인을 해서 가정을 갖고 있던 탓에 출석률이 낮았던 홍봉한은 5년간 자격 정지 처벌을 받게 되었다. 8년 뒤 영조와 홍봉한은 자식의 혼사 문제로 다시 만나게 될 줄은 꿈에도 몰랐을 것이다. 홍씨가 노론 집안 출신이라는 배경으로 인해 세자빈이 될 수 있었지만 평생을 짊어지고 살아야 할 운명의 짐이기도 하였다.

영조 19년(1743) 9세가 된 사도세자는 봄에 유교의 성인식인 통과의례 관례(冠禮)를 치렀다. 사도세자는 관례 직후 영조와 성균관을 참배했는데 영조는 성균관에서 거행하는 활쏘기 행사를 벌인 뒤 유생들을 상대로 알성시(謁聖試, 왕이 문묘에 참배하고 보던 과거)를 시행하였다. 당시 성균관 장의(掌議, 유생 임원 가운데 으뜸 자리)였던 홍봉한은 다음날 궁궐에서 시험에 낙방한 학생신분으로 영조를 직접 알현하게 되었다. 이때 홍봉한의 나이 31세고 영조는 50세였다. 홍봉한은 영조의 격려에도 불구하고 두 번째 시험에서도 미끄러지고 만다.

반면에 영조는 8년 전 첫 만남과는 달리 홍봉한에게 호감을 가졌고 그의 딸을 세자의 배필로 결정하기에 이른다. 이 일은 일사천리로 진행되었는데 간택이 시작되기 전에 이미 홍씨는 세자빈으로 내정되어 있을 정도였다. 사도세자의 생모인 영빈 이씨와 누님 화평옹주가 미리 불러 예절교육까지 시켰다. 홍씨는 영조 19년 삼간택을 거쳐 세자빈에 간택되었다.

동갑인 사도세자의 세자빈으로 책봉된 홍씨는 친정을 떠나 별궁에 기거하며 아버지 홍봉한에게 《소학》과 《어제훈서》 등을 배웠다. 홍씨는 어린 나이였지만 자신이 해야 할 일을 잘 알고 있었다. 아버지가 언니의 혼수를 덜어내면서까지 자신을 간택에 임하게 한 것은 거듭된 알성시에서의 낙방을 만회하기 위한 승부수였다. 홍씨는 아버지가 꿈꾸는 인생 전환에 대한 포부를 너무도 잘 헤아리고 있었던 것이다.

홍씨는 어릴 때부터 남다른 면모를 지녔다고 알려져 있다. 조부가 죽어 어른들이 3년복을 입고 있을 때의 일이다. 외가에 혼사가 있어 어머니와 함께 갔는데 철부지 어린 아이들은 화려한 색동옷을 입고 있었다. 그러나 홍씨는 혼자 흰옷을 입겠다고 고집을 부렸다. 어머니가 멋을 내도 괜찮다고 했지만 홍씨는 자신은 상복을 입어야 한다고 대답했다. 이를 지켜본 일가의 어른이 일곱 살 어린아이는 상복을 입지 않는다고 하자 홍씨는 끝내 어른스러운 태도를 보였다.

"저는 비록 그런 나이라고는 하나 아버지께서 상복을 입고 계시니 색동옷을 입을 수는 없지요."

영조 20년(1744) 1월 9일, 홍씨의 집 앞은 아침부터 술렁이기 시작하였다. 세자빈 책봉의 부절(符節, 둘로 갈라 하나는 조정에 보관하고 하나는 본인이 갖는 신분증)과 예물이 들어오는 날이었다.

홍봉한의 낙과로 어두운 그림자만 드리워졌던 예전의 모습과는 전혀 달랐다. 활기가 넘치고 사람들로 붐비는 것이 잔칫집보다 더한 분위기였다. 평소 발길이 없던 먼 일가들까지 찾아와 축하의 말을 건넸고 잘 부탁한다는 은밀한 청탁을 해오는 사람도 있었다.

권력의 힘을 실감하고 있던 홍봉한은 종9품 직에 머물러 있다가 왕실과 사돈이 되면서 갈망하던 문과 전시에 합격할 수 있었다. 그 후 광주부윤, 어영대장 등으로 오랫동안 활동하였다.

한편 그는 소론을 지지하는 사위 사도세자가 자신과 당파가 다르다는 이유로 죽음으로 몰고 간 비정한 장인이었다. 사도세자가 죽은 후에도 딸 홍씨의 아들 정조의 즉위를 저지하기 위해 사도세자의 후궁 숙빈 임씨의 소생인 은언군을 지지하기도 했다. 홍봉한이 죽은 것은 정조 2년(1778)이었는데 정조는 그에게 익정(翼靖)이란 시호를 내린다.

10세의 홍씨가 세자빈으로 간택되어 왕실로 들어왔을 때 조정은 영조의 강력한 탕평책으로 안정을 되찾고 있었다. 영조는 즉위하면서 붕당의 폐해를 없애기 위해 각 당파의 인물들을 골고루 등용하는데 역점을 두었다. 그는 세제 시절 소론세력들에 의해 죽음의 고비도 여러 번 넘겼지만 즉위 후에는 정치보복을 하면 또 다른 보복을 남긴다는 원칙을 고수하며 소론을 등용했다.

영조는 즉위 후에도 소론내각을 구성하였다. 영의정에 이광좌, 좌의정에 유봉휘, 우의정에 조태억 등을 임명하였다. 임인옥사 때 참화를 당한 김창집, 이이명, 조태채, 이건명 등을 노론 4대신이라고 하는 반면 이광좌, 유봉휘, 조태억, 최석항과 조태구 등을 소론 5대신이라고 한다. 소론 내각 속에 즉위한 영조는 탕평책에 관한 정책방향을 발표했다.

"붕당의 폐해가 오늘같이 심한 예가 없을 것이다. 저편에서 공격하면 이편에서 마주 반박하여 공평한 언론이 두절되니 조정의 품계가 어느 때 바로 잡히며 공변된 의론을 어느 때에 듣겠느냐?

헌경왕후의 옥책함 국립고궁박물관 소장

이제 해가 바뀌어 피리소리가 새로워지니 하늘과 사람이 일반이라, 어찌 묵은 생각을 버리고 새로운 정신을 가다듬어 해와 더불어 화락한 봄과 함께 살지 아니하겠느냐!

저 귀양 간 사람들은 죄의 경중을 참작하여 처결하고 전조(銓曹, 인사국)에서는 색목(당파)을 탕평하고 수용할 것이니 너희들 문무백관은 당습을 버리고 공평함을 힘써 우리 나라를 보전하게 하라."

영조는 이러한 구상을 가지고 정책에 임했지만 노론의 입장은 달랐다. 그들은 소론중심의 인물을 제거하고 자신들이 정권을 주도하기 위해 기회를 노렸다. 그리고 그들이 죽음을 불사하며 추대했던 영조가 즉위했기 때문에 소론의 제거는 당연한 것으로 여겼다. 이와 같이 왕과 신하들의 정책방향이 서로 다른 가운데 영조는 좋은 정치를 펼치기 위해 문무백관들에게 직언을 구하였다. 이때 노론의 이의연이 먼저 해결해야 할 일은 소론을 처벌하는 것이라고 상소를 올렸다.

"선왕께서 병이 있으셨으므로 여러 소인들이 총명을 가려 명문세가에 죄를 씌워 죽음에 몰아넣었습니다. 이 군소배들이 저지른 모반의 죄를 물어 바로 잡아야 하옵니다."

이 상소에 집권하고 있던 소론들이 그대로 있을 리가 없었다. 소론 대사간 권익관, 사직 이명언 그리고 우의정 조태구 등이 이의연을 공격했다. 이들의 주장은 영조가 즉위한 것은 김대비(인원왕후)와 경종의 결정에 의해 이루어진 것인데, 그것을 노론들이 자신들의 공으로 돌리려 한다는 것이었다. 영조는 이의연의 상소에 대해 내심 지지하고 있었기 때문에 그를 처벌할 생각이 없었다. 그런데 소론에서 너무 강경하게 주장하자 마지못해 이의연을 귀양 보냈다. 그러나 소론에서는 이의연의 귀양에 만족하지 않고 국문할 것을 요청하였다. 영조는 그렇다면 임인옥사의 배후 조정자 김일경과 목호령도 함께 국문하라고 명하였다. 그러자 유생 홍득일이 영조가 친히 국문해야 한다며 상소를 올렸다. 결국 영조가 직접 이들을 국문하였다. 잡혀온 김일경과 목호령은 이미 죽음을 예상하고 있었기 때문에 영조를 왕으로 인정하지 않으려 하였다. 그들은 국문 도중 영조를 '나리' 혹은 '너'라고 불렀으며 자신을 '나'라고 지칭하였다. 분통이 터진 영조는 김일경을 참형에 처할 것을 명하였다. 목호령과 이의연은 매를 맞는 도중에 죽었다. 이의연은 노론임에도 불구하고 소론이 끝까지 물고 늘어지는 바람에 같이 매를 맞아 죽었다.

노론은 김일경과 목호령의 죽음만으로 만족할 수 없었다. 전 도사 유응환이 노론 4대신들을 '사흉'으로 공격하는 상소를 연명으로 올린 김일경 이외 6명의 인물들도 모두 국문할 것을 요청하였다. 영조도 사실이 문제에 대해서는 내심 바라고 있었으므로 유응환의 상소대로 나머지 6명도 모두 삭탈관직시켜 쫓아내고, 김일경과 목호령을 국문할 때 가죄를 청하지 않았다는 죄목으로 3사 전원도 모두 파직시켰다. 그리고 이 자리에 노론 인물인 민진원, 정호, 김조택 등을 임명했다. 이로써 소론에서 노론으로 다시 정권이 바뀌었는데 이를 을사년에 일어났다고 해서 을사처분(乙巳處分, 영조 1년, 1725)이라 한다.

영조는 을사처분의 단행으로 명예회복 수준에서 그치려고 했지만 정권을 잡은 노론의 입장은 달랐다. 집권세력인 노론은 소론에 대한 복수를 단행하려 했던 것이다. 그들이 내세운 것은 소론 5대신인 유봉휘, 이광좌, 조태구, 조태억, 최석항 등의 처벌이었다. 영조는 노론의 요구를 수용해 이광좌를 제외한 나머지에 대해서만 관직과 작위를 추탈하고 파직시켰다. 그러나 노론의 요구는 소론 5대신에 대한 처형이었다. 그들은 장기간 정청을 열면서 요구조건을 관철시키려 했지만 영조는 이들을 만류했다.

"나도 몹시 시달림을 받았으니 분하고 미운 마음이야 없겠느냐만 무고임을 밝히고 원통한 것을 씻었으면 그만이지 보복까지 하는 것은 옳지 않다고 생각하오."

영조의 만류에도 불구하고 노론의 영수 민진원과 이관명은 소론 5대신을 극형에 처하지 않으면 사직도 불사하겠다고 나섰다. 영조는 민진원의 손을 잡으면서 간곡히 만류했으나 도무지 들으려고 하지 않았다. 노론의 타협 없는 강경한 요구에 대해 영조는 이들을 파직시키고 소론을 등용하는 길만이 당파를 없앨 수 있다는 결론을 내리게 되었다. 이때 노론에서는 원흉 5적에서 한 명을 제외하고 나머지를 처형하자고 요구하였다. 정권교체를 단행할 생각을 가지고 있던 영조는 이를 빌미로 삼았다. 5적에서 왜 4적이 되었느냐고 따지면서 이는 분명 군부(君父)를 농락한 것이라며 3사 전원을 삭출시켜 버렸다. 영부사 민진원, 우의정 정호 등 노론 관료 140여 명을 일거에 축출하고, 그 자리에 을사처분 때 파면했던 이광좌, 조태억을 기용해 정승으로 삼는 등 소론을 임명하였다. 이때가 영조 3년(1727) 정미년으로 이를 정미환국(丁未換局)이라 한다.

다시 집권한 소론은 감히 노론의 치죄를 들고 나오지 못했다. 왜냐하면 영조가 내심 노론을 지지하고 있다는 것을 알고 있었기 때문이다. 그들이 살 길은 노론과 공생하는 것밖에는 없었다. 그런데 그나마 영조의 눈치를 보며 집권해 있던 소론을 더 난처하게 만든 사건이 1년도 채 안되어 일어났다. 소론 이인좌가 반란을 일으켰던 것이다.

이인좌가 난을 일으킨 명분은 경종이 독살되었으며 그의 원수를 갚아야 한다는 것과 지금 즉위해 있는 영조는 가짜 왕이라 소현세자의 적손인 밀풍군 탄(坦)을 추대해야 한다는 것이었다. 경종이 젊은 나이에 죽자 소론에서는 위기감을 느껴 그가 독살되었다는 소문을 퍼뜨렸다. 이 소문은 꼬리에 꼬리를 물고 확대되었다. 노론에서는 이 소문에 대한 대책으로 경종은 평소부터 병이 있었다고 하였으나 별 효과가 없었다. 소문은 그칠 줄 몰랐고 심지어 도성에 괴서까지 붙었다. 영조는 원래 김춘택의 아들이지 숙종의 아들이 아니라는 내용이다. 노론 민진원이 귀양길에서 돌아오다 전라도 정읍의 태인 다리 밑에서 한 여자아이를 데려다 키웠고 훗날 김춘택이 그 여자아이와 간통을 해서 궁궐에 몰래 들여보냈는데, 그녀가 영조의 생모 숙빈 최씨라는 소문으로까지 번졌다.

영조 4년(1728) 이인좌는 자신을 대원수라 자칭하고 반란군들에게 모두 흰색 옷을 입혔다. 그리고 상여꾼처럼 가장시켜 상여에 무기를 감춘 채 청주성에 진입하였다. 충청도병사 이봉상(이순신의 5세손), 군관 홍림, 영장 남연년 등을 죽이고 삽시간에 청주성을 장악하고 권서봉을 목사, 신천영을 병사로 삼아 산하 여러 읍에 격문을 보내 군사와 군마를 모집하였다. 한편으로는 가뭄과 홍수로 인해 굶주리던 백성들에게 관곡을 풀어 나누어줌으로써 민중들의 호응을 얻어내기도 하였다. 이인좌가 궐기를 하자 각지에서도 이를 동조하는 거사가 잇따랐다. 남인의 근거지인 경상도에서 이인좌의 동생 이웅보, 정희량 등이 거병하여 안음과 거창을 함락시켰으며, 전라도에서는 태인현감 박필현이 상소문의 연명자 6명 중 한 명이었던 박필몽 등과 함께 거병하려 하였다.

이들이 삼남지방에서 동시에 거병을 계획할 수 있었던 것은 당시 조정에 대한 불만세력이 많았기 때문이다. 숙종 말년 남인들은 정계에서 실각한 이후 벼슬길이 막혀버렸으며 소론 또한 영조가 즉위하자 자신들의 벼슬길이 끊어질 것을 우려하여 거병을 일으켰던 것이다. 조선 후기에 이르면서 집권 반대당은 출사의 길이 막힌 채 초야에서 지낼 수밖에 없었다. 당시 이들이 거병을 일으켰을 때는 천재지변이 끊이지를 않아 영조도 여기에 동참한다는 의지로 곡기를 줄였을 정도로 백성들의 생활이 곤궁해져 있었다. 그리하여 반란군들은 이처럼 흉흉한 민심을 이용하여 거병을 하였다.

거병 소식을 들은 영조는 소론 병조판서 오명항을 사로도순무사로, 박찬신을 도순무중군으로, 박문수를 종사관으로 삼고 왕의 직권을 상징하는 상방검을 하사하여 모든 군사를 통할할 수 있는 권한을 주었다.

이인좌는 신천영에게 청주성을 지키게 하고 권서봉을 안성으로 향하게 했다. 그러나 관군의 반격을 받은 신천영은 청주성에서 밀려나 패하였으며 권서봉은 안성과 죽산에서 연패함으로써 반란은 실패로 돌아갔다. 그리고 이인좌, 권서봉, 목함경 등이 생포됨으로써 반란은 진압되었다. 반란군을 진압하고 돌아온 관군을 영조는 숭례문까지 나가서 치하하였다. 영조가 이인좌의 난을 조기에 진압할 수 있었던 것은 정미환국으로 소론을 등용했기 때문이었다. 이인좌는 영조의 즉위부터 반란을 일으키기 위해 역모를 꾀했는데, 영조가 소론을 등용하자 점차 이 계획에서 빠지는 자들이 늘어났다. 이런 와중에 봉조하(奉朝賀, 은퇴한 원로대신을 예우해 특별히 내리는 명예직 벼슬)에 있던 최규서가 고변을 하는 바람에 이인좌는 치밀한 준비도 하지 못한 상황에서 급하게 거병을 했던 것이다. 그러나 영조의 탕평책으로 인해 이들의 거사는 실패로 끝나고 말았다.

영조는 이인좌를 비롯한 반란 주모자들을 치죄하는 과정에서 소론들이 대거 연루되어 있다는 사실을 알아냈지만 오히려 소론 인물을 등용했다. 이 과정에서 소론들은 자파인 이삼을 역모에 끌어들이려 했다. 이삼은 임인옥사 때 목호령의 고변사건을 맡은 포도대장으로서 노론 인사들을 죽음으로 몰고 가는 데 관련 있는 인물이었다. 그는 영조가 즉위하자 이 일로 인해 옥에 갇히는 신세가 되었다. 이러한 전력을 가지고 있는 그를 영조는 이인좌의 난이 일어났을 때 훈련대장으로 임명하여 난을 진압하도록 했다. 소론에서는 그를 배신자로 지목하여 반란 관련자로 여러 번 제거하려 했으나 영조는 그에 대한 신뢰를 끝없이 보여주는 등 소론을 포용하려 했다.

영조는 이인좌의 난에 대한 수습의 명분으로 정미환국으로 실각된 노론도 등용했다. 나아가 당파의 폐해를 주장하는 탕평파들도 적극 기용하였다. 이러한 영조의 정책 때문에 조정은 소론, 노론, 탕평파들이 모두 모여 정사를 운영하는 거국내각이 성립되었다. 그러나 노론과 소론은 당론이 서로 달랐기 때문에 타협을 할 수는 없었다. 노론에서는 세제대리청정 요구와 임인옥사 때 죽은 노론 4대신들을 충신이라고 하는 반면, 소론에서는 이들을 역적으로 몰아붙이는 상황이었기 때문에 타협점이란 있을 수 없었다. 이런 상황이 계속되자 노론 홍치중이 타협안을 내놓았다. 세제대리청정을 요구한 노론 4대신의 죽음은 원통한 것이지만 임인옥사 때 역모에 관련된 노론 자제들은 역심이 있었다는 것을 인정했다. 소론 송인명도 이를 받아들여 노론 4대신 중에 이이명은 임인옥사에 처형당한 아들 이기지를 두었고 김창집은 역손 김성행이 있었기 때문에 이들을 제외한 나머지 이건명과 조태채는 신원을 시키자는 의견을 내놓았다.

이 무렵 제천에서 이석효라는 인물이 영조는 숙종의 아들이 아니라는 괴서를 붙인 사건이 일어났다. 영조가 가장 민감하게 생각하는 부분이었다. 어머니가 무수리 출신이라는 것에 대해 열등의식을 가지고 있는 영조였다. 그는 통분하여 아예 편전의 문을 닫은 채 여러 날 정사를 돌보지 않았다. 며칠 후 단안을 내린 영조는 좌의정 이태좌, 우의정 이집,

이조판서 조문명 등을 불러 노론 4대신의 문제에 대해 밝혔다.

"노론 4대신이 누구를 대리청정하게 하자고 했기에 역심이라고 하는 가? 연명차서(聯名箚子, 두 사람 이상 연명해 왕에게 올리는 글)를 역심이라고 하는 까닭은 또 무엇인가? 비록 잘못했더라도 죽였으면 그만이지 추탈(追奪, 죽은 사람의 생전 벼슬을 깎아 없앰)까지 하는 것은 너무 하지 않은가? 김창집과 이이명은 그들의 손자와 자녀가 역초(逆招, 역적이 진술해 꾸민 조서)에 나왔으니 거론치 말고 이건명과 조태채는 공초(供草, 죄인을 신문한 내용을 기록한 문서)에 나온 일이 없으니 복관시키는 것이 좋을 것이다."

송인명의 의견에 따라 노론 두 대신만 신원하기로 한 것이다. 그러자 노론 홍치중이 이에 반대하는 의견을 들고 나왔다.

"연명차서가 역심이 아니라면 김창집과 이이명은 무슨 죄가 있나이까?"

영조는 심정적으로 노론을 동정하고 있었기 때문에 홍치중의 물음에 이렇게 대답했다.

"그렇지만 지금 만일 네 사람을 한꺼번에 신원을 시킨다면 백성들이 반드시 억울해 할 터이니 아직 더 기다리는 것이 옳다!"

영조는 노론의 주장을 충분히 수용하고 있었지만 탕평을 위해 단계적으로 일을 처리할 생각이었다. 이때가 기유년이라 영조의 이 정책을 기유처분(己酉處分, 영조 5년, 1729)이라 한다.

영조의 기유처분에 대해 노론에서는 제외된 두 사람도 신원을 해야 한다며 상소를 끊지 않고 올렸다. 소론도 노론의 주장에 같이 맞서 조정은 하루도 조용할 날이 없었다. 영조는 당쟁을 근절시키기 위해 다시 단안을 내렸다. 노론의 영수 민진원과 소론의 영수 이광좌를 부른 자리에서 영조는 노·소론 모두 자신에게 잘못을 저질렀다면서 두 사람을 파직시키고 그 자리에 탕평파를 기용하였는데 이를 1·19 조치라고 한다.

이 이후에 소론보다 노론이 더 많이 기용되었다. 임인옥사 이후 계속 열세를 면치 못하던 노론은 이 조치 이후 소론을 상대할 수 있는 세력으로 점차 커갔다.

탕평파를 기용했어도 당쟁은 계속되었다. 당쟁이 계속되는 것은 자신의 부덕한 소치라며 영조는 반찬의 가짓수를 줄일 것을 명령했다. 이때 향리에 내려가 있던 이광좌가 이 소식을 듣고 올라와 전청에서 "노여움을 푸시옵소서." 라며 몸을 굽혔다. 어떤 신하는 "신의 무리가 이로부터 다시 당론을 말한다면 개자녀이옵니다."라고 맹세를 하기도 하였다.

그때서야 영조는 화를 누그러뜨리고 빙그레 웃었다. 영조는 이광좌를 영의정으로 임명하고 즉위 초 발표했던 '탕평' 대신에 '혼돈개벽'으로 고쳐서 하교하였다.

"이제까지 노·소론이 서로 싸운 것은 혼돈이었다. 지금 이후는 개벽이니 당습을 버려야 할 것이다. 앞으로 감히 지난 일을 말하는 자가 있으면 베어버리겠노라."

이에 조현명이 들어와 다음과 같이 말하며 축하하였다.

"오늘날에야 바야흐로 영웅의 수단을 보겠나이다."

영조는 모여 있는 신하들과 한 잔의 술로 당심을 씻어버리자고 타일렀다. 신하들은 그저 "예, 예" 하며 아무 말도 하지 못했다. 노론의 영수 민진원은 이미 세상을 떠났기 때문에 더 이상 이의를 제기할 사람은 없었다. 그러나 여전히 당파 간의 알력은 잠재되어 있었다.

혼돈개벽을 발표한 이듬해 영조는 첫 왕비 정성왕후(貞聖王后) 서씨의 조카인 서덕수를 신원해 주었다. 서덕수는 임인옥사 때 연루되어 역심이 있었음을 자백한 인물이었는데 탕평을 위해 신원을 해줄 수 없어 역안(逆案)에 그대로 두었다. 그러다 서덕수의 조모 달성부부인이 세상을 떠나자 그녀를 위로한다는 이유로 그를 신원시켰다.

이를 기회로 삼아 노론에서는 다시 이이명과 김창집의 신원을 들고 나왔다. 그러나 영조는 반드시 신원할 날이 있을 것이라며 함구할 것을 명했다. 기유처분으로부터 11년이 지나 두 사람의 신원을 전격 발표했는데 이때가 경신년이라 이를 경신처분(庚申處分, 영조 16년, 1740)이라고 한다.

이것은 임인옥사에 연루된 노론 인물들의 죄가 모두 무고였다는 것을 판정하는 것이었다. 여기에 고무된 노론들은 노론 4대신 이외에 역모와 관련되어 사사된 인물들의 신원도 요구하였다. 그러나 영조는 신유년 경종 때 발생한 역모는 노론 전체가 아닌 일부 노론 인물들에 의해 이루어졌다는 '신유대훈(辛酉大訓)'을 발표하였다(영조 17년). 노론 4대신은 억울한 죽음을 당한 것이며 임인옥사에 관련된 인물들의 역심은 인정한다는 것이었다. 이러한 명령을 내린 영조는 다시 당습을 일삼는 자는 강경하게 처리할 것이라는 말도 덧붙였다.

영조는 이처럼 즉위 초 탕평책을 발표하면서 을사처분, 정미환국, 기유처분, 혼돈개혁, 경신처분, 신유대훈 등의 단행으로 노론과 소론이 공존할 수 있는 장을 마련하려 했다. 힘겨운 영조의 정책은 어느 정도 먹혀들어가는 듯했으나, 노론과 소론의 알력은 잠재적으로 계속되고 있었다. 어떤 계기가 마련된다면 이 두 당파는 표면으로 다시 떠오를 준비가 되어 있었던 것이다. 헌경왕후 홍씨가 세자빈으로 있던 시기는 경종 시절의 격렬했던 당쟁의 여파가 계속 정국에 영향을 주던 시기였다.

남편을 죽음으로 몰고 간 친정 집안

영조는 즉위 초부터 전개한 탕평책의 결과를 16년 만에 얻어냈다. 그러나 당쟁은 표면화만 되지 않았을 뿐 여전히 뜨거운 용암처럼 잠재되어 있었다. 영조는 정국이 안정되고 당쟁의 폐해도 어느 정도 극복되었다고 여겨 영조 25년(1749) 사도세자가 15세 되던 해 대리청정을 명령했다. 이때 영조의 나이 56세였다.

16세가 된 세자빈 홍씨는 영조 26년(1750)에 맏아들 의소세손(懿昭世孫) 정(琔)을 낳았다. 영조에게는 첫손자였지만 기쁜 내색을 전혀 하지 않았다. 아들을 낳다가 죽은 화평옹주가 떠올라 오히려 슬픔에서 헤어나지 못했던 것이다. 사랑을 받지 못한 탓이었는지 정은 3세의 나이로 일찍 죽고 말았다. 18세의 나이로 아들을 잃은 홍씨는 그러나 그해 가을 둘째 아들 산(祘, 훗날 정조)을 낳았다. 20세도 채 되지 않은 나이에 그녀는 세상의 이치 가운데 하나를 깨달았는지도 모른다.

한편 사도세자는 만 2세부터 글자를 깨우쳤다고 한다. '왕'이라는 글자를 보면 영조를 지목했고 '세자'라는 글자에서는 자신을 가리켰다. 천지, 부모 등 63자를 알고 사리판단에도 밝았다. 천자문을 읽다 사치할 '치(侈)'를 보고는 이것이 사치한 것이라며 입고 있던 비단으로 된 옷과 모자를 벗어버렸다.

영특한 세자였지만 무인적인 기질도 강한 편이었다. 아버지 영조는 이런 아들을 누구보다 잘 알고 있었기에 세자가 8세 때 형조판서 이종성을 세자시강원 빈객으로 임명하였다. 세자의 강인한 성품을 인자함으로 보필해 조화롭게 해달라고 부탁하기 위해서였다. 10세가 넘자 세자는 차츰 특성을 드러내기 시작하였다.

영조는 사도세자에게 "내가 동궁으로 있을 때는 거의 쉴 겨를이 없었고, 두 차례의 연강(筵講)을 거른 적이 없었으며 술도 좋아하지 않았다."고 밝힌 뒤 엄격한 지침을 내렸다. 그러나 세자에게는 무거운 규제가 되어 평소 영조로부터 자주 꾸지람을 듣고는 하였다. 결국 사도세자는 영조를 꺼리고 멀리하게 되었는데 자신이 대리청정으로 정무에 직접 관여하면서 그 사이가 더욱 멀어졌다.

사실 사도세자는 아버지 영조와는 다른 정치관을 가지게 되었다. 영조가 노론들로부터 자유롭지 못한 반면 사도세자는 그럴 이유가 없었다. 그는 영조의 노론 지지에 대해 반감을 가지고 소론의 주장에 더 귀를 기울였다. 그가 이러한 생각을 가지게 된 것은 저승궁(儲承宮)에 거처할 때 주변에 있던 환관과 궁녀들의 영향을 받았기 때문이다. 이들 대부분이 예전에 경종을 보필하던 사람들이었다. 이들은 10세의 어린 사도세자에게 경종이 노론들에 의해 억울하게 독살되었다는 이야기를 자주 해주고는 하였다. 그런 이유로 사도세자는 영조와 노론세력들에 대한 반감을 품게 되었는데 이와 같은 정치관 형성은 스스로를 비극으로 몰아가는 씨앗이 되었다.

대리청정을 시작하면서 영조는 사도세자에게 기본지침을 하달하였다.

"여러 신하들이 아뢰는 일을 '그렇게 하라(依爲之)' 세글자로 대답하면 반드시 잘못을 저지를 우려가 있다. 그러므로 의심스러운 점이 있으면 반드시 대신에게 묻고 자신의 의견을 참작한 뒤 결정하라."

그러나 예상대로 대리청정은 순조롭지 못했다.

사도세자는 대리청정을 하면서 부유한 양반 지주들보다는 가난한 농민들을 보호하는 데 힘을 많이 기울였다. 환곡제(還穀制)의 폐단을 시정하고 대동미(大同米)와 군포징수(軍布徵收)에 따르는 부패를 근절시키기도 했다. 한번은 성균관 유생들이 노비를 시켜 왕의 하사품인 은잔을 훔쳐내는 일이 발생했었다. 그때도 사도세자는 영조와 의논 없이 독단적으로 성균관의 식당을 폐쇄하여 본분에 벗어난 관학생들의 출입을 막는 결단력을 보여주기도 했다. 이러한 사도세자의 대리청정은 노론의 반감을 살 수밖에 없었다. 당시 집권층이었던 노론은 부정부패와 밀접한 관련이 있었던 것이다.

사도세자는 대리청정기간에 사형수에 대해서는 세 번 반복해서 심판

하라는 3심제를 채택하였다. 그로 인해 살아난 사람이 많아지자 매년 그렇게 하라는 지시를 내리기도 했다. 그는 누구보다 인명을 중시하는 인도주의자에 가까웠던 것이다.

그는 세상을 떠난 누님 화평옹주를 그리워하는 시를 지을 정도로 다정다감했던 인물이었다. 그리고 '심잠(心箴)'이라는 시를 지어 성군이 되겠다는 마음가짐을 다지기도 하였다.

사람의 본성에는 사단이 있으니

능히 이를 확대시킬 수가 있는가

마음이 성스럽고 어질어도 능히 확대시킬 수가 없는 바인데

걸(桀)이 되고 주(紂)가 되어서는 어찌하여

그럴 수가 있다고 하였는가

지키고 못 지키고를 능히 그 마음이 지킬 수 있는가

욕망에 이끌리지 말 것이니

그 마음을 할연히 넓혀

밝음은 촛불 빛과 같이 하라

그 마음을 지키지 못하고

욕망에 따라 몸을 마음대로 하면

나라가 패망하고 집안이 없어지리라

그 마음의 응함이 신명과 같아지면

어린애가 우물로 들어감을 보고는

신발을 제대로 안 신고 달려가게 되고

황금이 낭탁에 가득 차게 되면

자연스레 수치스러움을 알게 되리로다

외로운 자를 보면 이를 보호하고

세 번 훈계를 받아도 허리를 굽히도다

옳고 그른 것은 한 마디로 갈라 가리고

이들 몇 가지에서 네 가지 단서가 나오는 것이니

나옴으로써 잃지를 말아야 할 것을 잠시인들 감히 소홀할손가

닭이 울면 곧 일어나 앉아 그 마음을 점검하고

착한 생각의 싹이거든 공경할 것으로 충당하고

악한 생각의 싹이거든 우러러 이치로 다스려야 하나니

마땅히 경계하고 다시 경계하여 시작과 끝을 삼가할 일이로다

* 걸(桀)은 중국 하나라의 폭군, 주(紂)는 은나라의 폭군

하지만 그의 이러한 사상들은 이후 노론세력들에 의해 모두 거세당하였다.

그는 대리청정을 하면서 노론인 병조판서 홍계희와 영의정 김상로를 꾸짖는 일이 잦았다. 세자가 소론 중심의 정사를 펴는 것 같아 노론에서는 바짝 긴장을 하였다. 홍계희와 김상로는 점차 세자를 거세시킬 생각을 가지고 있었다. 한편 이들의 생각에 지지를 보내던 세력이 있었는데, 숙의 문씨와 영조가 새로 맞이한 계비 정순왕후 김씨였다. 숙의 문씨는 영조에게 총애를 받자 사도세자의 어머니 영빈 이씨를 함부로 대했다. 그리하여 정성왕후 서씨가 이 사실을 알고 숙의 문씨를 데려다 꾸짖으면서 종아리를 때렸다.

"네 감히 세자의 얼굴을 본들 선희궁(영빈 이씨)에게 그러한 버릇이 있어 옳으냐?"

이후부터 숙의 문씨는 영빈 이씨와 사도세자에 대해 깊은 원한을 품게 되어 노론에 합세하였다.

정순왕후 김씨는 정성왕후 서씨가 세상을 떠나자 3년 후 영조의 계비

로 들어왔다. 그녀의 아버지는 김한구로 노론이었다. 아버지가 노론이었기 때문에 정순왕후 김씨도 같은 정치적 입장을 고수했다. 자연히 사도세자를 모함하는 노론들의 이야기는 김한구를 통해 김씨의 귀에 들어가게 되고 그녀는 이를 영조에게 전했다. 정순왕후 김씨가 옆에서 사도세자를 빈번하게 모함하니 영조도 차츰 의심하게 되었다. 그리고 숙의 문씨도 틈만 나면 사도세자를 모함하였다.

사도세자를 모함하는 또 한 사람이 있었는데 누이 화완옹주였다. 그녀는 정치달에게 하가를 하였는데 그가 후사 없이 일찍 죽자 정후겸을 양자로 들였다. 정후겸은 영조가 화완옹주는 물론 자신을 총애하자 이를 배경삼아 권세를 누리고 있었다. 화완옹주도 국정을 남몰래 간섭하고 관리의 제배(除拜, 왕이 벼슬을 내리는 일)와 생살(生殺, 살리고 죽이는 일)에도 많이 관여하였다. 이를 꾸짖는 사도세자를 화완옹주는 싫어하였다.

이들은 틈만 나면 사도세자를 모함하기에 바빴다. 영조는 주위에서 사도세자에 대한 나쁜 이야기만 자꾸 들려오자 그를 결국 경운궁에 별거시켰다. 이러한 상황에서 김상로를 위시한 홍인한, 김한구, 홍계희 등의 노론이 세자가 몸이 허약하다는 소문을 퍼뜨렸다. 그리고 병의 치유를 위해 사도세자에게 열약을 먹게 했다. 이 약독으로 화기가 치민 사도세자는 별안간 궁궐 밖으로 뛰쳐나가는 일이 잦아졌다. 또한 말을 타고 한길을 달리며 벽력같은 소리를 지르고 뛰는 일도 다반사였다. 화기가 조금 내리면 이렇게 자탄했다고 한다.

"내가 어릴 때에는 성질이 유약한 편이었는데 근래에는 왜 이렇게 황잡해졌을까?"

이때 숙의 문씨와 화완옹주가 사도세자에게 비밀리에 이렇게 말했다.

"저하께서 병환이 그러하오니 평양으로 여행이라도 하셔서 병을 털어버리시옵소서."

이것은 사도세자를 옭아매려는 계략이었다. 사도세자는 이들이 자신을 진심으로 생각해서 권하는 것인 줄 알고 평양으로 떠났다. 숙의 문씨는 즉시 이 사실을 영조에게 알렸다. 영조는 영의정 이천보에게 세자의 동정을 조사해서 보고할 것을 명하였다. 그러나 그는 차마 그 일을 할 수 없어 자결해 버렸다. 영조는 다시 좌의정 이후와 우의정 민백상을 보냈는데 이들도 스스로 목숨을 끊고 말았다. 결국 영조는 사도세자가 서궁에 없다는 사실을 알고는 격노하여 처벌하려 하였다. 이때 도승지 채제공이 영조의 교서를 들고 들어와 차마 못하겠다고 명을 거두기를 요청하였다. 영조는 이들의 지성에 감동하여 세자의 처벌을 그만두었다.

그러나 노론의 모사는 갈수록 더욱 악랄해졌다. 세자의 필적을 흉내내어 거짓 내용을 써서 숙의 문씨로 하여금 영조에게 보여주게 하고, 왕의 필적까지 흉내내어 입궐하라는 서찰을 세자에게 보내기도 하였다. 그 서찰을 받은 세자는 한밤중 영조가 있는 궁으로 가기도 하였다. 이러한 일이 점차 많아지자 영조는 세자의 정신 상태까지 의심하였다.

사도세자는 김상로와 대화를 나누던 중 경종 때의 노론 행위에 대해 노골적으로 분노하는 기색을 보인 적이 있었다. 그러자 김상로는 사도세자가 선왕 때의 일에 대해 잘못된 소견을 갖고 있다며 영조에게 무고하기도 하였다. 여러 가지로 세자를 무고하는 일이 벌어지자 영조는 그를 불러 크게 꾸짖었다. 이때 우의정 조재호가 상소를 올려 세자를 보호해 주었으나, 홍봉한 등의 노론의 무고는 계속되었다.

"소인의 간사한 말을 믿으시고 큰일을 그르치지 마시옵소서."

영조는 노하여 조재호를 함경도 종성으로 귀양보낸 후 사사하였다(영조 38년).

왕실의 가장 비참한 사건 중 하나인 임오화변은 영조 38년(1762) 윤 5월 13일에 일어났다. 그 직접적인 계기는 나경언의 고변이었다(5월 22일). 노론은 좀처럼 자신들의 뜻대로 사도세자를 제거하기가 어렵게 되자 동궁 하인 나경언을 시켜 고변을 하게 했다.

"세자가 반역을 꾀하고 있사옵니다."

영조는 깜짝 놀라 세자의 장인인 홍봉한을 시켜 동궁으로 가서 조사하도록 하였다. 그러나 그는 노론이었고 원래 사도세자의 원칙적인 행동에 대해 평소부터 감정이 좋지 않았다. 그래서 모반이 사실인 것처럼 얼버무리며 보고했다. 영조는 당장 세자를 극형에 처하기로 결정하였다. 그리고 고변한 나경언에 대해서는 목을 베라는 명을 내렸다.

"세자가 죄 있고 없는 것을 막론하고 나경언은 세자궁의 종으로서 구태여 세자의 죄를 고발하여 옳으냐? 지금 당장 목을 베어라!"

판의금 한익모가 다음과 같이 청하며 나섰다.

"나경언의 일은 반드시 시킨 사람이 있을 것이오니 국문하지 않을 수 없사옵니다."

영조는 한익모의 말을 무시해 버렸다. 이미 세자의 모반이 드러났는데 국문이 무슨 필요가 있느냐며 나경언을 죽였다. 장인 홍봉한이 모반 사실을 인정했기 때문에 영조로서는 더 이상의 조사가 필요 없다고 생각했던 것이다.

영조는 세자를 부른 자리에서 검을 뽑아들고는 그것으로 자결하라고 명했다.

"네가 만약 자처하면 조선 왕세자라는 이름은 잃지 않을 것이니 빨리 자결하여라."

이때 신하들이 울면서 만류하였다. 사도세자는 옷을 벗고 대죄를 청했지만 영조는 다시 자결을 재촉했다.

"내가 죽으면 삼백 년 종사가 망하고 네가 죽으면 종사가 편안할 것이니 네가 죽어라. 내가 너 하나를 베지 못하여 종사를 망하게 하겠느냐?"

시위하던 병조판서가 갓을 벗고 전정에 엎드려 통곡하였다.

"전하! 이것이 무슨 일이오이까?"

별감들도 모두 손에 든 조총을 땅바닥에 던지고 울기 시작했다. 영조는 더욱 격분하여 금군 두 사람에게 이광현과 이덕제를 참형에 처하라는 명을 내렸다. 이때 세손으로 책봉된 11세의 어린 산(정조)도 아버지 사도세자 뒤에 앉아 살려달라고 빌었다. 그러나 영조의 분노를 좀처럼 가라앉힐 수 없었다. 마침내 사도세자가 자결을 머뭇거리자 영조는 뒤주를 가져오라 명했다. 윤 5월 13일, 영조는 세자를 폐하여 서인으로 삼고 뒤주에 가두었다. 세자는 뒤주 속에 들어가면서 목숨만 살려달라고 했으나 영조는 이 말이 귀에 들어오지 않았다. 결국 뒤주 속에 들어간 사도세자는 갇힌 지 9일 만에 시신으로 변했다(윤 5월 21일). 지금도 사도세자가 언제 죽었는지 정확한 날짜는 없고 다만 연도와 월만 기록되어 있을 뿐이다.

사도세자의 죽음과 관련된 '뒤주'라는 말은 정작 《영조실록》에는 등장하지 않고 있다. 단지 "안에다 엄중히 가두었다(自內嚴囚)."라고 기록되어 있다. 여기서 언급된 '뒤주'는 《한중록》에 나오는 것이며 그 뒤의 《정조실록》에는 '한 물건(一物)'이라고만 되어 있다. 사도세자가 어디서 최후를 맞이했는지에 대한 정확한 진위는 알 수 없다. 하지만 '한 물건'이라는 표현을 놓고 볼 때 넓은 장소가 아닌 협소한 공간, 즉 뒤주와 같은 물건이 연상되므로 사망과 관련이 있다고 추측할 수 있다.

노론은 끝내 자신들의 야욕으로 인해 부자간을 이간시켜 사도세자를 죽음에 이르게 한 대역죄를 저지르고 말았다. 사도세자는 불행하게 장인 집안에 의해 죽어갔던 것이다. 그의 원칙적인 성격은 노론의 반감을 사게 되었고, 급기야 노론인 장인 집안에 의해 처절하게 삶을 마감할 수밖에 없었다.

헌경왕후 홍씨는 사도세자가 뒤주에 갇히던 날 폐서인이 되어 더 이상 궁궐에 있을 수 없었다. 홍씨는 세자가 영조에게 머리를 조아리며 목숨을 구걸하고 있을 때 궁궐을 떠나야 했다. 막상 남편이 고통스럽게 죽어갈 때는 현장에 있지 않았다.

친정 집안의 신원을 위해 쓰는 《한중록》

영조는 세자가 죽자 이 모든 것이 종사와 관계된 일이었기 때문에 할 수 없었다며 회한의 눈물을 흘렸다. 영조는 세자의 위호를 회복시켜 사도세자라 하였다(영조 38년 윤 5월 21일). 28세의 홍씨는 자식들을 데리고 친정으로 갔는데 곧 세자가 복위되자 다시 세자빈의 신분을 되찾고 궁궐로 돌아올 수 있었다.

사도세자를 죽인 후 그의 장인 홍봉한은 영조를 위로한답시고 이렇게 칭송했었다.

"이번 일을 말씀하오면 실로 전하가 아니시면 누가 무엇으로 이 일을 처리하겠나이까. 신이 진실로 흠앙하는 바이옵나이다."

홍봉한은 위로삼아 말을 했지만 영조는 내심 후회하고 있었다. 사실 죽일 것까지는 없었다. 조선 전기 태종은 자신의 의지에 반하는 맏아들 양녕대군을 의심의 눈초리로 보았으나 죽이지는 않았다. 영조는 아들을 죽게 만든 것이 모두 영의정 김상로 때문이라고 생각해 그를 파직 후 충청도 청주에 부처시켰다. 김상로는 곧 풀려나와 봉조하가 되었지만 사후에 정조가 관작을 추탈하였다.

영조는 세손 산을 안고 눈물을 흘리며 김상로는 네 아비의 원수라는 말을 자주하였다. 사도세자의 장례식 날 영조는 직접 묘소로 가서 곡을 하며 이렇게 말했다.

"열사흘은 종사에 관계되는 일이었다. 그때 처음으로 '아버님'이라고

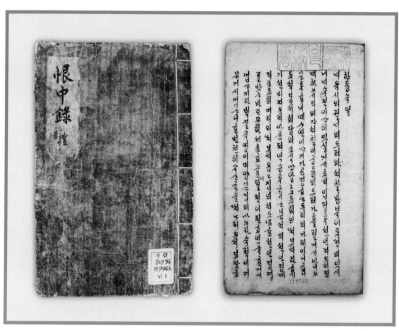

한중록 규장각 한국학연구원 소장

부르는 소리를 들었다. 오늘은 아버님을 부르는 네 마음을 갚으려 함이며, 하나는 내 이십 년 부자의 은의(恩義)를 마치려고 왔으며, 하나는 내가 친히 제주가 되려고 하는 것이다."

영조는 아들을 죽인 것에 대해서는 회한의 눈물을 흘렸지만 그 죄만은 그대로 인정하였다. 그리하여 11세의 세손 산(정조)을 10세로 요절한 맏아들 효장세자(孝章世子)의 양자로 삼아 왕통을 잇고자 하였다. 효장세자의 후사가 된다는 것은 공식적으로 홍씨의 아들이 아니라는 뜻과도 같았다. 남편을 잃고 좌절에 허덕였던 홍씨에게는 맑은 하늘의 날벼락과도 같은 일이었다. 홍씨는 이와 같은 심정을 《한중록》에 담아내고 있다.

"윗전에서 하시는 일을 아랫사람이 어찌 감히 이렇다 저렇다 하겠느냐마는 그때 내 심정은 망극할 뿐이었다. 내가 임오년 화변 때 모진 목숨을 결정짓지 못하고 살아 있다가 이런 일을 당하게 될 줄이야."

홍씨에게 남은 희망이란 아들 산을 잘 키워 훌륭한 왕으로 만드는 일 뿐이었다. 이를 위해 시아버지 영조와 불화를 일으킨 남편 사도세자의 전철을 밟아서는 안 되었다. 영조의 성품을 누구보다 잘 알고 있었던 홍씨는 몇 개월 후 영조 앞에서 자신의 모자가 살게 된 것은 모두 전하의 성은이라며 비난 대신 고마움을 표시하였다. 영조는 자신을 원망하지 않는 그녀를 볼 면목이 없었는데 마음을 편하게 해주니 그 모습이 아름답다고 감격을 감추지 못했다. 뿐만 아니라 그녀의 효행을 널리 칭찬하며 상까지 내렸다. 홍씨는 신임을 얻어냈고 바람대로 영조와 세손 사이의 유대감도 쌓을 수 있는 계기를 만들었다.

영조의 마음이 세손 산에게 머물자 홍씨의 아버지 홍봉한을 비롯한 노론세력들은 긴장하였다. 정조가 즉위하게 되면 자신들의 몰락은 불보듯 자명한 일이기 때문이다. 그래서 내세운 인물이 은언군이었다. 은언군은 사도세자의 후궁 숙빈 임씨의 아들이었다. 홍씨로서는 자신의 아들 산 대신 후궁의 아들을 지지하는 아버지를 이해할 수 없었다. 그러나 홍봉한은 이미 사위를 죽음으로 몰아간 장본인이었기 때문에 딸보다는 집안의 멸문을 막는 것이 더 급했다. 그래서 이들은 세손 산의 폐위에 앞장 설 수밖에 없었다.

홍봉한은 은언군을 지지하다 삭탈관직을 당했다. 홍씨의 숙부 홍인한은 영조와 세손을 이간질시키기 위해 광분했다. 어느 날 영조는 세손에 대해 세 가지를 홍인한에게 물어보았다.

"세손은 첫째, 노론·소론과 남인·북인 등 사색당파에 대해서 아는가? 둘째, 나랏일과 조정의 일에 대해서 아는가? 셋째, 누가 병조판서와 이조판서를 맡을 수 있는지 아는가?"

이 물음에 대해 홍인한은 이렇게 대답했다.

"동궁은 노론·소론에 대해서 알 필요가 없고, 병조판서와 이조판서에 대해서도 알 필요가 없습니다. 나아가 조정 일에 대해서는 더욱 알 필요가 없습니다."

이것은 세손 산을 정치에서 배제함으로써 궁극적으로 그의 지위를 박탈하기 위한 것이었다. 이들은 사도세자를 영조와 이간질시킴으로써 죽음으로 몰고 간 세력이었다. 따라서 세손의 운명도 자칫 이들에 의해 좌지우지될 수 있는 문제였다. 이때 세손을 측근에서 보호해 준 인물이 홍국영이었다.

세손은 상소를 올려 홍인한 세력들에 대해 적극적으로 대처하기로 결정하였다. 그래서 자신이 나서는 것보다 다른 인물을 내세우는 것이 타당하다고 여겨 소론의 젊고 강직한 부사직 서명선에게 그 역할을 주었다. 그는 목숨을 걸고 상소를 올렸다.

"신이 엎드려 듣자오니 지난 입시 때 좌의정 홍인한이 감히 동궁마마는 세 가지 일을 알 필요가 없다는 말을 했다 합니다. 동궁마마가 정사를 아는 것이 필요 없으면 누가 이를 알아야 합니까? 군신의 의리가 어지러워진 책임이 바로 홍인한에게 있습니다. 그 무엄하고 방자함이 극도에 달했습니다."

홍인한은 이 상소에 부들부들 떨었다. 좌의정인 자신이 부사직을 상대할 수 없다고 생각하여 사직 심상운을 내세워 반대 상소를 올리게 했다. 그러나 영조는 심상운의 처벌을 지시하여 세손의 편을 들어주었다. 더불어 세손의 대리청정을 지시하고 영조 자신이 직접 대리청정의식을 집례하였다. 이로써 세손의 지위는 확고해질 수 있었다. 그러나 대리청정을 시작한 지 3개월 후에 영조는 세상을 떠났다.

세손 산이 즉위하면 노론세력의 몰락은 자명한 일이었다. 그러나 여전히 노론이 집권하고 있었기 때문에 산의 즉위는 불안한 상태였다. 그래서 즉각적으로 노론에 대한 처벌이 단행되었다.

1776년 3월, 마침내 홍씨의 아들 산이 경희궁 숭정문에서 조선 22대 왕위에 올랐다. 정조는 즉위하자 어머니 홍씨를 혜경궁(惠慶宮)으로 격상하고 지극한 정성으로 효도를 다하였다. 실록에 의하면 홍씨는 젊은 시절부터 몸에 종기가 자주 나는 병을 앓고 있었다. 정조는 그런 어머니가 고통을 받자 내의원들을 내치고 직접 밤새 손이 부을 정도로 약을 발라주었고 그 효성에 종기가 말끔하게 나았다고 한다.

정조는 또 아버지 사도세자를 죽음으로 몰고 간 세력들의 처벌에 나섰다. 부교리 이노술이 그들의 처벌을 상소했다.

"홍봉한은 오랫동안 정권을 잡고 있으면서 임금을 배신하고 백성들에게 죄를 지은 자로서 나라 사람들이 모두 죽여야 한다고 하오니 엄히 다스리소서."

정조는 법대로 처리하라고 엄명을 내렸다. 정조는 사도세자가 죽은 임오화변(壬午禍變)의 책임이 모두 노론에 있다는 것을 알고 있었기에 홍인한, 정후겸 등을 귀양 보냈다. 그리고 숙의 문씨의 작호를 삭탈하고 사저로 내쫓았으며, 그녀를 믿고 전횡을 일삼던 문성국과 그 어머니를 노비로 만들었다. 그러나 정순왕후 김씨에 대해서는 손을 대지 못했다. 그 대신 동생 김귀주 일파를 숙청했다. 얼마 후 홍인한, 숙의 문씨, 정후겸 등을 사사시키고 홍봉한은 어머니 홍씨의 간곡한 청 때문에 평민으로 만들었다.

홍씨로서는 친정이 쑥대밭이 되어도 할 말이 없었다. 자신도 임오화변을 지켜보았던 목격자 중의 한 사람이었기 때문이다. 그러나 그 죄는 이전에 모두 김상로에게 책임을 전가시켜 홍씨 집안의 멸족은 면할 줄 알았다. 하지만 아들 정조는 예상 밖으로 자신의 친정 집안을 쑥대밭으로 만들어버렸던 것이다.

창경궁 자경전 – 정조가 어머니 혜경궁 홍씨를 위해 사도세자 사당이 보이는 곳에 건축한 동궐도의
창경궁 자경전 모습   고려대학교 박물관 소장

　정조는 아버지 사도세자의 죽음에 직접 나선 인물들을 숙청했지만
여전히 반대 세력들은 그를 제거하기 위해 밀모를 꾸미고 있었다. 죽은
홍인한과 홍계희의 자손들에 의해 정조 암살 역모사건(정유역변)이 일어
났다.

　홍계희는 이미 죽었지만 그 가문은 사도세자의 아들이 즉위한 것을
불안하게 여길 수밖에 없었다. 정조가 즉위하자마자 홍인한, 정의겸 등
과 함께 그의 등극을 반대했던 아버지 홍지해를 귀양 보냈다. 그렇듯 자
신의 가문에 압박을 가해오는 상황에서 더 이상 기다릴 수 없다고 판단
했던 것이다.

　홍계희의 손자 홍상범은 궁궐에 암살단을 난입시켜 정조를 살해할
계획이었다. 홍상범은 우선 천민 출신의 장사 전흥문과 궁궐을 경호하

는 호위군관 강용휘를 포섭하고 뜻이 같은 20여 명의 무사까지 확보하였다.

마침내 홍상범은 정조 즉위년(1777) 7월 28일, 거사를 실행에 옮겼다. 이들은 정조가 머물고 있는 경희궁 존현각까지 별 어려움 없이 접근한 뒤 지붕 위로 올라갔다. 그러나 이들은 곧 정조의 호위무사에 의해 발각되어 암살 계획은 물거품이 되고 말았다. 이 사건으로 홍상범의 아버지 홍술해, 백부 홍지해, 사촌 홍상간 등은 모두 유배형에 처해졌다.

홍계희 가문의 모반사건은 여기서 그치지 않았다. 홍계희의 8촌인 진선 홍계능과 홍상범의 사촌인 홍상길이 주도하여 정조를 살해한 후 은전군 찬(禶)을 왕으로 추대하려 한 사건이었다. 은전군은 사도세자의 후궁인 경빈 박씨의 아들이었다. 이 역모에는 홍계능의 아들 홍신해, 조카 홍이해, 홍경해의 아들 홍상격 등과 홍계능의 제자 이택수, 민홍섭 그리고 혜경궁 홍씨의 친동생 홍낙임 등이 가담하였다. 정조는 이 역모사건의 관련자 은전군을 사사시키고 주동자 23명을 모두 처형시켰다. 홍낙임은 혜경궁 홍씨가 단식까지 하면서 정조에게 시위해 겨우 목숨은 건지게 되었다. 결국 이 세 가지 역모사건은 모두 실패로 돌아갔다.

정조는 홍국영으로 하여금 숙위소(宿衛所)를 설치하게 하여 자신의 신변보호에 나섰다. 숙위소는 숙직하며 대전을 밤새 지키는 금군의 신변과 행여 벌어질지 모를 불상사를 염려해 건양문 동쪽에 따로 둔 왕의 호위소였다. 홍국영은 숙위소에서 모든 정사를 결제하면서 정조의 반대세력에 대한 숙청작업을 단행하게 되었다.

이 사건에 대해 《정조실록》의 부록 '천릉지문(遷陵誌文)'에는 다음과 같이 기록되어 있다.

"홍술해 역시 바닷가 고을을 책임지고 있으면서 장물죄로 사형에서 감형되어 장류(杖流, 매를 맞고 유배를 감)를 당했기에 그들의 자손과 처첩들

정조가 쓴 〈문상정사에제함〉
기운이 가득한 해서로 필치가 인상적인 글씨.
은거하는 신하에게 주는 칠언시로
신하에 대한 왕의 마음을 표현하였다.
국립중앙박물관 소장

이 밤낮없이 나라를 원망하면서 반역을 도모하였다. 또 홍술해의 처 효
임은 무당을 시켜 흉물을 묻어두고 저주를 하였으며 홍계능은 홍술해의
조카 홍상길, 홍상격 그리고 이택수 등과 음모를 꾸며 계해반정이니 하
는 말을 퍼뜨렸다."

이 시기에는 왕과 신하의 관계가 군신관계가 아닌 정적관계였다. 예
를 들어 윤구종이 말을 타고 경종 능 앞을 지나면서 '노론은 경종에게
신하의 의리가 없다.' 며 내리지 않았다. 노론벽파는 정조를 왕으로 인정

하지 않았다.

아들을 왕으로 즉위시킨 결과가 친정의 몰락이었으니 혜경궁 홍씨는 진퇴양난에 빠진 격이었다. 홍씨는 기다리는 수밖에 없었다. 행인지 불행인지 홍씨의 수명은 길었다. 사도세자가 죽고 수십 년의 세월이 흐른 후 영조는 물론 아들인 정조까지 사망하자 홍씨는 드디어 사도세자 사건의 생생한 목격자로 자처하고 나섰다. 그 기록이 오늘날 궁중문학의 백미로 인정받는 《한중록》이다.

정조는 사도세자의 죽음이 어머니 홍씨의 친정, 즉 외갓집과 깊은 관련이 있으며 그것은 더 나아가 노론의 벽파세력과 연루되었다고 생각했다. 그리하여 즉위 초 그는 가장 먼저 사도세자를 죽음으로 몰아간 노론 벽파세력들을 제거했던 것이다. 그러나 홍씨는 입장이 달랐다. 어떤 수단을 강구해서라도 친정을 신원시켜야겠다고 생각했다. 그래서 그녀는 남편 사도세자가 이상한 병 때문에 죽을 수밖에 없었다고 기록하였다. 또한 아버지 홍봉한에 대해서도 《한중록》 곳곳에 변호하는 글을 많이 써 놓았던 것이다.

"소조(小朝, 사도세자) 하시는 일이 극도에 달하여 여지없이 망극하신지라 소조는 웃 대궐을 수구로 가신다 하여 가시다가 못 가시고 도로 오시니 그때가 윤오월 열하루 이틀 사이라. 그러할 즈음에 황황한 소문이 과장되어 퍼지지 않을 수 있었으랴. 소조의 하시는 일이 극도로 낭자하니, 전후 일이 모두 본심으로 하신 일이 아니건마는 정신이 없을 때 하시는 말씀이, 검을 차고 가서 죽이고 싶다 하시니 조금이라도 본정신이 계시오면 어찌 이러 하시리오. 당신의 팔자가 기구하여 운명을 다 못 하시고 만고에 없는 참혹한 일을 당하려는 팔자니, 하늘이 아무쪼록 그 흉악한 병을 지어 몸을 그토록 만들려 하신 것이로다. 하늘아, 하늘아, 차마 어찌 이리 만드시뇨."

이처럼 사도세자는 이상한 병을 앓고 있었다는 것이었다. 그러나 당시로는 이상한 병을 앓고 있었으면 폐서인시켜도 될 일이었다. 노론으로서는 잘 된 일이었으며 굳이 죽음으로 몰고 갈 이유도 없었다. 그러나 노론은 정신이상자가 된 사도세자를 죽음으로 몰고 갔다. 그들에게 사도세자는 정치적으로 위험한 존재였기 때문이다.

그리고 홍봉한의 주장대로 나라의 종사를 위해서 사도세자를 죽일 수밖에 없었다고 하였다.

"선친(혜경궁 홍씨의 아버지)이 수차 말씀하신 바를 따르자면, 상감(영조)께서 병환이 망극하여 옥체가 위중하신 터에 종사가 매우 위태로웠으므로, 애통 망극하시오나 부득이하여 그 처분(사도세자를 죽인 것)을 하신 것이라, 경모궁(사도세자)께서도 본심이 오실 때는 짐짓 덕을 잃을까 근심하였으나, 병환으로 천성을 잃으시어 당신도 하시는 일을 다 모르시는지라…"

그러나 사도세자가 죽은 것은 나경언의 고변에 의한 것이었다. 나경언이 사도세자가 반정을 꾀하고 있다고 영조에게 고했기 때문에 그런 결과가 생겼다. 그때 분노한 영조는 이 공술에 주의를 기울이지 못해 그만 아들을 죽였던 것이다. 사도세자는 정신이상 때문이 아니라 역모죄로 죽었다.

홍씨는 사도세자의 죽음은 종사를 위해서 어쩔 수 없는 일이었으며, 아버지 홍봉한은 끝까지 세자와 세손을 지키려 하였다고 기록했다.

"대조(영조)께서 대처분하오셔 아주 할 수 없게 된 후 대조께서 다시 선친을 영의정에 등용하시니 선친이 천만 뜻밖에 그 처분 소식을 들으시고 망극경통(罔極驚痛)중 달려 들어가서 궐하에 이르러 기절하시니, 그때 세손(정조)이 왕자 재실에 계시다가 들으시고 당신 드시던 청심원을 내보내어주셔 겨우 깨시었다. 당신이 또한 어찌 세상에 살 뜻이 계시오리만은, 내 뜻 같아서 망극 중 극진히 세손을 보호하려 하시는 정성만

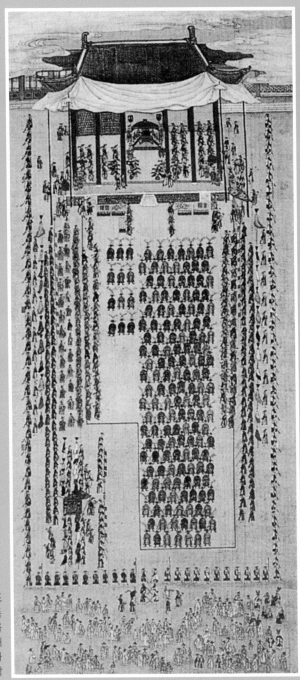

정조대왕 수원능행도
8폭 병풍 중 1폭
정조는 혜경궁 홍씨를
위하고 민심을 살피기 위해
자주 수원 능행을 다녔다
국립고궁박물관 소장

있어서 죽지 못하시니, 세손을 보호하여 종사를 보전하실 혈심단충(血心丹忠)은 천지신명이 잘 아실 것이매, 모질고 흉악하여 목숨이 붙었으나 당하신 일을 생각하니 어찌 견디시는고.

우리 선친의 고심혈충(苦心血忠)이 모두 세손을 위하고 종국을 위하시던 일임을 누가 다 자세히 알리오.

칠월에 춘방(春坊, 세자시강원)을 부설하시고 세손이 완전히 국본(國本)이 되시매, 이는 비록 성은이시나 선친의 갈충(竭忠, 충성을 다함) 보호하신 공이 어찌 더욱 나타나지 아니하리오.

선친께서 여러 번 망설이다가 마지못하여 세손 위하옵는 마음으로 사생회복을 몸밖에 두노라 하여…"

홍씨는 이처럼 자신의 아버지가 세손 정조를 보호하기 위해 온갖 고충을 마다하지 않았다며 변명하고 있지만, 홍봉한은 정조를 폐위시키고 이복동생 은언군을 추대하려다 삭직당한 바 있었다. 또한 숙부 홍인한은 정조를 정치에서 배제시켜 궁극적으로 세손의 지위를 박탈하기 위해 광분하기도 했다. 홍씨의 친동생 홍낙임이 정조를 암살하고 이복동생 은전군을 추대하기 위해 역모를 일으킨 사건에 가담한 바도 있었다. 이들이 외손자이며 외조카인 정조를 죽이려 한 것은 곧 사도세자의 죽음에 깊이 가담했기 때문이었다.

홍씨가 환갑이 되던 해 정조는 어머니를 모시고 사도세자의 무덤이 있는 수원으로 행차를 하였다. 홍씨는 남편이 죽은 지 32년 만에 찾는 길이었는데 실로 모진 세월을 인내하고 얻은 보상이기도 했다.

정조는 어머니 홍씨의 간청에 의해 칠순이 되는 갑자년(1804)에 홍씨 집안의 신원을 약속했으나 지키지 못하고 정조 24년(1800) 39세로 세상을 떠나고 말았다. 홍씨는 정조 사후에도 15년을 더 살았다. 그 후 순조가 즉위했으나 집안이 신원될 가망이 보이지 않자 홍씨는 친정 집안의 변호에 나섰다. 그래서 《한중록》 말미에 자신의 집안을 신원시키는 것이 정조의 뜻이라는 논리로 글을 마무리하였다. 그러나 그녀는 친정의 신원을 보지 못하고 순조 15년(1815) 12월 15일, 81세의 나이로 눈을 감아 현재의 경기도 화성시 안녕동 융릉에 남편 사도세자와 함께 합장되었다. 하지만 그녀는 오늘도 《한중록》을 통해 '우리 친정은 아무 잘못이 없었다.' 며 친정의 신원을 호소하고 있는지도 모른다.

17세기 이후 적장자(嫡長子) 우선의 재산상속과 딸 대신 양자를 들이는 제사상속으로 인해 거대한 문중이 생겨났다. 더군다나 양자의 경우 문중 형성 초기에는 4촌 이내에서 들였으나, 점차 6촌 범위에서 동성동본으로까지 확대되면서 문중은 갈수록 비대해져 갔다. 문중의 확대는 당쟁을 심화시키는 결과로 작용하기도 했다. 여성들은 그렇지 않아도 그동안 누렸던 한정된 권한마저 박탈당했는데, 처가를 배제한 상태에서 문중이 더욱 확대되었다는 것은 그만큼 여성의 지위가 더 낮아진 것을 의미한다. 19세기에 이르면 왕실 외척 중심의 세도정치가 펼쳐짐에 따라 문중의 확대는 극에 달한다. 그동안의 붕당정치(朋黨政治, 당쟁)는 퇴조하고 한성부에 기반을 둔 세도가문이 정권을 장악하게 된 것이다. 그리고 문중의 세도를 확대시키는데 중요한 역할을 담당한 이들이 바로 왕비들이었다. 전반적으로 낮아진 여성의 지위를 더욱 부채질한 것 또한 여성들인 셈이다. 이 시기에 세도가문이 등장하게 된 것은 영·정조 시대 탕평정책의 결과에 의해서였다. 당론을 주도하며 뚜렷하게 자기주장을 견지해오던 핵심 가문을 배제하고, 탕평에 지지를 보내는 가문 중심의 집단이 만들어진 것이다. 그러나 탕평이 오래 지속되자 정치권력을 주도한 층이 점차 왕실과 연결되어 특권 집단화하는 경향이 나타났다. 탕평은 왕의 영향력을 확대하는 방향으로 추진되었으나, 새로운 정치논리를 제시하지 못하고 붕당의 폐단을 극복하려는 수준에 그쳤다. 따라서 관료, 외척세력들이 뚜렷한 논리 없이 한성부와 왕실을 중심으로 서로 얽히고 얽혀 거대 가문으로 팽창하여 갔다. 이 시기의 왕비들은 대부분 거대한 문중을 대표하여 정계에 전면적으로 나섰다. 그러나 자신과 왕실을 위해서라기보다는 친정 문중의 세력을 유지하고 확대시키기 위함이었다. 당시 가부장적인 가치질서체계를 유지하는데 철저하게 봉사한 셈이다. 그 결과 왕비들은 시대를 역행하는 우를 범했다. 당시는 그동안 억눌렸던 여성들이 점차 자신의 목소리를 찾기 위한 새 시대로 전진하려는 움직임을 보이기 시작할 때로, 왕비들은 이러한 아래로부터의 요구와는 정반대로 행동하였다.

IV
국정을 주도하는 왕비들

貞純王后

정순왕후 김씨

여주(女主)임을 자처하며,
정권 유지 위해 천주교도 학살하다

순조 즉위년(1800) 문무백관들이 용상 아래 모두 머리를 조아리고 있었다. 용상에는 솜털도 가시지 않은 보송보송한 얼굴을 한 앳된 11세의 순조가 앉아 있었다. 순간 긴장된 분위기를 깨는 카랑카랑한 목소리가 수렴 뒤에서 터져 나왔다.

"사람이 사람 구실을 하는 것은 인륜이 있기 때문이며, 나라가 나라 꼴이 되는 것은 교화가 있기 때문이오. 그런데 지금 이른바 사학은 어버이도 없고 임금도 없어서 인륜을 무너뜨리고 교화에 배치되어 저절로 금수와 같은 지경에 이르렀으며, 저 어리석은 백성들이 점점 물들고 어그러져서 마치 어린 아기가 우물에 빠져 들어가는 것 같으니, 이 어찌 측은하게 여겨 상심하지 않을 수 있겠는가? 수령은 각기 그 지역 안에서 오가작통법(五家作統法)을 닦아 밝히고, 그 통 내에서 만일 사학을 하는 무리가 있으면 통수(統首, 민가의 우두머리)가 관가에 고하여 징계하여 다스리되, 마땅히 의벌(劓罰, 코를 베는 형벌)을 시행하여 진멸하도록 하라."

목소리의 주인공은 정순왕후 김씨였다. 그녀는 순조가 즉위하자 왕실에서 최고의 어른이라는 이유로 수렴청정을 시작했는데 이때 나이 56세였다. 그녀는 순조 즉위 초 정국 최대의 쟁점으로 떠오르고 있는 사학에 대해 엄금한다는 명령을 내리고 있는 중이었다. 이는 마치 조선의 신분체제를 유지하기 위한 것처럼 보이지만, 실제로는 정순왕후 김씨와 뜻을 같이 하는 노론 벽파가 반대당인 남인들과 일부 노론 시파를 탄압하기 위한 구실이었다.

개혁군주 정조가 나라를 다스리는 동안 남인들은 하나의 세력을 이루게 되었다. 일부 남인들은 새로운 학문이자 종교였던 서학, 즉 천주교를 받아들였는데 이를 신서파(信西派)라 한다. 그리고 정조가 죽고 정순왕후 김씨가 수렴청정에 나서면서 사학을 뿌리 뽑는다는 명목으로 신서파를 공격했던 노론 벽파 중심의 정치세력을 공서파(攻西派)라 부른다. 정순왕후 김씨는 그 공서파의 가장 강력한 배후인물이었다.

정순왕후는 왕권과 다름없는 정치력을 행사하였다. 국왕과 똑같은 권위에 똑같은 방식으로 권력을 행사하여, 본인 스스로도 여주(女主), 여군(女君)임을 자처할 정도였다.

정권을 둘러싼 왕비 가문 간의 싸움 - 김씨 가문 대 홍씨 가문

영조는 6명의 부인을 두었는데, 2명의 정실왕비와 4명의 후궁이었다. 첫 왕비는 정성왕후(貞聖王后) 서씨였는데, 그녀가 세상을 떠나자 두 번째로 정순왕후(貞純王后) 김씨가 그 자리에 앉았다.

첫 왕비인 정성왕후 서씨는 한성부 북부 가회방(현 서울시 종로구 가회동)에서 달성부원군 서종제와 어머니 잠성부부인 우봉 이씨의 딸로 태어났다. 서씨가 혼인할 때만 해도 친정은 이름난 명문가는 아니었다. 아버지 서종제는 이미 소과는 통과했지만 대과에는 합격하지 못한 상태였다.

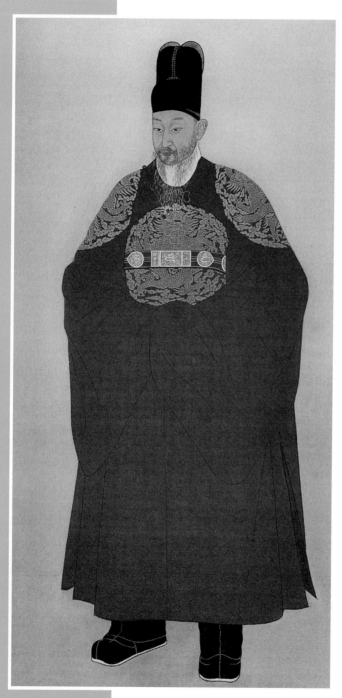

영조 어진 권오창

딸 서씨가 연잉군(영조)과 혼인한 뒤에야 겨우 말직에 앉을 수 있었다.

서씨는 13세가 되던 숙종 30년(1704) 숙종의 넷째 아들인 11세의 연잉군과 가례를 올려 달성군부인에 봉해졌다. 첫날밤의 일화가 전해지는데 연잉군이 서씨의 손을 보고 왜 그토록 곱느냐고 물었다고 한다. 서씨가 자신은 고생을 하지 않아 물을 묻히지 않아서 그렇다고 대답하자 순간 연잉군은 굳어지고 말았다. 자신의 어머니 숙빈 최씨를 업신여긴 것으로 생각해 다음날부터 찾지 않았다고 한다.

서씨가 13세의 나이로 왕실에 들어왔을 때는 희빈 장씨의 아들을 지지하는 소론과 연잉군, 연령군을 지지하는 노론으로 조정세력이 양분되어 있었다.

경종 1년(1720) 경종이 허약한데다 후사가 없자 연잉군이 세제로 책봉되었다. 서씨도 세제빈에 봉해졌고 연잉군이 즉위하자 왕비에 진봉되었다. 이때 영조의 나이 31세고 서씨는 33세였다. 서씨는 어지러운 당쟁 속에서 후사까지 두지 못했지만 어질고 너그러운 성품을 지녀 후궁 영빈 이씨의 소생인 사도세자를 매우 아꼈다. 하지만 사도세자와 영조 사이에 드리워진 갈등을 풀고자 노심초사하다 영조 33년(1757) 병에 걸려 창덕궁 관리각에서 66세로 세상을 떠났다.

서씨가 위독했을 때 영조는 그 소식을 듣고도 찾지 않다가 임종 직전에야 급히 달려왔다고 한다. 그런데 서씨의 상태를 살피기보다 아들 사도세자의 망가진 옷매무새를 지적하며 혼을 냈다. 사실 사도세자는 서씨의 병수발로 흐트러진 모습을 보일 수밖에 없었다.

서씨의 장례절차를 진행시킬 때 공교롭게도 영조가 가장 사랑하는 딸 화완옹주의 남편인 정치달의 부음이 들려왔다. 실록에 의하면 그곳으로 가려고 하자 승지와 대사간이 나서 만류했는데 영조는 끝내 그들을 해임시키기까지 했다. 결국 영조는 화완옹주에게로 달려갔다가 늦게야 돌아왔고 서씨는 남편의 사랑과 관심을 받지 못한 채 쓸쓸히 죽음을 맞이하였다. 능은 서오릉 홍릉이다.

후사가 없었던 정성왕후 서씨와는 달리 다른 후궁들 몸에서는 왕자와 공주들이 많이 탄생하였다. 4명의 후궁에서 모두 2남 7녀가 태어났다. 제1후궁인 정빈 이씨가 효장세자와 화순옹주를, 제2후궁인 영빈 이씨가 사도세자와 화평옹주, 화협옹주, 화완옹주, 제3후궁인 귀인 조씨가 화유옹주를 그리고 마지막 후궁인 숙의 문씨가 화령옹주와 화길옹주를 낳았다.

첫아들인 효장세자 행(緈)은 영조가 즉위하면서 세자로 책봉되었으나 10세에 요절하고 말았다(진종으로 추존). 그 다음 왕세자로 책봉된 왕자가 둘째 아들 사도세자였다. 서씨는 후궁들의 몸에서 난 소생을 자신의 자녀처럼 애지중지 사랑했는데 그 중에서도 사도세자를 특별한 관심을 갖고 돌봐왔었다.

사도세자의 운명은 서씨가 세상을 떠남으로써 바뀌게 된다. 만일 그녀가 계속 살아 있었다면 사도세자가 아버지 영조에 의해 비참한 죽음을 당하는 일은 면했을 수도 있었을 것이다.

서씨가 죽고 영조의 새 왕비가 된 여인은 정순왕후 김씨이다. 여주에서 태어난 김씨는 15세로 왕비에 책봉되었는데 66세의 영조보다 무려 51세나 어린 신부였다. 환갑을 훨씬 넘긴 영조는 후사인 사도세자도 있는데 후궁이 아닌 처녀에게 새장가를 든 셈이었다. 아버지 숙종이 후궁 희빈 장씨를 왕비로 삼았다가 후회한 사실이 영조의 판단에 강한 영향력으로 작용했을 것이라는 분석이 있다. 일찍이 숙종은 첩을 정실로 삼지 말라는 《춘추》의 가르침을 따르지 않았던 것을 후회했었다. 정성왕후 서씨가 죽었을 때 영조의 곁에는 정빈 이씨와 영빈 이씨를 비롯해 여러 후궁이 있었다. 그런데도 새로운 왕비가 꼭 필요했던 이유에 대해 《승정

정순왕후와 영조의 가례도감의궤 규장각 한국학연구원 소장

원일기》에서는 '왕이 나라를 받드는 일은 평민과 다른데 하늘에게 땅이 없으면 어디 하늘이라고 할 수 있겠는가.' 라고 밝히고 있다. 영조로서는 왕비의 역할을 며느리에게 맡길 수 없었고 후궁을 왕비로 삼을 수도 없어 결국 그런 결정을 내린 것이라고 추정하는 시각도 있다. 그런데 영조가 두 번째 왕비를 간택할 때는 18세로 나이를 제한했다고도 한다.

정순왕후 김씨의 아버지 김한구는 영돈령부사가 되고 오흥부원군에 봉해졌으며 영의정으로 추증되었다. 판서 원명직의 딸인 어머니 원주 원씨는 원풍부부인에 책봉되었다.

김씨가 영조에게 시집왔을 때 조정은 왕세자인 사도세자가 대리청정을 하고 있었다. 영조가 노론의 지지를 받으면서 왕위에 올랐기 때문에 내심 노론에 대해 동정을 하고 있었던 반면, 사도세자는 소론을 지지하였다. 이와 같이 아버지 영조와 사도세자는 정치관이 서로 달랐다. 이로 인해 두 사람의 사이는 갈수록 멀어져갔다. 이 틈을 더욱 벌린 것이 정순왕후 김씨였다. 소론에 동정적인 사도세자가 대리청정을 시작하자 노론에서는 잔뜩 긴장을 하게 되었다. 그리하여 김씨는 그녀를 중심으로 사도세자 폐위작전에 들어갔다. 이때 사도세자의 장인 집안인 풍산 홍씨 가문도 노론이었기 때문에 사도세자를 폐위하는데 가담하였다. 이들은 여러 가지 모략 끝에 결국 사도세자를 뒤주 속에서 죽게 만들었다.

사도세자가 죽은 후 장인 홍봉한이 영조의 신임을 얻어 중책을 맡게 되자 이제는 정순왕후 김씨 집안에서 긴장을 하였다. 사도세자를 제거할 때는 풍산 홍씨 집안과 경주 김씨 집안이 같은 노론의 입장에서 일을 추진했으나, 막상 이권 다툼이 발생하자 두 집안은 서로 물고 뜯는 관계로 변했다. 정권싸움은 노론 대 소론에서 홍씨 집안 대 김씨 집안, 즉 왕비 가문의 싸움으로 바뀐 것이다.

김씨 집안을 대표하는 정순왕후 김씨와 그의 오라버니 김구주는 홍봉한을 정계에서 실각시키기 위해 갖은 노력을 다했다. 세손 정조가 영조의 뒤를 이어 즉위하면 김씨 집안의 몰락은 기정사실이라는 것을 알고 있었기 때문이었다. 어떤 방법을 사용해서라도 김씨 집안의 정권을 강화하고자 하였다. 그래서 정권을 장악하고 있는 홍씨 집안의 대표 홍봉한을 정계에서 실각시키려 하였다. 김구주는 청주 토반 한유를 사주하여 홍봉한이 세손 산(정조)을 제거하고 그의 이복동생 은언군을 추대하려 한다는 내용을 상소하였다. 홍봉한은 이 사건에 연루되어 청주에서 귀양살이를 하였다. 그 후 세손 산이 영조에게 이 사건은 모함이라고 고한 덕분에 홍봉한은 귀양에서 풀려날 수 있었다.

"봉조하(홍봉한)가 왕손 추대를 하신 자취가 없으니, 지금 추대한다 하여 죽이려 하니, 사람이 밉다고 모함으로 죽이려 함이 말이 되겠나이까?"

홍봉한을 모함하려던 김구주가 오히려 탄핵을 받아 귀양살이를 하였다. 사도세자를 죽이는데 같이 협조하였던 이 두 집안은 그 후에는 서로 앙앙불락(怏怏不樂, 불만으로 즐겁지 않음)하는 관계로 변했다. 영조 재위기간에 두 집안은 서로 팽팽한 관계를 유지하면서 조정에서 살아남았으나, 정조가 즉위하면서 이 두 집안에 칼날이 내려졌다. 사도세자의 죽음에 양쪽 모두 가담되었기 때문에 내려진 칼날이었다. 정순왕후 김씨는 자신의 친정 집안이 세도를 잡을 수 있도록 신혼 초부터 사도세자의 제거와 홍씨 가문의 별분 등 차례대로 정적들을 일소해 나갔다. 하지만 정조의 즉위로 잠시 숨을 죽이며 훗날을 기다려야만 했다.

숨죽이며 때를 기다리다

영조가 세상을 떠나자 대리청정을 받던 정조가 그 뒤를 이어 즉위했다. 노론세력은 정조가 즉위하기 전에 그를 제거하려고 하였다. 그러나 정조의 즉위로 이 계획은 이룰 수 없었다. 그럼에도 이들은 그 계획을 포기하지 않았다. 정조 즉위 후 역모사건(정유역변, 정조 1년)을 일으켰으나 모두 발각됨으로써 계획은 수포로 돌아갔다.

정조는 즉위하자 곧 빈전에 대신들을 불러 놓고 자신은 사도세자의 아들임을 못 박았다.

"과인은 사도세자의 아들이로다. 선대왕(영조)께서 종통의 중대함 때문에 나를 효장세자의 아들로 명하셨던 것이다."

이 발표는 사도세자의 죽음에 대해 진상을 밝히겠다는 의도가 포함된 것이었다. 정조는 이 발표 후 사도세자를 죽음으로 몰아간 정후겸, 홍인한, 숙의 문씨, 문씨의 동생 문성국, 홍봉한 등을 비롯한 관련자들을 문초하여 모두 귀양 보냈다. 그리고 얼마 후 홍봉한을 제외하고 모두 사사시켰다. 홍봉한은 귀양지에서 2년 동안 지내다 세상을 떠났다. 정순왕후 김씨는 대비이기 때문에 손을 대지 못하고 오라버니 김구주만 사사시켰다. 김씨는 상황이 이렇게 바뀌자 숨을 죽이고 지내는 수밖에 없었다.

정조는 임오화변의 관련자들을 모두 처벌한 후 개혁정치를 위해서 칼을 뽑았다. 세손시절부터 목숨을 걸고 자신을 지켜준 홍국영을 도승지 겸 금위대장에 임명하여 개혁정치를 전개해 나갔다. 홍국영은 25세 되던 영조 48년(1772)에 급제하여 한림에 들어가 춘방설서를 겸하였다. 이때 홍인한, 정후겸 등이 세손 산을 위협하자 옆에서 지켜주어 무사히 왕위에 오를 수 있도록 지대한 공을 세웠다.

정조는 모든 정사에 대해 그에게 많은 권한을 주었다. 그의 손을 거쳐 정사를 상주하고 결재할 수 있도록 했다. 홍국영은 자신의 권한을 계속 유지하기 위해 누이를 정조의 후궁으로 들여보냈다(정조 2년). 그러나 누이 원빈 홍씨는 정조의 소생을 하나도 두지 못한 채 궁궐에 들어온 지 얼마 안 되어 세상을 떠나고 말았다. 당시 홍국영의 권세는 나날이 커지고 있었다. 대신 원로들이나 일반 관리들까지도 궁궐에 들어오면 그의 숙위소부터 먼저 찾아 국정을 논의했다. 사정이 이렇게 되자 그의 권세는 정조를 능가할 정도가 돼버렸다. 정조는 할 수 없이 그를 삭탈관직시켜 도성에서 추방하고 재산도 몰수하였다. 그 후 그는 33세의 나이로 강릉 바닷가에서 병사하고 말았다. 부귀영화가 일장춘몽이라는 말이 실감나게 하는 짧은 인생이었다.

한편 정조는 당색에 물들지 않은 인재를 등용하기 위해 규장각(奎章閣)과 장용영(壯勇營)을 설치했다. 규장각은 문신을, 장용영은 무신을 양성하기 위한 기관이었다. 이 두 기관을 이용하여 정조는 왕권강화를 꾀하기 시작했다. 그리고 남인의 계보를 가진 채제공을 우의정에 등용하여 정권에서 소외당한 남인들에게도 희망을 주었다. 영남 남인들은 숙종 때 갑술환국 이후 한 번도 정권을 잡아보지 못한 만년 야당이었다. 이들은 남인 채제공을 정조가 우의정에 임명한 것은 자신들에게도 기회를 준다는 뜻으로 받아들였다. 영남 유생 이진동은 상소문과 《무신창의록(戊申倡義錄)》을 가지고 올라왔다. 이인좌의 난이 일어난 지 60년 뒤인 정조 12년(1788), 정조는 안동의 의병장 류승현과 권만에게 관작을 내리고 경상감사 등 관원들에게 의병의 사적을 조사하여 보고하라는 명을 내렸다. 그러나 경상감사 등 관원들이 적극성을 보이지 않자, 이진동이 반란군에 항거하여 싸우다 죽거나 공을 세운 경상도 내 13개 읍 유림들의 행적을 기록하여 《무신창의록》이라고 하여 필사본으로 한 권을 편찬하여 나라에 바쳤다.

이들은 이인좌의 난 때 공을 세웠으나 영남이 반역의 고장으로 낙인찍힘에 따라 아무런 포상도 받지 못했다. 이진동은 이 책자를 정조에게 보임으로써 영남 전체가 반역한 것이 아니라는 것을 전하고자 했다. 정조는 이 책자를 정부에서 간행하도록 명하고 이진동을 비롯해 상소한 자들을 만나 위로하였다.

그러나 당시 여당이던 노론들과 성균관 유생들은 이를 반대하는 상소를 올렸다. 화가 난 정조는 의정부를 비롯한 6조와 3사의 제신들을 불러놓고 울분을 토했다.

"오늘날 조정에 임금이 있는가? 윤리와 도리가 있는가? 국법과 기강이 있는가?"

정조는 집권 여당인 노론의 강경한 반발에 대해 자파세력을 양성해야겠다는 생각을 하였다. 그래서 체제공을 매개로 하여 영남 남인들을 등용하기 위해 동인의 지주인 이황을 제사하는 도산서원에서 별시를 열었다. 별시가 치러지던 날 과장에 들어선 유생은 7천 명이 넘었으며 거둔 시험 답안지만 3천 5백 장이 넘었다고 한다. 정조는 시험 답안지를 직접 채점하여 유생들을 합격시켰다. 이날 운집한 구경꾼 등을 포함해 대인파를 이루었는데 여기에서 '영남 유생 만인'이라는 말이 유래되었다.

한 달 후 영남 유생들은 정조의 정책에 자신감을 얻어 영남 만인소(萬人疏)를 올렸다. 이들이 상소를 작성하게 된 계기는 노론 벽파 유성한이 정조가 경연에 참여하지 않고 쾌락에 힘쓴다는 비판을 담은 상소를 올렸기 때문이다. 이에 반발한 영남 유생들은 즉각적으로 만인소를 만들어 올렸다. 사도세자는 원래 학식이 높고 어진 성품을 지녔으며 영조에 대한 효심도 깊었는데 노론 벽파들이 부자 사이를 이간질시키고 모함하여 억울하게 죽게 되었다. 따라서 지금이라도 사도세자의 억울한 죽음에 대한 진상을 밝혀야 하며, 이를 위해서 영남의 모든 유생들이 정조를 위해 몸을 바칠 각오가 되어 있다는 내용이었다.

이 만인소는 정조에게 쉽게 전달되지 못했다. 당시 조선의 법제상 유생들이 올리는 상소는 '근실(謹悉)' 과정을 거쳐야 했는데, 승정원에 들어가기 전에 성균관 장의로부터 지지한다는 통보를 받는 절차였다. 당시 성균관 장의는 노론이 장악하고 있었기 때문에 자파에 불리한 내용의 상소에 찬성할 리가 없었다. 영남 유생들은 사태가 이렇게 되자 만인소에 가담한 김한동을 시켜 상소하게 했다. 전·현직 관료는 근실 없이 상소를 직접 올릴 수 있었기 때문이다.

이로 인해 정조와 영남 유생들은 서로 결탁을 할 수 있었다. 그래서 노론세력에 둘러 싸여 있던 정조는 이제 소신 있게 정책을 추진할 수 있다는 자신감을 얻게 되었다.

소신 있는 구상을 가지고 정책을 펼치고자 했던 정조에게는 또 한 가지 고민거리가 있었다. 효의왕후 김씨에게서 후사를 보지 못한 것이었다. 김씨의 아버지는 청원부원군 청풍 김씨 김시묵이었다. 그녀는 한성부 북부 가회방에서 태어나 10세가 되던 해에 세손 산과 혼인하여 세자빈이 되었다. 아버지 김시묵은 명성왕후 김씨의 아버지 청풍부원군 김우명의 후손이며 어머니는 당성부부인 남양 홍씨로 좌찬성 홍상언의 딸이다. 영조는 이 집안에서 왕통을 이어 주었다고 해서 김씨를 간택했는데 이때가 사도세자가 죽기 1년 전으로 세손 산이 10세고 김씨가 9세였다. 영조는 손부 김씨를 맞아들이자 친히 글을 써서 하사하였다.

"오세(代) 후에 옛날을 이으니 이제야 종사가 튼튼해지는구나."

영조의 손부에 대한 기대는 자못 컸다. 그러나 몇 년이 가도 김씨에게 태기가 없었다. 세손 부부의 금슬은 좋았지만 잉태가 되지 않았던 것이다. 정조가 많은 어려움 끝에 왕위에 오르자 김씨는 왕비로 책봉되었다. 이때 그녀의 나이 24세로 14년이 넘도록 후사를 보지 못하자 조정과 왕실에서는 후궁을 들일 것을 요구하였다. 영조의 3년상이 끝나고 부모도 끝난 후에 대왕대비 김씨는 후궁을 들이라는 교지를 내렸다. 이때 정무를 도맡아 처리하던 홍국영이 자신의 권세를 오랫동안 유지하기 위해 누이 홍씨를 왕실에 넣었다. 홍씨는 내명부 정1품 벼슬 원빈에

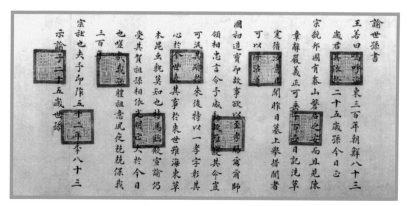

유세손서 - 영조가 정조에게 은인을 내릴 때 함께 내린 유서 국립고궁박물관 소장

책봉되었다. 누이 홍씨가 아들만 하나 낳아서 잘 키우면 그 권세는 다음 대까지 이어갈 수 있었다. 그러나 1년 후 원빈 홍씨는 병으로 그만 세상을 떠나고 말았다. 원빈이 죽은 다음에도 홍국영의 야심은 그칠 줄 몰랐다. 홍국영은 정조의 이복동생 은언군의 아들인 이담(李湛)을 죽은 누이 홍씨의 양자로 삼아 완풍군(完豊君)으로 봉하여, 정조의 후계로 삼고자 했다. 한편 홍국영은 홍씨가 세상을 떠난 후 효의왕후를 근거 없이 의심했다. 또한 홍씨가 독살당한 증거를 찾는다며 궁궐의 나인을 비롯한 많은 무고한 사람들을 문초했다. 정조의 신임을 믿고 안하무인의 태도를 보인 것도 많은 사람들의 불만을 샀다.

정조 3년(1779) 9월 26일, 정조는 홍국영에게 입조(入朝)를 명했다. 정조를 만나고 돌아온 홍국영은 곧바로 은퇴의 뜻을 밝히는 소를 올렸다.

"저는 7년 간 국가의 일을 맡았는데, 그간 조정의 명령 대부분이 제 손에서 나왔습니다. 신이 한 번 궐문을 나가 다시 세상에 뜻을 둔다면, 하늘이 신에게 반드시 죄를 줄 것입니다."

정조는 홍국영의 사직 상소를 즉시 허락하였지만 사실은 정조의 추방이었다. 실록에는 홍국영의 죄에 대해 이렇게 기록하고 있다.

"역적 홍국영은 임금을 추대한 큰 공을 스스로 탐하여 오랫동안 시위 (侍衛, 왕을 호위하는 사람)의 자리에 있었다. 또 끝이 보이지 않는 욕심을 한껏 부리며 세력을 믿고 전횡을 일삼았다. 중전까지 죽이려고 역모했으니 신하로서 어찌 차마 이를 말할 수 있겠는가?"

외척 세력을 철저히 배격하고자 했던 정조로서는, 왕위 계승에까지 개입하려는 홍국영을 용납할 수 없었다. 그는 정조에게 걸림돌이 되어 버린 것이다. 정조는 홍국영이 도성에 다시 들어오지 못하도록 하고 재산도 몰수하였다.

정조는 인정전에서 역적토벌에 대한 하례를 받고 사면령을 내렸다. 그 후 홍국영은 강원도 횡성으로 쫓겨났다가 이곳저곳 방황하던 끝에 강릉 바닷가에 거처를 마련해 지냈다. 하지만 실의에 빠져 술로 버티던 몇 개월 뒤인 정조 5년(1781) 4월, 33세의 나이로 세상을 떠났다. 병사했다고 알려졌는데 화병이었을 것이라는 추측이 대부분이다.

원빈 홍씨 다음으로 얻은 후궁이 화빈 윤씨였다. 윤씨는 판관 윤창윤의 딸이었다. 정조는 아들을 보기 위해 윤씨의 처소를 자주 드나들었으나 아무 기미도 없었다. 그런데 그 처소를 드나들던 중 공교롭게도 윤씨의 시중을 드는 나인에게로 마음이 끌렸다. 정조는 다음날 저녁 그녀의 처소를 방문하여 시침하도록 했다. 그녀가 곧 선빈 성씨였다. 정조 6년(1782) 드디어 성씨의 몸에서 고대하던 왕자가 탄생하였다. 이 왕자가 문효세자(文孝世子)이다. 정조는 왕자가 탄생했다고 해서 별시를 명하였는데 이때 무과에서 2천 6백 명이나 합격되었다고 한다.

성씨에 대해서는 내명부 정3품 소용 직첩을 내렸고 얼마 후 의빈으로 승격시켰다. 그러나 그녀의 이와 같은 영화도 일장춘몽으로 끝났다. 3세 때 세자로 책봉된 문효세자가 5세의 나이로 요절하고 말았던 것이다. 아들을 잃은 그녀는 상심한 탓에 몸져누웠다가 얼마 후 세상을 떠나고 말았다. 후사가 없는 왕실의 분위기는 더욱 침울해졌다. 다시 정조는 후사를 보기 위해 주부 박준원의 딸 박씨를 후궁으로 맞이하였다. 박씨는 수빈에 봉해졌다.

왕비 김씨로서는 앉은 자리가 가시방석이었다. 시조부 영조가 친히 글까지 써서 하사하였는데 아들은커녕 딸조차 낳지 못하는 자신이 죄인처럼 여겨졌다. 그녀는 밥을 먹는 것도 잠을 자는 것도 모두 좌불안석이라 심난하기만 했다. 그러한 염원 탓이었는지 어느 날부터 임신을 한 것처럼 헛구역질 등 생리현상들이 일어났다. 왕실에서는 경사가 났다고 하여 모두 떠들썩하였다. 배가 점점 불러가자 조정에서 산실청을 마련하였다. 그런데 출산일이 지나도 아기가 나오기는커녕 기미조차 보이지 않았다. 한 해가 지났지만 그녀의 몸에서는 아무런 일도 일어나지 않았다. 김씨는 상상임신을 했던 것으로 아기를 낳아야겠다는 일념이 너무 과도하여 벌어진 일이었다.

《순조실록》 속 '효의왕후 행장(行狀)'의 일부이다.

"어느 날 여러 아이들과 함께 놀았는데 한 아이가 자라는 풀을 뽑고 있었다. 그러자 그 아이에게 풀이 잘 자라고 있는데 왜 뽑아서 생기를 해치느냐고 꾸짖듯 물었다. 생명을 생각하는 사랑과 사람을 가르치는 마음이 어렸을 때부터 이러하여 그 소문을 들은 친척들이 모두 기특하게 여겼다. 효의왕후는 언제나 아랫사람을 성의와 신의로 대하여 일찍이 천하게 여기고 원망하는 사람이라도 마음을 열고 허심탄회하게 말하였다. 그러나 사적인 감정으로만 대하지 않아 궁궐의 모든 나인들이 애정을 보이면서도 두려워하였다. 친척 가운데 잘못이나 허물이 있으면 꾸짖지 않고 침묵으로 대해 그로 하여금 스스로 뉘우치게 하였다. 이로 인해 당사자는 부끄럽고 송구하여 벌을 받는 것보다 더 고통스러웠다고 하였다."

행장은 죽은 사람의 평생을 기록한 글로 효의왕후 김씨의 심성을 엿볼 수 있다.

　김씨는 10세라는 어린 나이에 세손 산과 혼인을 했지만 그해 사도세자가 뒤주에 갇혀 죽은 탓에 정조가 즉위할 때까지 불안한 세월을 짊어져야 했다. 정조 즉위 후 김씨는 홍국영으로부터 목숨까지 위협받았으나 왕비였으면서도 후사를 잇지 못했기 때문에 숨죽이며 살았다. 그렇지만 조선의 역대 왕후들 가운데 어질고 검소하여 최고의 현숙한 여인으로 평가되고 있다. 김씨는 순조 21년(1821) 3월, 69세를 일기로 세상을 떠나 남편 정조와 함께 수원 건릉에 묻혔다.

　한편 정조 14년(1790) 수빈 박씨가 잉태를 하여 왕자 공(玜)을 낳았다. 이 왕자가 정조의 뒤를 잇는 순조이다. 공은 무럭무럭 잘 자라났고 정조도 근심이 없었다. 그는 자신의 뒤를 이을 후사도 보았기 때문에 온 천하를 다 얻은 기분으로 이제 국정에만 전념하면 된다는 생각이었다. 집권여당인 노론세력을 견제하기 위해 영남 남인과도 손을 잡은 터였다. 그리고 규장각을 통해 참신하고 유능한 인재들도 속속 양성되었다. 그 인재들은 과거 명나라 중심의 사대관을 벗어나 청나라의 선진문물을 받아들여야 부국강병을 할 수 있다는 사상을 가진 자들이었다. 이들이 바로 오늘날의 실학자들이다. 이들 실학자들은 정조의 높은 국정개혁의지에 의해 관직에 나아갈 수 있었다.

　조정 안팎은 당론에서 서서히 벗어나 새로운 물결을 받아들이기 시작하였다. 그러나 이러한 새로운 물결을 적극적으로 수용하던 정조는 공을 왕세자로 책봉한 해인 정조 24년(1800) 그만 49세로 세상을 떠나고 말았다.

　정조의 죽음으로 새로운 사상을 전파하려던 실학자들의 이상은 한풀 꺾이고 말았다. 순조가 11세의 어린 나이로 즉위하자 노론 벽파의 대변

정조국장도감의궤
1800년 정조의 장례식 과정을 기록한 책.
1800년 6월 28일 정조가 승하하고 11월7일 국장도감을 해산한 후
이 책의 편찬을 시작하였다. 규장각 한국학연구원 소장

인 정순왕후 김씨가 수렴청정을 시작했던 것이다. 김씨의 수렴청정은 정조의 개혁의지와는 반대의 길로 접어들게 했다.

천주교 탄압과 정권 장악

숨을 죽이고 기다리던 정순왕후 김씨에게 때가 온 것이다. 사도세자의 죽음에 연루되어 사사된 친정 오라버니 김구주에 대한 원한을 갚기 위해 그녀는 칼날을 높이 쳐들었다.

11세의 순조가 즉위하자 조정 대신들은 왕의 나이가 어리다는 이유로 왕실의 최고 어른인 정순왕후 김씨에게 수렴청정을 청하였다. 그리하여 희정당(熙政堂)에서 수렴청정의 예를 거행하였다. 이전에는 수렴청정의 의식만 있었을 뿐이었는데, 이때부터 송나라 선인태후와 정희왕후 윤씨의 고사를 토대로 절목을 갖추기까지 했다. 이 절목을 보면 왕과 똑같이 경연에 참여할 수 있으며, 청대 그리고 진상 물건도 왕의 예와 똑같이 시행한다고 되어 있다. 수렴청정은 왕의 직접 통치와 다를 바 없었다.

어새를 잡은 김씨는 자파세력인 친정 6촌 오라버니 김관주를 이조참판에 제수하고 노론 벽파들을 대거 등용하였다. 노론 벽파들은 정조 재위기간에 개혁의지를 함께하며 등용된 시파, 신서파, 남인 세력들의 제거에 심혈을 기울였다. 그 첫 신호탄이 천주교 탄압이었다. 남인들은 오랫동안 정권에서 소외당하면서 수용한 것이 천주교, 즉 서학이었다. 서학을 이용하여 노론 벽파들은 반대 당파를 정계에서 제거하려 하였다.

천주교가 처음 소개된 것은 선조 집권기였다. 이때부터 우리나라 학자들은 서학 사상을 받아들여 연구하기 시작했으며, 이수광은 자신의 저서 《지봉유설》에 이탈리아 신부 마테오 리치(利瑪竇)를 소개하였다. 또한 그가 쓴 《천주실의》의 내용을 요약하여 실었다. 그리고 《홍길동전》의 저자 허균이 명나라 북경을 왕래하면서 천주교를 연구하였다. 그 후 인조의 맏아들 소현세자가 청나라 심양에 볼모로 잡혀가 있다가 귀국할 때 천주교 서적, 마리아상 등을 가지고 들어왔다. 그러나 소현세자의 죽음으로 조선의 새로운 문물수용은 좌절되고 말았으며, 그 후 몇 백 년을 더 기다려야 했다.

숙종 때 갑술환국 이후 정권에서 물러난 남인들은 출사의 길이 막히자 현실에 대해 불만을 갖게 되었다. 이러한 불만은 서학의 수용으로 나타났는데 국가, 사회 조직에 대하여 개혁과 개조를 요구하게 되었으며 공리공담(空理空談, 실제 쓸모없는 헛된 말)을 배척하기에 이르렀다. 또한 서학을 받아들임에 따라 성리학에 대해 비판을 가하고 혁신을 부르짖게 되었다. 이런 혁신사상에 대해 양반계층이 아닌 다른 소외계층들도 많은 호응을 하게 되어 점차 그 세력은 확대되어 갔다.

처음에 학문으로 받아들였던 천주교는 점차 권철신, 정약종 형제, 이벽 등에 의해 신앙운동으로 바뀌었다. 정조 7년(1783) 청나라에 사신 일행으로 간 이승훈이 북경 천주교회당에서 최초의 영세교인이 되었다. 그 이듬해에는 한성부 남부 명례동(현 서울시 중구 명동)에 최초의 천주교회가 설립되었다. 이 천주교회는 정조 9년(1785) 관헌에게 발각되어 교인들이 잡히고 서적과 성화 등이 압수되었으나, 교회설립 주도자였던 역관 출신 김범우만 귀양 보내는 것으로 사건을 일단락지었다. 점차 천주교세가 확대되어가자 정조 12년(1788) 이경명은 천주교를 그대로 두면 충효사상과 군신관계를 어지럽히고 나아가 나라 전체의 기강이 무너질 수 있으므로 엄금을 해야 한다고 상소를 올렸다. 이로 인해 천주교는 사학이라는 규정을 받게 되었다. 정조는 천주교를 사학으로 규정하였으나 이를 박해하지는 않고 탄력적으로 대응하였다.

정조 15년(1791) 전라도 진산에 사는 윤지충이 어머니 권씨가 세상을 떠나자 장례를 지낼 때 천주교의 교리에 따라 위패도 만들지 않고 제사도 지내지 않은 사건이 일어났다. 이 사실을 알게 된 진산 관가에서 윤지충을 조정에 고발하였다. 그는 전주 형장에서 금지발총죄(禁止發塚罪), 즉 불효, 불충, 악덕 등의 죄로 처형되었다. 이와 같이 정조는 천주교를 사교로 엄금하기는 했으나 윤지충에 대해서는 사교죄(邪敎罪)로 다스리지 않고 단지 금지발총죄로만 다스렸던 것이다. 이를 신해년에 일어났다고 해서 신해박해라고 부른다. 신해박해 이래 천주교에 대해 우호적인 신서파와 철저하게 반대하는 공서파로 조정 대신들의 입장은 양분되었다.

그러나 정조가 천주교에 대해 탄력 있게 대응했기 때문에 천주교는 비교적 확대될 수 있었다. 정조 19년(1795) 청나라 신부 주문모(周文謨, 세례명 야고보)가 입국하여 활동할 무렵에는 전국의 신도수가 4천여 명을 헤아릴 정도로 성장했으며, 정조 말년에는 1만 명에 이르게 되었다.

교세가 나날이 확대되던 천주교는 정조의 죽음과 함께 박해를 받기 시작했다. 박해는 정순왕후 김씨가 권력을 장악하면서 시작되었다. 그녀는 오라버니 김구주에 대한 복수와 노론 벽파의 정권장악을 위해 정조 때 등용되기 시작한 신진개혁가들에게 칼날을 휘둘렀다.

김씨는 오가작통법을 실시하여 천주교를 엄금, 근절하도록 하라는 강경한 금압령을 내렸다(신유박해, 순조 1년 1801). 정순왕후 김씨의 하교로 시작된 천주교 탄압 명령에 벽파의 영의정 심환지와 공서파 대사간 목만중이 앞장을 섰다. 이해 천주교 신앙의 선구자인 이가환, 권철신 등이 고문 도중 옥사했고, 이승훈, 정약종, 최필공, 홍교만, 홍낙민, 최창현 등이 참형을 당했으며 청나라 신부 주문모도 이때 자수하여 참형을 당했다. 주문모는 국내 최초의 외국인 신부로 조선에 들어와 한성부에서 숨어 지내며 선교활동을 펼쳤다. 정약종, 황사영을 만나 왕실 여인들에게도 세례를 베풀었으며, 관가의 수색망이 좁혀오고 신자들이 잇달아

순교하자 자수하여 그해 5월, 새남터(현 서울시 용산구 이촌동 앞 한강변)에서 순교하였다.

　주문모에게 세례를 받은 정조의 이복동생인 은언군과 부인 송씨, 며느리 신씨 등도 사사되었다. 이 사건을 더욱 확대시킨 것이 황사영 백서 사건이었다. 황사영은 경상도 창녕 사람으로 정약현의 사위였다. 그는 주문모에게 세례를 받았으며 열렬한 천주교 신자였다. 신유박해(신유사옥)가 일어나자 그는 충청도 제천군 봉양면 배론(舟論)이라는 토기를 만드는 천주교도의 마을에 숨어 지내면서 황심(黃沁)과 함께 천주교도의 박해를 청나라에 알리자는 백서(帛書, 황사영 백서)를 써서 북경주교에게 전달하려 하였다. 사용된 편지지는 길이 62cm, 너비 38cm의 흰 명주천이었는데 한 줄에 110자씩 121행, 모두 1만 3천여 자의 한문을 깨알 같이 썼다. 당시 천주교 교세와 주문모 신부의 활동 그리고 박해사실과 이로 인해 죽은 순교자들의 약전(축약해 적은 전기)이 들어있었다. 또 주문모 신부의 자수와 처형사실, 마지막으로 조선 내 실정과 향후 포교하는 데 필요한 방안들도 제시되어 있었다. 이 백서는 압수되고 황사영은 대역죄로 능지처참에 처해졌다.

　백서가 청나라에 도착하기 전에 발각됨으로써 더 많은 사람들을 희생시키는 결과를 가져왔다. 이 박해로 이승훈, 이가환, 정약용 등이 처형 또는 유배되고, 교도 약 1백 명이 처형되고, 약 4백 명이 유배되었다. 물론 여기에는 노론 벽파를 비난하는 세력들도 모두 포함되어 있었다.

　정순왕후 김씨는 만 1년 동안 천주교도를 박해함으로써 노론 벽파 중심의 조정을 세울 수 있었다. 노론 벽파 중심으로 조정을 이끌던 김씨는 순조 4년(1804) 수렴청정을 거두었다. 그녀가 수렴청정을 거둔 이유는 곳곳에서 발생한 화재 때문이었다. 순조가 즉위하자 국운이 다했다는 것을 의미하는 것인지 각처에서 대형 화재가 일어나기 시작했다. 순조 3

년(1803) 평양부와 함흥부에서 큰불이 일어나더니 그해 창덕궁 선정전에서도 불이 났다. 겨우 화재를 진정시킨 5일 후에 다시 장안의 종로 거리에서 또 큰불이 일어났다. 이와 같이 큰 화재가 여러 군데서 일어나자 민심이 흉흉해지기 시작했다. 정순왕후 김씨는 이 모든 일을 자신의 탓으로 돌릴 것 같아 미리 선수를 쳐 그해에 수렴청정을 거두고 환정한다는 하교를 내렸다(순조 3년 12월 28일).

"……3, 4년 이래 스스로 쌓은 덕을 돌아보건대, 조금도 국사에 도움되는 것이 없었고, 한갓 그 책임에 부응하지 못하는 허물만 쌓였으니, 백성들이 위급한 처지에 놓이게 된 것은 곧 나의 허물이고, 조상이 해이해진 것도 곧 나의 허물이며, 세도가 안정되지 않는 것도 곧 나의 허물이요, 기강이 날로 해이해져서 민심을 수습할 수 없게 된 것도 내가 책임을 완수하지 못한 허물이니, 이 때문에 하늘이 재앙을 내린 것이다. 올해의 농사는 흉년이 들어 백성들이 끼니를 잇기 어려운 지경에 놓였으며 초여름에 서북에서 며칠 사이에 화재가 연달아 일어났고, 또 지난달에는 사고(社庫)가 불탔다. 여러 가지로 재앙을 두려워하는 마음이 진실로 말할 수 없을 정도인데, 이것도 오히려 부족하여 수백 년 동안 임어(臨御)했던 정전(正殿)이 몇 시간 사이에 모두 불타버렸으니, 재앙의 계속됨이 어떻게 이토록 극도에 이르는 것인가… 진실로 그 까닭을 구명해 보면 내가 부덕한 몸으로 당치 않은 지위에 오랫동안 있었기 때문에 그러한 것이다. 오늘부터 수렴청정을 거두되 서정 외에 군국에 관한 대정령(大政令)과 형상에 관한 대처분과 의리에 크게 관계되는 일 등은 우선 내가 참여하여 논함으로써 주상이 홀로 근심하는 일이 없도록 할 것이다. 이를 조정 신하들로 하여금 자세히 알고 있도록 하라."

수렴청정을 거둔다는 하교는 내렸지만 내심 그녀는 조정 대신들이 그 명을 철회하라고 간청하기를 원했다. 당시 조정 안팎에서 일어나는 불미스러운 일들이 자신의 탓이 아니라는 것을 조정 대신들에게 검증받기 위한 행동이었다.

그 무렵 조정에서는 순조의 비 순원왕후 김씨의 아버지 김조순이 세력을 키우고 있었다. 김조순의 암약으로 정순왕후 김씨의 바람은 결국 무산되고 말았다. 그녀는 섭정을 거둔 지 1년 뒤 노론 벽파 중심의 조정을 세우고 61세로 세상을 떠났다. 그녀의 유해는 현재 경기도 동구릉의 원릉에 영조와 함께 합장되었다.

15세의 나이로 66세의 영조에게 시집을 간 김씨는 친정 집안을 위해 정계의 전면에 나서서 권력을 휘둘렀다. 영조가 살아 있을 때는 아버지 김한구의 당파와 뜻을 같이하여 자신보다 10세나 연상인 사도세자를 죽음으로 몰아가는데 지대한 역할을 하였다. 또한 정조가 죽고 순조가 즉위하자 정계의 전면에 나서서 친정 집안의 당파인 노론 벽파를 위해 천주교도를 학살하였다. 김씨의 전횡은 새로운 물결을 받아들이며 서서히 개혁을 향해 나아가던 조선의 역사를 몇 십 년이나 퇴보시키는 결과를 초래했으며, 조선의 정치가 당파중심에서 왕비 가문 중심의 정치시대로 나아가는 발판이 되었다.

純元王后

순원왕후 김씨

왕비 가문의 세도정치시대를 열다

철종 즉위년(1849) 좌의정 김도희는 61세의 순원왕후(純元王后) 김씨에게 수렴청정을 요구하였다.

"대왕대비의 말씀으로 종사를 이었으니 다행한 일이옵니다. 신왕(新王)은 아직 정무에 밝지 못하니 자전마마께서 수렴하시어 청정하시옵소서. 신들은 바라마지 않습니다."

김씨는 이 간청에 내심 흡족해 하고 있었다. 이로 인해 김씨는 2대에 걸쳐 수렴청정을 할 수 있었다. 남편 순조가 죽고 8세의 어린 손자 헌종이 즉위하자 어새를 쥐고 전권을 휘두르며 친정 집안인 안동 김씨 일문의 세도정치를 열었다. 순원왕후는 헌종이 후사 없이 세상을 떠나자 강화에 살고 있던 청년 원범을 왕으로 내세웠다. 그가 곧 강화도령 철종이다. 원범은 궁중의 법도나 풍습을 전혀 모르는 더벅머리 총각이었으나, 안동 김씨로서는 꼭두각시가 필요했기 때문에 종친이라는 사실만으로도 충분했다. 사실상 원범은 권력이나 궁중과는 먼 종친이었기 때문에 왕으로 선택된 것인지도 모른다.

이제 조선은 왕과 신하의 대결, 당파와 당파 간의 대결 차원을 떠나 왕비 가문이 국왕과 당파를 압도하고 전권을 휘두르는 시대로 접어들게 되었다.

노론 벽파의 견제 속에 간택된 국모 자리

순조는 각각 왕후와 후궁을 한 명씩 두었는데 그 왕후가 순원왕후 김씨였다. 김씨는 정조 13년(1789) 순조보다 한 해 먼저 한성부 서부 양생방(현 서울시 중구 남창동)에서 태어났다. 아버지 안동 김씨 김조순은 영돈령부사로 영안부원군으로 인조 때 강경 척사파 김상헌, 그리고 경종 때 노론 4대신 중의 한 사람인 김창집의 후손이다. 어머니는 청양부부인 청송 심씨로 좌찬성을 지낸 심건지의 딸이다. 김조순은 문과에 급제하여 출사했으며 정조의 신임을 받았다. 국정에 대한 개혁의지가 강했던 정조는 시파인 그를 매우 총애하여 정조 25년(1801) 그의 딸인 12세의 김씨를 세자빈으로 재간택(4월 9일)까지 결정하고 삼간택을 앞두고 그만 세상을 떠나고 말았다(6월 28일). 정조가 세상을 떠나자 상황은 급변하고 말았다. 정조 말년 위기에 몰릴 뻔했던 노론 벽파들은 순조가 즉위하면서 노론 벽파의 후견인 정순왕후 김씨가 어새를 거머쥐자 재집권의 기회를 얻게 되었다. 순원왕후 김씨는 세자빈으로 거의 결정이 다 된 마당에 정조가 세상을 떠나자 3년상이 끝나기를 기다려야 했다. 그러나 세자빈의 간택은 그렇게 쉬운 일이 아니었다. 아버지 김조순은 젊은 나이였으며 조정 내에 그를 지지하는 세력은 약했다.

정순왕후 김씨는 후사를 보지 못했기 때문에 친정인 경주 김씨 가문에서 왕비가 간택되기를 원했다. 그래서 6촌 오라버니 김관주를 시켜 삼간택까지 된 순원왕후 김씨의 왕비간택을 저지하려 하였다. 영의정 심

순원왕후 김씨와
순조의 가례도감의궤 반차도
규장각 한국학연구원 소장

환지도 김조순 집안의 삼간택 반대를 주장하였다.

대사간 권유는 순원왕후 김씨의 왕비간택을 저지하기 위해 다음과 같은 상소를 올렸다.

"…저 명문거족 중에는 명성과 위세가 본래 역적의 집안과 서로 관련되어 평일의 의논에서 그 잘못을 깨닫지 못하는 자가 반드시 있을 것이오니 지금부터 이후로 옛날의 더러움을 깨끗이 씻어서 마음을 고치고 행적을 변경할는지 안 할는지 알지 못하겠습니다. 만일 동료끼리 화합하여 대도(大道)를 함께 한다면 국가를 위하여 대들보와 같은 중대한 책무를 맡을 수도 있을 것이고, 주춧돌과 같은 중대한 책무를 맡길 수도 있어서 도성의 사람을 윤씨와 길씨 같이 착하게 바뀌게 하는 자도 있을

것이고 또한 분명히 좋아지는 가문이 있을 것이니…. 만약 혹시 편안하
게 항상 지나간 일을 답습하고 뿌리박힌 습관이 마음속에 붙어서 겉으
로는 비록 순종하는 듯하나 속으로는 실제 자기의 의견을 굳게 지킨다
면, 다른 날의 큰 물이 하늘까지 뒤덮고 활활 타는 불이 벌판에 번지는
듯한 기세가 반드시 다가올 것입니다. 옛 사람들이 '화재를 예방하기 위
하여 굴뚝을 굽게 만들고 아궁이 근처의 나무를 딴 곳으로 옮긴다(曲突徙
薪, 화를 미연에 방지함).'고 했던 것은 경계를 일보다 먼저 염려했음이 있었
기 때문입니다."

이 상소문에 나오는 윤씨와 길씨는 주나라 때 왕실과 국혼을 했던 세
족이다. 당시 사람들은 예법이 있는 도성의 부녀자를 보면 모두 윤씨와
길씨 같다고 했다. 권유는 이 고사를 인용하여 외척들이 이와 같이 세력
이 커지면 왕실을 능멸할 수 있다는 것을 주장하려 했다. 그리하여 화를
미연에 방지해야 한다고 상소를 올렸던 것이다. 정조 때 재간택까지 된
순원왕후 김씨의 대혼을 저지해야 화를 미연에 방지할 수 있다는 것이
었다. 그의 예상대로 이후 안동 김씨 집안은 80년 동안 세도 집안으로
군림하게 된다.

정순왕후 김씨는 이 상소를 보고 내심 쾌재를 부르고 있었다. 그러나
김조순은 그대로 당할 인물이 아니었다. 그는 순조의 외조부 박준원을
자신의 세력으로 끌어들였다. 그리하여 딸 김씨를 왕비로 간택시키는데
성공하였다. 아버지 김조순의 활약으로 김씨는 순조 2년(1802) 왕비로 책
봉되었다. 순원왕후 김씨를 왕비로 책봉한 것은 경주 김씨 집안의 입장
에서는 큰 실수였다. 노론 벽파들의 실각을 알리는 전조였기 때문이다.

순조 즉위 후 노론 벽파 중심으로 조정을 세운 정순왕후 김씨는 순조
3년(1803) 큰불이 계속 일어나자 국가재난 발생의 잘못이 자신에게 있음
을 인정하고 수렴청정을 거두었다. 그러나 사실 그녀가 섭정을 거둔 것

은 명분을 세우기 위한 계산에서 나온 것이었으나 그녀의 의도는 빗나 갔다. 조정에는 김조순이 있었다. 그의 방해로 김씨는 정치 일선에서 영 원히 물러날 수밖에 없었다.

순조가 직접 정사를 처리하게 되자 김조순은 이 기회를 이용하여 안 동 김씨 세력을 확장하였다. 순조 4년(1804) 시파세력 축출에 앞장섰던 강진 전 현감 이안묵을 탐욕스럽고 비루한 인물이라 하여 절도유배에 처하게 함으로써 벽파 공격을 시작하였다. 그리고 권유를 비롯한 국혼 반대 상소문 관련 인물들에 대해 공격을 퍼부었다.

순조가 권유의 상소문에 대해서 묻자 좌의정 이시수가 그 전말에 대 해 설명하였다.

"권유가 몇해 전에 올린 상소의 핵심은 '윤·길' 두 글자와 '곡돌사신' 네 글자인데 이것이 과연 어떠한 말이겠사옵니까? 그 헤아릴 수 없는 뜻 과 의도가 환하여 가릴 수가 없으니, 오늘날 북면(北面)하여 신하된 사람 이라면 어찌 눈을 밝게 뜨고 성토하지 않을 수 있겠사옵니까?"

결국 상소문 관련 인물에 대한 국문이 열렸다. 국문 도중 김구주의 아 들인 김노충이 배후로 지목되었다. 대비 김씨는 조카뿐 아니라 노론 벽 파 세력들이 위기에 몰리자 거두었던 수렴청정을 다시 하겠다며 들고 나섰다. 그러나 섭정을 다시 한다는 것은 조선왕조의 정치질서에 어긋 나는 일이었기 때문에 실현되지 못했다.

이듬해 정순왕후 김씨가 세상을 떠나자 김조순 세력은 벽파를 조정에 서 완전히 퇴진시키는데 힘을 기울였다. 그해 우의정으로 임명된 김달 순이 영남 만인소 주모자의 처벌을 주장하고 나섰다. 위기에 몰린 벽파 의 재집권을 시도하기 위한 것이었다. 그러나 형조참판 조득영이 영조 가 국금으로 처한 내용을 인용한 것은 신하로서 감히 할 수 없는 일이라 며 김달순에게 반격을 가하였다. 이를 계기로 정순왕후 김씨를 둘러싼 벽파세력인 김달순은 사사당했으며 김한록, 심환지, 정일환, 김구주 등은 추삭(追削, 사후 그 사람의 생전 벼슬을 없앰)되고 김용주, 김일주 등은 유배당했으며 김관주는 유배지에서 세상을 떠났다. 벽파세력의 재집권 시도는 무산되고 말았으며 안동 김씨 집안을 둘러싼 시파세력의 집권이 시작되었다. 조득영은 김달순의 공격에 앞장섰다는 공로를 인정받아 이후 그의 8촌인 조만영의 딸이 순원왕후 김씨의 아들인 효명세자(孝明世子)의 빈으로 간택된다.

순조 7년(1807) 시파는 이경신의 옥사를 통해 잔존 벽파세력들을 모두 제거해 버렸다. 이경신은 김달순의 주장은 반역이 아니기 때문에 그를 신원해야 한다고 요구했다가 옥사를 당했다. 이를 계기로 그들의 이념적 지주였던 김종수, 김종후 형제의 관직을 삭탈해 버림으로써 벽파세력을 모두 제거시켰다.

벽파세력을 모두 제거한 김조순 일파는 당시 최고 권력기관인 비변사를 통해 실권을 행사하였다. 비변사는 중종 5년(1510) 삼포왜란으로 도체찰사를 설치하였는데, 이를 다시 병조 내에 1사를 두어 종사관에게 그 사무를 맡기면서 비롯되었다. 이 당시만 해도 비변사는 형식적인 기관에 지나지 않았다. 명종 9년(1554)에 독자적인 합의기관인 정규 관청으로 되었으며, 그 이듬해 도제조, 부제조, 낭청 등으로 조직되었다. 이 기관이 강화된 것은 임진왜란, 병자호란을 겪은 이후이며 조선 후기에 들어서면 의정부와 6조 기능이 이곳에서 모두 처리되는 단계까지 이른다. 그리하여 전·현직 3정승이 도제조가 되고 5조판서, 대제학, 4도 유수, 각 군영대장 등이 제조가 되었다. 비변사 제조회의에서 중앙과 지방의 중요 행정관 및 군사직 등을 임명했으며 비변사 운영의 중심인 전임 당상들도 선발했다. 국왕의 가장 중요한 정치적 권한인 관료 임명권마저 비변사가 장악하게 되었다. 최고 권력기관인 비변사를 김조순 일문에서

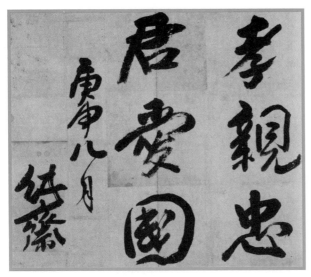

순조의 글씨 – 즉위 전해에 쓴 것으로 부모에 효도하고 임금에 충성하여 나라를 사랑하자는 내용이다. 성균관화보

장악하여 국정을 농단했던 것이다. 김이교, 김이익, 김이양, 김이도, 김희순 등이 대표적인 인물들이다.

　조선에서 안동 김씨 일문이 아니면 출사는 꿈도 꾸어볼 수 없는 상황이 되었다. 반란을 통해 조정을 전복시키는 것만이 박탈된 기회를 얻을 수 있는 길이었다. 그래서 순조 11년(1811) 안동 김씨 일문의 척족정치(戚族政治)에 불만을 품고 홍경래가 반란을 일으켰다. 평안도 용강 출신인 그는 출사를 하기 위해 과거에 수차례 응시했으나 모두 실패하고 말았다. 그 원인이 기호인(畿湖人, 경기도 및 황해도 남부와 충청도 북부 지역 사람)이 아닌 서북인(西北人, 황해도와 평안도 및 함경도 지역 사람) 출신이기 때문이라는 것을 알고 집을 나와 방랑을 하면서 거사를 꿈꾸었다. 그러다가 지식인이자 상인인 우군칙, 역노 출신의 부호 이희저, 양반 출신의 지식인 김사용, 김창시, 평민 출신 홍총각, 몰락한 향족 출신의 이제초 등을 만나 거사를 모의하게 되었다.

그들은 평안도 가산 다복동을 근거지로 삼아 금광채굴을 내세워 유민들을 끌어 모았다. 거사를 일으키기 위해 기회를 노리고 있던 중, 지금까지 없던 대흉년을 만나 민심이 흉흉해진 틈을 타서 빈궁한 백성들을 끌어들여 3가지의 격문을 내걸고 거병하였다. 첫째 서북인에 대한 차별철폐, 둘째 안동 김씨 세도정권의 타도, 셋째 신인 정씨가 출현했으니 그를 참 왕으로 내세운다는 등이었다. 홍경래는 먼저 자신을 평서대원수, 부원수로 김사용, 총참모에 우군칙, 참모에 김창시, 선봉장 홍총각, 부선봉장 이제초, 후군장 윤후험, 도총 이희저 등으로 지휘부를 편성하였다. 그리고 북진군, 남진군 등으로 나누어 거병한 지 10일 만에 이북 10개 지역을 점령하였다. 이들이 성공을 거둘 수 있었던 것은 각 지역에서 지지하는 계층들이 있었기 때문이다. 이 계층들은 당시 부농이나 대상인들로 조선 후기 새로 출현한 부호, 궁민, 유민 세력들이었다.

승전을 거듭하던 반란군은 전열을 가다듬은 관군에게 다시 역으로 추격당하는 신세가 되자 정주성으로 숨었다. 보급로가 끊긴 정주성에서 4개월간 치열한 공방전을 벌이던 반란군은 결국 정부군이 매설한 화약 폭발로 진압당하고 말았다. 홍경래는 총에 맞아 죽고 잔존세력들은 한성부로 압송당해 참형에 처해짐으로써 반란은 끝이 나고 말았다.

반란은 끝났지만 안동 김씨 일문에 대한 각처에서의 공격은 계속되었다. 안동 김씨 일문은 정권을 유지하기 위해 반대 세력의 제거에 나섰는데 그 희생양이 천주교였다. 천주교 박해는 정순왕후 김씨가 노론 벽파의 정권을 세우기 위해 이용한 바가 있었다. 하지만 다시 안동 김씨 일문의 정권유지를 위해서도 이용되었던 것이다. 순조 1년(1801) 신유박해 때 3백여 명의 천주교인들이 체포되어 고통을 당했으며, 순조 27년(1827) 정해박해 때도 5백 명이 체포되었다.

순원왕후 김씨를 앞세워 정권의 핵심부를 차지하고 있던 안동 김씨 일문은 도전장을 내는 세력들에 대해 과감한 조치를 취하여 정권유지에 한 치의 흔들림이 없도록 하였다. 그러나 안동 김씨 일문을 위협하는 세력이 또 다시 등장하였는데 곧 풍양 조씨 일문이었다.

풍양 조씨 일문과의 경쟁

순원왕후 김씨는 친정 집안인 안동 김씨 일문이 이처럼 큰 영향력을 행사할 수 있도록 안팎으로 도움을 주었다. 또한 그녀는 순조 9년(1809) 21세 되던 해에 대통을 이을 왕자까지 생산하였다. 이 왕자가 효명세자로 현종 2년(1661) 정실왕후인 명성왕후 김씨가 숙종을 낳은 이후 처음 있는 일이었다. 왕실은 기쁨으로 넘쳐날 수밖에 없었는데 안동 김씨 일문의 경사이기도 했다. 조정에서는 이를 기뻐하여 별시를 시행했다. 다음해 10월, 왕후 김씨는 또 아기를 낳았는데 이번에는 딸(명온공주)이었다. 그 후 아들 하나와 딸 두 명을 더 낳았지만 두 번째 아들은 낳은 지 얼마안 되어 죽고 말았다. 그러나 장남 효명세자는 별 탈 없이 건강하게 자라나 4세가 되던 해에 왕세자로 책봉되었다. 11세가 되어 안동 김씨 일문을 비호하는 풍양 조씨 일문 출신인 조만영의 딸 조씨를 세자빈(신정왕후 조씨)으로 맞이하였다. 이 일은 호랑이 새끼를 키운 격이 되고 말았다.

신정왕후 조씨가 5세 되던 해 아버지 조만영은 증관문과에 급제하고 순조 16년(1816) 전라도 암행어사로 파견되어 탐관오리들을 척결하는 등의 활약을 펼쳤다. 강직한 인물로 알려진 대로 전라도감사 김계온의 비리 등을 상소하여 쫓겨나게 만들기도 하였다.

그 후 조만영은 서장관으로 청나라에 다녀와 부사직에 있을 때 조정에서 금혼령과 세자빈 단자를 들이라는 명이 내려졌다. 이때 조만영은 12세 된 조씨의 단자를 들이고 간택에 참여했던 것이다.

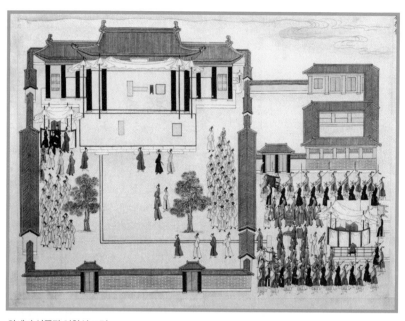

왕세자 성균관 입학식 그림
효명세자가 8세가 되던 해 성균관에 입학하는 장면을 절차에 따라 차례로 싣고 있다. 국립고궁박물관 소장

한편, 38세의 순조도 정사처리에 소신 있는 판단을 할 수 있게 되었다. 그래서 국정운영을 전횡하던 안동 김씨 일문을 견제하려고 하였다. 세자의 대리청정을 통해서였다. 순조 27년(1827) 순조는 2품 이상의 시· 원임 대신들을 불러놓고 하교를 내렸다.

"신미년(홍경래의 난) 이후 과인은 섭정하는 중에 있었소. 그동안 편안한 때도 있었으나 항상 나라의 모든 기무가 정체되어 있었소. 이것이 온 백성들의 근심거리요. 이제 세자 나이 들어 총명해져 가고 있소. 전부터 대리청정하는 법은 있었소. 그래야만 과인의 노고도 덜 수 있고 또 그 사이 섭양하고자 하오. 동궁시절부터 정치를 배워두는 것은 종사와 백성들의 복이 되오. 여러 대신들이 모였으니 나라의 대계를 대신들에게 말하는 것이오. 전날 대리청정하던 때와 같이 모든 절목을 마련하시오."

조정 대신들은 이 명에 모두 찬성하여 19세의 효명세자가 국정을 주관하게 되었다. 그는 아버지 순조와는 달리 과단성 있는 정책을 펼치기 시작했다. 김조순 일문을 배제하기 위해 훈련대장에 장인 조만영을 임명하였다. 다시 조만영을 선혜청 제조로 들어가게 해서 자신의 처가에 군사력과 재정중심기관의 큰 권한을 부여하여 김조순 일문을 배제시켰다. 이제 풍양 조씨 일문의 시대가 온 것이다. 그리고 이 집안을 지지하는 김노, 홍기섭, 이인부, 김노경 등을 주변에 포진시켰다. 이들은 모두 조만영 집안과 인척관계로 얽혀 있는 인물들이었다. 풍양 조씨 일문에서 세력을 잡게 되자 안동 김씨 일문은 위기에 몰리게 될 수밖에 없었다. 안동 김씨 일문의 지지 세력인 심상규를 조정에서 퇴진시켰으며, 김유근은 관찰사로 임명하여 평안도로 내보냈다. 이외에도 김씨 가문의 세력들은 정계에서 점차 축출당했다.

그러나 풍양 조씨 일문의 영달은 순조 30년(1830) 효명세자가 세상을 떠남으로써 막을 내리게 되었다. 순원왕후 김씨의 슬픔은 40대 이후 끊이지를 않았다. 효명세자가 떠나고 2년 뒤에는 명온·복온공주가 거의 동시에 사망하였고, 그로부터 2년 뒤 순조도 승하했으며 막내 덕온공주마저 10년 뒤인 헌종 10년(1844) 5월에 죽었다. 아들과 남편을 잃었을 당시 순원왕후의 나이 45세였다.

효명세자가 세상을 떠나고 순조가 직접 정사를 운영하자 안동 김씨 일문에서 반격이 시작되었다. 효명세자의 대리청정기간에 국정의 중심부에서 활약하던 김노, 이인부, 홍기섭, 김노경 등을 4간신으로 부르며 공격하였던 것이다. 한때 위기에 몰릴 뻔했던 김조순 일문은 효명세자의 죽음으로 다시 재집권의 기회를 얻게 되었다. 그 후 김조순이 세상을 떠나자 아들 김유근이 그 뒤를 이었다.

순조가 세상을 떠나자 뒤를 이어 8세의 어린 헌종이 왕위에 올랐다.

순조는 세상을 떠나면서 손자 헌종의 보필을 조만영에게 맡긴다는 유언을 남겼다. 이는 안동 김씨 세력을 견제하기 위한 방편이었다. 유촉을 받은 조만영도 순조 사후 국정에 적극적으로 참여하였다. 그러나 헌종이 너무 어렸기 때문에 순원왕후 김씨의 수렴청정은 불가피하였다. 결과적으로는 김씨의 수렴청정으로 인해 풍양 조씨와의 승부는 끝난 것이나 마찬가지였다. 김씨는 먼저 오라버니 김유근을 훈련대장에 임명하고 조만영을 어영대장으로 옮기게 했다. 그리고 헌종 3년(1837) 안동 김씨 일문의 영흥부원군 김조근과 한정부부인 한산 이씨의 딸을 헌종비(효현왕후 김씨)로 맞아들였다.

효현왕후(孝顯皇后) 김씨는 헌종보다 한 해 늦은 순조 28년(1828)에 출생하여 10세 되던 해에 왕비로 책봉되어 4년 뒤에 가례를 올렸다. 그러나 2년 후 소생 없이 세상을 떠나고 말았다. 순원왕후 김씨의 정권유지 계획은 그녀의 죽음으로 인해 빗나가고 말았다. 그녀의 유해는 현재 경기도 구리시 인창동 동구릉의 경릉에 헌종과 함께 안장되어 있다.

순원왕후 김씨는 순조의 유촉을 존중하는 의미에서 풍양 조씨 일문과 협력관계를 유지하였다. 그러나 그것은 어디까지나 안동 김씨 일문의 우세에 의한 것이어야만 했다. 헌종 5년(1839) 대대적인 천주교 박해의 태풍이 몰아친 것도 모두 세도정치를 계속 유지하기 위한 일환이었다. 천주교의 신봉자들은 대부분 현실에 불만을 가진 세력들이었다. 이 불만은 당시 지배계급을 장악하고 있던 세도가에 대한 비난으로 연결될 수밖에 없었다. 신해박해 이후 한 풀 꺾였던 천주교세가 다시 일어나기 시작하였다. 그래서 순조 31년(1831) 프랑스의 외방전교회가 청나라 북경교구에 속해 있던 조선교구를 독립시키기에 이르렀다. 헌종 1년(1835) 프랑스 신부 피에르 필리베르 모방(羅伯多祿)이 삿갓에 상복차림으로 얼음 위를 건너서 단신으로 입국하여 엄중한 감시 밑에서 전교에 힘썼으며,

뒤를 이어 샤스탕(鄭牙各伯) 신부가 많은 노력을 기울였다. 이들의 노력 결과 교인 수가 9천 명 가까이 이르렀다. 급속도로 확대되는 교세에 위협을 느낀 조정에서는 헌종 5년(1839) 천주교 금압령을 내렸다. 천주교인 70여 명이 참형을 당한 기해박해(己亥迫害)가 일어났다. 박해를 당한 사람들 중 과반수가 부녀자들이었다. 이를 계기로 헌종은 척사윤음(斥邪綸音, 천주교 배척을 위해 전 백성에게 내린 말)을 발표하고 오가작통법을 더욱 강화시키라는 명을 내렸다.

순원왕후 김씨는 풍양 조씨 일문과의 협력을 통해 세도정치에 위협을 가할 우려가 있는 세력들을 제거하면서 수렴청정을 펼쳤다. 그러나 이 두 집안은 서로 팽팽한 경쟁관계에 놓일 수밖에 없었다. 헌종 6년(1840) 김유근이 세상을 떠나자 순원왕후 김씨는 7년간의 섭정을 거두었다. 그녀가 섭정을 거두자 국정은 풍양 조씨 일문에서 주도하게 되었다. 김유근이 세상을 떠난 후 동생 김좌근이 그 뒤를 이었으나, 아직 나이가 많지 않아 실력을 발휘할만한 위치가 못 되었다.

풍양 조씨 일문에서는 조인용과 조병구를 내세워 국정을 주도하였다. 조병구가 세상을 떠나자 조득영의 아들 조병현이 그 뒤를 이었다.

안동 김씨 일문의 세도 절정기

헌종은 효현왕후 김씨가 세상을 떠난 지 1년 만인 헌종 10년(1844)에 익풍부원군 남양 홍씨 홍재룡과 연창부부인 죽산 안씨의 딸을 계비로 맞이하였다. 효정왕후 홍씨는 순조 31년(1831)에 태어나 14세가 되던 해에 왕비로 간택되었다. 일설에 의하면 그녀가 초야를 치를 때 마침 생리일이라 방문 미닫이를 꼭 잡고 신랑인 헌종이 방에 못 들어오게 했다고 한다. 이 일 때문인지 아닌지 어쨌든 그녀에 대해 헌종은 별로 달가워하지 않았던 것 같다. 헌종이 자주 찾지를 않았던 이유 때문인지 혼인한 지 2년이 넘도록 태기가 없었다. 또한 그녀의 나이 겨우 16세였기에 잉태가 쉽게 될 수 없는 상태이기도 했다. 그럼에도 불구하고 대왕대비 김씨는 중궁이 병이 있어 잉태를 못한다면서 후궁을 들이라는 교지를 내렸다.

"오백 년 종사의 부탁은 오직 주상전하 한 몸에 있다. 이제 춘추 성해 가시되 아직도 자녀의 경사가 없다. 그런 중에 중궁은 병이 있어 아직 완치하지 못하고 있다. 아마 병은 불치의 병인 듯하다. 이는 비단 미망인인 나뿐만 아니라 왕대비(신정왕후 조씨)도 그렇게 알고 있다. 이제 거국이 자손보기를 요망하고 있다. 오늘의 큰일은 널리 자손을 구하는 것으로서 급선무로 삼고 있다. 허송세월 하다가는 종내 어찌될지 알 수 없겠다. 이미 전조(前朝) 때에는 예가 있으니 문벌 높은 집안의 자손 중에서 처녀를 구하여 빈어(嬪御, 왕의 첩)로 두면 이보다 더 후손을 바랄 길은 없다. 내가 지금 조정에 교서를 내리는 것은 불안한 일이지만, 나라의 대계를 위해서는 할 수 없는 노릇이다. 경들은 종사를 위하여 속히 경사스러운 일이 일어나도록 하라."

조정 신하들은 중전이 병에 걸려 있다는 것에 의문을 품었다. 그래서 부사과 이승헌이 상소를 올렸다.

"신은 아직 중궁전의 병세가 무슨 탈 때문에 이와 같이 아직 가망이 없게 되었는지를 통 모르옵니다. 지금 약으로도 치유될 가망이 없다고 하는 것을 보면 이 병은 하루 아침에 난 병이 아닌 듯하옵니다. 신의 생각으로는 한 여염집의 부인도 자궁이 허하여 경도(월경)가 어그러져서 생산이 불가능할 때는 모두 맥을 보고 그 근본을 알아내어 종옥탕, 임자환을 쓰고, 또 의학상으로 보혈도기(補血道氣)할 약을 쓰면 자연히 병이 나아 수태하는 경우가 십중팔구이옵니다. 중궁전은 춘추 성하시어 영약을 쓰면 효과가 있을 듯하옵니다."

그러나 순원왕후 김씨는 친정 일문에서 후궁을 들여 후사보기를 원했다. 그것만이 또한 안동 김씨 일문이 정권을 유지하는 길이었다. 이승헌의 상소는 묵살되고 순원왕후 김씨의 바람대로 헌종 13년(1847) 안동 김씨 일문인 주부 김재청의 딸 김씨를 후궁으로 맞이하였다. 김씨는 17세에 입궁하여 내명부 정1품 경빈으로 책봉되었다. 효정왕후 홍씨와는 달리 경빈 김씨에 대한 헌종의 사랑은 지극하여 그녀를 위해 새로 궁을 지어주기까지 했다. 바로 창덕궁에 있는 낙선재이다. 헌종 12년(1846)에 지어진 낙선재는 5백 칸이 넘는 웅장하고 큰 규모였다. 이곳은 나중에 고종의 외동딸 덕혜옹주가 일본에서 귀국한 뒤 살기도 했으며 조선의 마지막 황후인 순정효황후 윤씨가 여생을 보낸 장소이며 영친왕비 이방자 여사가 머물기도 했다.

헌종 15년(1849) 23세의 혈기왕성한 헌종은 곧잘 체하고 설사병에 오래 시달렸다. 얼마 후 햄쑥해진 헌종은 부기까지 생겨 고생을 하다 그만 세상을 떠나고 말았다. 헌종의 죽음은 곧 조씨 일문의 세력약화와 연결되었다.

헌종이 죽자 순원왕후 김씨는 왕실의 최고 어른으로서 권돈인을 즉시 원상으로 임명하였다. 헌종이 죽은 날 저녁 그녀는 희정당으로 시·원임 대신을 불렀다. 그리고 정권 인수의 차기 주자를 임명하는 민첩함을 보였다. 조정 대신들은 왕통을 누가 계승할지 빨리 교지를 내려주기를 간청했다.

"종사의 대계가 급하옵니다. 슬픔 억제하시고 분명히 하교하옵소서. 중대한 일이오니 문자로 써서 내리옵소서."

수렴 안에서 그녀는 이렇게 임명 하교를 내렸다.

"은언군의 손자요, 전계군의 아들인 원범이오."

은언군은 정조의 이복동생으로 상계군, 풍계군, 전계군 등 아들 3형제를 두었다. 이중 전계군에게는 원경과 경응, 원범 세 아들이 있었는데, 대왕대비 김씨가 지목한 인물이 원범이었다. 은언군은 신유박해 때 그의 처 송씨와 며느리 신씨가 천주교 세례를 받은 관계로 함께 유배지 강화도에서 처형되었는데 상계군도 마찬가지였다.

전계군은 그 후 강화도에서 나와 한성부 중부 경행방(현 서울시 종로구 낙원동 일대)에서 살았는데 내수사에서 주는 쌀로 겨우 생계를 이어나갔다. 그의 아들 원경의 어머니는 최씨이고, 원범의 어머니는 홍제원에서 떡장사를 하던 염씨였다. 이들은 아버지가 죽자 원경의 외숙 최영희 집에서 살면서 아버지 친구인 이덕원과 가깝게 지냈다. 어느 날 이덕원은 친구 민진용, 박순수, 민순용 등과 같이 원경을 추대하자는 모의를 하였다. 그래서 이들은 아는 사람들을 찾아다니며 자신들의 계획에 끌어들였다. 그러나 이 계획은 탄로나 두 사람은 강화도에 위리안치되었고, 원경은 얼마 후 한성부로 압송당해 사사되었다. 순원왕후 김씨는 고아가 되어 강화도에서 혼자 살고 있던 원범을 왕으로 추대하겠다는 것이었다. 원범은 아무도 보살펴 주는 이가 없어 일자무식으로 살던 시골 총각이었다. 그는 움막살이를 하면서 하루하루 나무를 내다팔아 생계를 이어가는 걸인에 가까웠다.

19세가 되던 해에 원범은 갑자기 왕통을 이으라는 교지를 받고 궁궐로 들어와서 봉영의식을 행한 뒤 덕완군으로 봉해졌다. 그 다음날 창덕궁 희정당에서 관례를 행한 후 인정문에서 즉위하였다. 그는 단지 안동 김씨의 꼭두각시로 들어왔던 것이다. 조정에서는 원범의 나이가 어리고 배운 것이 없어 수렴청정을 대왕대비 김씨(순원왕후)가 해야 한다고 주청하였다.

김씨는 수렴청정과 동시에 헌종 때 세력을 떨치던 풍양 조씨 일문에 대해 공격을 시작했다. 조병현을 궁궐에 출입하면서 왕의 덕에 누를 끼

순원왕후 봉서
규장각 한국학연구원 소장

쳤고 백성의 피폐함을 초래했다는 죄목으로 전라도 섬 지도에 위리안치
시킨 뒤 사사시켰다. 그의 일파인 윤치영, 서상교, 이응식, 신관호, 이능
권, 김건 등도 유배형에 처했다.

철종 2년(1851) 8월에 철종비로 안동 김씨 일문인 영은부원군 김문근과
흥양부부인 여흥 민씨의 딸 김씨가 간택되었다. 그녀는 철종보다 6세 연
하로 15세가 되었을 때 왕비로 간택되었다. 20세가 되었을 때 철인왕후
(哲仁王后) 김씨는 잉태를 했지만 유산되었고 그 후 낳은 왕자도 6개월 만
에 죽었다.

한편 친정 집안에서 왕비를 간택한 순원왕후 김씨는 그 해 12월에 3년
간의 수렴청정을 거둔다는 하교를 내리고 정치일선에서 물러났다. 그녀
가 정치일선에서 물러나도 국정을 주도할만한 친정 집안 인물들이 있었
다. 철종의 장인이 된 김문근은 거의 모든 국정을 장악하였다. 그의 조
카 김병학이 대제학, 김병국이 훈련대장 그리고 김병기가 좌찬성 등을
맡음으로써 조정은 완전히 김씨 일문 일색이 되었다.

순원왕후 김씨는 친정 집안을 완전히 권력의 핵심에 올려놓은 후 철종 8년(1857) 69세의 일기로 세상을 떠났다. 그녀는 현재 서울시 서초구 내곡동에 있는 인릉에 순조와 합장되었다.

그녀가 정치의 핵심 궤도에 올려놓은 김씨 일문은 자신들에게 도전해 오는 세력을 과감하게 제거하면서 정권을 계속 유지해갔다. 철종 13년 (1862) 김순성 등이 역모혐의로 처형되었는데 이하전이 공초에 나왔다는 이유로 사사시켜 버린 예가 있었다.

그러나 역사도 시작이 있으면 끝이 나는 것이 순리였다. 안동 김씨 일문의 극에 달한 세도정치도 철종이 죽자 헌종의 어머니인 신정왕후 조씨가 흥선대원군 이하응과 정치적으로 결탁함으로써 종말을 고했다.

明成
皇后

명성황후 민씨

망국의 왕비, 조선의 국모 살해당하다

　　명성황후(明成皇后) 민씨는 문안인사를 하는 어린 순종을 보며 입가에 흡족한 미소를 그렸다. 미소는 짓고 있지만 자세는 근엄했다. 그녀는 부드럽지만 곧은 목소리로 순종에게 말했다.

　　"나라가 있는 것은 백성이 있기 때문이니 백성이 없다면 무엇으로 나라일 수가 있겠느냐. 그런고로 일컬어 백성은 나라의 근본이요, 근본이 견고해야 나라가 강녕하다 하였느니라. 그런데 혹시라도 위에서 백성을 진휼치 아니하고 곤궁을 펴는 정사를 주로 하면서 오로지 살리는 일에 무능하다면 백성이 나의 것이 아니니 비록 백성이 없다고 하여도 옳을 것이다. 종묘사직의 부탁이 네게 있으니 너는 이를 염두에 두고 지니면서 오직 백성의 일로써 마음을 쓸지니라."

　　순종은 너무 어려 어머니 민씨가 무엇을 훈계하려는지 이해할 수 없었다. 그러나 '백성은 나라의 근본이다.' 는 말만은 확실하게 가슴을 파고들었다.

　　아들 순종에게 항상 백성이 나라의 근본임을 훈계하였으나 정작 그녀는 백성들의 무서운 힘을 간파하지 못했다. 밀려드는 열강들 속에서 왕실과 백성이 모두 살아남을 수 있는 길은 백성들과 힘을 합치는 것밖에 없다는 것을 그녀는 알지 못했던 것이다. 결국 그녀는 백성들이 아닌 열강들에게 왕실의 보존을 의존한 결과, 낭인(浪人, 일본의 떠돌이 무사)들의 칼에 난자당함으로써 참혹한 최후를 마쳤다. 그녀의 죽음은 조선의 죽음이었다.

고아이기 때문에 후하게 받은 점수

민씨는 철종 2년(1851) 9월 25일, 경기도 여주에서 태어났으며 이름은 자영(玆英)이다. 16세 되던 해에 한 살 아래인 고종과 가례를 올려 왕비로 책봉되었다. 그녀가 왕비로 책봉될 수 있었던 가장 큰 요인은 고아나 다름없었기 때문이다. 아버지 여성부원군 여흥 민씨 민치록은 경기도 여주군 근동면 섬락리에 살면서 첨정을 지내다 후처로 이규년의 딸 한창부부인 한산 이씨를 맞아들이고 1남 3녀를 두었으나 모두 죽고 민씨만 남았다. 민씨가 8세 되던 해에 아버지 민치록이 세상을 떠났다. 어머니와 함께 여주를 떠난 민씨는 숙종 비 인현왕후 민씨가 궁궐에서 쫓겨나 몇 년간 근신하며 지냈던 한성부 북부 안국방(현 서울시 종로구 안국동)에 있는 감고당에서 살았다.

그녀가 왕비의 물망에 오르게 된 것은 흥선대원군(興宣大院君) 이하응 (李昰應)의 아내 부대부인 민씨 때문이다. 흥선대원군은 안동 김씨의 세도정치 하에서 굴욕을 감수하며 지냈기 때문에 외척에 대한 경계가 매우 심하였다. 안동 김씨 일문은 왕손 중에서 자신들의 권력을 넘볼 염려가 있는 자들은 과감하게 제거하면서 그 세도를 유지했다. 왕손인 경평군 이세보는 세도정치의 중심인물인 김좌근, 김문근 등을 중상비방했다

명성황후 초상화 권오창

는 이유로 작위를 박탈당한 후 유배되었다. 또한 위험한 인물로 지목되던 흥선대원군의 형인 이하전도 역모죄에 연루되어 제주도로 유배되었다가 사사되었다.

세도정치 하에서 살아남기 위해 왕손이라면 당연히 자신을 위장할 필요가 있었다. 인조의 셋째 아들 인평대군 6세손인 이병원의 둘째 아들 이채중이 남연군이 되어 정조의 이복동생 은신군의 양자로 들어갔었다. 그리고 남연군의 넷째 아들이 이하응인데 철종과는 6촌 사이였다. 남연군은 난봉꾼처럼 생활하여 김씨 일문들의 시야에서 벗어날 수 있었고 그의 아들 이하응 또한 파락호 행세로 목숨을 보전할 수 있었다. 흥선대원군 이하응은 '상갓집 개'나 '난봉꾼'이라는 소리를 들으면서 천인 출신의 천가, 하가, 장가, 안가 등의 심복들을 두고 때를 기다렸다. 그는 자신을 위장하기 위해 세도를 부리던 안동 김씨 일문을 찾아가 생활의 어려움을 호소하며 금품을 요구하거나 머리를 숙여 벼슬자리를 부탁하기도 했다. 안동 김씨 일문에서는 그를 대수롭지 않게 여겼다. 그래서 부유하게 자란 탓에 세상물정을 모른다는 의미로 '궁도령(宮道令)'이라는 별명까지 붙여 놀려댔다.

흥선대원군이 숨을 죽이며 지내는 동안 서서히 기다리던 때는 찾아오고 있었다. 철종은 안동 김씨 일문에 의해 꼭두각시로 발탁되어 14년 6개월 동안 재위하였으나 왕통을 이을 왕자를 남기지 못했다. 원래 철종은 6남 7녀를 두었지만 모두 요절하고 후궁인 숙의 범씨에게서 태어난 영혜옹주만 제대로 성장하여 금릉위 박영효와 혼인을 했다.

철종이 점차 병이 들어 죽을 날만 기다리게 되자 흥선대원군은 가슴에 품어왔던 자신의 꿈을 위해 날개를 펴기 시작하였다. 그는 먼저 안동 김씨 일문에 의해 정계에서 목소리 한번 크게 내지 못하고 있던 풍양 조씨 일문인 조성하와 조영하에게 접근했다. 이들은 모두 효명세자(익종)

의 비이며 헌종의 어머니인 신정왕후 조씨의 조카들이었다. 대비 조씨 또한 김씨 일문에 의해 친정 집안이 빛을 보지 못하고 있었기 때문에 나쁜 감정을 가지고 있었다.

신정왕후 조씨는 순조 8년(1808) 12월 6일, 효명세자와 같은 해에 출생하여 12세가 되던 순조 27년(1827) 세자빈으로 간택되었다. 아버지는 풍은부원군 조만영이며 어머니는 덕안부부인 은진 송씨이다. 조씨가 세자빈으로 간택될 수 있었던 것은 숙부 조인영의 배경 때문이기도 했다. 당시 조정은 안동 김씨 일문이 세력을 장악하고 있었는데 조인영이 그들과 밀접한 관계를 유지하고 있어서 세자빈 간택에 유리했던 것이다.

조씨의 시아버지 순조는 권력을 거머쥔 안동 김씨 일문을 견제하기 위해 효명세자에게 대리청정을 시켰다. 그 결과 그녀의 친정 집안이 잠시나마 세력을 갖추기는 했지만 효명세자가 죽는 바람에 꿈은 사라지고 말았다. 이후 순조가 직접 정사를 처리하게 되자 안동 김씨 일문의 세력은 활개를 치기 시작하였다.

순조가 세상을 떠나고 아들 헌종이 즉위하자 조씨의 친정 집안은 잠시 기세를 펴는가 싶었지만 여전히 실세는 안동 김씨 일문이었다. 순원왕후 김씨가 수렴청정을 거두면서 직접 국정운영에 나서게 된 헌종은 안동 김씨 일문과는 협력관계를 유지하며 주도권을 쥐었다. 하지만 헌종이 후사 없이 세상을 떠나자 왕위 계승 결정권을 갖고 있던 순원왕후 김씨가 강화 도령 원범을 지목하였다. 따라서 안동 김씨 일문의 세도정치는 극에 달할 수밖에 없었다. 왕손들과 풍양 조씨들은 안동 김씨들 앞에서 숨소리조차 낼 수 없게 되었다.

철종 8년(1857) 순조 비인 순원왕후 김씨가 죽자 신정왕후 조씨는 대왕대비가 되었다. 철종이 재위 13년 만에 창덕궁 대조전에서 후사도 없이 승하하자 최고 어른인 대왕대비로서 왕실의 권한을 한손에 넣게 되었다.

홍선대원군은 조영하와 조성하를 통해 대비 조씨를 만나 후사 문제를
결정했다. 안동 김씨 일문이 철종의 후사를 정하기 전에 선수를 쳐야 한
다고 주장했던 것이다. 안동 김씨 일문에 의해 숨을 죽이면서 지내던 조
씨였기에 그 제의에 흡족해 했다. 그래서 결정된 인물이 홍선대원군의
차남 이명복, 즉 고종이었다. 신정왕후 조씨는 명복을 자신의 양자로 삼
았는데 그는 효명세자의 아들이 된 셈이었다.

　　철종이 눈을 감자 조대비는 기다렸다는 듯이 어새를 대왕 대비전에
봉납하라고 명하였다. 그날 곧바로 정원용을 원상으로 임명하고 정원
봉, 김흥근, 김좌근 그리고 조두순 등의 원로들과 만난 자리에서 교지를
내렸다.

　　"홍선군 이하응의 둘째 아들 명복(고종의 아명)을 명하여 사왕(嗣王)으로
정하고 익종(효명세자)의 대통을 잇게 하노라."

　　후사 결정권은 대비 조씨에게 있었기 때문에 누구 하나 반박할 수는
없었다. 그녀의 명령에 대해 안동 김씨 일문에서는 불만이었지만 할 수
없는 일이었다. 날아가는 새도 떨어뜨린다며 60년 간 세도를 펼친 안동
김씨 일문은 종막을 고해야 했다.

　　모든 결정권은 대비 조씨에게 있었기 때문에 그녀는 홍선군을 대원군
으로 승격시키고 모든 정사의 운영을 일임했다. 대원위 대감이라고도
불렸던 홍선대원군은 헌종 7년(1841) 홍선정을 거쳐 2년 뒤 홍선군에 봉
해졌었다. 철종 14년(1863) 12월, 철종이 승하하자 둘째 아들 명복이 조
대비에 의해 왕위에 올랐고 자신은 홍선대원군으로 진봉되어 여러 정사
를 총괄하게 된 것이다.

　　왕위에 오른 고종은 겨우 12세에 불과했기 때문에 관례에 따라 수렴
청정이 필요했다. 수렴청정을 맡고 나선 인물이 바로 대왕대비 조씨였
는데 그녀는 모든 정사를 홍선대원군에게 일임하고 뒷전으로 물러나 있

었으며, 2년 후 섭정을 거둔다는 하교를 내렸다. 그녀의 하교가 내려지자 흥선대원군은 아들 고종의 배후에서 더 적극적으로 국정을 주도해나갔다.

그는 먼저 60년간 독재를 자행하던 안동 김씨 일문을 조정에서 퇴진시키고 당색에 의해 차별을 받았던 남인 계열의 인물들, 서북인, 개경(개성)의 고려 왕조 자손들에게 관직의 기회를 열어주었다. 한편 조선을 압박해오는 열강들로부터 나라를 지키기 위해서는 당쟁의 폐해를 극복하고 왕권을 강화해야 될 필요성을 느꼈다. 그래서 당쟁의 온상이 되고 있던 서원철폐령을 내리고 왕권강화를 상징적으로 보여주기 위해 경복궁 중건사업을 시작했다. 한편 밀려드는 열강들을 막기 위해 강력한 통상 수교 거부 정책(쇄국 정책)을 표방했다.

흥선대원군은 누구보다 왕실의 외척들에 의한 전횡으로 피해를 본 인물이었기 때문에 며느리를 선택할 때 신중을 기했다. 며느리가 될 수 있는 자격 가운데 친정 피붙이들이 없어야 한다는 것이 첫 번째 조건이었다. 그 다음이 명문가 출신이어야 한다는 것이었는데, 이때 그의 부인이 민씨를 추천했다. 부대부인 민씨는 민치구의 딸로 민치록과는 상당히 먼 인척관계였다. 민치록은 인현왕후 민씨의 아버지 민유중의 5대손이었으며 민치구와는 5대에서 갈려졌었다. 여흥 민씨 집안은 2명의 왕후를 배출한 명문가로 태종의 비 원경왕후 민씨와 숙종의 비 인현왕후 민씨가 그들이었다. 민씨는 가문도 좋았을 뿐더러 이때 아버지가 없고 남자 형제가 없는 외로운 처지였다. 이런 조건을 갖춘 민씨는 흥선대원군이 기다리던 최고의 자격을 갖춘 며느리 후보였다.

고종 3년(1866) 대왕대비 조씨가 12~17세까지 처녀들의 혼인을 금하는 명을 내렸다. 또 혼인식에 필요한 별궁으로 운현궁을 이용하도록 하였다. 청덕궁 중희당에서 초간택을 한 뒤 민치록의 딸 민씨, 김우근 딸,

조면호의 딸, 서상조의 딸, 유초환의 딸 등이 재간택 후보가 되었다. 사실 민씨는 왕비 후보의 자격조건조차 되지 못했다. 《효현왕후 가례도감 의궤》에 따르면 첫째 왕과 성과 본이 같은 성 및 왕의 이성 8촌 이내, 둘째 대왕대비와 같은 성 5촌 이내, 왕대비와 같은 성 7촌 이내 그리고 다른 성 6촌 이내의 친족, 셋째 부모 모두 살아있지 않거나 한 명만 생존한 경우 등에는 후보조차 될 수 없었다. 그런데 민씨가 당당히 재간택의 후보에 오른 것은 정치적 배경이 없고서는 불가능한 일이었다. 민씨는 이미 왕비로 내정되어 있었던 것이다.

16세의 앳된 민씨는 가례에 앞서 운현궁에서 왕실교육을 받는 한편 《소학》, 《효경》, 《여훈》 등의 공부를 위해 밤늦도록 불을 밝혔다. 삼간택 후 보름 남짓 이곳에 머물며 왕실 여성으로서 갖춰야 할 모든 예절과 상식을 배웠다. 그리고 마침내 고종 3년(1866) 3월 21일 고종과 혼인을 하였다.

시아버지와의 정치 주도권 싸움

홍선대원군은 자신이 바라던 자격요건을 갖춘 민씨를 며느리로 맞이하여 내심 흡족해 했다. 그러나 사실은 호랑이 새끼를 왕실에 들여 놓은 결과가 되었다.

민씨가 왕실에 들어왔을 때 이미 남편 고종에게는 총애하는 후궁인 상궁 이씨(영보당 귀인 이씨)가 있었다. 고종은 민씨를 형식적으로 맞이했을 뿐 아무런 관심을 보이지 않았다. 독수공방하던 민씨는 후궁들에 대한 질투로 시간을 낭비하지 않고 앞날을 내다보며 독서에 열중하였다. 그녀는 《내훈》, 《열녀전》처럼 부녀자의 덕을 강조하는 책보다는 《춘추》나 《춘추좌씨전》 등과 같은 책에 더 많은 흥미를 느꼈다. 《춘추》는 오경 중 하나로 중국 노나라의 사관에 의해 만들어진 것을 공자가 첨삭하여

명성왕후를 황후로 추존하면서 올린 황후의 인장 국립고궁박물관 소장

유교경전이 된 책이었다. 《춘추좌씨전》은 좌씨가 주석을 달은 책이다. 주나라가 쇠퇴하고 제후들이 서로 병합을 일삼아 전쟁이 끊이지 않던 시대가 주 배경이었다. 훗날 민씨가 정권을 잡으면서 많은 열강들과 힘겨루기를 하는 과정에서 이 책들은 많은 도움이 되었다.

민씨가 독수공방으로 2년을 보내는 동안 왕실에서는 경사로 떠들썩 했는데 고종 5년(1868) 고종의 아들이 탄생했던 것이다. 그 아들이 민씨가 아닌 상궁 이씨의 몸에서 태어난 완화군 선(墡)이었다. 그동안 왕실에서는 후사를 보는 것이 너무 어려웠던 탓에 모든 관심사는 선에게 쏠렸다. 시아버지 흥선대원군도 입만 열었다 하면 선에 관한 이야기였다. 왕실이 이처럼 기쁨에 넘쳐 있는 동안 중궁전의 민씨는 마음 놓고 기뻐할 처지가 못 되었다. 그녀는 만일 왕자를 낳지 못하면 자신의 신세는 불보듯 자명한 일이었기에 초조해졌다. 과거에도 쫓겨난 왕비들이 많았기 때문에 그 자리를 차지하고 있다고 해서 안전한 것은 아니었다. 왕자를 낳아야만 보다 안전하게 왕비의 자리를 지킬 수 있었다. 난감한 상황이었지만 자신을 보호해 줄 세력이 전혀 없었다. 고심하던 그녀는 결국 일문의 민씨들을 끌어들이기로 했다. 그 첫 대상이 민승호였다. 그는 민치구의 아들로, 민치록의 양자로 입양되었으며 촌수로 따지면 민씨의 오라버니가 되었다. 민승호는 곧 이조참의에 올랐고 이후 병조참판에 임명되었다.

후궁 이씨의 소생 완화군이 성장하자 원자로 책봉하려는 움직임이 일기 시작하였다. 이미 청나라에서도 완화군을 원자로 책봉하려는 의사를 가지고 있었다. 민씨는 어떤 방안을 강구하지 않으면 안 될 만큼 궁지에 몰리게 되었다. 또 한편으로 만약 자신이 왕자를 낳더라도 시아버지 흥선대원군이 외척의 발호를 경계하여 후궁 소생의 아들을 세자로 책봉할지 모른다는 우려를 떨쳐낼 수 없었다. 그래서 시아버지와의 정치적 대결을 피할 수 없다는 결론을 내렸다.

민씨는 조용히 친정 일가들을 조정으로 끌어들이면서 앞날을 계획했다. 흥선대원군에 의해 실각된 풍양 조씨의 조영하, 안동 김씨 일문의 김병기 등을 포섭하고 남편 고종의 형인 이재면(흥친왕), 대원군의 형인 이최응 등을 자신의 수하로 끌어들였다. 이들은 모두 흥선대원군에 대해 불만이 많은 자들이었다. 유림의 거두 최익현과도 제휴하였다. 당시 유림들은 흥선대원군이 서원을 철폐하자 불만을 품게 되었으며 기회가 오면 언제든지 일어설 만반의 태세를 갖추고 있었다.

흥선대원군을 정권에서 퇴진시키기 위해 많은 세력들을 끌어들이던 민씨는 차츰 고종의 총애를 받기 시작하였다. 그 결과 고종 8년(1871) 민씨는 첫 왕자를 낳았지만 5일 만에 죽고 말았다. 항문이 막히는 바람에 배설을 할 수 없어 죽었다는 말에 민씨는 기가 막혔다. 그런데 아들이 죽은 결정적인 원인은 흥선대원군이 산삼을 많이 주었기 때문이라고 생각하여 시아버지를 더욱 미워하였다. 시아버지와 며느리의 갈등 폭은 더욱 커져만 갔다. 그런데 민씨에게는 다행한 일인지 완화군이 13세가 되던 해인 고종 17년(1880) 원인모를 병에 걸려 죽고 말았다. 완화군이 죽은 것은 다행스러운 일이었지만 자신의 아들이 죽은 것은 원통할 뿐이었다. 완화군의 어머니 귀인 이씨(영보당 이씨)는 고종 43년 귀인으로 책봉되고 일제강점기 때인 1928년 12월 17일 80세의 고령으로 별세하였다.

민씨는 드디어 최익현을 통해 흥선대원군을 정계에서 물러나게 만들었다. 흥선대원군은 강력한 왕권을 상징하는 의미에서 경복궁을 무리하게 중건했는데, 결과적으로 민생을 도탄에 빠지게 했다. 경복궁은 조선을 창건한 이성계에 의해 태조 4년(1395)에 완성되었으며 이름은 정도전이 《시경》에 나오는 '군자만년개이경복(君子萬年介爾慶福)'이라는 글귀를 따서 지었다. 그 후 선조 25년(1592) 임진왜란 때 불타버린 후 재정이 부족하여 그대로 방치해 두었는데, 순조의 아들인 효명세자가 중건을 시작했지만 일찍 죽는 바람에 뜻을 이루지 못했다. 헌종도 계획을 세웠으나 실행에 옮기지 못했다. 그 후 정권을 장악한 안동 김씨 일문으로서는 왕실의 권위를 나타내는 경복궁 재건은 자신들에게 전혀 이익되는 일이 아니었기 때문에 그대로 방치해 두었다. 그러다 흥선대원군이 정권을 장악하면서 왕실의 권위를 되찾기 위해 재건을 시작했던 것이다.

처음 경복궁 중건을 시작할 때는 많은 사람들이 이에 호응을 했다. 흥선대원군은 경복궁 중건을 위한 경비를 마련하기 위해 관민 차별을 두지 않고 원납전(願納錢)을 자진 납부하게 했다. 원납전을 많이 납부하면 벼슬을 주기도 해서 적지 않은 사람들이 솔선수범해서 참여했다. 자진해서 부역에 참여하는 사람들도 많았으며 흥선대원군은 이들을 위로하기 위해 무동대(舞童隊), 농악대, 남사당패 등을 동원하였다. 이처럼 순조롭게 진행되던 경복궁 중건공사는 도중에 화재가 발생하여 임시로 지은 숙사 8백여 채와 귀중한 건축 자재가 모두 소실되어 버렸다. 대원군은 좌절하지 않고 공사를 진행시켰는데 원납전만으로는 부족하여 전세(田稅)를 올

고종이 세자를 책봉하며 내린 교명 – 고종이 세자를 책봉하며 임명장으로 내린 문서 국립고궁박물관 소장

리고 도성문을 출입하는 사람들에게 통행세까지 부과하였다. 또한 이것으로도 모자라 당백전(當百錢)까지 발행하였다. 그러나 이를 과도하게 발행하는 바람에 실질가치는 갈수록 하락하고 물가는 올라 실질소득이 줄어드는 현상이 발생하였다. 그 결과 백성들의 삶은 더욱 곤궁해졌으며 여기저기에서 불만의 소리가 터져 나왔다. 흥선대원군은 이러한 불만을 무시한 채 경복궁 공사를 강행하여 7년 만에 완공시켰다. 그러나 흥선대원군에 대한 각계각층의 원성이 높아지는 가운데 유림의 거두 최익현이 고종 10년(1873) 그를 탄핵하는 상소를 올렸다. 최익현은 철종 6년(1855) 명경과에 급제하여 승문원부정자로 관직생활을 시작했으며 고종 7년(1870) 승정원동부승지를 지냈다. 그는 위정척사파의 거두 이항로의 수제자로 부승지가 되자마자 흥선대원군의 탄핵상소를 올렸던 것이다. 그는 상소에서 경복궁 재건을 위한 흥선대원군의 그릇된 정치를 비판하고 시정을 건의하였다. 상소는 그의 강직함과 우국애민정신의 발로이며 막혔던 왕에게 올릴 수 있는 말의 통로를 연 계기가 되었다. 흥선대원군의 10년 집권이 무너지고 고종의 친정이 시작된 전환점이기도 하였다.

고종과 민씨는 뒤에서 쾌재를 부르고 있었다. 고종도 아버지의 전횡

에 싫증을 내고 있던 터였다. 그 상소의 골자는 이제 고종도 21세가 되었으니 아버지의 섭정은 불가하다는 것이었다.

사실 흥선대원군으로서도 섭정할 명분이 없었기 때문에 정치 일선에서 퇴진할 수밖에 없었다. 고종은 자신이 직접 정사를 운영하게 되자 아버지 흥선대원군이 사저 운현궁에서 드나들던 창덕궁의 전용출입문을 사전 양해 없이 폐쇄시켰다. 시아버지와 정치적 대결을 벌이던 민씨는 이로써 일차적인 승리를 거두게 된 셈이었다. 정계에서 물러난 흥선대원군은 잠시 운현궁에서 머물다 경기도 양주 곧은골(直谷)에 은거하면서 정계복귀를 도모하기 시작했다.

시아버지 흥선대원군이 정계에서 퇴진한 후 조정은 민씨 일가의 독무대가 되었다. 고종 11년(1874) 민씨는 둘째 아들 척(坧, 훗날 순종)을 낳았다. 모든 일이 그녀의 뜻대로 흘러갔으며 그 이듬해에 아들 척은 왕세자로 책봉되었다.

그런데 그 해 11월 뜻하지 않은 일이 벌어졌다. 양오라버니 민승호에게 승려가 진상품을 바쳤는데 그 함을 여는 순간 폭발하고 만 것이다. 이 사건으로 민승호와 그의 아들 그리고 어머니 감고당 한산 이씨까지 목숨을 잃었다. 민씨는 흥선대원군이 시킨 일이라고 의심했지만 뚜렷한 물증이 없었다. 이 사건으로 흥선대원군과 민씨는 돌아갈 수 없는 강을 건너고야 말았다.

한편 일본은 통상 수교 거부 정책을 단행하던 흥선대원군이 실각했다는 소식을 접하자 조선의 개항을 서둘렀다. 고종 12년(1875) 일본은 영국에서 수입한 근대식 군함인 운요호를 부산에 침투시켰다. 이에 부산훈도 현석운(玄昔運)이 부산의 왜관(倭館, 일본의 상관이 있고 일본인이 거주하는 지역)을 찾아가 군함을 침투시킨 이유를 묻자 운요호 함장 이노우에는 '조선과의 수교 교섭이 지연되는 이유를 일본의 이사관에게 물으러 왔다.'고 설명하고, '조선 해안을 탐측하고 연구하기 위한 것'이라고 구실을 대었다. 운요호의 함장은 강화도 앞바다에 불법으로 침투하여 해안 경비를 서던 조선 수군의 방어적 공격을 받자, 함포로 조선에 보복 포격을 가하였다. 그리고 영종진(현 영종도)에 상륙하여 조선 수군과 격전을 벌여, 근대무기로 무장한 일본군이 조선군에게 큰 피해를 입히고 무기도 다량 탈취하였다. 그리고 주민에 대한 방화, 살육을 하고 퇴각하였다. 이 사건이 운요호 사건이다. 이 사건을 빌미로 일본은 이듬해 육군총장 겸 참의인 구로다 기요타카(黑田淸隆)를 특명전권대사로 임명하여 군함 6척과 4백여 명의 군인을 강화도로 보내 위협시위를 하면서 조선 정부에 협상을 요구했다.

조선에서는 당시 일본을 배척하는 소리가 높았지만 우의정 박규수가 통상관계를 맺는 것이 유리하다고 주장하여 결국 다음해인 고종 13년 2월 27일 강화도 연무당에서 전권대신 신헌과 구로다에 의해 제12조로 된 불평등조약인 '강화도 조약'을 맺게 되었다. 이로써 조선은 근대적인 서양문물을 수용하게 되었으며, 이를 계기로 다른 서양 제국과도 조약을 체결하였다. 조선은 이 조약들로 인해 자본주의체제로 편입하게 되었다.

민씨는 서양문물을 접하면서 기존의 통상 수교 거부 정책으로는 조선이 강대국으로 성장할 수 없다는 사실을 깨닫고 적극적으로 문물을 받아들이려 하였다. 그래서 청나라와 일본에 영선사와 신사유람단을 파견했다. 신사유람단으로 일본을 다녀온 김홍집은 당시 청나라 주일 공사관 참찬관 황준헌이 지은 《조선책략》이라는 책자를 들고 와서 고종에게 바쳤다. 이 책의 주요 내용은 조선이 러시아제국의 남하를 막으려면 친청, 결일본, 연미국의 외교정책을 써야 한다는 것이었다. 김홍집의 문물시찰 보고를 받은 고종과 민씨는 더욱 적극적으로 문호개방에 앞장섰다. 그러나 《조선책략》은 위정척사론을 주장해온 유생들로서는 받아들이기 어려운 내용이었기 때문에 그들은 매일 상소를 올렸다. 여기에 고무된 흥선 대원군은 민씨를 실각시키기 위해 역모를 계획했다. 고종 18년(1881) 대원군은 자신의 서자인 이재선의 심복 안기영을 사주하여 군자금을 모금한 후 민씨와 고종을 퇴위시키고 이재선을 왕으로 추대하려 하였다. 그러나 이 사건은 사전에 발각되어 이재선과 안기영은 유배형에 처해졌다. 민씨는 척사를 주장하던 유림들을 탄압하고 대원군에 대해서는 더욱 엄중한 감시로 경계태세를 늦추지 않았다. 그리고 민씨는 다음해 서양문물 수용에 대한 중요성을 깨닫고 다음과 같은 조서를 발표하였다.

"제외국은 강대하고 우리들은 약소하다. 그들의 방식을 배우지 않고 어찌하여 그들에게 대항해서 설 수가 있는가? 우리들은 안으로 나라의 제반사항을 개혁하고, 아울러 제외국과 친밀한 교제를 이룩한다면 우리나라도 또한 다른 나라들처럼 강대해지고 부유한 나라가 될 것이다."

다른 한편 민씨는 친정 일문의 정권유지를 위해 며느리를 민씨 일가에서 간택하였다. 고종 19년(1882) 9세의 순종은 11세 된 민태호의 딸 민씨를 아내로 맞이하였다. 과거 안동 김씨 일문이 아니라 민씨 일문이 독재를 자행하는 시대가 온 것이다. 민씨 일문이 아니면 이름 석 자도 함부로 내밀 수 없는 시대가 온 것인데 자연히 불만세력은 갈수록 급증할 수밖에 없었다.

드디어 민씨에게도 위기의 순간이 찾아왔다. 신식군인에 비해서 차별을 받던 구식군인들이 봉기를 일으킨 임오군란(壬午軍亂, 고종 19년)이 발생한 것이다. 한 해 전인 고종 18년(1881) 일본 군사고문을 초빙하여 양반 자제 80여 명을 뽑아 별기군(別技軍)을 창설하여 신식훈련을 시켰었다. 신식군대인 별기군과 구식군대의 대우는 천지차이였다. 그러다 차별대우에 불만을 품고 있던 구식군대에게 13개월이나 밀린 군료를 지급한다는 통보가 내려졌다. 그러나 군인들에게 지급된 쌀은 겨와 모래가 섞였을 뿐만 아니라 그나마 1개월분의 군료 밖에 되지 않았다. 이때 훈련도감의 포수 김춘영, 유복만 등이 항의하면서 분노에 찬 군인들은 쌀을 지급하던 관리를 구타하였다. 선혜청 당상이던 민겸호는 이를 무마하기 위해 군인 3명을 체포했다. 군인들은 화가 나 민겸호의 집으로 몰려가서는 삽시간에 아수라장으로 만들어 버렸다. 일을 벌인 군인들은 자신들을 보호해 줄 세력은 운현궁에 은둔해 있는 흥선대원군뿐이라 판단하여 그를 찾아갔다. 대원군은 겉으로는 그들을 달래는 척하였으나 내심 난이 확대되어 민씨 일파를 조정에서 쫓아내주기를 기대했다. 그래서 유복만의 동생 유춘만, 김춘영의 아버지 김장손 등과 비밀리에 만나 배후에서 군인들의 행동방략을 지휘하였다.

흥선대원군은 그들에게 우선적으로 해야 될 일들을 차근차근 가르쳐 주었다. 이 지휘에 따라 군인들은 둘로 나누어졌는데, 한 무리는 민씨를 지지하는 세력들을 습격하여 때려 죽였고, 다른 한 무리는 일본 공사관을 습격했다. 마지막으로 민씨를 죽이기 위해 창덕궁으로 몰려갔지만 이미 그녀는 그곳을 벗어난 직후였다. 민씨는 무예별감 홍계훈의 기지로 그의 등에 업혀 창덕궁을 빠져 나온 뒤 경기도 장호원에 있는 민응식의 집에서 숨어 지냈다.

홍선대원군은 사태를 수습한다는 명목으로 고종에게서 정권을 위임받았다. 그는 민씨가 언제 보복을 할지 모른다는 생각에서 장안을 샅샅이 뒤지게 했으나 끝내 찾지 못했다. 그래서 민씨가 죽었음을 전국에 발표하고 장례절차를 밟게 했으며 청나라에도 국상을 알렸다. 10여 년 만에 재집권한 홍선대원군은 새로운 인물들을 기용하여 민씨 일파에 의해 만들어진 제도를 개혁했다. 민씨로서는 위기일발의 순간이었다.

장호원에 숨어 있던 민씨는 즉시 청나라 톈진에 주재하고 있던 영선사 김윤식에게 이 사실을 알려 청군을 요청하도록 했다. 청나라는 그렇지 않아도 일본을 감시해야겠다는 필요성을 절실하게 느끼고 있었기에 주저 없이 위안스카이(袁世凱)가 4천 5백 명의 군대를 이끌고 파병하였다. 청군의 파병에 위협을 느낀 일본도 즉시 일본 공사관 습격의 피해를 물어 인천으로 군대를 몰고 들어왔다. 홍선대원군은 일본군과 만나 협상을 하려 했으나 이들은 그의 요구를 무시하고 한성부로 들어왔다. 그는 그들의 불법적인 만행에 적극적으로 대처하겠다는 의지를 표명하였다. 강경하게 나오는 그의 태도에 일본군은 잠시 인천으로 물러나 있었다.

청군은 홍선대원군과 일본군의 협상을 중재하는 척하다 그를 청나라로 납치해 버렸다. 홍선대원군의 정권은 33일 만에 무너지고 말았다. 그리고 청군은 그날 밤 궁궐 안팎과 사대문을 지키던 조선 군대를 몰아내고 한성부를 장악하였다. 민씨는 청군의 보호 아래 다시 궁궐로 들어올 수 있었다. 한편 일본에 도착한 하나부사 공사가 군변의 사실을 정부에 보고하자 일본은 곧 군함 4척과 보병 1개 대대를 조선에 파견하였으나 청의 신속한 군사행동에 대항하지 못했고 대원군이 청나라에 의해 제거되었기 때문에 조선측에 대한 강경한 태도로 책임을 물어 제물포조약(濟物浦條約)을 체결하게 되었다. 일본 정부는 조선에 대해 군란의 수모자를 처단하고, 일본인 유족에게는 위문금을 지불할 것이며, 일본 정부에 손해배상금 50만 원을 지불할 것과 일본 공사관에 경비병을 주둔시키는 것 등을 내용으로 하고 있다.

청나라는 난을 진압해주었다는 명목으로 조선의 내정간섭을 강화하였다. 민씨 또한 자신의 권력을 유지하기 위해서는 청나라에 의존해야 한다는 생각이 더욱 간절해졌다. 민씨가 친청정책(親淸政策)으로 기울면서 일본의 메이지유신(明治維新, 1868)을 개혁의 원형으로 삼고 있던 급진개화파(개화당)들과는 불화가 생겼다. 강화도조약 이후에는 친일적인 입장에서 정책을 풀어나갔으나, 임오군란 이후에는 청나라 중심으로 정책을 전개해 나가자 급진개화파들은 정권에서 차츰 소외되기 시작하였다.

정권에서 차츰 밀려난 급진개화파들은 민씨를 비롯한 친청수구세력(사대당)들을 정계에서 몰아낼 계획을 세웠다. 고종 21년(1884) 12월 4일, 우정국(郵征局) 개국 축하만찬회를 이용하여 거사를 일으키기로 결정하였다(갑신정변).

축하만찬회가 거의 끝나갈 무렵 갑자기 "불이야!"하는 소리와 함께 그곳은 아수라장으로 변했다. 민씨 척족의 거두 민영익은 달아나다 문밖에서 기다리고 있던 자객의 칼을 맞고 쓰러졌다. 거사의 주동자 김옥균, 박영효, 서광범 등은 만찬회장을 빠져나와 대기하던 일본 1개 중대와 조선군 일부를 동원하여 고종이 있는 창덕궁으로 달려갔다. 고종에게 사대당과 청의 군대가 변을 일으켰다고 거짓으로 보고하였다. 이들은 고종과 민씨를 경우궁으로 옮기고 다음날 아침 고종의 부름을 받고 입궐하던 민영목, 민태호, 조영하, 윤태준, 이조연, 한규직 등의 원로대신 6명을 죽였다. 그동안 민씨 척족에 의해 소외당해 왔던 이재선을 궁으로 불러들여 왕실과의 연합정권을 제안했다. 정변에 성공한 급진개화파들은 곧 새로운 내각조직과 구성원을 발표하였다.

한편 경우궁으로 옮겨졌던 고종과 민씨는 이복형 이재원의 집으로 일

維光武元年歲次丁酉九月丁亥朔十七日
癸卯 皇帝若曰乾道資始坤道資生后配于君儷尊同
體君以仁政子育萬民后行懿德母臨三紀
可不歡欲谷爾王后閔氏以英哲端莊之姿
正家道而成教於國同勤勞於重恢之業內
治明章良佐助浚功存
社稷澤被區域柔化彌著令聞孔彰屬玆邦維
新誕膺寶位大號令遣議政府議政沈舜澤
弘文館大學士金永壽捧金冊金寶命爾為
皇后于以昭王道之所以始大德之必其得
受嘉祉於迺眷啓熾昌於無疆於不韙哉

명성왕후를 황후로 추존하면서 금보와 함께 올린 금으로 제작된 책 국립고궁박물관 소장

단 피신해 있었다. 이때 전 경기감사 심상훈이 국왕 문안을 핑계로 입궐하여 민씨와 위안스카이가 내통할 수 있도록 하였다. 청나라 군대의 계획을 미리 알게 된 민씨가 즉시 창덕궁으로 옮겨야 한다고 주장하자 고종도 수긍하였다.

청나라 사람으로 조선에 주둔하고 있던 군인이자 정치가인 위안스카이는 오후 3시경 정변을 일으킨 급진개화파를 공격하기 시작했다. 창덕궁 안에서 왕을 호위하고 있던 일본군은 사태가 점차 불리해지자 철수해 버렸다. 이 틈을 타고 민씨는 청군 진영으로 탈출했으며 사태는 급진개화파에게 불리하게 돌아갔다. 고종도 민씨에게 가려고 실랑이를 벌이는 가운데 홍영식을 따르던 조선군과 청군과의 일전이 벌어졌다. 그러나 결과는 대실패로 돌아갔으며 김옥균, 박영효, 서광범, 서재필 등이 일본으로 망명함으로써 갑신정변은 3일 만에 끝나고 말았다.

급진개화파가 쫓겨난 후 민씨는 위안스카이와 함께 사태수습을 위해 긴급대책을 강구했다. 두 번에 걸쳐 도움을 받은 민씨는 청나라와의 관계를 더욱 강화했다. 임오군란과 갑신정변에서 일본측이 일방적으로 피해를 당하고, 조선에서 위축되는 결과가 초래되자 일본은 강경한 자세로 잃어버린 세력을 회복하고자 하였다. 그러나 청나라는 베트남에서 프랑스와 충돌하고(청·프랑스 전쟁, 1884~1885) 있던 터라, 일본과는 평화롭게 사건을 해결하기를 바라고 있었다. 이러한 국제적 분위기를 이용하여 일본은 군사를 이용하여 조선과 조약 체결을 강행하였다. 일본은 자신들의 공사관이 불타고 자국민의 희생이 발생한 것에 대해 배상을 요구했다. 힘이 없던 조선은 고종 21년 일본의 요구조건을 들어주어 공사관 건축비와 배상금 지불을 약속하는 한성조약(漢城條約)을 체결했다. 당시 청나라보다 열세에 몰려 있던 일본은 고종 22년(1885) 조선에서 청군을 철수할 것과 앞으로 조선에 군대를 파병할 경우에는 서로 통고한다는 청나라와 일본 간의 톈진조약(天津條約)을 체결하였다.

갑신정변(甲申政變) 후 중앙의 요직은 모두 민씨 일족이 장악하여 그들의 세도정치는 극에 달했다. 민씨가 청에 의존한 것은 순전히 자신의 권력유지를 위한 것이었다. 그녀가 원했던 것은 민씨 일문에 의해 전권이 자행되는 조선이었다. 그것만이 자신의 권력을 유지하는 길이라고 생각했다. 그러나 그녀는 정작 가장 중요한 것을 깨닫지 못했다. 의존해야 될 대상이 밀려드는 열강들이 아니라 조선의 백성들이라는 것을 몰랐던 것이다.

백성은 나라의 근본이다?

갑신정변 후 위안스카이는 계속 사대문 안에 머물면서 조선의 내정을 간섭하였다. 일본 또한 갑신정변 후 그 세력이 약화되기는 했지만 여전히 조선을 둘러싸고 청나라와 첨예한 대립을 벌이고 있었다. 이런 상황에서 또 다른 열강이 조선에 출현하였는데 바로 러시아였다.

러시아는 유럽, 중앙아시아 그리고 극동으로 남하정책을 꾸준히 추진하였는데 철종 11년(1860) 청나라와 베이징조약을 맺으면서 우수리강 이동의 연해지방을 차지하게 되었다. 그때부터 두만강을 사이에 두고 조선과 접경하게 되었다. 러시아는 블라디보스토크에 군항을 개설함으로써 남하정책의 추진기지로 삼아 조선의 침투를 꾀하였다.

민씨는 조선을 둘러싸고 열강들 간에 서로 쟁탈전을 벌이자 이를 이용해야겠다는 생각을 품게 되었다. 일본에 대해서는 이미 갑신정변 이후 신뢰가 떨어진 나라라 적대적으로 대했으며, 청나라는 자신이 재집권하는데 두 번이나 도움을 주었기에 많은 의존을 하고 있었다. 그런데 청나라는 위안스카이를 조선에 심어두고 민씨와 민씨 척족세력에 대해 사사건건 물고 늘어졌다. 상황이 이렇게 되자 민씨는 자신의 권력유지를 위해 이제부터는 러시아를 이용해야겠다는 판단을 내렸다. 그래서 청나라 리홍장의 추천으로 조선 정부의 외교고문으로 와 있던 독일인 묄렌도르프를 매개로 일본에 있던 러시아 공사와 접촉하여 서로 밀약을 맺으려 했다. 그 밀약내용은 청과 일본을 조선에서 몰아내고 러시아가 보호국이 되어 주길 바란다는 것이었다. 그러나 이러한 민씨의 행동은 즉각 청나라에 알려져 묄렌도르프를 소환하고 임오군란 후 납치되었던 흥선대원군을 귀국시켰다. 서로 정적관계에 있던 흥선대원군을 이용하여 민씨를 견제하려 했던 것으로 한·러 간의 밀약은 무산되고 말았다.

러시아가 조선 진출을 꾀하려고 하자 이를 예의주시하고 있던 영국이 견제하기 위해 고종 22년(1885) 3월 1일, 전라도 여수의 거문도를 불법 점령하였다(거문도사건). 다음해 영국은 다른 나라들이 거문도를 점령하지 못하도록 보장만 해주면 철수할 의사가 있다고 알려왔다. 8월과 9월 청나라의 리훙장과 주청 러시아 공사 라디젠스키는 영국군이 거문도에서 물러나면 러시아는 조선에 진출하지 않겠다고 협의 후 공동으로 발표하였다. 이에 청나라는 10월 영국 공사관에 철수를 촉구하였고 영국군은 한 해를 넘긴 고종 24년 2월 5일 마침내 철수를 했다. 그러나 영국군은 4년 뒤 다시 거문도를 점령한다.

한편 러시아와 조선의 관계를 중개해주던 묄렌도르프는 청나라로 소환되었다. 그 후 러시아 공사 베베르가 같은 시기에 조선에 도착하였는데 그는 외교계의 노련한 인물이었다. 그의 아내 역시 사교적인 면에서 남편 못지않은 여성이었다. 이들 부부는 곧 고종과 민씨의 마음을 사로잡을 수 있었다. 그러나 민씨는 이들에게 많은 호감을 느꼈지만 본심은 딴 곳에 있었다. 이들 러시아 공사 내외를 이용하여 자신의 현재 발판을 더욱 확고하게 굳히고자 하는 것이 가장 큰 목적이었다. 그래서 다시 비밀리에 조선과 러시아 간에 밀약을 추진하였다. 하지만 이 계획은 곧 위안스카이에게 알려져 무산되고 말았다. 청나라와 러시아와의 관계는 더욱 나빠졌다. 공공연히 러시아는 청나라에게 조선의 내정을 지나치게 간섭한다며 공격을 해댔다. 러시아와 청나라의 관계가 이처럼 계속 악화되고 있는 동안 일본은 갑신정변 이후 약화된 세력을 만회하기 위해 많은 노력을 기울이고 있었다.

한편 3국이 서로 견제를 하면서 조선을 노리고 있는 동안 궁궐 안의 민씨는 태평세월을 보내고 있었다. 가장 강력한 정적인 시아버지 흥선대원군은 이미 세력을 잃고 거의 유폐에 가까운 생활을 하고 있었다. 또한 척신들이 주위에서 그녀를 보호해 주고 있었기 때문에 민씨로서는 하루하루가 태평세월이었다.

민씨가 이처럼 호의호식을 누리고 있는 동안 궁궐 밖 백성들의 생활은 더욱 비참해져갔다. 고종 13년(1876) 개항 이후 근대문물을 수용하기 위해 필요한 경비, 다른 열강들과의 관계를 위해 필요한 경비, 그리고 궁궐의 예산낭비 등으로 인해 국가재정은 갈수록 궁핍해졌다. 이 궁핍한 재정을 보충하기 위해 백성들에게 많은 세금을 부담시켰던 것이다. 또한 지방관들의 횡포는 극에 달했으며 일본의 경제적 침투는 농촌경제를 더욱 파탄시켰다. 백성들의 이와 같은 어려움에도 태평세월을 보내고 있는 민씨는 개선을 위한 노력을 전혀 기울이지 않았다. 오로지 자신의 권력유지만을 위해 열강들을 이용하고 있을 뿐이었다. 열강들은 민씨의 요구를 들어주는 대신 조선에서 여러 가지 이권들을 하나하나 차지해갔다.

무능한 정부에 대해 백성들의 반감은 날로 높아갈 수밖에 없었다. 작은 불씨라도 생기면 언제든지 폭발할 긴장된 분위기는 점차 고조되어갔다. 그 불씨를 당긴 것은 고종 31년(1894) 전라도 고부군에서 전봉준, 이용한, 김개남 등 개혁지도자를 중심으로 동학교도와 농민, 소상인, 몰락한 양반들이 합세하여 일으킨 동학농민운동(갑오농민전쟁)이었다. 발단은 동학교도의 신원운동에서 시작되었는데, 동학(東學)은 철종 11년(1860) 경주 출신의 최제우가 제세구민(濟世救民)의 정신을 갖고 서학에 반대한다는 뜻에서 창건한 민족 종교였다. 서학은 성리학과는 달리 인류평등사상을 기초로 하고 있었지만 조선의 실정에는 맞지 않았다. 그래서 인류평등사상에 기초하면서 국내 실정에 맞게 만든 종교가 동학이었다. 동학의 교세가 날로 확대되자 위협을 느낀 조정에서는 최제우를 혹세무민(惑世誣民)한다는 죄목으로 사형시켰다. 그러나 동학은 여기서 끝나지 않고 뒤를 이은 최시형이 교리를 더욱 체계화시켜 교세를 확대하였다. 당시 백성들은 무능한 정부에 대한 반감이 매우 심화되어 있었기 때문에 동학의 교리는 그들의 마음을 사로잡기에 충분하였다. 마침내 고종 29년(1892)부터 확장된 교세를 바탕으로 최제우 신원운동을 전개하였다. 그러나 민씨를 비롯한 조정세력은 개국을 했으나 여전히 그들은 성리학적 사상을 기본 이념으로 가지고 있었다. 그래서 신분제 철폐를 요구하는 그들의 주장은 들어줄 수가 없었다.

동학교도들은 정부에서 자신들의 주장을 묵살하자 무력시위를 통해 요구를 관철시키려 하였다. 전국의 교도들은 고종 30년(1893) 충청도 보은 집회를 통해 탐관오리의 척결, 생활난 타개, 척양척왜 등의 요구조건을 내걸었는데 이날 모여든 사람은 2만여 명에 달했다. 조정에서는 양호선무사 어윤중을 통해 이들을 무마시켰으나 다음해인 고종 31년 2월 10일에 농민운동으로 확대되었다.

전라도는 곡창지대로 국가재정상 이 지역에 크게 의존하고 있었는데 언제나 수탈의 대상이 되고는 하였다. 그러던 중 고부군수 조병갑이 각종 명목으로 세금을 수탈하자 농민들의 분노가 폭발하고 만 것이다. 평소 원성이 높았는데도 조병갑은 만석보를 축조한다고 하면서 농민을 강제로 부역에 동원했을 뿐 아니라 고액의 수세를 징수하여 착복하였다. 분개한 농민들은 전봉준을 앞장세워 몇 차례에 걸쳐 시정을 요구했으나 무시를 당했다. 더욱 광분한 1천 명의 농민들은 전봉준의 지휘 아래 고부관아를 습격하여 불법으로 수탈한 곡식을 농민들에게 나눠주고 거둬들인 세금을 군자금으로 확보하였다. 조정에서는 안핵사(지방 민란의 수습을 위한 임시 벼슬) 이용태를 파견하여 상황을 조사케 하였다. 그러나 오히려 이용태가 이들을 동학교도로 취급하여 탄압을 가하자 농민들은 보국안 민을 내세우며 백산으로 진격하였다. 농민군의 봉기에 수많은 사람들이 가담하거나 호응하였다. 봉기에 나선 사람들은 농민들을 지휘하기 위해 지도부를 구성하였다. 전봉준을 총대장, 김개남, 손화중 등을 장령으로 삼아 본격적인 전투에 들어갔다. 농민군은 전주에서 1천여 명의 관군을 격파하고 무장, 영광으로 진격하여 군기를 뺏고 탐관오리를 추방하였다. 승승장구 개가를 올리던 농민군은 또 다시 전주성을 점령하였다.

농민군의 봉기에 경악하던 조정에서는 의견이 분분하였다. 민씨는 몇 번이나 청나라에 원병을 요청하려 했으나 대신들이 반대하였다. 만일 청 군을 부르면 일본, 러시아, 영국 등도 출병하게 되어 조선 전 국토는 전 쟁터가 될 것으로 생각했기 때문이다. 그러나 사태는 더욱 급박해져 결 국 민씨의 의견에 따라 위안스카이를 통해 청군을 요청하기로 결정하였 다. 청군이 출병하자 일본도 텐진조약에 따라 조선에 군대를 파병했다.

청·일 양국에서 군대를 파병시켰다는 소식을 접한 농민군은 즉시 정 부군과 전주화약(全州和約)을 맺고 해산하였다. 전주화약의 골자는 탐관 오리 숙청, 불량한 유림과 양반의 징벌, 노비문서 소각, 천인대우 개선, 청상과부 개가허락, 무명잡세 폐지, 일본과 밀접한 관계를 맺는 자 엄 벌, 토지 평균분작 등이었다. 신속하게 화약이 맺어진 것은 청·일 양국 에게 조선의 침입 구실을 주지 않으려는 농민군의 의도 때문이었다. 정 부군과 화약을 맺은 농민군은 전라도 53개 지역에 일종의 민정기관인 집강소를 설치하여 치안과 행정을 처리하였다.

농민군이 정부군과 화의한 후 해산했으나 청·일 양국은 계속 군대를 증파했다. 정부에서는 난이 평정되었다는 사실을 알리고 양국에게 철병 을 요청했으나, 일본은 이를 침략의 계기로 이용하기 위해 한성부를 군대로 포위한 상태에서 조선의 내정개혁을 강요하는 한편 청나라에 대해서도 협조를 요청했다. 청나라는 일본이 조선에서 세력을 확대하기 위해 버티고 있다는 것을 간파하고 공동철병을 주장했다. 일본은 공동간섭을 거부한 청나라에 대해 전쟁을 일으켰다. 갑신정변 이후 침략준비를 계속해 온 일본은 고종 31년(1894) 6월 21일 청나라 군함에 불의의 포격을 가하여 전쟁을 도발했다(청일전쟁). 전쟁에서 일본은 자신들의 세력이 우세해지자 조선 정부에게 개혁(갑오개혁)을 강압적으로 요구했다. 조선은 동학도들의 폐정개혁 요구와 일본의 내정간섭 압력 속에서 그 타개책의 한 방편으로 교정청을 설치하였었다. 총재관으로 영의정 심순택, 중추부영사 신응조, 중추부판사 김홍집 등이 총재관으로 임명되어 개혁정책을 협의하고 왕에게 품신하였다. 그러나 일본은 전쟁을 일으킨지 이틀 후 무력으로 경복궁을 점령하여 민씨 정권을 타도하고 흥선대원군을 강제로 입궐시켰다. 그리고 김홍집을 영의정으로 하는 내각을 구성하여 내정개혁 담당기구인 군국기무처를 설치했다.

청나라와 일본군은 선전포고를 하고 전쟁으로 돌입하였다. 조선에서 전쟁을 일으킨 두 나라를 보면서 농민군은 기가 막혔다. 그래서 전봉준은 농민군을 다시 집결시키고 항일구국투쟁을 선언했다. 전국 각지에서 모여든 농민군은 수십만 명에 달했으며 이들은 한성부를 향해 진격했다. 농민군은 공주 우금치마루에서 6, 7일간 격전을 벌였으나 우세한 무기로 무장한 일본군과 관군에게 밀려 패배하고 말았다. 일본군에게 붙잡힌 전봉준은 압송되어 부하들과 함께 처형됨으로써 동학농민운동은 끝나고 말았다.

농민군을 진압한 일본군은 청나라와의 전쟁에서도 승승장구했다. 청나라의 육·해양군이 모두 패배하고 일본 측의 주장대로 고종 32년(1895) 청나라는 조선국이 완전한 자주독립국가임을 인정하는 것을 토대로 시

명성황후 국장모습 – 명성황후의 관이 들어있는 대거를 장지로 이동하는 모습
규장각 한국학연구원 소장

모노세키조약(下關條約)이 체결되었다. 청일전쟁은 일본의 승리로 끝났다. 이로 인해 일본은 노골적으로 조선의 내정을 간섭했다. 이 전쟁에서 승리한 일본은 민씨의 발언권을 원천봉쇄했으며 흥선대원군을 정계에서 물러나게 했다. 갑신정변 당시 일본으로 망명했던 박영효를 불러들여 김홍집과 연립내각을 만들도록 했다. 이때 의정부를 내각으로 고치고 일본인 고문관을 두어 내정간섭을 더욱 강화시켰다.

고종과 민씨는 일본이 자국의 이익을 위해 자신들을 원천봉쇄하자 러시아에게 더 많이 의존하였다. 현재의 상황에서 벗어나려면 그 길밖에 없다고 판단한 것이다. 그리고 패배한 청나라는 러시아에게 일본의 견제를 부탁했다. 러시아는 프랑스와 독일을 충동질하여 청나라가 일본에게 넘겨준 랴오둥 반도(요동반도)를 다시 그들에게 돌려주도록 3국 간섭을 했다. 할 수 없이 일본은 랴오둥 반도를 청나라에 돌려줌으로써 기세가 한풀 꺾이고 말았다. 이런 정세를 파악한 민씨도 즉시 박영효를 추방하고 이범진, 이완용, 이윤용 등으로 친러 내각을 구성했다.

일본은 조선에서 민씨만 제거하면 모든 일이 뜻대로 될 것이라고 여겨 그 계획에 돌입하였다(을미사변, 고종 32년, 1895). 그들은 민씨의 암살 날짜를 고종 32년 10월 8일 새벽으로 정하고 일본 공사 미우라의 지휘 아래 결행에 들어갔다. 공덕리에 있는 별장 아소정에 은거중이던 흥선대원군에게 일본군 장교가 조선 군대와 야간연습을 한다며 나타났다. 이때 일본 낭인 1백여 명도 함께 왔는데 이들은 서정을 쇄신한다며 76세의 흥선대원군을 사인교에 태워 경복궁으로 옮겼다. 이들의 낌새를 눈치 챈 궁궐의 수비대장 홍계훈이 가로막고 나섰다. 그러나 그는 8발의 총탄에 맞아 쓰러졌고 낭인들은 곧장 궁궐로 쳐들어갔다. 그들은 민씨가 있는 곳을 찾아 여기저기 돌아다녔다. 이때 민씨는 신변의 위험을 느껴 일찌감치 궁녀 옷으로 갈아입고 건청궁 곤녕각으로 피신해 있었다.

이곳까지 들이닥친 낭인들은 민씨를 내놓으라고 아우성을 쳐댔다. 급작스럽게 일어난 일이라 일단 민씨를 보호해야 한다는 판단을 내린 궁내부 대신 이경직이 두 팔을 벌리며 가로막았다. 이경직의 행동은 곧 민씨가 누구인지를 가르쳐주는 결과가 되었다. 살기로 가득한 일본 낭인들은 순식간에 칼로 이경직의 양 팔목을 잘라버렸다. 그리고 달아나던 민씨를 붙잡아 내동댕이쳤다. 민씨의 온몸으로 낭인들의 칼날이 떨어졌다. 그들은 칼로 사정없이 민씨의 온몸을 난자하기 시작했다. 민씨는 세자를 부르며 그들의 칼날 아래 죽어갔다.

이들은 증거인멸을 위해 피로 범벅이 된 민씨의 시신을 홑이불에 말아 들것에 싣고는 근처의 녹산으로 옮긴 뒤 기름을 붓고 태웠다. 그리고 남은 뼈 조각은 근처 향원정에 던져버렸다. 일설에는 연못에 던진 것이 아니라 근처에 묻었다고도 한다. 어쨌든 민씨는 이처럼 참혹한 모습으로 45세의 나이에 세상을 떠났다. 참변이 일어난 후 일본인들에 의해 민씨는 폐서인되었으나 고종에 의해 다시 복위되었다.

고종은 민씨가 이처럼 참혹하게 죽은 줄도 모르고 2년 동안 돌아오기만을 기다렸다고 한다. 임오군란이 일어났을 때도 죽은 줄 알고 국상까지 치른 경험이 있었기 때문에 이번에도 돌아올 것이라는 한 가닥 희망을 안고 있었다. 그러나 고종은 결국 포기를 하고 민씨의 국장을 선포했다. 고종 34년(1897) 11월, 시신 없는 장례식이 거행되었다. 이해는 고종이 대한제국(大韓帝國)임을 선포하고 칭제건원(稱帝建元, 왕을 황제라 칭하고 연호를 제정하는 일)을 했기 때문에 민씨를 명성태황후(明成太皇后)로 추존했다. 고종은 그녀의 유골을 찾을 수 없었지만 현재의 서울시 동대문구 청량리 홍릉에 안장하도록 하였다. 그 후 홍릉은 경기도 남양주시 금곡동으로 이장되었는데, 현재 시신없이 고종과 함께 합장되어 있다.

명성황후 민씨는 조선의 어느 왕비보다 영특했으며 누구 못지않은 정치력과 결단력을 소유한 왕비였다. 민씨는 청나라와 일본 그리고 러시아가 각축하는 치열한 현장에서 열강들을 서로 이용해 견제할 줄 아는 국제적인 정치력을 지닌 여성이었다. 그러나 아들 세자에게 '백성이 근본이다.'는 말을 했던 민씨는 정작 자신의 행보에 있어서는 자신과 친정의 권력을 가장 중요하게 생각했다. 남성 중심 이념이 당연한 상식이던 조선에서 민씨는 심지어 시아버지 흥선대원군과도 권력을 다투어 승리할 정도로 당찬 여걸이었으나, 다툼의 목적이 조선왕조의 발전이 아니라 자신과 친정의 권력강화에 있었으므로 그 의미는 반감될 수밖에 없었다. 올바른 방향으로 자신의 모든 역량을 던졌다면 민씨는 지금도 조선의 진정한 국모로 남아 있었을 것이다.

純獻
皇貴妃

순헌황귀비 엄씨, 정화당 김씨

상궁 출신이라고 국모 노릇 못할쏘냐?

"뭣이라!"

명성황후 민씨는 상궁 엄씨가 고종의 승은을 입었다는 소식에 격분하고 말았다. 그녀는 자신의 시위상궁(侍衛尙宮, 몸종과 같은 상궁)이었기에 분노는 극에 달했다. 민씨는 엄씨를 형틀 위에서 죽여 본보기를 보이려고 하였지만 고종이 만류하고 나섰다.

"엄상궁을 중전 곁에 더는 두고 싶지 않다면 그냥 궐 밖으로 내치면 될 것 아니오. 세자를 위해 덕을 쌓는다고 여기고 마음을 편히 가지시오."

민씨는 당시 12세의 병약한 아들 왕세자 척을 생각하며 끓어오르는 화를 가라앉힐 수밖에 없었다. 결국 아들을 위하고 그동안 자신에게 정성을 다한 공을 감안해 엄씨를 궁궐에서 내쫓는 것으로 매듭지었다.

고종 22년(1885), 이날은 엄씨에게는 생사보다 더 큰 운명을 좌우하는 계기가 된 날이었다. 그녀가 10년 뒤 환궁하여 국모의 자리에 오르게 될 줄은 아무도 예상하지 못했다.

민씨의 죽음이 맺어준 인연

고종 32년(1895) 명성황후 민씨가 일본 낭인들에 의해 시해된 후 고종을 보필한 여인은 엄상궁, 즉 순헌황귀비(純獻皇貴妃) 엄씨였다. 엄씨는 철종 5년(1854) 아버지 영월 엄씨 엄진삼의 2남 3녀 가운데 장녀로 태어났다. 엄진삼은 생전에는 아무런 벼슬을 하지 못했는데 엄씨가 훗날 황족으로 신분상승이 된 뒤 대한제국 시절에 찬정으로 추증되었다.

엄씨는 6세 때인 철종 10년(1859)에 지밀나인으로 궁궐생활을 시작하였다. 다른 여러 기록들에는 입궁 시기가 8세로 되었지만 그녀가 잠든 영휘원의 묘비를 보면 철종 10년에 입궁했다고 명확히 나와 있다.

그 후 명성황후 민씨의 시위상궁으로 있으면서 고종의 총애를 받게되었다. 민씨는 대노하며 엄씨를 궁궐 밖으로 내쫓을 수밖에 없었다. 하지만 엄씨는 을미사변으로 민씨가 죽자 5일 만에 고종의 명에 의해 환궁하게 된 것이다.

이때 엄씨의 나이 32세로 《매천야록》에 실린 부분이다.

"임금이 예전 상궁으로 있던 엄씨를 궁궐로 불러 맞이하였다. 민후(민씨) 살아생전에는 임금이 두려워 감히 곁눈질조차 못 하였다. 10년 전 우연히 엄씨와 동침한 사실을 민후가 알고 크게 노하여 죽이려 했다. 임금이 살려주기를 간절히 빌어 궁궐 밖으로 쫓아낸 것이다."

을미사변 직후 일본 공사 미우라는 친일파 인물들을 중심으로 서둘러 내각을 구성하였고 이 사건을 은폐하려고 했다. 일본은 10월 10일 고종을 협박해 민씨를 폐하여 일반 백성으로 만들었다. 하지만 여론을 의식해 다음날 다시 민씨에게 빈의 칭호를 내리게 하였다. 왕비의 지위를 격하시킴으로써 그녀를 살해한 것을 합리화하려 했던 것이다.

조선은 일본이 3국 간섭으로 랴오둥 반도를 포기하자 급히 친러적인 자세를 취했다. 이는 일본세력에서 벗어나고자 하는 외교노선이었다. 왕실과 친러파들은 러시아 공사 베베르와 접촉하면서 친일내각을 몰아내고 친러파인 이범진, 이완용 등을 등용하여 제3차 김홍집내각을 구성하였다.

김홍집은 헌종 8년(1842) 참판 김영작의 셋째 아들로 태어났다. 아버지 김영작은 숙종의 장인 김주신의 5대손으로 이조·호조·예조·병조참판을 역임했으며 한성부 좌윤과 사헌부 대사헌 그리고 홍문관 제학을 지낸 인물이다. 어머니는 중종과 선조 대 학자 성혼의 후손으로 출세를 보장받을 수 있는 명문가 출신이었다.

김홍집의 30대 무렵은 외세의 문호개방 압력이 극에 달하던 때였다. 고종 8년(1871) 미국과의 충돌인 신미양요를 시작으로 고종 12년에는 일본 군함 운요호의 강화도 침입사건이 벌어졌다. 이것이 빌미가 되어 다음해 일본과 불평등조약인 강화도조약을 맺게 되었다. 조선 정부는 이 조약의 기만책을 깨닫고 난국을 해결하기 위해 새 인물로 김홍집을 발탁하였다.

김홍집이 본격적으로 조정에서 정치행보를 시작한 것은 고종 17년(1880) 3월, 예조참의 시절 제2차 수신사로 임명되어 일본을 방문하면서부터였다. 그 후 2년 뒤인 고종 19년 6월에 발생한 임오군란부터 고종 21년 12월 갑신정변 전후까지 굵직한 사건을 수습하는 중책을 맡으며 승승장구하였다.

청나라는 임오군란을 제압하고도 군대를 철수하지 않고 내정간섭은 물론 개화파들을 탄압하기 시작했다. 이에 불만을 품은 김옥균, 박영호, 홍영식, 서광범 등이 주축인 급진개혁파들은 마침내 고종 21년(1884) 갑신정변을 일으켰다. 개화 외교에 실력자로 인정받고 있던 김홍집은 정변에는 가담하지 않았다. 개화의 필요성을 인식하고 조정을 대표해 열강과의 대외 교섭에 앞장은 섰지만 정권쟁탈에는 관심이 없었다고 해석된다.

개화파의 3일 천하가 끝나자 그 뒷수습을 김홍집이 맡았는데 갑신정변은 청나라와 일본의 간섭만 더해지는 결과를 낳았다. 결국 해결사로 나선 김홍집의 가치는 더욱 빛나 우의정에서 좌의정으로 올랐고 외무독판직까지 겸직했다.

청일전쟁에서 우위를 점한 일본은 조선의 내정개혁을 주장하고 나섰지만 명성황후 민씨의 세력이 거부하였다. 그러자 일본은 당시 동학농민군의 지지를 받고 있던 흥선대원군을 끌어들여 민씨와 그의 세력을 몰아냈다. 고종 31년(1894) 7월 군국기무처를 설치하고 김홍집을 영의정으로 임명하였다. 조선의 마지막 영의정이 된 김홍집은 박정양, 김윤식, 유길준 등과 함께 개혁 작업에 뛰어들었는데 이것이 갑오개혁이다.

김홍집 내각은 일본군의 보호를 받으며 본격적인 개혁을 단행하였다. 개혁내용 가운데 단발령은 백성들을 분노하게 하였다. 당시 조선 전국은 일본 낭인들의 궁궐 습격으로 반일감정이 고조되어 있는 상태였다. 더군다나 일본의 압력을 받고 있던 고종과 조정 대신들은 궁궐 습격에 대한 진상조사를 소신껏 하지 못하였다. 그래서 민씨가 단지 궁궐에서 행방불명되었다고 여겼을 뿐 죽었다고는 확신하지 못했던 것이다. 그러나 민씨 시해 소문은 꼬리에 꼬리를 물고 전국으로 퍼져나갔다. 백성들은 일본인들의 만행에 치를 떨며 격분했으며 반일감정은 갈수록 고조되었다. 이런 분위기에 더욱 불을 지른 것이 단발령 반포였다.

단발의 이유는 '위생에 이롭고 작업에 편리하기 때문' 이었다. 그러나 일반 백성들에게 단발령은 대충격이자 혼란이었다. 그들은 머리를 길러 상투를 트는 것을 인륜의 기본인 효의 상징이라 굳게 믿고 있었기 때문이다. 이 뿌리 깊은 사상에 가해진 단발령이란 철퇴는 곧 신체를 훼손하는 심각한 박해로 인식할 수밖에 없었다. 백성들의 공분과 반감은 절정에 달하게 되었다.

고종은 단발령 반포 그날 세자와 함께 머리를 잘랐다. 국왕이 솔선수범하여 백성들로 하여금 따르도록 하기 위함이었지만 오히려 역효과를 불러왔다. 일본군은 궁궐을 포위하고 대포를 설치하는 등 단발령에 반발하는 움직임에 대해 만반의 준비를 끝내고 있었다. 이런 상황에서 내무대신 유길준 등의 강요에 못 이겨 고종은 탄식하며 별 수 없이 단발을 하고 말았던 것이다. 그리고 곧 내부고시를 통해 전국에 단발령을 고하고 정부의 모든 관료와 이속, 군인, 순검 등의 관인들에 대해 우선적으로 단발을 단행하였다.

정부관원들은 칼을 들고 거리나 성문에서 강제로 백성들의 머리를 깎았으며 심지어 집까지 쳐들어가서 강제로 자행하였다. 격분한 양반 유생들과 백성들은 의병을 일으켰다. 이들은 국모 복수와 개혁으로 인해 허물어져가는 성리학적 체제질서 복귀를 명분으로 내걸었다. 의병항쟁은 경기도, 강원도, 충청도 등에서 일어나 점차 경상도, 함경도, 전라도 등지로 확대되었다. 의병항쟁이 전국으로 확산되자 정부에서는 친위대를 보내 진압하는 한편 선유사를 파견하여 의병해산을 종용하기도 했다. 그리고 궁궐을 수비하고 있던 일본군들도 정찰대를 파견하는 등 의병항쟁의 진압에 앞장섰다.

궁궐을 지키고 있던 일본군이 의병들을 진압하기 위해 자리를 비우자 고종은 이 틈을 타서 왕세자 순종과 함께 러시아 공사관으로 피신하였는데 이것이 아관파천(俄館播遷, 1896년 양력 2월 11일)이다. 고종은 민씨가 나타나지 않는 것이 일본군들의 소행에 의한 것으로 판단하고 그들을 기피하고 있었다. 그러나 어쩔 수 없이 일본 친위대의 허울 좋은 보호 아래 아무런 행동도 할 수가 없었던 것이다. 그때 친러파 이범진이 비밀리에 귀국해 이완용과 이윤용 및 러시아 공사 베베르 등과 고종의 파천

왕실가족
영왕 가례 때 조현의(朝見儀)를 마친 모습.
왼쪽부터 덕혜옹주, 영왕비, 순종비, 순종황제, 영왕, 고찬 시종관에게 안긴 진왕자
권오창

계획을 도모하게 되었다. 그들은 총애를 받고 있던 엄상궁을 통해 고종에게 접근하여 흥선대원군과 친일파가 고종의 폐위를 획책하고 있으니 안전을 위해 잠시 러시아 공사관으로 피신할 것을 종용하였다. 가뜩이나 을미사변으로 공포에 시달려야했던 고종은 그들의 뜻을 선뜻 받아들였다. 고종 33년(건양 1년) 2월 10일, 공사관 보호를 내세워 인천에 정박해있던 러시아 군함에서 지원받은 대포 1문과 무장한 수병 120명을 한성부에 진주시켰다. 다음날 새벽 고종과 왕세자는 비밀리에 궁녀들의 가마인 평교자를 이용해 경복궁 영추문을 나와 러시아 공사관으로 파천하는 데 성공할 수 있었다. 아관파천은 치밀한 계획 아래 이루어진 것으로 이 과정에서 엄상궁은 친러파들과 손을 잡고 고종의 측근 세력으로서 정치적 중심 역할을 하게 된 셈이었다.

아관파천은 한마디로 을미사변 후 친일정권에 둘러싸여 고통에 신음하던 고종을 궁궐 밖으로 나오게 하여, 친일정권을 타도하고 새 정권을 수립하려고 명성황후 측 친미·친러의 관리와 군인들에 의해 도모된 사건이다.

정화당 김씨, 한 많은 생을 접다

고종은 아관파천보다 앞선 고종 32년(1895) 11월 28일, 일본군들을 피해 궁궐을 빠져나가려다 실패한 적이 있었다. 그날 새벽 남만리와 이규홍 등 중대장은 8백 명의 군인을 이끌고 한성부 북부 안국방을 경유해 궁궐 안으로 들어가려고 했다. 그런데 협력하기로 했던 친위대 대대장 이진호가 배신하여 서리군부대신 어윤중에게 밀고를 하는 바람에 실패를 했는데 이것이 '춘생문사건'이다.

춘생문사건의 또 다른 피해자는 왕후로 간택된 정화당 김씨였다. 당시 친일 세력의 치밀한 감시망 속에서는 병력동원이 불가능했기 때문에 주동자들은 김씨의 존재를 거사에 이용하였다. 새 왕후를 맞이해 입궐토록 하라는 어명이라고 속이고 군사들을 움직이게 했지만 경복궁으로 들어가는 춘생문을 뚫지 못하고 결국 거사는 실패했는데 그 불똥이 김씨에게까지 튀고 말았다. 김씨는 영문도 모른 채 역모에 연루되었다는 이유로 궁궐에서 내쫓겼다.

러시아 공사관에서 총애를 받았던 엄씨 이전에 고종의 계비로 초간택까지 된 여인이 바로 정화당 김씨이다. 그녀는 사실상 삼간택을 거쳐 고종의 계비로 내정되었으나 민씨 시해사건이 밝혀지면서 국혼이 연기되었다. 그 후 고종이 러시아 공사관으로 피신하게 되자 김씨와의 가례는 그만 유야무야되고 말았고 대신 그 자리를 엄씨가 차지하게 되었다.

김씨는 그 후 처녀의 몸으로 지내다 47세가 되었을 때 일본의 정략으로 덕수궁에 들어오게 되었다. 1917년 일제강점기 때 조선총독부가 일본 천황에 대해 고종에게 신하의 예를 올리도록 했는데 이에 응하지 않자 김씨를 이용하였다. 조선총독부는 윤덕영을 시켜 고종의 환심을 사기 위해 김씨에게 비빈의 예를 갖추게 한 후 입궁을 시켰다. 그러나 입궁한 그녀는 고종이 부르지 않아 고종의 얼굴을 한 번도 볼 수 없었다. 그 후 고종이 세상을 떠났을 때 시신을 본 것이 처음이자 마지막이었다. 고종이 세상을 떠난 후 그녀는 왕실로부터 당시 금액으로 3백 원의 생계비를 받으며 한 많은 일생을 살다 죽었다.

명성황후 민씨가 왕비로 들어와 시해될 때까지 중전으로 내전을 지키고 있던 기간은 29년이다. 그 긴 세월동안 민씨 외에 고종의 자식을 낳은 궁녀는 2명에 불과했다. 고종의 첫째 아들인 선(墡)을 낳은 영보당 귀인 이씨와 강(堈)을 낳은 귀인 장씨가 그들이다. 이선은 완화군으로 봉해졌으나 13세로 요절하였다. 이강은 의화군으로 봉해졌다가 대한제국이 수립된 후 친왕으로 추봉되어 의친왕이라는 왕호를 받았다.

영보당 이씨는 고종의 첫째 아들을 낳고도 민씨가 살아있을 때까지 내명부 최하위 품계인 종4품 숙원에 머물러 있었다. 그 후 고종 17년 비로소 숙원에 올랐다가 대한제국(1906년) 때 귀인으로 책봉되었다.

이씨는 희고 고운 살결에 훤칠한 외모를 지닌 미인이었다고 전해진다. 민씨가 입궁하기 전 이미 여색에 눈을 뜬 어린 고종이 총애하던 여인이었다. 철종의 3년상을 마칠 때까지 가례를 미루는 바람에 내전이 비어있는 상태에서 이씨에게 마음을 빼앗겼던 고종은 왕비로 간택되어 가례를 올린 민씨에게는 눈을 돌리지 않아 독수공방 신세로 만들었다.

민씨가 입궁한 지 2년이 지난 고종 5년(1868) 이씨가 선을 낳자 모두의 시선이 왕자에게로 쏠렸다. 민씨는 위기를 느끼지 않을 수 없었다. 《매천야록》에 따르면 세력에 있어 불리한 민씨가 이씨와 완화군을 궁궐 밖으로 내보내 정적을 제거한 것으로 전해진다. 그러나 이씨는 그 훨씬 뒤인 1928년 80세의 고령의 나이에 세상을 떠났다. 이씨의 묘는 원래 완화군의 묘인 완왕묘 남쪽에 있었지만 완왕묘가 서오릉으로 이장되면서 서삼릉 내 귀인, 숙의 묘역으로 옮겨졌다.

한편, 고종이 러시아 공사관으로 피신함과 동시에 친일내각의 주도세력이던 김홍집, 정병하 등은 광화문 사거리에서 타살되었다. 어윤중은 고향인 충청도 보은으로 향하다 경기도 용인에서 같은 죽음을 당했다. 나머지 유길준 등은 일본인 집에 숨어 있다가 그 후 일본으로 망명하였다. 조정에서는 친러파의 주도로 친러내각이 탄생하였는데 이런 상황에서 고종을 수행한 것이 엄씨였다. 그녀는 처음에 고종의 수라담당으로 러시아 공사관에 들어갔으나, 함께 지내는 시간이 많아지자 점차 총애를 받게 된 것이다.

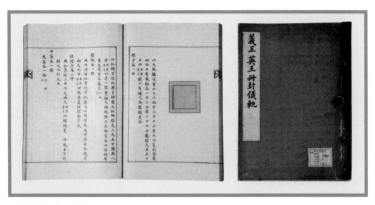
의왕 영왕 책봉의궤

　고종은 러시아 공사관에서 엄씨와 함께 1년 정도 머물다가 고종 34년
(1897) 2월 20일 경운궁으로 돌아왔다. 고종이 러시아 공사관에서 머무
는 동안 조선에 대한 러시아의 영향력은 갈수록 커졌다. 당시 개화와 자
강운동을 벌이던 독립협회는 여러 열강들을 이용해 어려운 난국을 벗어
나야 했다. 그런데 러시아만 독주를 하자 고종의 환궁을 서두른 것이다.

　경운궁으로 돌아온 고종은 약 8개월 후인 10월 12일, 원구단에서 황
제즉위식을 갖고 연호를 광무(光武), 국호를 대한제국이라고 선포하였다.
그동안 신분제 사회였던 조선에서 탈피하여 서구 문물을 적극적으로 수
용하여 부국강병한 자주독립국가를 건설하겠다는 강한 의지를 표현하
였다. 그리고 왕후를 황후, 왕태자를 황태자, 황제는 폐하, 황태자는 전
하 등으로 고쳐 부르게 하였으며, 고종은 자신을 지칭할 때 '과인'이라
하던 것을 '짐'이라 했다.

　황제즉위식의 전모가 상세하게 실려 있는 〈독립신문〉의 기사 일부이다.

　"광무 원년 10월 12일은 조선 사기에 몇 만 년을 지내더라도 제일 빛
나고 영화로운 날이 되리라. 조선이 몇 천 년을 왕국으로 이어가며 청국
에 속하여 속국 대접을 받고 청국의 종이 되어 지낸 때가 많이 있더니,

하나님이 도우시어 조선을 자주 독립국으로 만드니 이달 12일에 대군주 폐하께서 조선 사기 이후 처음으로 대황제 위(位)에 나아가시고, 그날부터 조선이 다만 자주 독립국뿐이 아니라 자주독립한 대황제국(大皇帝國)이 되었으니 나라가 이렇게 영광이 된 것을 어찌 조선 백성으로서 하나님을 대하여 감격하지 않으리오."〈후략〉

엄씨의 처세와 교육열

엄씨는 대한제국 선포 해인 1897년 10월, 아들 은(垠, 훗날 영친왕)을 낳았다. 그날 엄씨는 빈전에서 명성황후 민씨의 제사준비로 분주하게 보냈다. 제사상에 올릴 음식이 넉넉하도록 각별히 신경을 썼다.

을미사변 후 궁궐로 돌아온 그녀는 상전 민씨에 대해 정성을 기울이고 있었다. 명석하고 수완도 남다른 그녀는 이제는 소원해질 일 없는 민씨의 제사를 여봐란듯이 거창하고 극진하게 모셨던 것이다. 또한 누구든 고종에게 가까이 갈 틈을 내주지 않았다. 그러나 미천하고 배경도 좋지 않은 궁녀 출신이 왕의 총애만으로 한껏 날개를 펼치기에는 한계가 있었다.

그녀가 처음부터 민씨의 제사상을 푸짐하게 차리게 한 이유가 있었다. 그 음식을 궁궐 사람들에게 나눠주기 위해서였다. 이는 사람들의 마음을 살 수 있는 한 방법으로 엄씨는 그만큼 뛰어난 혜안을 갖고 있었다.

엄씨는 은을 낳고 선영(善英)이라는 이름을 고종에게 하사받고 출산한 지 이틀 만에 귀인으로 책봉되었다. 정5품인 상궁에서 종1품 귀인으로 단번에 7단계를 뛰어넘어 초고속출세를 한 것이다. 귀인이 되었다는 것은 이제 더 이상 궁녀가 아닌 고종의 정식 후궁으로 왕실여성의 자리에 안착했다는 의미였다. 하지만 아직 왕비의 자리는 비어 있었고 이를 대신할 인물이 필요한 상황이었다.

조선 전기에는 후궁 가운데 계비가 된 경우가 있었다. 하지만 숙종 이후부터는 이를 금지하였다. 계비도 간택절차를 통해 맞이하도록 하였던 것이다. 숙종 때 서인과 남인의 극심한 대립 속에서 궁녀 출신 희빈 장씨와 중전 인현왕후 민씨의 갈등과 왕비 자리를 놓고 벌인 정쟁은 유명하다. 그때 숙종은 궁녀 출신이 왕비가 되는 것을 금지한 바 있다. 이와 같은 조치는 조선 후기까지 유지되어 왔기에 귀인 엄씨는 비록 중전의 자리가 비었고 득남을 한 상태임에도 왕비는 되지 못하고 있었다.

3세의 어린 이은이 영친왕으로 책봉된 날 이복형 이강도 함께 의친왕이란 왕호를 받았다. 하지만 의친왕과는 달리 영친왕 모자의 신분상승은 하루하루 속도를 내며 치닫기 시작했다. 엄씨는 아들 이은이 영친왕으로 책봉되기 직전인 1900년 8월 순빈으로 책봉된 바 있다. 그리고 불과 1년 뒤인 1901년 10월 순비로 책봉되었으며 경선궁(慶善宮)이라는 궁호를 받았다. 엄씨는 왕비와 동급으로 사실상 고종의 계비가 되어 이때부터 엄비라 불리기 시작하였다.

엄씨의 출세가도는 이것으로 끝난 것이 아니었다. 1903년 양력 12월 25일 그녀의 생일날 황제의 칙명으로 비보다 더 격이 높은 황귀비(皇貴妃)로 책봉되었다. 책봉 날 고종이 엄씨에게 내린 책봉문이 조선 왕실에 관한 안내서인《선원보감》에 기록되어 있다.

"그대를 명하여 황귀비로 삼아 … 구어(九御, 황제를 모시는 황궁의 모든 비빈)의 위에 둔다."

엄씨가 황궁에서 최고위의 여인임을 만천하에 알린 일이다. 그러나 궁녀 출신 여인은 중전의 자리에 앉지 못한다는 엄명이 최대 걸림돌이었다. 신하들의 상소가 줄을 이어도 끝내 엄씨는 황후가 될 수 없었다.

한편 고종의 비가 된 엄씨는 근대적 여성교육에도 깊은 뜻을 갖고 있었다. 1905년 을사조약(乙巳條約)으로 국권을 상실하자 구국지사들에 의

순헌황귀비 엄씨

해 서당과 학당 등 수많은 민족사립학교가 전국적으로 세워졌다. 하지만 모두가 남자들을 가르치기 위한 시설에 국한되었다. 여학교라고는 외국 선교사들에 의해 선교의 목적으로 설립되어진 것이 고작이었다. 고종 23년(1886) 선교사 스크랜튼에 의해 세워진 이화학당을 비롯해 정신여학교, 호수돈여학교, 숭의학교에 이르기까지 모두 선교사들에 의해 한성부, 평양, 동래, 원산, 개성, 목포, 공주 등지에 설립되어져 있었다. 이런 불균형 속에서 엄씨는 여성교육에 대한 사회적 요구를 누구보다 먼저 강하게 느끼고 있었다. 그녀는 한국여성으로서는 가장 먼저 '여성을 위한 교육의 장'을 창설한 민족사학의 선구자이다. 그녀의 여학교 설립은 우리나라 여성의 힘으로 구축된 여성교육의 효시가 되었다.

　엄씨는 여성인재 양성에 뜻을 두고 사재를 들여 여학교를 설립하였다. 1906년 4월에 진명여학교, 5월에 숙명여학교의 전신인 명신여학교를 창설하고 1907년에는 경영난에 빠져있던 양정의숙을 돕기도 했다.

그 무렵 일본은 대한제국의 국권을 강탈하면서 '제실재산정리국'이란 조직을 만들었다. 황족들의 개인재산을 빼앗아 국유화란 명목으로 국고화하기 위해서였다. 그들의 간교한 속셈이 엄씨의 개인재산에까지 미친다면 사실 당해낼 방법이 없었다. 그래서 해결책으로 자신의 이름으로 교육사업을 시작하였다.

그녀는 한 나라의 국모로서 나라가 부강하기 위해서는 문맹에서 탈피해야 한다는 생각을 가지고 교육에 앞장섰다. 그러나 그녀의 이와 같은 나라사랑 교육운동은 일본제국주의에 의해 좌절될 수밖에 없었다. 고종은 밀려드는 열강들에 대해 중립을 선언했지만 실상 러시아에 많은 의존을 하고 있었다. 그래서 일본은 한반도 내에서 자신의 영역을 확보하기 위해 러시아를 몰아내야 한다고 생각했다. 마침내 1904년 2월 8일 밤 랴오둥 반도 남단 여순만에 정박 중인 러시아 함대를 기습함으로써 일본은 러일전쟁을 일으켰다. 일본은 3국 간섭 이후 계속 군비증강에 주력했기 때문에 러시아를 간단하게 이길 수 있었다. 고종은 내심 러시아가 승리하기를 바라고 있었지만 패배하고 말았던 것이다.

전쟁에서 승리한 일본은 1905년 9월 5일, 러시아와 포츠머스 조약을 체결하여 대한제국에 대한 보호·간섭권을 단독으로 소유하게 되었다. 러시아를 한반도에서 축출한 일본은 고종에게 대한제국의 외교권을 자신들이 가지며 이를 감독하기 위해 황제 아래 한 명의 통감을 둔다는 을사조약 체결을 강요하였다. 고종은 일본의 요구에 도저히 응할 수 없다며 완강히 거절하였다. 그러나 학부대신 이완용, 내부대신 이지용, 외부대신 박제순, 군부대신 이근택, 농상공부대신 권중현 등 5명은 고종이 없는 상황에서 일제의 요구에 응해 조약이 체결되고 말았다. 대한제국은 일본의 속국과 같은 처지가 된 것이다. 고종은 조약체결에 대해 매우 분개하며 통곡했지만 어쩔 수 없는 일이었다. 그는 이런 부당성을 폭로하고 조약을 파기하기 위해 1907년 6월 25일, 헤이그에서 개최되는 제2회 만국평화회의에 특사를 파견했다. 특사로 파견된 인물은 전 의정부 찬정 이상설과 전 평리원 검사 이준 그리고 주 러시아 공사관 서기관 이위종 등이었다. 그러나 이들은 외교권이 없다는 이유로 만국평화회의 참가자격이 주어지지 않았다. 이들은 굽히지 않고 각국 대표들에게 호소문을 돌리며 대한제국의 현실을 알렸다. 마침내 이위종은 세계 언론인을 대상으로 연설을 할 수 있는 기회를 얻게 되었다. 그는 프랑스어로 대한제국의 현실을 호소했다. 그의 호소를 들은 다른 나라 대표들은 감동을 받았지만 자국의 이권이 개입되어 있는 문제라 섣불리 나서지는 못했다. 고종의 헤이그특사 파견은 실패로 돌아갔는데 이준은 너무 원통한 나머지 그곳에서 분사했다. 이상설은 블라디보스토크로 망명하여 본격적인 항일운동에 뛰어들었으며 이위종은 모스크바로 갔다.

아들을 위해 살았건만

헤이그특사사건의 책임을 내세운 일본의 억압과 강압에 고종은 황위에서 물러났고 순종이 뒤를 이었다. 고종은 강요에 못 이겨 순종에게 국정을 대리하도록 명할 수밖에 없었다. 태종이 아들 세종에게 왕위를 물려준 고사에 따라 왕위를 전한 형식을 취한 것이다. 영친왕 이은이 순종의 뒤를 이을 황태제로 책봉되었다. 순종의 즉위로 내명부 최고 지위는 순종의 계비 윤씨(순정효황후)가 대신하게 되었다.

고종은 7남 4녀를 두었지만 성장해 혼인까지 한 아들은 명성황후 민씨와의 사이에서 낳은 둘째 아들 순종과 귀인 장씨 소생인 여섯째 아들

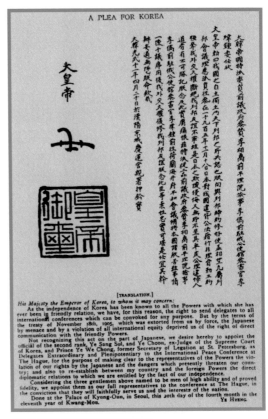

헤이그 특사에게 내린 고종의 임명장
헤이그에서 열린 제2차 만국평화회의에 이상설을 특파원정사, 이준을 부사, 이위종을 참서관으로 임명하는 문서로 고종의 서명은 등록된 것이며 황제어새가 찍혀있다.

의친왕 이강, 엄황귀비 소생인 일곱째 아들 영친왕 이은 등 3명뿐이었다. 그런데 순종은 매우 약했고 슬하에 자녀까지 없었다. 영친왕의 이복형인 의친왕이 존재했지만 엄씨는 자신의 아들 영친왕이 후계자가 되기를 원했다. 의친왕은 영친왕보다 20세나 많은 30세의 건강한 성인이었다. 하지만 불행하게도 의친왕의 어머니 장씨는 명성황후 민씨에게 쫓겨난 뒤 이미 고인이 된 상태였다. 말하자면 의친왕에게는 자식을 위해

물밑작업을 해줄 어머니가 없는 셈이었다.

그래서 엄씨는 고종을 적극적으로 설득해 자신의 아들 영친왕을 황태제로 책봉하도록 한 것이다. 영친왕이 의친왕을 제치고 황태제가 된 것은 당시 엄씨가 궁궐 내 여성 가운데 최고의 지위에 있었기 때문이기도 했다. 외형적으로는 고종의 뜻을 받아들인 것이지만 결과적으로는 엄씨의 소원이 이루어진 것이다.

순종은 여러 대신들을 부른 자리에서 자신은 후손을 볼 가능성이 희박하니 고종과 의논하라는 뜻을 비쳤다.

"왕조의 옛 관례를 검토해보면 어진 자를 선택하는 예가 있었다. 그러하니 지금 두 명의 친왕 가운데 어진 자를 택해서 황태제로 정해야 하겠다."

고종의 생각은 이러하였다.

"영친왕은 원래 타고난 자질이 의젓하고 효성과 우애가 깊기로 소문이 났으며 백성 모두가 기대하고 있으니 지금 황태제로 정할 수 있다."

고종의 주장을 받아들인 순종이 영친왕을 황태제로 정한다고 선언하자 대신들 모두 찬성하였다.

순종의 황제즉위는 아버지 고종에게서 자연스럽게 물려받은 자리가 아니라 인생의 짐과도 같았다. 한마디로 갑작스러운 고종의 퇴위에 의해 이루어진 황위계승식이었다. 1907년 7월 20일, 덕수궁 중화전에서의 이 의식은 어이없게도 고종과 순종 모두 불참한 가운데 이루어졌다. 그로부터 한 달 뒤인 8월 27일 덕수궁 돈덕전에서 순종황제의 즉위식이 거행되었다. 순종이 즉위함으로써 연호를 광무에서 융희(隆熙)로 바꾸고 영친왕은 황태제로 책봉되었다.

한편 일본 황태자 가인친왕이 11월 19일 방한하여 황태제 영친왕의 일본유학이라는 조칙을 발표하였다. 사실은 조선 황실이 다른 열강과 손을 잡지 못하게 인질로 끌고 가려는 술책이었다. 순종과 고종 그리고 엄씨 역시도 이를 막을 도리가 없었다. 12월 5일 마침내 엄씨에게 뼈아픈 현실이 불어 닥쳤다. 자신의 목숨과도 같은 사랑하는 어린 아들 영친왕이 황태제로 책봉된 지 불과 4개월 만에 인질이 되어 일본으로 떠나고 말았다.

불행 중 다행인지 걱정과는 달리 영친왕은 일본에서 빠르게 적응해갔다. 하지만 1년에 한 번씩 고국 땅을 밟게 해주겠다는 조건은 지켜지지 않았다. 엄씨는 무려 3년이 지나도록 아들의 얼굴을 볼 수 없었다.

비통함에 신음하던 엄씨는 제3대 통감 데라우치 마사타케에게 항의를 해봤지만 소용이 없었다. 헤어날 수 없는 아득함 끝에 더 절망적인 현실이 드리워졌다. 1910년 경술국치(庚戌國恥)로 대한제국은 완전히 일본의 식민지가 되고 만 것이다. 주권을 잃어버린 나라의 국모로 전락한 엄씨는 더욱 심한 무력감에 빠지고 말았다.

영친왕의 소식이 날아든 것은 다음해인 1911년 7월이었다. 고대하던 귀국소식이 아닌 일본에서의 모습을 담은 필름 한 통이었다. 엄씨를 비롯해 고종과 순종 내외 등 황실 가족 모두 덕수궁 석조전에 모여 활동사진을 통해 영친왕을 만났다. 엄씨는 충격에 빠지고 말았다. 어린 아들이 일본의 아이들과 어울려 땅바닥에 앉은 채 주먹밥을 먹는 모습에서 그만 기가 막혀 기절해버렸다. 온갖 약을 써봤지만 차도가 없는 상태에서 엄씨는 사경을 헤맸다. 그러다 7월 20일 아들을 애타게 부르며 눈을 감았다. 그녀 나이 58세로 유해는 현재 서울시 동대문구 청량리동 옛 홍릉 자리에 있는 영휘원에 안장되어 있다.

엄씨의 죽음에 대해 《순종실록》에서는 '인시(새벽 3~5시)에 귀비 엄씨가 덕수궁 즉조당에서 흥거하다.'는 단 한 줄로 기록하고 있다. 《선원보감》에는 엄씨가 활동사진을 보던 중 영친왕이 군사훈련을 받으며 주먹

밥을 먹는 모습에서 충격으로 급체해 죽었다고 되어 있다. 하지만 조선 총독부가 발표한 사인은 장티푸스였다.

　귀국하지 못하는 신세의 영친왕은 그 후 1920년 일본 황족 나시모토 노미야 마사코(이방자)와 정략혼인을 하였다. 1926년에는 순종이 승하하자 왕위를 계승하여 제2대 '창덕궁 이왕(李王)'이 되었다. 일본 육군사관학교와 육군대학교 졸업 후 육군에 입대하여 중장에까지 이르렀다. 1963년이 돼서야 귀국할 수 있었는데 혼수상태에 빠진 채였다. 결국 뇌혈전증으로 실어증에 시달리다 1970년 5월 1일 끝내 회복하지 못한 채 창덕궁 낙선재에서 74세로 눈을 감았다. 유해는 경기도 남양주시 금곡동의 홍유릉에 안장되었다.

純明孝
皇后

순명효황후 민씨

종묘사직 위해 모든 슬픔을 속으로 삼키다

　순명효황후 민씨의 눈에 비친 남편 순종은 그저 가여운 인물이었다. 세자, 황태자라는 거창한 신분 뒤에 감춰진 그늘이 깊고 짙다는 사실을 잘 알고 있었다.

　순종은 한평생 가슴 아픈 일들을 숱하게 겪어온 존재였다. 한순간도 마음 편할 날이 없었으리라는 생각에 민씨는 목이 메었다. 일본 낭인에게 어머니 명성황후 민씨를 잃은 슬픔은 무엇으로도 씻을 수 없었다. 사랑과 가르침을 주던 어머니를 그리워하는 순종의 눈빛에서 모든 것을 읽을 수 있었다. 어머니의 마지막 모습조차 볼 수 없었던 순종은 이따금 눈물을 흘리며 고통스러워했다.

　그런 남편을 두고 병석에 누운 순명효황후 민씨의 눈에도 눈물이 마를 날이 없었다. 서글프고도 기구한 운명이었다. 남편이 그토록 잊지 못하는 어머니의 최후를 곁에서 지켜본 자신이 아니던가. 더군다나 그때 얻은 부상으로 고생하며 살다 결국 자리에 눕게 되었으니 더욱 사나운 팔자였다.

　자신마저 순종의 곁을 떠날지 모른다는 불안에 지푸라기라도 잡고 싶은 심정이었다. 하지만 온몸을 파고드는 병마는 더욱 심해져 순종이 황제로 즉위하기 전 결국 33세의 젊은 나이로 눈을 감고 만다.

민씨라는 이유로 왕세자빈에 간택되다

고종의 뒤를 이은 순종은 두 명의 정실부인을 두었다. 그 중 한 명이 순명효황후(純明孝皇后) 민씨로 대제학 여은부원군 여흥 민씨 민태호의 딸이다. 민씨는 고종 9년(1872) 10월 20일 한성부 북부 양덕방(현 서울시 종로구 계동)에서 태어났다. 아버지 민태호는 행좌찬성 대제학을 지냈고 영의정으로 추증되었으며 시호는 문충공이다. 어머니는 목사를 지낸 송재화의 딸 진양부부인 진천 송씨이다.

여흥 민씨 가문은 조선 후기에도 명망 있는 권문세족이었지만 명성황후 민씨가 권력을 장악하면서 새로운 세도가로 떠올랐다. 명성황후 민씨는 가문의 세도를 유지하기 위해 왕세자 척(순종)의 비 역시 자신의 가문에서 골랐다. 그래서 민태호의 딸을 간택하게 된 것이다.

민씨는 11세가 되던 해인 고종 19년(1882) 명성황후 민씨의 추천으로 왕세자빈에 간택되어 2월 19일 세자빈에 책봉되었다. 그리고 2월 21일 9세의 왕세자 척과 한성부 북부 안국방(안국동)에 있는 별궁에서 가례를 올렸다. 가례는 호사스럽게 치러졌는데 행사를 위해 원래 있던 낡은 별궁을 헐어낸 뒤 그 자리에 웅장한 별궁을 새로 지었다. 혼수품은 개국 이래 최대의 혼수라는 뒷말이 나올 정도로 호화찬란하였다.

민씨가 왕실로 들어왔을 때는 시어머니 명성황후 민씨가 정계의 주도권을 장악하고 그 주위에 민씨 집안 세력들이 포진하고 있었다. 그래서 정계에서 소외된 세력들은 많은 불만을 품고 있었다. 이런 불만의 화약고에 불씨를 던진 것이 임오군란이었다. 이런 정치의 소용돌이 속에 어린 세자빈 민씨는 모든 것이 두렵기만 했다. 더군다나 자신이 선택한 인생이 아니었고 단지 가문을 빛내기 위한 희생양에 불과했기 때문에 더욱 그러했다. 시조부 흥선대원군은 시어머니 명성황후가 죽었다고 하면서 국상까지 반포하였다. 정치적인 혼란 속에서 어린 민씨는 모든 것이 두려웠지만 왕실의 여주인으로서 정도를 잃지 않았다. 궁인들이 갈팡질팡하면서 어쩔 줄 모르고 있을 때는 과감하게 나서서 꾸짖으며 왕실의 법도를 지키려 애를 썼다.

민씨가 입궁한 지 4개월 만에 일어난 임오군란으로 그녀의 친정가옥이 소각되는 일이 벌어졌다. 한편 시어머니 명성황후는 사라진 지 얼마 후 청나라 군대의 호위를 받으면서 다시 궁궐로 입성했다. 하지만 다시 파란이 일어났다. 정권에서 소외된 급진개화파들이 일본군과 손을 잡고 갑신정변(1884)을 일으킨 것이다. 정변이 일어나자 세자빈 민씨는 한성부 동성 밖에 있는 각심사(현 서울시 노원구 월계동 위치)로 피신했는데 개화파세력에 의해 아버지 민태호는 참살되었다. 오라버니 민영익은 칼에 부상당하는 등 그녀는 친가에 몰아친 화난 속에서 궁궐 생활조차 순조롭지 못하였다.

그러나 급진개화파들은 정권을 잡은 지 3일 만에 시어머니 명성황후가 부른 청나라 군대에 의해 쫓겨났다. 다시 왕실은 평화를 되찾은 듯이 보였지만 어린 민씨의 마음은 갈가리 찢어질 것 같았다. 드러내놓고 통곡할 수도 없었던 것은 다시금 급진개화파들에 의해 왕실의 운명도 어떻게 될지 모르는 상황이었기 때문이다. 사실 민씨는 어머니 송씨가 일찍 세상을 떠났기 때문에 계모 남씨 아래에서 자라났다. 어머니 송씨도 아버지 민태호의 둘째 부인이었다. 첫째 부인은 부사 윤직의 딸인 윤씨였다. 윤씨가 죽은 다음에 얻은 부인이 내부협판 송재화의 딸 송씨였다. 이제 민씨가 의지할 사람은 오로지 남편 순종뿐이었다.

대한제국기 궁궐 내부 모습

병약한 여인 속에 감춰진 강건함

민씨의 성품과 교양이 어떠했는지는 그녀가 죽고 시아버지 고종이 안타까운 마음에 지은 행록(行錄, 언행을 적은 글)에 고스란히 들어있다.

"순명비는 천성이 유순하고 온화했으며 덕스러운 용모를 타고 났다. 어릴 때부터 행동이 법도에 맞아 집에 드나드는 일반 부녀자들이 한번 보기만 해도 누구나 범상치 않다는 것을 알아차릴 정도였다. 두루 책을 접했고 한가할 때면 반드시 경서와 역서를 펼쳐 고금의 혼란스러운 세상에 대한 다스림을 논할 때면 그 식견이 뛰어나고 원대하였다."

종사를 위해서는 모든 슬픔을 속으로 삼켜야 한다고 그녀는 생각했다. 민씨로서는 불행한 시간들을 보내야 했는데, 세월은 흘러 20세가 넘었지만 기다리던 아기는 잉태되지 않았다. 소변을 잘 조절하지 못했다고 알려진 남편 순종은 성불구자였다.

삶에 대한 작은 기쁨조차 얻지 못하고 사는 민씨였는데 또 한 번의 변이 생겼다. 시어머니 명성황후 민씨가 일본 낭인들에 의해 무참히 살해되고 만 것이다(을미사변, 1895). 그녀도 그 자리에 함께 있었는데 낭인들이 시어머니를 해치려고 할 때 민씨가 그들을 막아섰지만 그만 힘에 부친 나머지 넘어지면서 허리를 심하게 다치고 말았다. 그 후 다친 허리는 고질병처럼 그녀를 계속 괴롭혔다. 민씨가 세상을 떠날 때까지 줄곧 병치레로 고생한 병약한 여인이었다고 기억하는 이유이기도 하다.

그러나 반면에 민씨는 황실의 크고 작은 일들을 주관하고 조정의 인사문제까지 세세히 파악하고 있었다. 또한 벼슬을 버리고 낙향해 있는 세자의 스승 위관에게 거침없이 편지를 보내 다시 돌아와 위기 속 나라를 구하도록 요청하는 등 당당하고 강건한 면모를 갖춘 여인이었다.

한편 민씨는 시어머니 명성황후와는 달리 무속을 즐기지 않았다. 왕

유릉 - 순종과 순명효황후, 계비 순정효황후를 합장한 무덤이다.

실과 친정 양쪽에서 큰 난리 때문에 그녀가 쇠약해졌다며 어느 날 궁녀를 통해 용한 장님 무당을 추천하였다. 그러자 민씨는 단호하게 궁녀를 꾸짖었다.

"너희들의 어리석음이 심하구나. 재앙과 복락이 오는 것은 그 본래부터 분수로 정해진 바인데, 만약 기양(祈禳)을 함으로써 이를 얻을 수 있다면 세상에 어찌 가난한 자와 일찍 죽는 자가 있겠느냐?"

민씨의 말 속에는 고종 34년(1897) 7월 13일, 고종의 탄신일 경축 준비가 한창이라는 사실과 함께, 2년 전 시해당한 명성황후를 벌써 잊어가는 현실에 대한 안타까움도 담겨있었다. 그녀는 그해 10월 14일 대한제국으로 바뀌면서 황태자비로 책봉된다.

그녀는 모든 비운들을 숙명으로 여기며 조용히 인내하며 지냈다. 그러나 밖으로 표출하지 못한 한은 어느새 더 심한 병이 되어 시름시름 앓게 되었다. 1903년 11월 15일, 헌종의 계비로 고종 대에 명헌태후로 있었던 효정왕후 홍씨가 눈을 감아 다음해인 1904년 2월 국장이 치러졌다. 그런데 국장을 치르던 황태자비 민씨의 몸이 더욱 쇠약해져 10월부터 자리보전에 들었다. 그리고 한 달여 만인 11월 5일 경운궁 강태실에서 33세의 일기로 한 많은 삶을 마감하고 말았다.

11세에 세자빈으로 책봉되어 22년 동안 출산조차 하지 못하고 살다가 남편 순종이 황제로 즉위하는 것도 못 본 채 눈을 감은 것이다. 고종은 그녀에게 시호 '순명(純明)'을 내렸고 그 후 1907년 7월 순종이 황제로 즉위하자 황후로 추봉되었다.

그녀의 유해는 경기도 남양주시 금곡동 유릉에 순종과 합장되어 있다. 처음에는 경기도 양주 용마산 내동(현 서울시 광진구 어린이대공원)에 묻혔고 능호를 유강원이라고 했다. 그러나 황태자비로 죽었기에 시호가 내려졌고 황후로 추봉되어 능호도 유릉으로 바뀌었다. 그 후 순종이 세상을 떠난 1926년 현재의 자리로 이장되어 합장되었다.

純貞孝
皇后

순정효황후 윤씨

마지막 국모로 살다

상궁 성옥염이 걱정스러운 얼굴로 말했다.

"마마, 가을로 접어든 날씨라 제법 싸늘하옵니다. 그만 들어가시옵
소서."

"괜찮네. 아침 공기가 오늘따라 유난히 맑고 시원해서 더 거닐고 싶
구나."

1965년 음력 8월 20일, 창덕궁 낙선재 뜰을 걷는 순정효황후 윤씨는
누군가를 기다리듯 자꾸만 주위를 둘러보았다.

윤씨의 72회 생일이라 오늘도 반가운 손님들이 찾아와줄 것이다. 그
동안 외롭지만은 않은 세월이었는지 모른다. 황태손 내외 이구(영친왕의
2남)와 줄리아 멀록이 찾아와주었다. 56년 만에 영구 귀국한 시동생 내
외인 영친왕과 이방자 그리고 시누이 덕혜옹주와는 함께 생활하고 있었
다. 그런데도 윤씨는 하염없이 누군가를 기다리는 모습이었다. 마치 이
미 39년 전에 세상을 떠난 남편 순종의 넋이라도 그리는 것처럼.

조선의 마지막 황후인 윤씨와 마지막 상궁은 그렇게 오랫동안 빈 뜰

을 거닐고 있었다.

순정효황후 윤씨에게는 마지막 생일날이었다.

무너지는 조선왕조를 지켜보다

순명효황후 민씨가 세상을 떠나자 순종은 2년 후인 1906년 10월 8일, 두 번째 아내인 순정효황후(純貞孝皇后) 윤씨를 맞이하였다. 윤씨는 조선왕조의 왕실을 계승한 마지막 국모이다.

윤씨는 고종 31년(1894) 8월 20일 경기도 양근군 서종면 문호리에서 태어났다. 그녀의 아버지는 육군부장을 지낸 해풍부원군 해평 윤씨 윤택영으로 친일파로 악명 높은 윤덕영의 동생이다. 어머니는 유진학의 딸 경흥부부인 기계 유씨이다.

윤씨는 어릴 때부터 덕이 있으며 복된 기운이 넘치고 충신들의 가르침을 수놓고 실천해 훌륭한 성품을 지녔다는 소리를 들었다. 스승의 훈계가 없이도 책을 읽었고 지조를 갖춘 맑고 부드러운 천성을 지녀 예절에도 남달랐다고 전해진다.

윤씨는 13세에 황태자빈으로 책봉되어 1907년 고종이 순종에게 양위하자 황후가 되었다. 순종은 20세나 어린 윤씨를 귀하게 여겼다. 두 사람의 금슬은 좋은 편으로 함께 비원을 산책하거나 곡마단을 연경당으로 불러 나란히 즐기기도 하였다. 윤씨는 경술국치 후 주합루 건너편 친잠실(직접 누에를 기르는 곳)에 자주 나가고 일주일에 두 번씩 가정교사를 초빙해 영어와 일본어 그리고 피아노를 배우기도 했다.

윤씨는 평소 여성들의 교육에도 깊은 관심을 보여 교육운동을 적극 장려하였다. 순종의 즉위년 5월 《순종실록》에 드러난 윤씨의 마음가짐이다.

순정효황후

　"보통 교육에는 남자나 여자의 구별이 없다. 여자는 시집을 가면 남편을 돕고 집안 살림을 꾸리며 어머니가 되면 자녀를 기르는 책임을 진다. 언제나 가정의 중심이 되어 행복을 키우니 이는 국운에도 큰 도움이 될 것이다. 그러니 나라에서 어찌 여자들에 대한 교육을 소홀히 하겠는가. 나는 직접 스승을 맞아들이고 교육을 받고 있어 일반 여자들도 나를 표준으로 삼기를 기대하였다. 이번에 정부에서 한성에 고등여학교를 세우는 것은 실로 나의 뜻이 실현되는 일이다. 그러니 부모 되는 사람들은 이러한 뜻을 잘 헤아려 딸에게 낡은 풍습인 폐습을 고수하지 말고 학교에 보내 교육을 받게 하라. 이는 다만 한 개인을 위함이 아니라 황제의 명령에 부응하는 일이니 모두 힘쓰도록 하라."

윤씨는 1910년 일본이 대한제국을 합병하려 하자 어새를 치마 속에 감추고 내놓지 않았다고 알려질 정도로 단호한 면도 있었다. 하지만 친일파의 대표적 인물인 숙부 윤덕영에게 그만 빼앗겼다는 일화가 남아있다. 그녀는 일본에 대한 반감과 친일파인 친정 사이에서 방황할 수밖에 없었다.

순종이 즉위한 직후인 1907년 7월 24일, 한일신협약(韓日新協約, 정미7조약이라고도 함)이 강제로 체결되었다. 이는 일본이 대한제국을 강점하기 위한 것이었다. 헤이그특사사건의 책임을 고종에게 물어 퇴위시켰고 순종이 즉위한 4일 후에는 전격적으로 대한제국의 국권을 완전히 장악할 수 있는 내용의 원안을 제시한 것이다. 대한제국의 숨통을 조이기 위해 법령제정권, 관리임명권, 행정권 및 경비절약에 따른 군대해산 등을 내용으로 한 조약안이었다. 그리고는 아무런 방해도 받지 않은 상황에서 24일 밤 이완용과 이토 히로부미의 명의로 체결·조인하였다.

1909년 7월에는 한일신협약의 세부사항을 시행하기 위해 일본의 강압에 의한 기유각서(己酉覺書)가 조인되었다. 이완용과 일본의 제2대 통감 소네 아라스케 사이에 맺어졌고 이에 따라 대한제국의 법부와 재판소는 폐지되었다. 그 사무를 통감부의 사법청으로 이관한 것이다. 일본은 대한제국의 경찰권과 사법권을 차례로 강탈했는데 주권을 완전히 박탈한 경술국치는 하나의 형식적인 절차로 남겨둔 셈이었다.

그해 10월 26일 만주에 파견된 이토 히로부미가 안중근에게 저격당하자 일본은 이를 기회삼아 무력강점을 강행하였다. 일본은 이완용, 송병준, 이용구 등을 중심으로 한 매국단체 일진회(一進會)를 앞세워 1910년 8월 29일 강압 아래 경술국치를 자행하였다.

경술국치 전 8월 16일 제3대 통감 데라우치 마사타케는 백성들의 입을 막기 위해 《대한민보》의 발행을 중단시키고 《대한매일신보》의 판매를 금치조치 시킨 바 있다. 또한 이완용을 총리대신으로 박제순을 내부

순정효황후 어차
순정효황후가 탔던 것으로
영국 다임러 사가 제작한 리무진
국립고궁박물관 소장

대신으로 하여 내각을 구성하였다. 그리고 이완용과 조중응을 불러 조약의 구체안을 논의하고 18일 합의를 마쳤다. 22일 순종 앞에서 형식적인 어전회의를 거치게 한 뒤 그날로 이완용과 조인을 완료하였다. 이 사실은 일주일이나 비밀로 덮어두었다가 마침내 29일 이완용이 윤덕영을 시켜 순종의 어새를 날인해 반포하게 한 것이다. 이로써 조선왕조는 27대 519년 만에 무너지고 대한제국마저 일본의 식민지가 되었다.

일본에 의해 허무하게 붕괴된 나라였지만 그들의 침략행위에 대항해 주권을 회복하고자 하는 움직임은 이미 순종 즉위 전후로 있었다. 의병투쟁으로 맞섰으며 애국계몽운동을 활발히 전개하기도 하였다. 한일신협약에 의해 군대가 강제 해산되자 1907년 8월 1일 군인들과 의병이 연합해 대대적인 무장항일전을 벌였다. 우선 한성부를 시작으로 원주에서는 의병장 민긍호의 지휘 아래 강원도와 충청도를 무대로 활약을 펼쳤다. 들불처럼 번진 항일전이 다른 지방으로까지 확대되자 놀란 일본군은 의병토벌이라는 명분으로 살인과 방화를 자행하였다. 의병 측은 의병군 13도 창의군을 경기도 양주에 집합시켜 한성부를 향해 공격을 개시했다. 1908년 양주에 집결한 의병의 수는 1만 명에 달하였다. 총대장 이인영은 한성부 주재 각 공사관에 격문을 보내 의병이 국제법상 교전

단체임을 선언하고 일본군의 철수를 요구하며 혈전을 벌였다. 하지만 한성부 점령은 무산되고 예상치 못한 장기전으로 전환되고 말았다. 대 토벌작전을 시작한 일본에 의해 의병장 심남일 등이 사살되고 박도경 등은 체포되어 처형당했다. 일본의 악랄한 진압전에도 불구하고 의병투 쟁은 끊이지 않아 1919년 3·1 운동으로 이어졌다.

순종의 주변에는 친일 매국대신들만 포진해있는 현실이라 사실 왕권 을 제대로 행사하지 못했다. 결과적으로 순종은 나라를 망하게 한 황제 가 된 셈이었다. 그러나 백성들의 실정을 살피고 역량을 하나로 모으기 위해 노력했었고 또 이후에도 이어나갔다. 1908년 1월 대구, 부산, 마 산, 대전을 비롯해 평양, 신의주, 개성 등을 순행하였다. 또 1916년 5월 에는 함흥을 순행하는데 순종은 그럴 때마다 백성들의 병고와 농사의 고통을 살피고 위로를 하였다. 또 유림들에게는 학업을 부지런히 닦기 를 권하고 격려하였다. 충신열사들에게 제사를 지내주고 그 후손들을 직접 만나 황릉이나 조상의 묘를 참배하며 민족의 결집을 위한 노력도 아끼지 않았다. 《순종실록》에 보면 순종이 지나는 곳마다 백성들이 양손 을 들어 이마에 대고 절을 하고 길가에 늘어섰으며 벽지에서도 기뻐하 며 환호했다고 나와 있다. 순종은 순행을 마친 뒤 관리들에게 시대가 변 화되었음을 인식하고 새롭게 일신할 것을 당부하기도 했다.

최후의 사람들

순종은 대한제국의 식민지 이후 황제에서 왕으로 강등되는 수모까지 겪어야했다. 일본은 순종을 한낱 이씨 성을 가진 왕이란 의미로 '창덕궁 이왕'으로 격하시키고 왕위의 허호는 세습되도록 하였다. 일본은 이미 그 전부터 조선을 격하시키기 위해 이조(李朝), 즉 '이씨 조선'이라고 부르고 있었다.

폐위된 순종은 창덕궁에 거처하면서 망국의 한을 달래며 온갖 지병과 싸우다 1926년 4월 25일 눈을 감았다. 그는 피를 토하는 심정으로 유언을 남겼다.

"지난날의 병합인준은 일본이 이완용 등 역신의 무리와 함께 제멋대로 만들어 선포한 것이지 내가 한 것이 아니다. 그들은 나를 가두고 협박하여 말을 할 수 없게 만들었으니 고금에 어찌 이런 도리가 있겠는가. 그런 내가 지금껏 구차하게 살아 종사의 죄인이 되고 2천만 백성의 죄인이 되었으니 목숨이 꺼지지 않는 한 한시도 잊을 수 없도다. 그러나 갇힌 채 말할 자유도 없이 오늘에 이르렀으니… 〈중략〉 지금 병세가 위중하니 한마디 말도 남기지 않고 죽으면 눈을 감지 못할 것이다. 그리하여 사랑하고 존경하는 백성들에게 병합은 내가 한 일이 아니라는 것을 알리는 것이다. 백성들이여, 심혈을 기울여 광복을 이루라. 나의 넋이라도 그대들을 도우리라."

6월에 국장이 치러져 유해는 경기도 남양주시 금곡동 유릉에 안장되었는데 순종의 인산례를 기해 6·10 독립만세운동이 전국적으로 벌어지기도 하였다.

순종이 이왕으로 격하되자 순정효황후 윤씨 역시 이왕비(李王妃)로 불렸다. 순종과 함께 창덕궁 대조전에서 지내다 순종이 죽자 '상을 당한 여인이 단청 입힌 집에 머물 수 없다.'며 창덕궁 내 낙선재로 거처를 옮겼다.

그 후 윤씨는 낙선재에 거처하다 8·15 광복을 맞이하였고 대한민국정부의 수립으로 평민이 되었다. 6·25 전쟁 때는 부산으로 피난했다가 휴정협정 후 환도하여 7년간 정릉 별장에서 지냈으며 1960년 5월 15일 다시 낙선재로 옮겨 여생을 보냈다. 새벽 5시에 일어나 불경을 읽거나 라디오나 텔레비전을 접하며 생활을 이어갔다.

낙선재 – 헌종 13년 헌종이 경빈 김씨를 위해 지은 건물로 단청을 하지 않았다.

　그런 윤씨의 곁에는 늘 3명의 여인이 있었는데 마지막 상궁으로 불린 성옥염, 박창복, 김명길이 그들이다. 박창복은 1981년, 김명길은 1983년에 각각 세상을 떠났다. 가장 최근까지 생존했던 인물이 성옥염으로 2001년에 작고하였는데 윤씨에 대한 끝없는 충정을 남기고 있다.

　그녀의 유품이라고는 일바지와 내의 두어 벌 그리고 지갑 속 2만 3천 원이 전부였다. 저승에 가서도 다시 모실 수 있도록 순정효황후 윤씨의 위패가 있는 백운사에서 49재를 지내달라는 것이 유언이었다고 전해진다.

　1920년에 태어난 성옥염이 궁녀가 된 것은 보통학교를 졸업한 뒤 15세 때였다. 바느질 담당 침방에서 나인생활을 시작했는데 박창복, 김명길과 함께 30여 년 간 윤씨를 모셨다. 의복을 담당했던 성옥염은 차분하고 성실해서 윤씨에게 각별한 사랑을 받았다.

　6·25 전쟁 때는 윤씨를 보필해 부산으로 가서 피난살이를 했다. 그 후 정부가 낙선재를 국유지로 정하자 정릉 별장 인수재로 옮겨 윤씨에 대한 정성을 이어갔다. 1966년 윤씨가 세상을 떠났지만 궁중법도에 따라

3년상까지 치르고서야 자유의 몸이 될 수 있었다. 하지만 궁녀는 끝까지 결혼을 해서는 안 된다는 원칙을 지키며 홀로 살았다.

1970년대 초부터 서울시 성북구 보문동에 있는 보문사의 시자원에서 무의탁 노인들을 돌보기도 했다. 본인 역시 노인시설에서 여생을 보낼 수밖에 없는 처지가 되었다. 그러다 피붙이 하나 없는 외로움 속에서 신부전증으로 고생하다 2001년 5월 4일 향년 82세를 일기로 생을 마감했다. 그녀의 유언대로 시신을 화장한 뒤 강원도 강릉시 연곡면 백운사에서 49재를 치르고 위패를 안치했다.

쓸쓸히 노년을 보내던 순정효황후 윤씨 곁에는 이렇듯 성심을 다하는 사람들이 있어 덜 불행했는지도 모른다. 하지만 파란곡절의 역사와 함께했던 것이 그녀의 삶이기도 하였다. 태어나자마자 동학농민운동을 겪었고 을사조약으로 외교권이 박탈당한 대한제국 황후로 지냈다. 뿐만 아니라 경술국치로 모든 것을 잃은 채 눈물 속에서 순종을 떠나보내고 6·10 만세운동을 지켜봐야 했다. 그리고 기나긴 일제강점기를 견디며 8·15 광복, 6·25 전쟁, 4·19 혁명, 5·16 군사정변 등을 똑똑히 목도한 대한제국 마지막 황후가 되었다.

격동의 한국 근대사와 함께한 윤씨는 1966년 1월 13일 심장마비로 생을 마감하였는데 그녀 나이 73세였다. 윤씨는 현재 경기도 남양주시 금곡동의 유릉에 순종과 함께 묻혀있다.

그녀는 살아생전 대지월(大地月)이라는 법명으로 불교에 귀의했다. 불교의 배척과 성리학 이념으로 건국한 조선의 마지막 국모가 불교에 귀의해 삶을 마쳤으니, 인생뿐만 아니라 왕업(王業)이란 그렇게 덧없는 것인지도 모른다.

조선시대 왕비에 대한 이해를 돕기 위해

　조선시대 왕실의 중심은 국정 최고 책임자인 왕과 왕비였다. 그런데 왕은 주목을 받은 반면, 왕비는 왕실 구성에서 중요한 위치를 차지하고 있음에도 불구하고 그렇지 못했다.

　조선왕조 5백 년 동안 추존되었거나 책봉된 왕비는 44위에 이른다. 이러한 왕비에 대한 이해를 돕기 위해 왕비책봉 과정인 간택(揀擇)의 절차, 택일 그리고 왕비가 된 후의 위치와 역할을 설명하고자 한다.

I. 친영례

　조선시대 전기의 혼인은 남귀여가혼(男歸女家婚)이라 하여 신랑이 신부의 집, 즉 처가로 가서 혼례를 치르고 자식이 장성할 때까지 그곳에서 사는 형태였다. 그러나 이러한 혼인제도로 인해 사위가 장인의 제사를, 외손이 외조부모의 제사를 모시는 관행은 유교적 질서에 방해되는 모순된 생활방식이라고 조선의 성리학자들은 지적했다. 혼인과 동시에 음이 양을 따르는 방식인 아내가 남편의 집, 즉 시댁으로 들어가는 형태의 취가혼 정책을 강행하고자 하는 사람들에 의해 남귀여가의 풍속은 많은 비판을 받게 되었다. 그러나 비판 속에서도 이 풍속은 지속되었다. 그러다 중기에 이르러 혼례는 예전과 같이 신부의 집에서 치르되 3일째 되는 날에 신랑 집으로 가서 옛날의 혼인 풍속대로 행하자는 반친영제(半親迎制)가 제창되면서 이것이 관습으로 굳어졌다.

조선왕실에서 친영례를 처음으로 거행한 사람은 태종의 장남 양녕대군이다. 연을 탄 세자 일행이 김한로의 집에 이르러 악차(幄次, 연이 잠시 머무는 곳)로 들어갔다가 정시에 빈을 맞이하여 돌아왔다. 그러나 국왕 가례(嘉禮)의 친영에 대해 《국조오례의(國朝五禮儀)》에는 왕의 명을 받은 사신이 신부를 맞이해오는 방식을 채택한 것으로 수록되어 있다. 이후 중종대에 오면서 《주자가례(朱子家禮)》에 따라 국왕의 혼례절차가 친영제로 바뀌게 되지만 이때의 친영도 국왕이 직접 신부의 집으로 가는 것이 아니었다. 왕실과 신부의 집 중간 지점에 관소를 설치하여 그곳에 가서 신부를 맞이하는 절충적인 방법인 가관친영(假館親迎)을 따랐다.

가관친영례에 의한 국왕의 혼인은 중종 대에 한 번, 선조 대에 두 번 시행되었다. 이후 인조 대에 관소인 태평관을 거치지 않고 왕이 직접 별궁으로 가서 신부를 맞이해오는 별궁친영(別宮親迎)으로 바뀌게 되었다. 이때의 변화에는 병자호란 후 재정상의 어려움 때문에 혼례절차를 간소화한다는 표면상의 이유가 내포되어 있다.

가관친영에서 별궁친영으로의 전환에 대한 거부감을 해소하는 데에는 별궁이 큰 역할을 하였다. 즉, 궁궐의 하나인 별궁에서 신부를 맞이해오게 함으로써 태평관과 유사한 역할을 하는 장소로 인식시켰기 때문이다.

별궁은 왕실가족으로 선택된 왕비나 세자빈의 지위를 유지시키고, 왕실의 혼례라는 성대한 의식을 순조롭게 진행하고 동시에 친영 본래의 의미를 최대한 살릴 수 있는 방안으로 기능하였다.

인조 16년(1368) 이후 별궁제의 정착과 함께 간택된 왕비를 임시로 별궁에 거주하게 하여 거처로 삼게 하였으나 몇 가지 문제점이 발생하였다. 그 해결수단으로 왕비의 본가를 잠정적으로 별궁 가까이로 옮겼다.

그래서 별궁과 이전된 왕비의 거처 두 곳에서 혼례절차를 진행토록 한 것이다. 왕비 본가를 별궁과 가깝고 규모가 큰 집으로 옮김에 따라 혼례 절차의 원활한 수행 및 점차 성대해지는 왕실혼례의 구색을 맞추기에 적합하게 되었다.

국왕의 친영례는 조선 건국 이래 국가 개혁의 성공적인 한 부분을 보여주는 혁신적인 사건이었다.

II. 왕비가 되기 위한 절차 - 간택과 책봉

조선시대에 왕비가 되려면 먼저 간택의 절차를 거쳐야 했다. 간택제 도는 태종 대에 시작되었다고 하는데, 그 유래는 이렇다. 태종은 왕위에 오르기 전부터 알고 있던 이속(李續)의 아들을 부마로 삼고자 장님 매파 지화를 보냈다. 그런데 손님과 바둑을 두고 있던 이속은 찾아온 지화에 게 "짚신 삼기에는 새끼날이 마땅하다."고 대답하였다. 상대가 맞아야 한다는 뜻이었는데 거절당한 태종은 격분하여 이속을 서민으로 강등하 고 그 아들은 영영 장가들지 못하게 하였다. 그리고 사대부집 자제들을 궁궐로 불러들여 그 중에서 직접 한 명을 선택해 부마로 삼았다.

이렇게 시작된 간택제도의 초기에는 왕비나 세자빈 후보의 경우만 입 궐시켜서 선택하는 형식이었다. 그 외에는 상궁 혹은 감찰중사씨(監察中 司氏)를 사대부 집으로 보내 물색케 했는데, 선조 이후부터는 서자 출신 의 배우자 후보도 모두 입궐시킨 후 친히 간택하였다.

조선시대의 왕비는 우선 정식으로 가례를 치러 왕의 정실부인이 되어 야 했고, 둘째로 중국 황제의 고명(告命, 임명장)을 받아야 했다. 왕비의 가 례절차는 양반 가문과 기본적으로는 같았지만 몇 가지 전혀 다른 점이 있었다. 납비의(納妃儀)는 왕비를 맞이하는 의식인데, 중매를 넣어 혼인을 의논하는 의혼(議婚)이 없는 대신 왕비 간택이라는 절차가 있었다. 국가에서는 왕비를 간택하기 위해 규수들의 혼인을 금하는 금혼령을 내렸다. 이 기간에는 양반 아닌 서민도 결혼할 수 없었다. 금혼령을 내리는 것은 좋은 배필을 구하기 위해서였지만 사실 이는 명분에 지나지 않았다. 실제로 내정된 왕비를 보면 정치성이 더 강하다는 것을 알 수 있다.

금혼령에 해당되는 대상은 사대부집의 9세에서 17세 정도의 규수였다. 예외가 있다면 19세에 간택된 선조의 계비였던 인목왕후 김씨로, 당시 선조가 고령(51세)이었기 때문에 가능했던 것으로 보인다. 그리고 사대부집 규수라고 해도 국성(國姓, 왕과 성과 본이 같은 성) 및 본관과 관계없이 이씨 8촌 이내, 대왕대비전과 동성인 자는 5촌 이내, 왕대비전과 동성인 자는 7촌 이내, 이성(異性)은 6촌 이내, 혼인 당사자의 이성 친형제 항렬로서 종8촌 이내, 부모 중 한 사람이 없는 경우 등은 그 대상에서 제외시켰다. 그리고 부모가 병중에 있거나 위독한 병에 걸려도 제외되었다.

따라서 위에 해당되지 않은 사대부집 규수들은 반드시 왕비 후보로 신고를 해야만 했다. 만일 신고하지 않을 경우에는 불이익이 돌아가는 경우도 있었다. 실제로 헌종 때 대왕대비 순원왕후 김씨는 응모자가 기대에 못 미치자 신고하지 않은 집안은 벌을 주겠다는 엄한 교시를 내리기도 했다.

전국 사대부 가문에서는 규수의 사주단자와 함께 부, 조, 증조, 외조의 이력을 기록한 신고서인 처녀단자(處女單子)를 나라에 올렸다. 단자를 받은 다음에는 택일을 하여 이들을 궁궐로 불러들였다. 초간택에 참여하는 규수들은 대개 20명 내지 30명 정도였다고 한다. 그 자리에서 아버지의 성명을 쓰게 하는 초간택에서부터 최종 3명의 후보를 선택하기까지 세 번의 절차를 거쳤다. 마지막 삼간택은 왕과 왕비 앞에서 치러지며, 이를 전후로 정승들과 논의하여 최종적으로 결정했다. 이들 가운데 마지막까지 올랐지만 탈락한 후보는 시집을 갈 수 없었던 것이 불문율이었다. 처녀의 몸으로 늙든가 아니면 후궁으로 들어갈 수밖에 없었다. 이렇게 삼간택이 끝난 후에야 금혼령을 풀었다.

간택된 규수는 그날로 왕실에서 마련해 둔 별궁으로 가서 가례를 올리기 전까지 장차 국모로서 갖추어야 할 사전 교육을 받았다. 가례를 주관하는 임시 관청인 가례도감(嘉禮都監)을 설치하고 차례대로 납비의를 행하였다. 가례의 절차는 다음과 같다.

① 납채례(納采禮) : 좋은 날로 택일하여 종묘와 사직에 왕비를 들이게 되었음을 고하고, 장차 국구(國舅, 왕의 장인)가 될 가문에 교명문(敎命文)과 기러기를 전하여 왕비로 결정된 사실을 알리는 예식이다.

② 납징례(納徵禮) : 교명문과 함께 비단 예물을 보내는 예식으로 전체적인 절차는 납채례와 같다.

③ 고기례(告期禮) : 혼인 날짜를 알리는 예식이며, 혼인 날짜는 왕실에서 점을 쳐서 좋은 날로 정한다.

④ 책비례(册妃禮) : 왕비를 책봉하는 의식으로 특별히 가례를 위해 국구의 집 근처에 마련한 별궁에서 행하였으며, 궁궐에서 파견한 상궁들이 주관하였다. 책비는 오로지 왕비의 가례에만 있는 절차이다.

⑤ 명사봉영(命使奉迎) : 왕이 사신을 보내 별궁에서 궁궐로 왕비를 맞이해 오는 절차이다. 이때 사신은 교명문과 기러기를 가지고 갔고, 종친과 문무백관도 함께 별궁으로 갔다. 조선 후기에는 왕이 직접 왕비를 맞으러 갔다.

⑥ 동뢰연(同牢宴) : 궁궐로 들어온 왕비가 그날 저녁에 왕과 함께 술과 음식을 먹고 침전에서 첫날밤을 치르는 예식이다.

납비의를 행한 이후에는 대비나 왕대비 등 왕실 어른에게 인사한 뒤 조정백관과 내·외명부의 여성들로부터 인사를 받는 절차를 거친다. 그리고 종묘의 조상에게 고한 다음 중국 황제의 고명을 받는다. 마지막으로 책봉의식을 거행한 후에야 비로소 국모로서 대접을 받게 된다.

이런 과정을 거쳐 왕비가 되는 것이 가장 전형적인 방식이지만 조선왕조 5백 년간 일관되게 지켜진 것은 아니었다. 여러 정치적 변수에 따라 왕비가 되는 절차가 달라졌던 것이다. 통상 세자빈에서 왕비로 책봉되는 경우는 적장자상속의 원칙이 지켜지면서 왕위계승이 평온할 때로, 5백 년 동안 겨우 13명만이 이에 해당되었다. 첫 번째 왕비가 폐서인되거나 사망해 왕의 계비로 바로 간택된 경우가 있었다. 그리고 후궁이 왕비로 책봉된 경우 또는 군부인이나 부부인이 세자빈을 거쳐 왕비가 되거나 현부인, 군부인, 부부인이 왕비가 된 경우가 대부분이었다. 그만큼 정치적인 변수가 많이 작용했다는 의미가 된다.

Ⅲ. 왕비의 역할

책봉의식이 끝난 왕비에게는 여러 가지 역할이 주어진다. 배우자로서 왕을 내조하고 종묘의 제사를 받들며, 대왕대비·왕대비·대비 등 어른을 모시고, 왕위를 계승할 왕세자를 낳는 일 등의 천명을 부여받는다.

1. 출산

조선시대 여성이 남의 가문으로 출가하는 것은 그 집안의 후사를 이어주기 위한 것이라고 해도 과언이 아니었다. 따라서 아들을 많이 낳는 것이 가장 중요한 의무이자 효도가 되었다. 자손의 번창이 곧 가문의 번영이라 여겼기 때문이다. 모든 출발점이 가문에 있었던 시대에 왕실도 예외는 아니었다. 오히려 가장 모범을 보여주어야 할 곳이 왕실이었다. 왕실은 왕의 자손 번성을 위해 왕비의 임신을 기원했다. 자손의 순조로운 잉태를 위해 덕을 쌓고 이름난 의관을 찾아 건강 상태를 점검하고 명산대천이나 신에게 빌었다.

왕과 왕비의 베개 중에 '종사침(螽斯枕)'이라는 것이 있다. 종사란 한 번에 99개의 알을 낳는 여칫과에 속하는 곤충을 말하는데, 많은 자손을 바라는 마음에서 붙인 이름이다. 합방도 길일을 택하는 등 온갖 정성을 쏟아 마침내 왕비가 임신을 하게 되면 그야말로 나라의 경사였다.

왕비의 임신이 확인되면 출산 예정 2~3개월 전에 내의원(內醫院)에 산실청(産室廳)을 설치하였다. 산실청에는 남녀 의관인 어의와 의녀, 조정 대신 등이 배속되었다. 특히 의녀는 왕비 옆에서 주야로 대기하면서 몸 상태를 진찰하였고, 이상이 발견되면 즉시 산실청의 어의에게 보고하여 조치하였다. 이와 함께 출산 때 깔았던 짚자리를 산실 문 앞에 매다는 역할의 권초관(捲草官)도 임명하였는데, 그 자격은 신하들 중에서 가장 신분이 귀하고 아들이 많은 인물이 선출되었다. 왕비가 원자를 출산하면 공식적으로는 보양청(輔養廳, 원자·원손을 보필하고 교육하는 관청)이 담당하였다. 그러나 수유와 가까이서 돌보는 사실상의 양육은 왕비를 비롯해 유모 및 궁녀들에 의해 이루어졌다.

2. 여성 대표로서의 역할
① 내·외명부 통솔

조선시대 전기 왕비는 직접적인 정치 참여보다는 내·외명부를 통솔하는 것이 중요한 일이자 내조였다. 왕비는 궁궐의 살림을 관장하는 안주인이며, 왕실의 어른인 왕의 어머니를 모시면서 적절히 내명부를 관리 감독해야 했다.

내명부는 품계를 받은 후궁과 궁녀를 비롯해 품계를 받지 못하는 궁인과 그들을 다스리는 여인들까지 포함하면 그 수가 적지 않았다. 그 때문에 궁궐 내부의 여성들을 단속하는 것은 왕비의 중요한 일 중의 하나였다. 품계는 받았지만 내명부와 달리 궁궐 밖에 사는 관료의 배우자, 종친의 부인 등 외명부의 여성들 또한 왕비의 지휘 감독을 받았다. 왕비는 내명부와 외명부의 최고 수장으로서 국가의 중요 의례에 참석하였다.

② 친잠례

친잠례는 조선시대 왕비가 직접 누에를 치고 고치를 거두던 일련의 의식이었다. 백성에게 양잠의 중요성을 인식시키고 이를 널리 장려하고자 행했던 것이다. 왕비가 세자빈, 봉작을 받은 내·외명부들을 거느리고 실시하였다. 《친잠의궤(親蠶儀軌)》에 의하면 왕비는 5개, 내·외명부는 7개, 2·3품의 부인들은 9개 가지의 뽕잎을 땄다고 한다. 이와 같은 친잠의식이 끝나면 만조백관은 왕비의 친잠에 하례를 올렸다.

3. 정치활동 – 수렴청정

조선시대 왕비는 합법적으로 정치에 참여할 수 있는 기회가 거의 없었다. 중전에서 물러나 대비전으로 거처를 옮긴 대비는 아침저녁으로 왕과 왕비의 문안인사를 받고, 왕실의 경조사나 명절 때에는 왕실의 어른으로 참석할 뿐이었다. 그러나 이런 경우라도 대비는 왕의 어머니로서 또 왕실의 어른으로서 최고의 권위를 유지하였다. 왕실에서 최고의 연장자가 되면 후계자 임명과 수렴청정을 통해서 자신의 정치적 입장을 관철시킬 수 있었다. 더구나 미성년자인 왕이 즉위하는 상황이 많았던 현실 때문에 어린 왕을 대신해 대비가 왕실의 어른으로서 수렴청정을 실시하였다. 후계자 임명은 다음 왕이 정해지지 않은 상황에서 왕이 사망하거나 정치적인 변수로 폐서인되었을 때 또는 왕의 나이가 어릴 경우 왕실의 최고 연장자인 왕비 혹은 대비가 그 권한을 가졌다. 왕이 사망하면 일단 어새는 대비가 보관했다가 지목한 왕이 즉위를 할 때 건네주었다.

조선의 건국 이후 미성년자로 왕위에 오른 첫 번째 왕인 단종은 원로 대신 김종서와 수양대군의 권력투쟁으로 쫓겨났다. 유능한 관료나 종친이 어린 왕을 도운 것이 아니라 반대로 왕위 자체를 찬탈하는 경우가 발생한 것이다. 이와 같은 위험을 피하기 위해 왕이 될 수 없는 여성으로 어린 왕을 진정으로 보호하고 도와줄 수 있는 대비가 그 역할을 담당하게 되었다.

조선왕조 5백 년 역사에 두 번의 쿠데타가 일어났는데, 이때도 후계자 임명권은 대비에게 있었다. 예를 들어 연산군이 신하들에게 쫓겨나고 중종이 왕위에 오를 때, 형식적이기는 했어도 먼저 어새를 정현왕후 윤씨에게 바친 다음 그녀가 중종에게 다시 전달하였다. 인조반정 때도 마찬가지였다. 인목대비 김씨는 자신의 요구조건을 들어주지 않으면 인조를 왕으로 임명하지 않겠다는 의사를 밝힌 바 있다. 그런 다음 자신의 뜻이 관철된 후에야 비로소 인조를 왕으로 임명했다.

수렴청정은 정희왕후 윤씨가 성종을 섭정하면서 시작되었다. 실제로 적장자상속의 원칙에 따랐다면 성종은 왕위에 오를 수 없었지만, 윤씨의 결정으로 가능했던 것이다. 명종의 어머니인 문정왕후 윤씨 역시 인종이 왕위를 1년도 채우지 못하고 세상을 떠난 후 어린 명종이 즉위하자 섭정을 시작했다. 이외에도 선조 때 인순왕후 심씨, 순조 때 정순왕후 김씨, 헌종, 철종 때 순원왕후 김씨, 고종 때 신정왕후 조씨가 수렴청정의 대표적인 인물들이다. 이들이 수렴청정을 할 때면 정치적 기반을 더욱 탄탄히 다지기 위해서라도 친정 집안이 예외 없이 득세하는 양상을 보였다.

남성중심 사회였던 조선시대에서 가장 중요한 후계자 임명권과 수렴청정의 권한을 여자에게 주었던 것은 왕위찬탈을 예방하기 위해서였다. 비록 두 번에 걸쳐 쿠데타가 일어나기는 했지만 전주 이씨 가문이 5백 년 동안 왕위를 이어온 것은 이 덕분이기도 하다.

부록

조선시대 왕비 가족의 일람표
내명부와 외명부

왕비 (생몰연도)	아버지	어머니	혼인 연령	자녀	왕 (생몰연도)	즉위연도 (나이)	이름/재위(년)	혼인 연령
신의왕후 (1337-1391)	한경	삭녕 신씨	15세	6남 2녀	태조 (1335~1408)	1392(57)	성계(成桂) /7	17세
신덕왕후 (1356-1396)	강윤성	진주 강씨	•	2남 1녀				•
정안왕후 (1355-1412)	김천서	담양 이씨	•	무	정종 (1357~1419)	1398(42)	방과(芳果) /2	•
원경왕후 (1365-1420)	민제	순흥 송씨	18세	4남 4녀	태종 (1367~1422)	1400(34)	방원(芳遠) /18	16세
소헌왕후 (1395-1446)	심온	순흥 안씨	14세	8남 2녀	세종 (1397~1450)	1418(22)	도(祹)/32	12세
현덕왕후 (1418-1441)	권전	해주 최씨	20세	1남 1녀	문종 (1414~1452)	1450(37)	향(珦)/2	24세
정순왕후 (1440-1521)	송현수	여흥 민씨	15세	무	단종 (1441~1457)	1452(12)	홍위(弘暐) /3	14세
정희왕후 (1418-1483)	윤번	인천 이씨	11세	2남 1녀	세조 (1417~1468)	1455(39)	유(揉)/14	12세
장순왕후 (1445-1461)	한명회	여흥 민씨	16세	1남	예종 (1450~1469)	1468(19)	황(晄)/1	11세
안순왕후 (?-1498)	한백륜	풍천 임씨	•	1남 1녀				13세
소혜왕후 (1437-1504)	한확	남양 홍씨	18세	2남1녀	덕종 (1438~1457)	•	장(暲)	17세
공혜왕후 (1456-1474)	한명회	여흥 민씨	12세	무	성종 (1457~1494)	1469(13)	혈(娎)/25	11세
폐제헌왕후 (1455-1482)	윤기견	신씨	12세	2남				14세
정현왕후 (1462-1530)	윤호	담양 전씨	19세	1남 1녀				26세
폐비 신씨 (1472-1537)	신승선	전주 이씨	14세	4남 3녀	연산군 (1476~1506)	1494(19)	융(㦕)/12	12세
단경왕후 (1487-1557)	신수근	안동 권씨	13세	무	중종 (1488~1544)	1506(18)	역(懌)/39	12세
장경왕후 (1491-1515)	윤여필	순천 박씨	17세	1남 1녀				20세
문정왕후 (1501-1565)	윤지임	전의 이씨	17세	1남 4녀				30세
인성왕후 (1514-1577)	박용	의성 김씨	11세	무	인종 (1515~1545)	1544(30)	호(岵)/1	10세
인순왕후 (1532-1575)	심강	전주 이씨	13세	1남	명종 (1534~1567)	1545(12)	환(峘)/22	11세
의인왕후 (1555-1600)	박응순	전주 이씨	15세	무	선조 (1552~1608)	1567(16)	연(昖)/41	18세
인목왕후 (1584-1632)	김제남	광주 노씨	19세	1남 1녀				51세

왕비 (생몰연도)	아버지	어머니	혼인 연령	자녀	왕 (생몰연도)	즉위연도 (나이)	이름/재위(년)	혼인 연령
폐비유씨 (1576-1623)	유자신	동래 정씨	16세	3남	광해군 (1575~1641)	1608(34)	혼(琿) / 15	17세
인열왕후 (1594-1635)	한준겸	창원 황씨	17세	4남	인조 (1595~1649)	1623(29)	종(倧) / 27	16세
장렬왕후 (1624-1688)	조창원	전주 최씨	14세	무				43세
인선왕후 (1618-1674)	장유	안동 김씨	14세	1남6녀	효종 (1619~1659)	1649(31)	호(淏) / 10	13세
명성왕후 (1642-1683)	김우명	은진 송씨	10세	1남3녀	현종 (1641~1674)	1659(19)	연(棩) / 15	11세
인경왕후 (1661-1680)	김만기	청주 한씨	10세	2녀	숙종 (1661~1720)	1674(14)	순(焞) / 46	10세
인현왕후 (1667-1701)	민유중	은진 송씨	15세	무				21세
희빈장씨 (1659-1701)	장형	파평 윤씨	31세	2남				29세
인원왕후 (1687-1757)	김주신	임천 조씨	16세	무				42세
단의왕후 (1686-1718)	심호	고령 박씨	11세	무	경종 (1688~1724)	1720(33)	윤(昀) / 4	9세
선의왕후 (1705-1730)	어유구	전주 이씨	14세	무				31세
정성왕후 (1692-1757)	서종제	우봉 이씨	13세	무	영조 (1694~1776)	1724(31)	금(昑) / 52	11세
정순왕후 (1745-1805)	김한구	원주 원씨	15세	무				66세
헌경왕후 (1735-1815)	홍봉한	한산 이씨	10세	2남2녀	장조 (1735~1762)	·	선(愃)	10세
효의왕후 (1753-1821)	김시묵	남양 홍씨	10세	무	정조 (1752~1800)	1776(25)	산(祘) / 24	10세
순원왕후 (1789-1857)	김조순	청송 심씨	14세	2남3녀	순조 (1790~1834)	1800(11)	공(玜) / 34	13세
효현왕후 (1828-1843)	김조근	한산 이씨	10세	무	헌종 (1827~1849)	1834(8)	환(奐) / 15	11세
효정왕후 (1831-1903)	홍재룡	죽산 안씨	14세	1녀				18세
철인왕후 (1837-1878)	김문근	여흥 민씨	15세	1남	철종 (1831~1863)	1849(19)	변(昪) / 14	21세
명성황후 (1851-1895)	민치록	한산 이씨	16세	4남1녀	고종 (1852~1919)	1863(12)	희(熙) / 44	15세
순명효황후 (1872-1904)	민태호	진천 송씨	11세	무	순종 (1874~1926)	1907(34)	척(坧) / 4	9세
순정효황후 (1894-1966)	윤택영	기계 유씨	13세	무				33세

내명부

조선시대 궁중에서 품계를 받은 여인을 통틀어 이르는 말로 위로는 왕과 왕비를 보필하고 아래로는 잡역 궁인들을 다스리는 여인을 뜻한다. 내명부의 역할은 크게 내관과 궁관으로 나뉘고 품계에 따라 고유한 업무가 부여된다.

세종 10년(1428) 3월 이조(吏曹)에서 당제(唐制)와 역대 제도를 참작하여 만든 내명부제를 상정했는데, 이것이 《경국대전》 규정의 모체가 되었다. 《경국대전》의 내명부제에서 이전까지 정품계(正品階)만으로 되어 있던 것을 문무관계처럼 정·종(正·從)의 18등급으로 나누었다. 궁관의 '사(司)' 자를 '상(尙)'이나 '전(典)' 자로 바꾸었으며, 주궁(奏宮) 이하 9품직을 추가했다. 종4품 숙원(淑媛)까지만 내관이고 그 이하는 모두 궁관이다.

주궁 이하는 궁상각치우의 음계를 본떠 차례를 정한 것으로 각종 실무를 담당한 하급관직으로 여겨진다.

내명부 내관

품계	정1품	종1품	정2품	종2품	정3품	종3품	정4품	종4품
명칭	빈 (嬪)	귀인 (貴人)	소의 (昭儀)	숙의 (淑儀)	소용 (昭容)	숙용 (淑容)	소원 (昭媛)	숙원 (淑媛)

※ 이상은 후궁으로 왕을 섬기는 일 외에도 공식적인 역할로 왕비를 보좌한다.

내명부 궁관

품계	명칭	임무
정5품	상궁(尙宮)	중궁 인도의 총책임
	상의(尙儀)	일상생활의 모든 예의와 절차를 맡음
종5품	상복(尙服)	의복과 수로 무늬놓은 채장을 공급
	상식(尙食)	음식과 반찬을 준비하여 공급
정6품	상침(尙寢)	왕의 의식주를 진행하는 순서를 맡음
	상공(尙功)	여공의 과정을 맡고, 사제와 전채를 통솔
종6품	상정(尙正)	궁녀의 품행과 직무단속 및 죄를 다스림
	상기(尙記)	궁내의 문서와 장부의 출입을 담당
정7품	전빈(典賓)	빈객·접대, 연회·왕이 상을 주는 일 등을 맡음
	전의(典衣)	의복과 머리에 꽂는 장식품의 수식을 맡음
	전선(典膳)	요리
종7품	전설(典設)	휘장·침구청소하는 일을 맡음
	전제(典製)	의복 제작
	전언(典言)	문서·명령 전달
정8품	전찬(典贊)	조회나 연회 때 빈객 안내
	전식(典飾)	화장하는 일과 세수하고 머리빗는 일을 담당
	전약(典藥)	처방에 따라 약을 달임

종8품	전등(典燈)	등불과 촛불을 맡음
	전채(典彩)	옷감 직물을 맡음
	전정(典正)	궁관의 질서를 바르게 하는 일을 도움
정9품	주궁(奏宮)	음악에 관한 일을 맡음
	주상(奏商)	〃
	주각(奏角)	〃
종9품	주변치(奏變徵)	〃
	주치(奏徵)	〃
	주우(奏羽)	〃
	주변궁(奏變宮)	〃

세종 12년(1430) 12월 예조에서 동궁의 내관제도가 없음을 지적하고 태종 때 내관제와 당나라 태자(太子)의 내관제를 참작하여 만들었다.

세자궁 내관

품 계	종2품	종3품	종4품	종5품
명 칭	양제 (良娣)	양원 (良媛)	승휘 (承徽)	소훈 (昭訓)

세자궁 궁관

품 계	명 칭	임 무
종6품	수규(守閨)	세자빈을 인도하고 장정·장찬을 다스림
	수칙(守則)	예의(禮義)·참현(參見)을 관장하고 장봉·장장을 다스림
종7품	장찬(掌饌)	음식 마련, 장식·장의를 총관
	장정(掌正)	문서, 출입과 자물쇠, 규찰과 추국
종8품	장서(掌書)	서책에 관한 일, 세자의 명령을 전달하는 일 담당
	장봉(掌縫)	세자궁의 재물과 비단옷감을 관리
종9품	장장(掌藏)	의복에 관한 일 담당
	장식(掌食)	음식에 관한 일과 등불·촛불·땔감·숯·그릇 등을 담당
	장의(掌醫)	의약에 관한 일 담당

외명부

외명부 제도는 태조 5년(1396) 배필의 중요성을 강조하여 각 품관의 정처를 봉작한 것에서 비롯되었다. 태종 때에 이르러 이를 바탕으로 종실, 공신, 문무관의 정처를 구별해 재정비하였다. 그 후 세종 때에 외명부를 수정하고 왕의 딸을 공주, 옹주로, 종실의 딸을 군주, 현주로 구분하였다. 이를 세조 때에 더욱 구체적으로 정비하였다. 외명부 제도는 지속적인 수정 보완을 거쳐 성종 때《경국대전》외명부조에 대전유모, 왕비모, 왕녀, 왕세자녀, 종친처, 문무관처 등의 순서로 품계와 칭호가 제정되었다. 조선시대에는 일부일처만 인정했기 때문에 정처에게만 봉작하였으며 정처라도 첩의 딸이면 봉작하지 않았다. 개가(改嫁)한 여인은 봉작하지 않고 이미 가지고 있던 작위도 박탈했다.

외명부제도 1

품계	왕의 유모	왕비의 모	왕의 딸	세자의 딸
무계			공주(公主, 적녀) 옹주(翁主, 서녀)	
정1품		부부인(府夫人)		
종1품	봉보부인(奉保夫人)			
정2품				군주(君主, 왕세자의 적녀)
정3품				현주(縣主, 왕세자의 서녀)

외명부제도 2

품계	종친의 처	문무관의 처
정1품	부부인(府夫人) 군부인(郡夫人)	정경부인(貞敬夫人)
종1품	군부인(郡夫人)	정경부인(貞敬夫人)
정2품	현부인(縣夫人)	정부인(貞夫人)
종2품	현부인(縣夫人)	정부인(貞夫人)
정3품(상)	신부인(愼夫人)	숙부인(淑夫人)
정3품(하)	신인(愼人)	숙인(淑人)
종3품	신인(愼人)	숙인(淑人)
정4품	혜인(惠人)	영인(令人)
종4품	혜인(惠人)	영인(令人)
정5품	온인(溫人)	공인(恭人)
종5품	온인(溫人)	공인(恭人)
정6품	순인(順人)	의인(宜人)
종6품	순인(順人)	의인(宜人)
정7품	—	안인(安人)
종7품	—	안인(安人)
정8품	—	단인(端人)
종8품	—	단인(端人)
정9품	—	유인(孺人)
종9품	—	유인(孺人)

| 참고문헌 |

• 사료
《경국대전》
《계축일기》
《고려사》
《고려사절요》
《국조오례의》
《대동야승》
《매천야록》
《석보상절》
《선원보감 편찬위원회, 선원보감 Ⅰ Ⅱ Ⅲ》, 계명사, 1989.
《순원왕후 어간집》
《연려실기술》
이건창, 김만중, 이이, 이황 외 30명 지음, 박석무 편역 해설,
《나의 어머니, 조선의 어머니》, 현대실학사, 1998.
《여성사 자료집(태조~연산군)1~11》, 이화여자대학교 출판부
《인현왕후전》
《조선무속고》
《조선여속고》
《조선왕조실록》
《한중록》

• 연구단행본 및 논문
강숙자   《한국여성학연구 서설》, 지식산업사, 1998.
강주진   《이조 당쟁사 연구》, 서울대 출판부, 1970.
권인호   《조선중기 사림파의 사회정치사상》, 한길사, 1995.
김용숙   《조선조 궁중풍속연구》, 일지사, 1987.
박용옥   《이조여성사》, 한국일보, 1976.

박　주　《조선시대의 旌表政策》, 일조각, 1990.

백영자　《조선시대의 어가행렬》, 한국방송통신대학교 출판부, 1994.

변원림　《역사속의 한국여인》, 일지사, 1995.

손직수　《조선시대 여성교육연구》, 성균관대 출판부, 1982.

송우혜　《못생긴 엄상궁의 천하》, 푸른역사, 2010.

숙명여대 아세아 여성문제연구소 편　《이조 여성 연구》, 숙명여자대학교출판부, 1976.

신명호　《조선의 왕》, 가람기획, 1998.

신영훈　《조선의 궁궐》, 조선일보사, 1998.

안　천　《황실은 살아있다》, 인간사랑, 1996.

유송옥　《조선왕조 궁중 의궤 복식》, 수학사, 1991.

윤대원　《한국근대사》, 풀빛, 1993.

이덕일　《당쟁으로 보는 조선의 역사》, 석필, 1997.

이덕일　《사화로 보는 조선의 역사》, 석필, 1998.

이배용　《한국역사 속의 여성들》, 어진이, 2005.

이배용 외　《우리나라 여성들은 어떻게 살았을까 1, 2》, 청년사, 1999.

이성무　《조선왕조사 1,2》, 동방미디어, 1998.

이성미 · 강신항 · 유성옥　《장서각 소장 가례도감의궤》, 한국정신문화연구원, 1994.

이여성　《조선복식사고》, 범우사, 1998.

이은순　《조선 후기 당쟁사 연구》, 일조각, 1988.

이태진　《조선시대 정치사의 재조명》, 범조사, 1985.

이현희　《붕당 속의 왕비와 왕자》, 명문당, 1988.

이현희　《신하와 왕후의 대결》, 명문당, 1988.

이현희　《왕비의 내조와 질투》, 명문당, 1988.

이현희　《정치바람과 여성》, 명문당, 1988.

이화여대 한국여성연구소　《한국여성관계 자료집 - 근세편 법전 상, 하》,
　　　　　이화여대 출판부, 1989.

임용한　《조선국왕 이야기》, 혜안, 1998.

장경희　〈순종비 순명효황후의 생애와 유릉 연구〉, 2009.

장병인　《조선전기 혼인제와 성차별》, 일지사, 1997.

정용숙　《고려시대의 후비》, 민음사, 1992.

최봉영　《조선시대 유교문화》, 사계절, 1997.

최숙경 · 하현강 《한국여성사(고대 - 조선)》, 이화여대 출판부, 1972.

최정용 《수양대군 다시 읽기,》 학민사, 1996.

한국문원 《왕릉 - 왕릉기행으로 엮은 조선왕조사》, 1995.

한국여성개발원 《한국역사속의 여성인물 상》, 1998.

한국정신문화연구원 《한국민족대백과사전》, 1991.

한희숙 〈구한말 순헌황귀비 엄비의 생애와 활동〉, 2006.

허권수 《조선 후기 남인과 서인의 학문적 대립》, 법인출판사, 1993.

허 균 《고궁산책》, 교보문고, 1997.

홍순민 《우리 궁궐 이야기》, 청년사, 1999.

H.B 헐버트 신복룡 역, 《대한제국멸망사》, 집문당, 1999.

• 사진 및 그림 자료 출처

고려대학교 박물관

국립고궁박물관

국립중앙박물관

규장각 한국학연구원

문화재청

* 출처를 확인하지 못한 자료는 확인하는 대로 일반적 기준에 따라 저작권료를
  지불하겠습니다.

왕비로 보는 조선왕조

지은이 | 윤정란   펴낸이 | 최병섭   펴낸곳 | 이가출판사
초판 1쇄 발행 | 2015년 1월 6일
초판 3쇄 발행 | 2015년 3월 15일
출판등록 | 1987년 11월 23일
주   소 | 서울시 영등포구 도신로 51길 4
대표전화 | 716-3767   팩시밀리 | 716-3768
E-mail | ega11@hanmail.net
ISBN | 978-89-7547-098-1 (03900)